中希文明互鑒中心
ΚΕΝΤΡΟ ΑΡΧΑΙΟΥ ΕΛΛΗΝΙΚΟΥ ΚΑΙ ΚΙΝΕΖΙΚΟΥ ΠΟΛΙΤΙΣΜΟΥ

文明互鉴文库

中希文明互鉴中心主办

主编 崔延强

文明互鉴

（创刊号）

执行主编 李发

Journal of World Civilizations

西南大学出版社
SWUP 国家一级出版社 全国百佳图书出版单位

图书在版编目(CIP)数据

文明互鉴:创刊号/崔延强主编;李发执行主编.
重庆:西南大学出版社,2024.10. -- ISBN 978-7
-5697-2706-7

Ⅰ.G115-53

中国国家版本馆CIP数据核字第2024BE7868号

文明互鉴(创刊号)

WENMING HUJIAN (CHUANG KAN HAO)

主　　编　崔延强

执行主编　李　发

责任编辑:张昊越　段小佳
责任校对:唐　倩
特约编辑:王君如
装帧设计:殳十堂_未 氓
排　　版:吴秀琴
出版发行:西南大学出版社(原西南师范大学出版社)
　　　　地址:重庆市北碚区天生路2号
　　　　邮编:400715
印　　刷:重庆长虹印务有限公司
成品尺寸:185 mm×260 mm
印　　张:15
字　　数:350千字
版　　次:2024年10月　第1版
印　　次:2024年10月　第1次印刷
书　　号:ISBN 978-7-5697-2706-7

定　　价:88.00元

发刊词

文明互鉴何为？

“文明”是一个既寻常又不寻常的概念。寻常，在于我们可以信手拈来，用文明一词造出许多足以体现千年文明水平的漂亮句子；不寻常，在于我们甚至不容易用清晰的概念去界定它，达成学理上的共识。对文明的解释大概比文明本身还要复杂。但无论如何，中国文化学者一谈起文明，往往就会想到《易经·乾卦》：“见龙在田、天下文明。”顺便也会想起孔颖达的注：“故天下有文章而光明也。”西学学者相比会格外关注文明一词civilization的拉丁文前缀所透露出来的“公民”“市民”等词源信息。总之，无问东西，“文明”一词承载着人类站起来直立行走，告别天地玄黄、饮血茹毛岁月以后所取得的一切文治教化上的果实，不管是物质的、制度的、行为的，还是精神的。自然是人化的自然，人是自然化的人。在人与环境的物质与能量的交换中，文明便是这颗星球上最为醒目的标示。

在人类文明的长河中，沉淀下来并至今一脉相承、生生不息的活的文明形态不算太多，它们往往被称为“古典的”或“经典的”（classic）。而一种文明形态之所以是古典的或经典的，在于它奠基了一种人类普遍公认的文明范式，为后世文明所广泛效仿、传承和广大。后期维特根斯坦在谈到知识的基础是无基础的信念时，把人类的信念体系喻为知识的“河床”“脚手架”“蜘蛛网”和“合页”等。借用他的这种比喻，我们也可以说，一种文明的经典范式是由一系列基本价值信念和原则所构筑的坚实的河床，它规定着川流不息的文明之水的流向、轨迹、样态和特征。同样的，这些价值信念和原则如同脚手架或蜘蛛网，精细编织出文明的网络结构，稳固地支撑着整个文明体系的大厦。它们亦如同转动的合页，维系着文明之门的顺畅运转。因此，这些价值信念和原则构成人类文明形态的核心要素和世界图式，它们本身不是文明形态，而是决定文明呈现形态的深层结构。这种结构是超稳定性的，如果这种深层结构发生变动，就像河床整体发生迁移，那么文明一定是处于一个新旧激荡、熔古铸今的转型期，如17—18世纪欧洲现代世界体系的形塑，中国从近代早期到新文化运动前后所经历的思想觉醒。而文明的呈现形态，作为一个动态的生命系统，在发展历程中通常经历不断的自我否定和自我发展，在文明之水的流动中会通过吸纳、整合、改造异质成分来丰富自身、形塑自身、建构自身，并逐步沉淀为“河床”的最为坚硬的元素。在这个意义上，文明又是变动不居、川流不息的。一种古典文明的生成发展并非一成不变，而是持续展现出鲜活的生命力和强大的适应性。若无与古埃及文明的交往，克里特文明便无从谈起；若无腓尼基文字的贡献，希腊文字亦无法形成；若无小亚细亚东西方文明走廊上的伊奥尼亚地区的那些城市的存在，公元前6世纪的希腊哲学在此诞生就无异于一个神话传说。同样，若无罗马人对希腊思想的创造性吸收及其在拉丁世界的翻译传播，很难想象文艺复兴将复兴什么。没有“两希文明”之水的汇聚，也不会流淌出今天的西方文明之河。可以说，文明交融汇聚之时，正是伟大思想激荡生成之日。文明互鉴是孕育文明和知识创造力的温床。

再者，一种文明之所以称为“古典的”或“经典的”，还在于其普遍性与特殊性的统一。普遍的，在于它具有强大的生命力和整合力，为后世文明的进步提供永不竭的源泉和动力。古典文明作为现代文明的基因，不断地“活”在当下，而不仅仅是博物馆里的出土文物。此外，古典文明的普遍性还在于它辐射一定的空间，为诸多不同族群所习得，润泽滋养了诸多亚文化区域。古典文明又是特殊的，在于它对人类共同价值拥有自己的特殊理解，否认文明价值和形态的特殊性无异于否定文明本身。正如赫拉克利特所言，“逻各斯”（logos）是公共的，但人们对它的理解是分殊的。中国古典文明作为人类文明有机组成部分的东方形态，拥有自身的一套特殊信念价值体系，对人类共同价值做出独特的理解和贡献。当年，黑格尔曾以文化中心主义的姿态傲慢地审视东方文明，声称“中国无哲学”，还有一些西方学者步其后尘，自言自语地说“哲学天生就说希腊语”。从黑格尔们的“绝对精神”发育史的视角来看，似乎只有“存在”“作为存在的存在”这样的概念才有资格进入他们精心编制的正、反、合的逻辑体系中进行蜕变，最终羽化为空前绝后、一尘不染的绝对理念的“神圣家族”，似乎只有心灵/物体、本质/现象、客体/主体、真理/谬误、彼岸世界/此岸世界的二元划分、对抗与超越，才能咏唱所谓“形而上学”的神曲。因此，他们戴着这副有色眼镜注定是看不到中国哲学世界中所发生的和光同尘、气象万千的！我们认为，哲学不仅会说希腊语和德语，更会说汉语，而且说了近三千年。我们不仅有即物穷理的思辨精神，致良知的主体反思，更有率性修道、止于至善的实践智慧，并以之为世界图式持续创造了一种历久弥新、繁荣发展的经典文明形态。中华民族是一个哲学的民族！“作新民”是中国哲学的品格，“四海之内皆兄弟”是中国哲学的胸襟，“继往圣之绝学、开万世之太平”是中国哲学的价值理想。这正是中华文明所独具的哲学精神和文化气质。

文明之间是否可比？从学理上讲，我们可以就一定的思想观念做学术史意义的比较，可以把所谓“轴心时代”的人物的思想观念拿来做一番学理上的梳理和比对，以一种新视角、新框架、新原则去钩沉已有史料，呈现一些前所未有的新气象。这是比较类学科所做的工作。但关于比较类学科是否可能的争论至今还是不绝于耳。以什么标准去比较，以“中”为标准，还是以“西”为标准？经过西方哲学的逻辑框架和概念体系过滤加工过的中国哲学还是不是中国哲学？尤其对文明形态本身的生成和特征，有不少学者认为“比较”二字应当慎用！这种担心还是有一定道理的。一旦对文明进行比较，难免会先验地确立某种标准，毕竟比较文化和文化中心主义似乎只有一步之遥。因此，文明研究最好是描述事件、呈现事实、分析事理、慎言比较。在这种意义上文明又是不可比的。

在澄清上述观念后，我们得出结论：文明之间的交流互鉴是文明共存、文明发展和文明建构的必由之路。学者的使命也正是在于通过不同文明间的经典互译、学术对话和文化交流，凿通文明间隔阂的壁垒，对一些由无知带来的先验的文化中心主义做“去蔽”工作。英语有个词叫“prejudice”，即“偏见”。所谓“偏见”，从构词上讲，由前缀“前(pre)”与词根“判断(judice)”结合而成，表示在判断前已经做出判断。因而，我们发现所谓“偏见”的形成正是在不了解或不甚了解之前做出判断，固执于些许“前概念”(preconceptions)。黑格尔所断言的“中国无哲学”就是这种独断判断和“前概念”，以自己对中国哲学的无知和文化中心主义立场所持有的偏见。因此，学者的使命就是不断地通过学术对话，瓦解种种知识领域的“前判断”或“前概念”，做文明间阐释文本、传播真言的忠实可靠的信使赫尔墨斯！

文明互鉴何为？概而言之，就是两个词“拆解”和“建构”。“拆解”就是在种种“前概念”“前判断”上撒播存疑的种子，解构文化中心主义的偏见；“建构”就是在不同文化间不断进行交互活动，谱写双向变奏、激励自我建构。因此，文明交互活动既不是亦步亦趋地照搬和信奉他者，也不是固执于自己的“古亦有之”而傲慢地拒斥他者，更不是以某种在特殊历史语境下生成的特殊价值作为公分母去量度他者，强以之为“绝对真理”而关闭了真理探究的大门。亚里士多德说，朋友是自己的另一半。文明互鉴的真义在于寻找自己的另一半从而成为自己、完善自我！文明的进步从来就不会有自给自足，而是永远在寻找自己的另一半的路上。文明互鉴是一个铄古切今、吐故纳新、推己及人、自我建构的开放体系！用普遍公认的学术话语讲好中国故事，言说人类共同价值，表达世界终极关怀，与世界文明的方向相向而行，做文明的使者，是我们新时代人文学者的使命和担当！是为发刊词。谨与广大读者共勉！

2024.7.15

目 录 CONTENTS

文明互鉴论

文明互鉴论……………………………………张子扬　雷彤　李海梅　崔延强　003

文明形态观

文明二元共治制下的最小限度道德………………詹姆斯·韩金斯 著　宋文弢 译　031

“外文铅饼”的百年考证与释读

——兼论其与丝路希腊式钱币的关系……………………………杨巨平　039

元代传入中国的希腊—阿拉伯知识

——再论元《秘书监志》中的回回书籍和仪器…………………林丽娟　059

中西古典学

出土文献与古典学重建…………………………………………………裘锡圭　093

希罗多德及其《历史》

——中文世界的古希腊史学名著之一……………………………徐松岩　109

唯识学能够接受胡塞尔现象学中的纯粹自我吗？……………………………刘博达 133

人能弘道
——安乐哲学术作品述评……………………………………梁中和 兰志杰 144

试论中医和古希腊医学的分化
——以《黄帝内经》和《希波克拉底全集》为例…………………晋鸿艺 张鹏举 163

自然、政制与文明
——经学与古典学四人谈…………张文江 吴飞 包利民 林志猛 陈赟 172

陆海新叙事

"小亚细亚之难"影响下现代希腊民族意识的转向
——以乔治·忒奥拓卡斯的《自由精神》为例…………………………阙建容 191

交流与动态

雅典大学访学项目交流报告……………………………………………………张雨晴 205

第七届全国古希腊罗马哲学研讨会暨2024年中希哲学互鉴国际学术论坛…………213

"全球视野下的中国和希腊文明"国际学术会议暨中希文明互鉴中心大楼启用仪式顺利举行……………………………………………………………………………219

英文摘要

A Study on Mutual Learning among Civilizations
······································· Zhang Ziyang, Lei Tong, Li Haimei, Cui Yanqiang 225

Minimalist Morality among Civilizational Dyarchies······ James Hankins, Song wentao trans 225

A Centennial Textual Research and Interpretation of the Lead Ingots with Assumed "Foreign Scripts": Their Relation with the Greek-Style Coins on the Silk Road
·· Yang Juping 226

The Graeco-Arabica Knowledge Transmitted into China in the Yuan Dynasty: Further Discussion on the Islamic Books and Instruments in the *Mishu Jianzhi*······Lin Lijuan 227

Herodotus and His *Historiae*: One of the Historical Masterworks of Ancient Greece in the Chinese World··Xu Songyan 227

Can Yogācāra Accept the Pure Ego in Husserl's Phenomenology?··············Liu Boda 228

Man Can Spread the Tao: A Review of Professor Ames' Philosophical Works
··Liang Zhonghe, Lan Zhijie 229

An Experimental Study of the Divergence between Chinese Medicine and Ancient Greek Medicine: *Huangdi Neijing* and *The Complete Works of Hippocrates* as an Example
··Jin Hongyi, Zhang Pengju 229

The Impact of the "Asia Minor Gatastrophe" on the Shift of Modern Greek National Consciousness: A Case Study of George Theotokas's Free Spirit············Que Jianrong 230

文明互鉴论

文明互鉴论

张子扬　雷彤　李海梅　崔延强[①]

摘　要：文明互鉴，作为中国对待不同文明关系的根本立场，拥有坚实的学理支撑与丰富的文化内涵，包含多样平等说、开放包容说、继承创新说、对话交流说、互学互鉴说、和合共生说等核心要义。当前学界围绕文明互鉴与人类文明形态关系研究、中西文明比较的国别学研究、中国自主知识体系建构、中西政治文明建设、中西文化典籍互译展开学理性阐释与实践性探索。在习近平总书记关于文明交流互鉴重要论述的指引下，强化文明互鉴品牌国际学术合作机制，聚力开展文明互鉴中西学术文化交流，打造文明互鉴系列学术文化精品工程，实施文明互鉴国际联合人才培养项目，推进文明互鉴服务国家战略建设，成为文明互鉴实践层面的努力方向。未来将以打造文明互鉴国家新型智库为抓手，建构中国自主知识体系。以文明互鉴使命担当为引领，建设中华民族现代文明。以夯实中国式现代化的文明根基为现实进路，创造人类文明新形态。

关键词：文明交往；文明交流互鉴；习近平文化思想

在人类文明发展的历史长河中，文明交往始终是衡量其进步的重要标准，同时也是推动人类社会历史发展的核心动力。以习近平总书记为主要代表的中国共产党人，基于对历史发展潮流的深刻洞察，对人类文明演进方向的精准把握，积极回应了文明发展的时代需求，成功构建了一种以文明交流互鉴为核心，秉持相互尊重、和谐共生、开放包容、互学互鉴原则的新型人类文明交往模式。这一具有开创性的文明交往范式，不仅超越了资本主义逻辑对文明交往的束缚，引领了当代人类文明交往模式的深刻变革，更为不同文明之间的和谐共存开辟了广阔的前景，充分展现了中国智慧在推动人类文明向前发展中所作出的卓越贡献。

---

① 作者张子扬，西南大学马克思主义学院博士研究生（重庆 400715）；雷彤，西南大学马克思主义学院博士研究生（重庆 400715）；李海梅，西南大学马克思主义学院博士研究生（重庆 400715）；崔延强，中希文明互鉴中心主任、西南大学马克思主义学院教授、博士生导师（重庆 400715）。

一、文明互鉴的学理基础

习近平总书记关于文明互鉴的重要论述，是在全球化进程不断加深的背景下，针对当代国际社会中出现的文化冲突和文明隔阂提出的重要主张。这一论述不仅具有深刻的理论基础，还反映了中国在新时代的文化自信和对构建人类命运共同体的愿景，内蕴着马克思主义经典作家关于文明交往的论述、中华传统文化中关于文明交往的思想、中国共产党关于文明交往的智慧三个方面的学理成果。

（一）马克思主义经典作家关于文明交往的论述

中外古代社会早已不乏不同文明往来不绝的现象，时至大航海时代与资本主义萌芽时期，在自由贸易、工业革命、金融资本的全球化和信息技术革命等全球化进程中，文明之间的破壁互通形成势不可挡的历史洪流。资本主义自16世纪起在欧洲逐渐兴起并扩展至全球，其兴起不仅改变了各国的经济结构，也深刻影响了国际关系和全球秩序。马克思对于世界文明的相关论述正是基于对资本主义全球扩张与历史发展规律的深刻观察。马克思的世界交往理论揭示了在资本主义主导下，全球普遍交往的形成过程及其内在矛盾。通过全球普遍交往，资本主义不仅带来了生产力的极大提高，也引发了各种社会矛盾和危机。

首先，马克思认为全球普遍交往是推动人类文明进步的重要动力。马克思的世界交往理论主要来源于他的经典著作《共产党宣言》和《资本论》。在《共产党宣言》中，马克思和恩格斯指出："资产阶级，由于开拓了世界市场，使一切国家的生产和消费都成为世界性的了。"①"随着资产阶级的发展，随着贸易自由的实现和世界市场的建立，随着工业生产以及与之相适应的生活条件的趋于一致，各国人民之间的民族分隔和对立日益消失。"②这一论述揭示了资本主义生产方式如何通过大工业和世界市场而形成，资本主义生产方式通过技术进步和生产力的提高，不断开拓新的市场，打破了地域和民族的限制，推动了全球经济的一体化。在《资本论》中，马克思进一步探讨了资本主义的国际性，随着生产的日益集中，随着新的市场的开拓，随着资本的国际流动，资产阶级逐渐实现了全球范围内的统一市场。资本主义通过国际资本流动和市场扩展，形成了全球性的经济联系。马克思在批判黑格尔时也指出，世界历史"不是'自我意识'、世界精神或者某个形而上学幽灵的某种纯粹的抽象行动"③。随着资本主义的发展，世界逐渐形成一个统一的历史进程，各民族的历史逐渐融入世界历史中。世界历史的发展不仅推动了生产力的普遍发展，也促进了各民族之间的交流与合作，文明交流互鉴是世界历史发展的必然趋势和重要内容。伊曼纽尔·沃勒斯坦作为世界体系理论的创始人，认为马克思的世界交往理论为理解现代世界体系的形成和发展提供了重要的理论基础。他在

①《马克思恩格斯文集》第2卷，北京：人民出版社，2009年，第35页。
②《马克思恩格斯文集》第2卷，北京：人民出版社，2009年，第50页。
③《马克思恩格斯文集》第1卷，北京：人民出版社，2009年，第541页。

《现代世界体系》中指出资本主义世界经济体系是一个由核心、半边缘和边缘国家组成的全球体系，各国在这一体系中的地位和作用是动态变化的。沃勒斯坦的世界体系理论继承和发展了马克思的世界交往理论，进一步揭示了全球经济体系的结构和运作机制。

其次，资本主义的扩张性特质促成全球性的经济体系的结果是各国的生产和消费的全球化。生产的全球化意味着商品生产不再局限于某一个国家，而是涉及多个国家的合作和分工。马克思在《资本论》中指出大工业建立了世界市场，使各个国家的生产和消费相互依存。消费的全球化则意味着世界各地的消费者都可以享受到全球生产的商品和服务，这不仅改变了人们的消费习惯，也促进了文化的交流和融合。然而，资本在全球范围内急速流动增殖，加速了经济全球化的进程，但也带来了全球范围内的经济波动和差距。马克思在《资本论》中论述过资本通过国际流动，形成了一个全球性的市场，促进了生产力的发展，但也加剧了各国之间的经济不平等。资本的国际流动既有利于生产力的提升，也带来了社会和经济的不平等问题。大卫·哈维在其《资本的限度》一书中，运用马克思的世界交往理论分析了资本主义的空间和时间扩展。他认为资本主义通过不断开拓新的市场和空间，实现了自身的再生产和扩展，同时也带来了全球范围内的社会不平等和生态危机。哈维的观点进一步丰富了马克思的世界交往理论，揭示了资本主义扩张对全球社会和环境的深远影响。

最后，文化和意识形态的传播是资本主义全球扩张的一个重要方面。马克思指出资本主义不仅在经济领域实现了全球化，还通过文化和意识形态的传播，形成了全球性的文化交往。资本主义的意识形态通过商品、媒体和教育等渠道，渗透到世界各地，影响着各国人民的价值观和生活方式。《共产党宣言》中提到资本主义在开拓世界市场的过程中带来了世界性的生产和消费，并且“物质的生产是如此，精神的生产也是如此”[①]。世界市场的发展客观上冲破了“民族的自给自足和闭关自守状态，被各民族的各方面的互相往来和各方面的互相依赖所代替了。……各民族的精神产品成了公共的财产。民族的片面性和局限性日益成为不可能……”[②]。马克思和恩格斯都注意到资本主义使得民族封闭性被迫消弭，也同时迫使这个世界按照资产者“自己的面貌为自己创造出一个世界”[③]。尤尔根·哈贝马斯，作为西方马克思主义的重要代表之一，也对马克思的世界交往理论进行了深入分析和评价。哈贝马斯在其《公共领域的结构转型》中探讨了资本主义社会的公共领域和交往理性，他认为资本主义的发展不仅在经济领域实现了全球化，还通过交往行为和公共领域的变迁，深刻影响了社会结构和人际关系。哈贝马斯的观点强调了交往理性在资本主义社会中的重要性，进一步扩展了马克思的世界交往理论的应用范围。

在上述基础上，马克思认为未来的文明形态必然是一种世界性的文明，离不开普遍交往的发展和深化。新的文明形态将超越资本主义文明，走向社会主义和共产主义。

①《马克思恩格斯文集》第2卷，北京：人民出版社，2009年，第35页。

②《马克思恩格斯文集》第2卷，北京：人民出版社，2009年，第35页。

③《马克思恩格斯文集》第2卷，北京：人民出版社，2009年，第36页。

马克思的普遍交往理论和世界历史理论揭示资本主义生产方式的内在逻辑和人类历史发展的普遍规律，为构建人类命运共同体提供了理论基础。普遍交往理论预见了全球化趋势，揭示了资本主义生产方式内在要求不断扩展市场的动力机制，通过世界历史的视角，马克思揭示了人类社会发展的普遍规律，特别是生产力和生产关系的矛盾运动。世界历史理论表明，资本主义的发展必然会导致全球范围内的生产力高度发展，同时也会产生全球性的矛盾和冲突。同时普遍交往理论和世界历史理论也反映着随着生产力的发展，社会关系从封闭走向开放、从地方性走向全球性的历史进程。在全球化背景下，随着交往的普遍化，各民族、各国家之间的文化和思想会相互碰撞、融合，共同面对全球化带来的挑战和机遇。

（二）中华传统文化中关于文明交往的思想

中华传统文化高度重视文化交流，认为这是人类社会向前发展的基本动力之一。文化交流是知识传播的重要渠道。历史上，每一次重大的文化交流都伴随着知识和技术的广泛传播，这一过程也促进了不同思想和哲学的碰撞与融合，古希腊哲学、印度佛教、中国儒家思想和伊斯兰文化在相互交流和借鉴中，逐渐形成了丰富多样的思想体系。同时文化交流为艺术和文学的创新提供了丰富的素材和灵感。在不同文化的相互影响下，艺术家和作家们能够突破地域和传统的限制，创造出具有普遍价值的艺术和文学作品，纷繁多样的文化交流共同推动了人类文明的进步，增强了人类对文化多样性的理解和尊重，促进了全球视野的形成。在文化交流中，人们能够认识到不同文化的独特价值，从而推动了多元文化的共生与共荣，为当今世界逐步形成了尊重多样性、倡导包容性的全球文化共识提供历史基础。

首先，中华文化中不乏包容多样性的思想基础。如儒家思想中“和而不同”的理念，即在承认差异和多样性的基础上，追求和谐共处。这一理念为尊重不同文明的独特性，倡导不同文明之间的相互包容和学习，提供了重要的思想基础。又如《礼记·礼运》篇中提出了“天下大同”的理想，即世界大同，人人平等，社会和谐。虽然当时的“天下”的内涵因客观历史因素而与今日的表述含义有所不同，但这一理想的宏大性本身便暗含了中华文化对人类共同命运的关切和追求，为各民族、各国家之间的团结和合作的理想追求提供了思想共鸣。再如儒家思想的核心概念“礼”与“仁”，《礼记·曲礼上》云：“夫礼者，自卑而尊人，虽负贩者，必有尊也。”[①]礼不仅是一种行为规范，更是一种精神追求，体现了对他人的尊重和自我修养的完美结合，在文明交往中，强调以谦卑的态度对待他人，尊重彼此的差异和独特性，为跨文化交流提供了重要的价值引领。从客观条件来说，历史学家钱穆指出，礼是中国古代社会制度和文化体系的核心，它不仅规范了个人行为，也规范了社会秩序和国家治理。这种规范性和约束力使得中华文明在漫长的历史进程中，能够保持相对的稳定和持续的发展，为东西方文化交流创造了良好的环境。仁，是儒家思想的另一重要概念，孔子认为仁是人之本性，是人与人之间相互关爱的表

① 孙希旦：《礼记集解》（上），沈啸寰、王星贤点校，北京：中华书局，1989年，第12页。

现。《论语·雍也》记载,孔子曰:“夫仁者,己欲立而立人,己欲达而达人。”[①]内仁外礼构成了儒家思想的核心理路,在礼的外在规范之下,仁的思想内核与其相辅相成,共同为文明交往构建整体性的身心行为结构,呈现出道德自律和他律的统一,在与他人和其他文明的包容吸收中实现自身的内生性革新。

其次,中华文化在与其他文化的交流中展现出极大的包容性和创新性。例如,在汉唐时期,中国与印度南亚文化进行了深度交流,汉唐时期的中印文化交流是人类文明史上的重要篇章。通过这种交流,两大古老文明相互学习、相互借鉴,不仅推动了各自的发展,也对世界文明进程产生了深远影响。中国不仅引进了印度的宗教,还吸收了其艺术、医学和哲学思想,从而推动了自身文化的创新和发展。张骞出使西域不仅带回了大量的物质财富和文化信息,还促进了中西文化的相互了解和融合。这种跨文化的交流,不仅丰富了中华文明的内涵,也推动了世界文明的发展。从隋代的“混一戎夏”[②]观念,到唐太宗言“自古皆贵中华,贱夷狄,朕独爱之如一,故其种落皆依朕如父母”[③],已有突破单一民族局限的宏大视野。唐朝通过丝绸之路与中亚、西亚、南亚乃至欧洲进行了广泛的文化和经济交流。明代的郑和下西洋是另一个重要的文明交往实践。郑和通过七次下西洋,访问了东南亚、南亚和非洲的多个国家和地区,促进了中外文化的交流。《明史·郑和传》中记载:“和经事三朝,先后七奉使,所历……凡三十余国。”[④]明朝通过和平交流,传播中华文化,增进了与世界各国的友好关系。与此同时,文化交流具有互向性,中国文化与其他国家的文化之间呈现的是互相影响的流动态势。如日本在大量吸收中国文化的基础上,也将其文化反向输出到中国。如日本的制刀技术和棉织技术在唐代和宋代对中国产生了深远影响,这种逆向输出不仅丰富了中国文化,也促进了中日文化的双向交流。

最后,古代中国分合不断的悠悠历史,也是各地域文化交流融合的历史。无论是造就百家争鸣的春秋战国,还是文武昌明的汉唐盛世,都为中华文化包容多元的特质筑基。“中国思想世界经过春秋战国的分化到两汉逐渐百川汇海形成一整套系统的意识形态之后,已经不再有自己变化更新的内在动力,而正是在这一时刻,佛教东来,成了中国思想世界自我调整的契机”[⑤],唐宋以来儒释道的不断交融最终生成士大夫阶层安身立命的基础性结构。中华民族自古以来的务实精神也为后来吸收西方自然科学知识提供了巨大的契机,相较于会与关涉核心传统秩序“中体”相冲突的文化,这些自然科学以“西用”的途径先一步在古代中国造成了更大的影响。在此过程中,地理环境对文化交流具有深远的影响。中国的地理环境既有封闭性,又有多样化的生态环境,这种环境促进了文化的多元互补和交流。例如,敦煌作为丝绸之路的重要节点,通过与西亚、中亚的文化交流,形成了独特的文化景观和文明生态系统。

总而论之,中国古代文明的一个显著特点是其文化的包容性。无论是佛教的中国

① 何晏集解,皇侃义疏:《论语集解义疏》,北京:中华书局,1985年,第82页。
② 魏徵等撰:《隋书》(卷六七),北京:中华书局,1973年,第1580页。
③ 司马光编著,胡三省音注:《资治通鉴》(卷一九八),北京:中华书局,1956年,第6247页。
④ 张廷玉等撰:《明史》(第二十六册),北京:中华书局,1974年,第7768页。
⑤ 葛兆光:《中国思想史》,上海:复旦大学出版社,2001年,第300页。

化，还是外来技术的本土化，都体现了中国文化的强大吸收和整合能力。这种包容性为文化创新提供了广阔的空间，使得中国文明在不断发展中保持了旺盛的生命力。

（三）中国共产党关于文明交往的智慧

中国共产党在其历史发展过程中，对文明交往的理解和实践不断深化，这不仅反映了中国文化在全球化进程中的发展轨迹，也展示了中国共产党在文化外交方面的智慧和策略。

中国共产党关于文明交往的指导思想不断与时俱进。在新民主主义革命时期及社会主义革命和建设时期，毛泽东等共产党人已经深刻洞见文明交流互鉴的重要意义，不仅在此过程中将马克思主义引入中国，并开始了将马克思主义与中国实际国情相结合的伟大尝试。毛泽东更是提出了“古为今用，洋为中用”以及“取其精华，去其糟粕”的核心指导原则。这个阶段中国共产党也十分重视与社会主义国家和第三世界国家的文化交流，吸收与传播革命经验和社会主义思想，在与国际无产阶级的共同战线中增强文化力量。改革开放和社会主义现代化建设新时期，改革开放政策实施后，文化外交的重心逐渐转向提高文化软实力，服务于国家的现代化建设。邓小平提出文化应为经济建设服务，这一思想转变标志着文化外交开始服务于中国的经济发展和社会进步。“经济上实行对外开放的方针，是正确的，要长期坚持。对外文化交流也要长期发展。”[①]通过引进国外先进的文化和科技成果，中国推动了国内的现代化进程，同时也向世界展示了中国的文化魅力。进入中国特色社会主义新时代，承前启后、继往开来，中国的文化外交进一步提升，强调国际话语权和中华文化软实力的提升。习近平总书记提出“文化自信”，强调道路自信、理论自信和制度自信，文化外交不仅是中国对外战略的重要部分，也是实现中华民族伟大复兴的重要途径。这一时期，中国更加注重通过文化交流提升国家形象和国际影响力。百余年中，中国共产党的文化外交的理念导向经历了从“文化服务外交”到“外交服务文化”的转变。早期，中国的文化交流主要服务于国家的外交政策，通过文化输出提升中国在国际舞台上的影响力和号召力。随着改革开放的深入，文化交流不仅为外交服务，也开始为国内文化建设服务。文化自信成为提升中国文化国际竞争力的重要支柱，通过展示中国文化的独特魅力，增强国际社会对中国的认可和尊重。这一变化体现了文化学中的“文化软实力”理论，强调文化在国际关系中的重要性和影响力。通过文化外交，中国不仅传播了自身的文化价值观，还促进了中外文化的相互理解和融合。文化自信的增强，进一步推动了中国在国际文化交流中的主动性和创新性。

中国共产党文明交往的实践方针也在不断力求革新。在不同历史时期，中国共产党根据国际形势的变化，调整文化外交的具体思路和工作方针。从单纯的文化交流，到主动展示中国文化的魅力，提升国际话语权，文化外交逐渐成为构建和谐世界的重要战略依托。新民主主义革命时期及社会主义革命和建设时期，文化外交主要

①《邓小平文选》第3卷，北京：人民出版社，1993年，第43页。

服务于社会主义革命与建设，通过文化交流支持国家的解放事业和社会主义建设。改革开放和社会主义现代化建设新时期，文化外交成为改革开放战略的重要组成部分，强调文化在国家现代化进程中的作用。江泽民和胡锦涛进一步推动文化外交成为提升中国软实力和构建和谐世界的重要路径。习近平总书记时期，文化外交的重点在于增强文化自信，推动中华文化走向世界，实现中华民族的伟大复兴。

综上所述，中国共产党在不同历史时期对文明交往的理解和实践展示了其丰富的智慧和策略。通过不断总结经验、探索和实践，中国的文化外交不仅服务于国家总体外交，也为国内文化事业的繁荣发展提供了重要支持。在未来，中国将继续秉持文化自信，推动中外文化交流与合作，共同构建和谐世界。这不仅有助于增进不同文化之间的相互理解和尊重，也为构建和谐共生的世界提供了宝贵的智慧和启示。

二、文明互鉴的原创性贡献

文明互鉴，是指不同文明之间相互学习、相互借鉴的过程。这一概念不仅是对历史经验的总结，更是对未来世界和平与发展的美好愿景。习近平总书记在多个场合提出了关于文明互鉴的重要论述，包括文明多样平等、文明开放包容、文明继承创新、文明对话交流、文明互学互鉴和文明和合共生等核心内涵。这些论述不仅为中国的文化外交提供了理论支持，也为世界各国的文化交流与合作，推动人类文明共同体的和谐共建提供了“中国方案”。

（一）文明多样平等说

习近平总书记强调，文明是多样的，每一种文明都有其独特的魅力和价值。不同文明之间没有优劣之分，只有特色之别。文明多样性是人类社会进步的动力，也是世界文化丰富多彩的源泉。习近平总书记指出：“我们要尊重各种文明，平等相待。”[①]习近平总书记于2013年3月在俄罗斯访问时强调“文化就像一个绵延不断的河流，源头来自远古，又由许多支流、干流汇合而成。文化交流是民心工程、未来工程，潜移默化、润物无声”[②]，深刻描绘了文明史多元的漫长历史，强调了文明的多样性发展是整体人类文明和世界历史发展的基础性逻辑。“每一个国家和民族的文明都扎根于本国本民族的土壤之中，都有自己的本色、长处、优点。”[③]这意味着需要尊重文明多样性的重要性，倡导平等对待、和谐共处，反对文明优越论和文化霸权主义。

①《习近平外交演讲集》第1卷，北京：中央文献出版社，2022年，第289页。

② 杜尚泽、施晓慧、林雪丹、谢亚宏：《“文化交流是民心工程、未来工程”——论习近平主席会见俄汉学家、学习汉语的学生和媒体代表》，《人民日报》（海外版）2013年3月25日，第4版。

③ 习近平：《在纪念孔子诞辰2565周年国际学术研讨会暨国际儒学联合会第五届会员大会开幕会上的讲话》，《人民日报》2014年9月25日，第2版。

（二）文明开放包容说

开放包容是文明互鉴的重要前提。习近平总书记认为，文明要保持自身活力，就必须不断吸收其他文明的有益成果。历史上，中华文明的繁荣发展正是得益于其开放包容的态度。“中华文明是在中国大地上产生的文明，也是同其他文明不断交流互鉴而形成的文明。”①无论是丝绸之路的开辟还是郑和远下西洋，“西学东渐”与新文化运动，再到改革开放以来的全面开放，中华文明一直保持着主体性意识，在开放包容中不断兼收并蓄。习近平总书记在《在纪念毛泽东同志诞辰130周年座谈会上的讲话》中指出：“要以海纳百川的胸襟学习和借鉴人类社会一切优秀文明成果。”②这种开放包容的态度不仅有助于自身文明的繁荣，也是世界文明的共同进步的必然途径。

（三）文明对话交流说

对话交流是文明互鉴的重要途径。习近平总书记认为，不同文明之间需要通过对话交流来增进了解，消除误解，促进共识。习近平总书记指出“如果各国重新回到一个个自我封闭的孤岛，人类文明就将因老死不相往来而丧失生机活力”③，而“历史告诉我们，只有交流互鉴，一种文明才能充满生命力”④。文明对话不仅是各国之间的文化交流，更是不同社会制度、发展模式之间的对话。这种对话交流有助于构建和谐共生的国际关系，推动世界的和平与发展，在人文交流中汇聚构建人类命运共同体的磅礴合力。

（四）文明互学互鉴说

互学互鉴是文明发展的必由之路。习近平总书记指出，不同文明之间应当相互学习、相互借鉴，以取长补短，共同进步。文明互学互鉴不仅有助于各国文化的繁荣发展，也有助于世界和平与繁荣。与此同时，文明的互学互鉴绝不是对外来文明的全盘肯定，“既要把握各种文明交流互鉴的大势，又要重视不同思想文化相互激荡的现实。”⑤互学互鉴的过程中也必须坚守中国的主体性立场，在深刻把握自身国情的前提下，将互学互鉴与提高国家文化软实力相结合，努力传播当代中国价值观念。习近平总书记强调“提高国家文化软实力，要努力提高国际话语权，加强国际传播能力建设”⑥，其中核心价值观更是文化软实力的灵魂、文化软实力建设的重点。

---

①《习近平外交演讲集》第1卷，北京：中央文献出版社，2022年，第99页。
② 习近平：《在纪念毛泽东同志诞辰130周年座谈会上的讲话》，《人民日报》2023年12月27日，第2版。
③《习近平外交演讲集》第2卷，北京：中央文献出版社，2022年，第19页。
④《习近平外交演讲集》第1卷，北京：中央文献出版社，2022年，第99页。
⑤《习近平谈治国理政》第3卷，北京：外文出版社，2020年，第428页。
⑥ 习近平：《论党的宣传思想工作》，北京：中央文献出版社，2020年，第50-51页。

（五）文明继承创新说

继承与创新是文明发展的两个重要方面。习近平总书记强调，文明的发展离不开对自身优秀传统的继承，对外来优秀文明成果的吸收，更离不开在继承基础上的创新。中华文明之所以能够延续至今，正是因为其在不断继承的同时，又在不同历史时期进行创新，形成了独特的文明特质。文明因创新而进步，国家因创新而强大。开放性地汲取世界文明成果的后续准则，便是在继承优秀文化成果的基础上进行创新发展，习近平总书记在中国共产党与世界政党高层对话会上的主旨讲话中指出："我们要共同倡导重视文明传承和创新，充分挖掘各国历史文化的时代价值，推动各国优秀传统文化在现代化进程中实现创造性转化、创新性发展。"①

（六）文明和合共生说

和合共生是文明互鉴的最高境界。习近平总书记指出，不同文明应当在和而不同的基础上，共同追求和谐共生。随着世界化分工的发展，国家间的合作共赢是未来发展的必然路径，符合人类文明发展的共同目的。习近平总书记在上海合作组织成员国元首理事会第十八次会议上的讲话中指出："以文明交流超越文明隔阂，以文明互鉴超越文明冲突，以文明共存超越文明优越。"②这种和合共生的理念不仅体现了中华文明的核心价值观，也为世界各国的文明交流与合作提供了重要的理论支持，是对文明冲突论的超越，为世界文明交往范式提供"中国智慧"。

综上可见，习近平总书记关于文明互鉴的重要论述，系统地以文明多样平等作为逻辑基础，以文明开放包容作为基本态度，以文明对话交流作为主要意蕴，以文明互学互鉴作为实践导向，以文明继承创新作为主体引领，以文明和合共生作为价值要旨，多维论述了文明互鉴的整体性结构。这些论述不仅丰富了中国的文化外交理论，也为世界各国的文化交流与合作提供了重要的理论支持。在全球化深入发展的今天，习近平总书记的这些论述具有重要的现实意义和深远的历史意义，必将对世界文明的和谐共生产生深远影响。

三、习近平总书记关于文明互鉴重要论述的理论探讨

在当前全球文化交融的时代背景下，如何促进不同文明间的和谐共存与相互借鉴，已成为亟待解决的重要议题。中国共产党作为推动文明交流互鉴的积极力量，提出了文明交流互鉴观、全人类共同价值以及全球文明倡议等战略思想，旨在为人类文明的繁荣发展开辟新路径。近年来，国内学者深入研究了习近平总书记关于文明交流互鉴的

① 习近平：《携手同行现代化之路》，《人民日报》2023年3月16日，第2版。

②《习近平外交演讲集》第2卷，北京：中央文献出版社，2022年，第108页。

重要论述，涉及对其理论架构、时代背景、深刻内涵、现实价值和具体实践等多个层面展开学理性探讨与实践性展望。特别是2019年以来，学界对于文明互鉴领域的研究呈现快速增长的趋势，但相关的文章及著作数量还比较有限，探讨的话题大多是围绕文明交往范式、学科体系构建、中西文化交流等宏观视野。基于此，对于习近平总书记关于文明互鉴重要论述的理论探讨还具有较大的研究空间。

（一）文明互鉴与人类文明新形态关系研究

文明作为社会进步和历史演进的产物，是反映社会开化程度和文明发展水平的重要标志。中国共产党站在中华民族伟大复兴的战略高度，立足于全球百年未有之大变局的时代转变，深化了对人类社会文明发展规律的理解，从而提出了“人类文明新形态”的核心理念。这一理念不仅彰显了中国共产党的高瞻远瞩与深邃洞察，更体现了党领导人民在全球化背景下所秉持的一种新型世界文明理念与崇高追求：尊重世界文明多样性，尊重各国基于其国情和历史文化传统所自主选择的发展道路和模式，积极倡导通过文明间的交流互鉴，超越文明之间的隔阂与冲突，实现文明间的和谐共存，而非追求某一文明的绝对优势，致力于将世界的多样性转化为人类文明绚烂多彩的天然图景。习近平总书记在庆祝中国共产党成立100周年大会的讲话中指出：“我们坚持和发展中国特色社会主义，推动物质文明、政治文明、精神文明、社会文明、生态文明协调发展，创造了中国式现代化新道路，创造了人类文明新形态。”[①]这一重大理念自提出以来，学界从概念界定出发，对其科学内涵展开研究，通过对人类文明新形态的理论来源、历史演变以及现实实践的深入挖掘，系统阐释了人类文明新形态的理论价值与时代意义。鉴于人类文明新形态与文明交流互鉴的本质联系，并且在价值理念上存在着内在的统一性，学界对这两者之间的关联性给予了高度关注，这充分彰显了人类文明新形态与文明互鉴关系的高度统一与深度融合。

目前国内学者对人类文明新形态与文明互鉴关系的研究主要集中在六个方面。

第一，从整体视域阐释人类文明新形态的文明互鉴特质。有学者认为，人类文明新形态是以中国特色社会主义为鲜亮底色、以五个文明为主体要素、以人民为中心为价值内核、以中国共产党领导为鲜明特征、以构建人类命运共同体为世界治理目标的具有文明交流互鉴色彩的人类新型交往理念。[②]

第二，从文明概念提出的合理性角度出发，阐释人类文明新形态与文明互鉴的共生性关系。有学者从历史逻辑、理论逻辑、实践逻辑的维度阐释文明所具有的多样性、平等性与包容性特质，提倡坚持弘扬平等、互鉴、对话、包容的文明观，强调人类文明新形态这一原创性概念的必然性和重要性。[③]

第三，基于历史唯物主义原则，阐发人类文明新形态的文明互鉴特质对人类文明发

① 习近平：《在庆祝中国共产党成立100周年大会上的讲话》，《人民日报》2021年7月2日，第2版。
② 邱吉、贾蕾：《“人类文明新形态”的科学内涵》，《马克思主义理论学科研究》2022年第4期。
③ 杨彬彬：《“人类文明新形态”概念提出的合理性》，《科学社会主义》2022年第2期。

展的时代价值。有学者认为，中国特色社会主义所开创的人类文明，呈现为一种崭新的形态，其具备消除“文明时代”内在矛盾的能力，有效构建了人类文明交流互鉴的全球图景，因而展现出了强大的生命力。同时，这一文明形态能够直面当代人类文明的种种困境，提出切实可行的解决方案，从而在实践中发挥引领作用。此外，它积极探索超越人类“史前史”的途径，为实现人类共同繁荣和可持续发展的未来愿景提供了广阔的空间和无限的可能。①

第四，从历史大变局的现实维度，揭示人类文明新形态文明互鉴对西方资本主义文明形态的超越性价值。有学者认为，人类文明新形态，是对资本主义文明的一次历史性的超越，也是社会主义文明形态在新时代的华丽转身和深刻升华。人类文明新形态的提出，不仅仅关注物质层面的丰富和繁荣，更强调精神层面的充实和提升；不仅仅追求经济的快速增长，更注重社会的公平正义和人的全面发展；不仅仅关注当下的发展成果，更着眼于未来的可持续发展和子孙后代的福祉。这种升华与转型，使得人类文明新形态成为引领人类社会向更高层次、更广阔领域迈进的重要力量。②

第五，从中国式现代化新道路的理论维度，诠释人类文明新形态内生于现代化道路之中，是在中国式现代化道路上创造的阶段性人类文明成果。有学者认为，中国式现代化新道路所孕育的人类文明新形态，是实现中华民族伟大复兴中国梦的必然产物，它不仅体现了中华民族几千年文明史的深厚底蕴，更是新时代中国特色社会主义伟大实践的集中体现。人类文明新形态是人类文明发展进程中的一次重要突破，它以独特的方式展示了人类文明交流互鉴的新篇章，为全球人类命运共同体的构建提供了坚实的文明基础。在人类文明新形态中，中国式现代化道路的全球价值得到了全面彰显。这条道路不仅深刻体现了中国社会主义建设的伟大成就，更在全球范围内为人类社会的发展提供了新的思路和模式。③

第六，从系统观视角出发，探讨人类文明新形态视野下文明互鉴对人类文明发展的世界历史意义。有学者指出，人类文明新形态的系统性主要表现文明内涵的整体性、文明主体的共同体性、文明关系的和谐性和文明创造的共进性，昭示着人类文明新形态的精神文化意蕴。人类文明新形态的系统性强调以系统观念考察人类文明新形态，根本要求在于从共性和统一性角度把握人类文明。共性代表了在多样性中不同人类文明所共有的基本特征，而统一性则体现了这些文明在相互依存、相互渗透中形成的紧密联系。这种分析框架有助于我们更为准确地把握人类文明新形态的内涵及其发展趋势。④

① 侯惠勤：《论人类文明新形态》，《陕西师范大学学报》（哲学社会科学版）2022年第2期。
② 于沛：《历史大变局中的人类文明新形态》，《历史研究》2021年第6期。
③ 陈金龙：《人类文明新形态的四重意蕴》，《广东社会科学》2021年第6期。
④ 邱耕田：《系统观视阈中的人类文明新形态》，《当代世界与社会主义》2022年第2期。

（二）文明互鉴与中西文明比较的国别学研究

区域国别研究作为对特定区域或国家的综合性研究，旨在通过跨学科的知识和研究方法，实现对该区域或国家的多维度分析。当代的国别和区域研究源于全球化背景下各国为应对对外交往的现实需求，对域外知识的系统性探究和知识体系的构建，是不同民族和文明间交流互动的历史产物。自19世纪起，英国等欧洲国家出于殖民地治理的考量，率先开展了区域国别研究。二战后，美国的区域国别研究蓬勃发展，其成果不仅服务于美国全球霸权的拓展，亦涉及冷战期间的意识形态对抗与西方价值观的输出。显然，区域国别研究是大国在对外交往过程中因现实需求而自然发展的产物。在英、法、美等发达国家率先开启区域国别研究历程的背景下，中国亦在积极布局这一领域。党的二十大明确提出，中国将积极参与全球治理体系的改革与建设，致力于构建人类命运共同体，通过共商共建共享，深化与全球伙伴的关系，并推动文明间的对话、互鉴与共生。中国发展区域国别研究的初衷，并非效仿西方国家追求全球霸权。欧美国家往往基于冷战思维，站在对立角度审视目标国家与区域，将区域国别研究作为"知彼"的战略手段，意在借此建立并维护其话语霸权和对全球的统治。然而，我国的区域国别研究立足于"本土"实际，旨在推动文明间的和谐共存，发展多元文明的中国话语，发掘不同文明间的共同价值，从而构筑起连接中国与世界的知识纽带。

目前国内学者对文明互鉴视野下的区域国别学研究主要集中在四个方面。

第一，从比较视野下的中外现代化研究出发，阐释区域国别学在中外现代化比较研究的文明互鉴倾向。有学者指出，"中国式现代化"的提出，有力挑战了"现代化即西方化"及"现代化等同于资本主义的传统认知"，以不容置疑的实践成效展现了人类社会实现现代化路径的丰富多样性。这一进程充分展现了中国特色社会主义的优越性，并彰显了在全球化时代背景下，人类现代化发展道路亟须文明互鉴的迫切需求。①

第二，围绕区域国别学的学科体系建构问题，提倡国际传播学、国际经贸学、国际政治学、社会学、人类学、宗教学等多学科以文明互鉴为方法范式助力多学科深度交叉融合的区域国别学知识体系。以国际传播学视野下的区域国别研究为例。有学者强调，在国际传播学的广阔视野中，对各个区域和国家的深入研究，应当建立在文明互鉴的基础之上。这意味着，我们不仅要从横向的角度，去观察和分析不同文明之间的相似与差异，更要从纵向的历史维度，去挖掘各个文明的发展轨迹和相互影响。通过这种相互借鉴和学习，我们才能进一步促进和加深对于各种文明的理解，进一步拓宽区域国别学研究的世界视野和理论深度。②

第三，从区域国别研究的人才培养入手，阐释文明互鉴视域下中国跨学科高水平人才培养体系的必要性。有学者认为，在深入推动教育改革和提高人才培养质量的过程中，必须精心规划和有效实施学科发展、人才培养和智库建设这三大关键领域的"三位

---

① 任珂瑶、钮菊生、艾伦：《共建中老命运共同体路径探析》，《和平与发展》2020年第4期。
② 刘洪洁：《世界史与区域国别学的交融发展及其路径——"中国式现代化视角下世界史与区域国别学融合发展学术研讨会"综述》，《史学月刊》2024年第2期。

一体”战略。这一战略的核心在于，将这三大领域紧密相连，形成一个互相促进、协同作用的有机整体，以便更好地服务于国家的长远发展战略和重大需求。通过积极发挥学科发展、人才培养、智库建设的“三位一体”作用，致力于培养具有国际视野和本土实践能力的复合型人才，即“国别通”，对国际规则和外国情况有深入了解和认识；“区域通”，对我国不同区域的发展特点和需求有深入把握；“领域通”，在各自专业领域有深厚造诣的人才。这样的“三位一体”人才培养模式，是实现我国从人才大国向人才强国转变的重要途径，对于提升国家综合竞争力，实现高质量发展具有深远的意义。①

第四，立足于区域国别学的方法创新与实践运用，以中欧研究、东亚研究、中非研究等具体案例呈现了区域国别学的研究范式与所涉领域，表明区域国别研究需要秉承文明互鉴的态度，积极吸收借鉴各学科优势，推动研究方法范式的突破转型。有学者认为，区域国别学是一门提供综合知识的学科，它在研究过程中需要明确地区分“区域”和“国别”这两个概念，确立以问题为导向的研究方向，以文明互鉴的大历史观推动区域研究和国别研究的协调发展。这种研究方法有助于我们更深入、全面地了解不同国家和地区的发展情况，从而为政策制定和国际合作提供有力的理论支持。在这个过程中，我们需要充分挖掘和利用各种资源，包括历史、文化、经济、政治等方面的信息，以期在研究中取得更为显著的成果。同时，我们还应该注重实证研究和理论研究的相结合，既要关注现实问题，又要不断提高理论创新能力，从而为区域国别学的发展作出更大的贡献。

（三）文明互鉴与中国自主知识体系的建构研究

人类社会每一次重大跃进，人类文明每一次重大发现，都离不开哲学社会科学的知识变革和思想先导。党的二十大报告指出：“我们必须坚持解放思想、实事求是、与时俱进、求真务实，一切从实际出发，着眼解决新时代改革开放和社会主义现代化建设的实际问题，不断回答中国之问、世界之问、人民之问、时代之问，作出符合中国实际和时代要求的正确回答，得出符合客观规律的科学认识，形成与时俱进的理论成果，更好指导中国实践。”②构建中国自主知识体系，是民族文化与时代精神的深刻表达，旨在融合中华文明与马克思主义精髓，形成包含价值目标、内在机理、制度载体和行为模式等核心要素的知识架构。新时代建构中国自主的知识体系，核心实质在于加速构建中国特色哲学社会科学，实现历史文化传统、现实实践与未来发展的有机贯通。通过知识生产的形式，精准表达中国的发展道路、治理智慧和核心理念，以延续文明脉络、创新思想体系、立足实践需求的方式构建新的知识结构与知识范式，以实现中国实景、民族图景与世界愿景的和谐统一。从理论层面看，中国自主知识体系是人类知识体系不可或缺的重要组成部分，建构中国自主知识体系是世界社会科学发展史上的重要里程碑，将为人

① 方长平、侯力：《践行总体国家安全观 创新人才培养模式》，《中国高等教育》2023年第1期。

② 习近平：《高举中国特色社会主义伟大旗帜为全面建设社会主义现代化国家而团结奋斗——在中国共产党第二十次全国代表大会上的报告》，北京：人民出版社，2022年，第17–18页。

类社会贡献新的知识积累，为人类文明新形态提供坚实的理论支撑。从实践层面看，中国自主知识体系是“地方全球化”背景下的重要思想资源，不仅能够引领中国式现代化的深入发展，还将为其他国家的发展治理实践提供宝贵的理论参考与借鉴。

目前，“建构中国自主的知识体系”这一命题的提出引发了学界的热烈讨论，如何理解“自主知识体系”的内涵、如何建构中国自主知识体系以及如何从各个学科发展的展望体现知识体系的自主等议题成为学界论述的焦点。关于文明互鉴与中国自主知识体系的构建研究，学界的理论阐释主要呈现四种倾向。

第一，聚焦于自主知识体系内涵的学理性分析，从自主学科构建、自主学术创造、自主知识生产角度凸显文明互鉴对构建中国自主知识体系的重要性。有学者指出，建构中国自主知识体系，既要有中国自己的特色，又要有对全人类发展有益的启示和贡献。中国自主知识体系的建构确实需要紧密依托中国的实际情况和丰富经验，但同样关键的是，在“文明互鉴”的宏大背景下，我们应当审慎地审视和借鉴西方的经验、实践和理论。在审视西方经验、实践以及理论的过程中，要以开放和包容的心态，去粗取精、去伪存真，取其精华，去其糟粕。①

第二，基于自主知识体系的构建基础与内容构成，从文化主体性、社会科学本源等研究视角揭示文明互鉴是构建中国自主知识体系的全新范式标识。以文化主体性为例。有学者指出，文化主体性是建构中国自主知识体系的根基。中华文化主体性与中国自主知识体系紧密相连，共同构成了国家文化软实力的重要组成部分。在建构中国自主知识体系的过程中，必须秉持开放包容、文明互鉴的原则，以大历史观正确认识和理解文化和文明，坚守中华文化立场，既要坚守中华文化的独特性和创新性，又要积极吸收借鉴其他国家和民族的优秀文化成果，不断推动中国自主知识体系的发展与创新，为实现中华民族的伟大复兴贡献力量。

第三，立足于中国近代社会科学的发展变迁，结合当下全球的时代变革，以中国和西方为研究视角来阐释新闻传播学、社会学、教育学、政治学等具体学科的未来展望。以新闻传播学为例。有学者认为，在建构新闻传播学自主知识体系的进程中，应采取一种“求似析异，文明互鉴”的策略。基于对人类命运共同体的深刻认知，着重从中西文明中共属的“相似性/类似性”着手，以中国的实际经验为研究基础，深入分析中西文明这些相似点中所蕴含的差异之处。与西方学者一起为人类新闻传播学知识体系的增益作出贡献。②

第四，对中国式现代化与中国自主知识体系的关系理路进行理论阐释，从现实条件、文化资源、实践路径等角度阐明文明互鉴对构建中国自主知识体系的当代价值。有学者强调，在中国式现代化进程中构建中国自主的知识体系，是遵循辩证唯物主义和历史唯物主义基本原理的必然选择。中国式现代化为中国自主知识体系提供了坚实的实践基础和理论源泉，而中国自主知识体系则是中国式现代化经验的深刻总结和理论升华。中国自主知识体系的建构，深刻体现了中国特色哲学社会科学发展的内在逻辑和

① 曹顺庆、刘诗诗：《文明互鉴：中国自主知识体系建构的重要意识》，《社会科学研究》2024年第2期。

② 邓建国：《“求似析异，文明互鉴”：建构中国新闻传播学自主知识体系的路径探析》，《南京社会科学》2024年第1期。

客观要求。中国式现代化赋予了中国自主知识体系明确的使命和定位,即根植于中国国情和人类文明的共同价值,通过中国学术的独特视角和方法解决中国面临的实际问题,以中国的实践成果推动中国学术的繁荣发展,并以其原创性、前瞻性和普适性的理论、知识和方法,为全球文明进步贡献中国智慧和中国方案。①

(四)文明互鉴与中西政治文明建设研究

在全球化的浪潮下,当今世界的一体化与多样性在时代的交织中持续演进,呈现出复杂而多元的发展态势。一方面,世界一体化进程不断加快,互联网、大数据、云计算、量子科技、人工智能等前沿技术飞速发展,各国人民的命运紧密相连,共同面临的挑战也愈发显著。另一方面,世界多样性持续繁荣,多元文明和谐共生,各种社会制度并存互鉴,发展模式相互补充,文明间的交流互鉴日益活跃。然而,文明间的差异与碰撞亦难以避免。因此,如何有效协调多元文明之间的关系,已成为当前全球治理的核心议题。自工业革命兴起以来,欧美国家率先踏上了现代化的发展道路。在全球文明交流融合的大潮中,逐渐产生了以"西方中心论"和"文明优越论"为基石的"文明冲突论",将非西方国家视为"异数"和"他者",将社会冲突的根源归结为不同文明之间的差异。以美国为首的西方国家,在战略考量中长期受到"自我与他者"的文明冲突观约束,以自身作为衡量标准,企图将其他文明强制纳入西方文明的体系。这种对世界多样性的漠视以及对"普世价值"的过度推崇,正在逐步成为导致全球冲突升级的深层次根源。在新时代的征程中,中国始终坚守着推动文明交流互鉴的坚定立场,为多元文明的共荣共进贡献重要力量。中国所倡导的新型文明观,深深根植于中国传统文化的精髓之中,特别是和合文化,其核心理念与文明冲突论有着本质的区别。中国积极倡导建立以平等、互鉴、对话、包容为基础的文明交流理念,尊重并珍视世界文明的多样性,通过文明的交流与互鉴来减少误解与隔阂,化解潜在的冲突,摒弃文化优越性的偏见,从而深化文明交流互鉴,增进各国人民之间的理解与友谊,共同面对全球性的挑战。在推动文明交流互鉴的道路上,中国率先提出并成功举办了亚洲文明对话大会,旨在构建一个促进亚洲乃至全球文明交流互鉴的重要平台。同时,中国积极弘扬和平、合作、开放、包容的丝路精神,致力于将"一带一路"打造成为文明交融的纽带。通过举办中国共产党与世界政党高层对话会、中国共产党与世界政党领导人峰会等一系列活动,中国努力将世界的多样性和各国的差异性转化为不同文明发展的现实动力。此外,中国还积极推动在上海合作组织框架下构建人文共同体,促进金砖国家合作机制在政治、经济、文化等多个领域实现协同发展。……这些基于和合共生的中国方案,不仅为人文交流合作注入了新的活力,也为推动人类社会的进步与发展提供了宝贵的经验借鉴与智慧支持。

目前国内学者对文明互鉴与中西政治文明建设的研究主要集中在四个方面。第一,从人类文明互鉴的历史脉络出发,围绕马克思主义文化观、中华民族传统文化等探讨中国新型文明观的理论来源和当代价值。有学者指出,中华文明作为世界上最早形

① 田鹏颖:《中国式现代化视域下中国自主知识体系的构建》,《思想理论教育》2024年第5期。

成的高度发达的文明之一，在历史的长河中不仅积淀了深厚的文化底蕴，形成了独特的价值观念、社会制度及生活方式，而且在不断的自我演进与外部交流中，不断地吸收新的元素，适应新的环境，展现出强大的生命力和自我更新能力。这种自立之道为其他文明提供了宝贵的参考。在世界百年未有之大变局加速演变的今天，中国新型文明观的提出不仅凸显了中华文明作为古老文明的自我发展和独立精神，同时也体现了人类社会在纵向历史进程与横向文化交流中的辩证统一。①

第二，聚焦习近平总书记关于文明交流互鉴的重要论述，从国内讲话、外交演讲等场合挖掘思想资源，对文明互鉴进行学理性阐释和文化性宣传。有学者强调，习近平总书记关于文明交流互鉴的重要论述，作为习近平文化思想的重要内容，旨在消除文明冲突论的负面影响，祛除文明交往中的傲慢与偏见，进而打破异质文明交往中的束缚与壁垒，构建更为公正、合理的人类文明交往秩序与范式。文明互鉴的提出不仅促进了不同文明间的和谐共存与深入交流，也为全球治理体系的完善与发展提供了宝贵的参考与启示。②

第三，从习近平文化思想的现实实践出发，以中国式现代化、中华民族现代文明为视角审视“一带一路”、人类命运共同体的未来发展，同时将文明互鉴论与文明冲突论、文明优越论进行比较研究，通过阐释文明互鉴的核心要义、逻辑理路与世界意义，揭示西方资本主义文明所蕴含的西方中心主义理论缺陷。有学者认为，文明冲突论作为西方霸权思维的产物，其虚伪性和破坏性不容忽视，对全球和平稳定与文明进步构成了严重阻碍。相较之下，中国新型文明观以文明交流互鉴为核心，在政治架构、思想方法、历史认知、观察角度、实践路径和价值追求等方面，均实现了对文明冲突论的全面超越，为全球提供了一种新的文明对话与合作模式，对推动世界文明向前发展具有积极而深远的影响。③

第四，围绕人类学、政治学、民族学等具体学科，将学科研究的中西政治文明问题内嵌于文明互鉴主题，通过独特的学科视野解读文明互鉴对人类文明走向、中西政治发展、现代民族融合的时代价值。以文化人类学为例。有学者认为，文明冲突论作为文化范式现代性的一种具体呈现，其根源可追溯至笛卡尔主客体二元分裂的哲学理念。在社会人类学层面上，这一理论主要表现为将人类文明划分为“自我”与“他者”两个相互对立的范畴。无论是西方所秉持的自我中心主义，还是非西方所持有的“他者视野”，均未能摆脱现代文化范式的束缚，因此也未能实现对文明冲突论的超越。马克思以世界历史的宏大视角，对现代文化范式提出了深刻的批判。在马克思的理论框架下，未来世界的文化范式不应是“文明的冲突”，而应当是向着“世界历史”这一更为融合与和谐的方向发展。④

---

① 董欣洁：《从西学东渐到文明互鉴 百年变局中的中国与世界》，《人民论坛》2024年第7期。
② 陈鹏：《习近平关于文明交流互鉴重要论述的核心要义、逻辑理路与世界意义》，《思想教育研究》2024年第2期。
③ 韩升、李斌：《文明冲突的破解与超越：论推动构建人类命运共同体的新型文明观》，《学习论坛》2024年第2期。
④ 沈湘平：《人类学视野对理解和弘扬 全人类共同价值的启示》，《山东社会科学》2024年第5期。

（五）文明互鉴与中西文化典籍互译研究

正如亚里士多德所言，朋友是你自己的另一半，文明传承和互鉴就是大家各自寻找自己的另一半，从而最终成就一个完整的自己。文明互鉴的“鉴”是一个存异的过程，其主旨是追求“和而不同”；文明互译的“译”是一个求同的过程，其主旨是追求“美美与共”。中华典籍作为中华民族历史记忆与思想智慧的瑰宝，是中国文化软实力的重要源泉，也是中华文化对外传播的重要载体。20世纪末，我国启动了“大中华文库”项目，这是一项系统而全面的中华文化对外传播工程，旨在向全球展示中华优秀传统文化的精髓。首批项目选取了110种经典作品，覆盖文学、哲学、科技、历史及军事等多个领域。随后，我国典籍的翻译、推广和研究工作蓬勃发展，浙江大学设立“中华译学馆”，中国作协启动“扬帆计划·中国文学海外译介”项目。过去，我国典籍外译主要侧重于文学和哲学类作品，如四书五经、古典诗歌和古典小说等。现在，越来越多的译者开始关注史学、医学、科技、兵学及少数民族等领域的典籍，如美国汉学家倪豪士主持的《史记》全译工程，以及新西兰汉学家彼得·哈里斯和加利福尼亚大学伯克利分校教授戴梅可分别出版的《孙子兵法》译本等，均体现了外译内容的多元化趋势。目前，中西文化典籍互译的现状尚存显著不足：在译介主体层面，西方译者活跃度相对较高，而中国译介活动的兴起则较为滞后，其成果亦显有限；在译介对象的选择上，选材范围相对狭窄且存在重复现象，难以全面真实地展现中华文明的丰富内涵；在传播效果方面，译本中普遍存在的误读、失真、扭曲和变异现象，导致经过译介的中华文化难以与具有固定思维模式和文化偏见的西方主流话语进行平等的交流与对话。简而言之，中华典籍在文明互鉴译介的道路上仍面临诸多挑战与障碍，这是学界必须清醒认识并努力应对的现实。

目前国内学者对文明互鉴与中西文化典籍互译的研究主要集中在三个方面。

第一，从汉学家译本的历史背景出发，聚焦典籍翻译教学理念、教学模式、人才培养机制等方面进行理论探讨，对当下文明互鉴视野下中西文化典籍互译进行未来展望。有学者指出，文明交流互鉴理念的提出，对于中华文化的发展和国际传播具有深远影响。这一理念鼓励我们摒弃偏见，以开放的心态去接纳和学习其他文明，实现文化的交融与发展。中西典籍互译正是这种理念的具体实践，它不仅仅是文字的转换，更是文化的传递和碰撞。通过这样的互译，能够更深入地了解西方文化的精髓，同时也将中华文化的独特魅力展现给世界。这种双向的文化交流有助于提升我国的文化软实力，为中华文化的国际化进程注入新动力。①

第二，从哲学、文化学、新闻学、古典学等层面的文化典籍出发，围绕具体历史分期、具体国家区域、具体学科归属阐释中西文化典籍互译的创新发展。以中国哲学典籍的翻译传播为例。有学者指出，中国哲学典籍的翻译传播是深化中华文化国际影响力、促进中西文明互鉴的重要手段。在翻译过程中，应凸显中国哲学的独特性和合法性，确保中国译者在中国哲学典籍翻译中的主体地位，同时注重保持中华文化特色的原汁原味，并灵活运用异化的翻译策略，以精准传达中国哲学的精髓。此外，构建研究型学者翻译

① 程跃：《文明交流互鉴背景下汉学家译本在典籍翻译教学中的价值与应用》，《未来与发展》2023年第9期。

模式，对于提升翻译质量、推动中国哲学典籍在国际社会的传播和认可具有重要意义。[①]

第三，聚焦于个人主体，通过梳理助力中西文化典籍文明互鉴的汉学家的学术成就，将个人治学之道的研究特点升华为中西文化典籍互译的时代议题，揭示文明互鉴对中西文化典籍互译的时代价值。以费孝通翻译思想为例。有学者强调，费孝通的翻译佳作《社会变迁》和《文化论》等，深刻地展现了他所倡导的"融通中西、求真至善"的翻译理念。这一理念不仅体现了他对中西文化的深刻理解，也彰显了他对促进中西文化交流的坚定信念。其中，"融通中西"代表了费孝通对文化自觉的追求，"求真至善"则体现了费孝通对文化本真的追求。费孝通的翻译理念揭示了文明互鉴在典籍互译中的时代价值：典籍互译不仅要传达文字表面的意思，更要译出文化本身的内涵和魅力，让读者能够真正感受到文字作品的文化魅力和理论深度。[②]

四、习近平总书记关于文明互鉴重要论述的实践向度

习近平总书记关于文明互鉴的重要论述，深刻揭示了在现代化背景下不同文明之间交流互鉴的必要性和重要性。在这一理念指导下，中国积极推动文明互鉴的多层次、多领域实践，如强化国际学术合作机制、开展中西学术文化交流、打造系列学术文化精品工程、实施国际联合人才培养项目、推进文明互鉴服务国家发展战略建设等。通过这一系列的实践，我国与他国的文明交流互鉴提升到了一个新的高度。

（一）强化文明互鉴品牌国际学术合作机制

强化文明互鉴品牌国际学术合作机制是我国文明互鉴实践向度的重要组成部分。通过建立文明交流互鉴合作研究中心，成立一系列的中西学术联盟、高校联盟以及智库联盟研究机构，各高校和各城市设立国际交流研究院、研究中心，等等，中国与世界各国在众多领域展开了广泛的合作和交流。

首先，成立文明交流互鉴合作研究中心是近些年来我国文明互鉴的一项突出成就。通过成立文明交流互鉴合作研究中心，中国在国际学术合作中迈出了坚实的步伐。2023年2月，在外交部和教育部等部门的支持下，"中希文明互鉴中心"在雅典大学成立，致力于促进中希两国在文化、学术等领域的深入交流与合作。该中心是由西南大学牵头，中国人民大学、四川大学和山东大学等国内高校与希腊雅典大学、佩特雷大学、亚里士多德大学和克里特大学共同合作成立。类似的，由中国人民大学与法国的索邦大学等高校共同设立的"中法文明交流互鉴合作研究中心"、由中国人民大学与匈牙利罗兰大学联合成立的"中匈文明交流互鉴合作研究中心"分别于2024年5月和6月成立，这两个中心的成立进一步扩展了中国与欧洲国家在文明互鉴方面的合作网络。

---

① 夏莉雯：《论中国哲学典籍翻译》，《文化创新比较研究》2023年第30期。

② 吴斐、季恩琼、杨永和：《费孝通翻译思想对民族文化典籍译介的启示》，《西安外国语大学学报》2024年第1期。

其次，中国通过建立各类联盟，进一步推动了文明互鉴的广泛合作。2015年我国成立了“一带一路”智库合作联盟和“新丝绸之路大学联盟”等联盟，联合了至少37个国家和地区的160余所大学加入，形成了遍布五大洲的高等教育合作平台，开展了多元化的学术交流与合作。此外，我国在2017年成立了“一带一路”学术出版联盟，汇集了29个国家和地区的92家出版商、学术机构和专业团体，旨在促进“一带一路”相关学术研究成果的出版和传播。2019年更是成立了“全球中文学习联盟”以及全球首个“人文社会科学高校联盟”，促进了跨文化的学术交流。2020年成立了“国际文化交流学术联盟”，2024年则是有30家重点实验室联合成立了“高校哲学社会科学实验室联盟”……我国通过建立多种类型的联盟，使得文明互鉴的广度和深度得以不断拓展。

最后，通过建立国际交流研究院、研究中心等，不断拓展中国在全球学术合作中的新领域。2016年，“清华大学全球共同发展研究院”和厦门大学“一带一路汉学总中心”分别于1月和12月成立，为推动中国与世界各国在学术和文化领域的深度合作奠定了基础。2017年5月，同济大学成立了“中德人文交流研究中心”，促进中德两国在人文社会科学领域的合作。2018年，“上海全球治理与区域国别研究院”与中山大学“一带一路”研究院分别于9月和11月成立，加强了全球治理、区域国别研究、“一带一路”倡议下的各类研究课题的学术交流。2023年12月，上海师范大学成立了“人类文明交流互鉴研究中心”，专注于人类文明交流互鉴的系统研究。这些研究机构的建立为文明互鉴提供了重要平台和机制，促进了不同文明之间的相互理解与合作。

（二）聚力文明互鉴开展中西学术文化交流

在全球化进程不断加速的今天，中西学术文化交流在推动不同文明间的理解与合作方面发挥着愈加重要的作用。近年来，中国通过举办和参与一系列文明互鉴国际论坛与会议、举办国际文化节与博览会、创建国际技术平台等，积极推进中西文化互鉴和学术交流。

学术论坛与研讨会是促进中西学术文化交流的重要平台，通过这些平台，不同国家和地区的学者得以分享交流最新的研究成果和学术思想，深化彼此的了解与合作。近些年来，我国举办了诸多以文明互鉴为主题的学术论坛和研讨会，例如，尼山世界文明论坛；文明互鉴：相互尊重与合作发展平行论坛；儒家思想与文明互鉴——第九届泰山文明论坛；丝绸之路与文明互鉴国际论坛；追溯文化百年足迹，共求世界文化繁荣——第三届世界文化论坛；“人类历史中的文明交流互鉴”学术论坛；文明互鉴·文明互译——第五届“中央文献翻译与研究论坛”；“东亚文明交流互鉴”高峰论坛；第二届“一带一路”上海论坛；文明互鉴与人类命运共同体——泰山国际文化论坛；“一带一路”语言文化高峰论坛；比较文明与人文交流高等研究院成立大会暨中华文化“走出去”高层论坛；第三届世界互联网大会互联网文化论坛；深化高等教育国际交流合作促进多样文明互学互鉴“双一流”建设国际研讨会暨北京论坛；“文明互鉴与文学传播”国际学术研讨会；“国际玄奘论坛：文明互鉴与中印交流”学术研讨会；亚洲文明交流互鉴北京国际学术研讨会……吸引了众多国家和地区的专家学者参会，通过专题讨论和案例分享，展示了中西文明交流的丰富成果和未来发展的广阔前景。这些论坛与会议不仅提高了学理探讨的深度，还为文明互鉴提供了智力支持。

文化节、博览会、国际技术平台等在推动文化互动和民间交流方面发挥了重要作用。例如，丝绸之路电影节、北京国际图书博览会，以及中国文化年、中国文化季等多种形式的文化交流活动的开展，不仅在国际上推广了中国文化的多样性，还加深了各国人民之间的相互了解，增进了彼此的友谊。此外，技术平台与文化推广在打破语言和文化障碍、推动文化传播方面也发挥了重要意义。例如，我国在2022年推出了多语言机器翻译平台——丝路2.0多语言翻译平台，为跨文化交流提供了技术支持等。该平台利用先进的人工智能技术，实现了多种语言之间的高效翻译，极大地方便了国际学术交流和文化互动。

（三）打造文明互鉴系列学术文化精品工程

在打造文明互鉴系列学术文化精品工程方面，我国通过一系列的学术出版项目和相关丛书，展示了中国在推动中西文明交流互鉴方面的卓越成就。这些工程涵盖了历史、哲学、文学、社会科学等多个领域，旨在通过学术研究和文化传播，深化中西方之间的理解与合作。

“中国文化与文明”系列丛书是1990年由中国国际出版集团与耶鲁大学出版社合作开展的大型合作出版项目，时间较为久远，影响十分深刻。该项目秉承着文明交流互鉴的理念，向世界介绍中国的历史和文化。除此之外，“中国图书对外推广计划”（2004年）、“中外图书互译计划”（2008年）、“经典中国国际出版工程”（2009年）、“中华学术外译项目”（2010年）等项目启动的时间也较早，至今仍旧发挥重要作用。这些工程通过翻译和推广优秀的中外图书，在促进中国学术成果在国际上的传播的同时，推动了中西文化的交流与融合。近十年来，我国设立并启动了“中华思想文化术语传播工程”和“丝路书香出版工程”，通过梳理能体现中国核心价值的术语、出版和翻译一系列与丝绸之路相关的书籍等方式，促进与丝绸之路沿线国家以及其他国家之间的文化交流。

“中国关键词”项目是我国打造的重点公共知识产品，其用20种语言传播到全球50多个国家，被誉为“让世界读懂新时代中国的支点”。2023年，该项目发布了《中国关键词：文明互鉴篇》和《中国关键词：传统文化标识篇》等重要成果，为我国文明的“走出去”提供了理论资源。此外，我国不少出版社和高校主持编撰了文明互鉴的系列丛书。例如，四川大学主持的“文明互鉴：中国与世界”丛书、南开大学主持的“南开大学世界古史论丛”、西南大学主持的“丝绸之路中外医学交流文献丛书”等，都是探讨中西文明互鉴的重要文献，都在提升中国文化的国际影响力和促进文明互鉴方面起到了重要作用。

（四）实施文明互鉴国际联合人才培养项目

实施文明互鉴国际联合人才培养项目是推动中外文明交流互鉴的重要举措，旨在培养具有跨文化背景和全球视野的人才，为世界文明进步和文化多样性作出贡献。我国在这方面的实践经验包括完善学科划分和人才培养计划、设立中外联合学位项目、国际交流生计划、跨文化培训项目等多个方面。

近十年以来，我国相继出台了一系列政策和文件，支持和推动国际联合人才培养项目的发展。2015年10月颁布了《统筹推进世界一流大学和一流学科建设总体方案》；2018年提出了“新工科、新医科、新农科、新文科”的“四新”概念；2019年启动了“六卓越一拔尖”计划2.0；党的二十大报告提出科教兴国战略、人才强国战略和创新驱动发展战略；2020年设置了“交叉学科”门类；2021年发布了《交叉学科设置与管理办法（试行）》；等等。这一系列的举措都为基于文明互鉴的国际联合人才培养提供了制度保障和政策支持。

纵观世界顶尖大学的人才培养模式，可以发现它们都把培养“未来领袖人物”作为根本目标，旨在为人类社会的进步作出更大的贡献。这一目标是基于全球视角和建设人类命运共同体的高度而设立的，彰显出培养人才的定位应落脚于培养出具有国际竞争力的高素质人才上。我国的国际联合人才培养项目包括攻读学位、联合培养优秀学生、交换生计划、短期访学计划、寒暑假研学计划、跨文化培训项目等。我国不少高校、研究中心、研究机构等都与国外的知名高校展开了合作，在为学生提供在不同教育体系下学习的机会的同时，又推动了两国学术教育的深度合作。例如，西南大学牵头成立的中希文明互鉴中心实施了国际联合人才培养项目，首批招收了硕士研究生17名、专项博士研究生10名，为培养文明互鉴专项人才注入了能量。除此之外，国家留学基金管理委员会实施的国际联合人才培养项目、广州菁英计划、国际化拔尖创新人才培养计划等国家和地方推出的人才培养政策，进一步明确了培养国际化创新人才的目标。这彰显了在当前中国式现代化背景下，以文明互鉴为主旨，培养具有国际竞争力的人才的重要性与必要性。

（五）推进文明互鉴服务国家发展战略建设

推进文明互鉴服务国家发展战略建设是中国在新时代背景下的关键举措。近年来，中国不断加强和改进中外人文交流工作，通过一系列政策文件和具体行动，推动中外文明的互学互鉴，为国家发展战略提供强有力的文化和智力支持。2013年，习近平总书记提出共建“一带一路”重大倡议，开启了全球范围内文明交流的新篇章。自2014年习近平总书记提出“文明互鉴论”以来，中国在全球范围内增加了孔子学院的数量，通过中文教育和中国文化的传播，促进了中外人文交流的深化。之后，我国在2016年通过了《关于加强“一带一路”软力量建设的指导意见》和在2017年执行了《关于加强和改进中外人文交流工作的若干意见》，进一步明确了人文交流在“一带一路”建设中的重要作用，为中外人文交流提供了重要遵循。

我国通过建设和扩展智库平台，以此促进文明互鉴与国家发展战略的深度融合。全球化智库（CCG）于2008年成立，属于中国社会智库，在全球范围内促进了多边对话与合作，是中国对外交流的重要桥梁。2015年1月，中共中央办公厅、国务院办公厅发布了《关于加强中国特色新型智库建设的意见》，彰显了新时代我国对智库建设的高度重视。同年12月，共有25家机构入选首批国家高端智库建设试点单位，研究范围涵盖政治、经济、思想、科技、军事、法律、国际等各领域，为文化交流合作提供了宝贵的资源。我国的智库在国际合作和政策研究方面发挥了重要作用。例如，“中国—中东欧国家智库交流与合作网络”，以及中国超级智库，即中国国际经济交流中心等智库的建立，进一步加强了中国与中东欧国家以及其他国家之间的文化和学术交流。这些举措证实了文明互鉴能为服务国家发展战略提供强大助力，国家发展战略也能为推进文明互鉴提供坚实支持。

习近平总书记在2023年3月首次提出全球文明倡议，他强调：“当今世界不同国家、不同地区各具特色的现代化道路，植根于丰富多样、源远流长的文明传承。人类社会创造的各种文明，都闪烁着璀璨光芒，为各国现代化积蓄了厚重底蕴、赋予了鲜明特质，并跨越时空、超越国界，共同为人类社会现代化进程作出了重要贡献。”[①]这进一步说明了文明互鉴在全球治理中的重要性，体现了文明是人类社会进步的重要标识，只有文明交流互鉴，才能擘画出人类文明发展的崭新蓝图。

五、习近平总书记关于文明交流互鉴重要论述的未来展望

文明之间的交流互鉴是一个深度且多向的交互过程，既包含对其他文明优秀元素的接纳与吸收，也涉及对本土文明精髓的弘扬与传播。文明交流互鉴应该是多元的、多向的，不应该是单一的、单向的。在新时代的征程中，中国正以前所未有的决心和力度，以中国式现代化全面推进中国特色社会主义强国建设，致力于实现中华民族伟大复兴。通过吸纳与分享的深入互动，文明得以跨越国界，促进物种、技术、资源、人群、思想、文化等各方面的双向交流，有利于促进各国人民相知相亲，让各种文明的成果更好地为全人类所共享，造福世界各国人民。

（一）打造文明互鉴国家新型智库，建构中国自主知识体系

“中国自主的知识体系”是习近平文化思想中重要的标识性概念。这一概念不仅提炼了对中国知识体系演进规律的全面总结，也彰显了对建构中国自主知识体系的长远规划。习近平总书记明确指出：“跟在别人后面亦步亦趋，不仅难以形成中国特色哲学社会科学，而且解决不了我国的实际问题。”[②]“一切刻舟求剑、照猫画虎、生搬硬套、依

① 习近平：《携手同行现代化之路——在中国共产党与世界政党高层对话会上的主旨讲话》，北京：人民出版社，2023年，第7页。

② 习近平：《在哲学社会科学工作座谈会上的讲话》，北京：人民出版社，2016年，第19页。

样画葫芦的做法都是无济于事的。”①当前，我国正致力于通过中国式现代化塑造人类文明的新格局，迫切需要我们提炼并总结具有学理价值的新理论、具备独创性的新实践，从而构建起中国独有的知识体系。为此，打造文明互鉴的国家新型智库，构建中国自主知识体系，既是贯彻落实习近平总书记重要论述的学术响应，也是践行“聚焦重大问题，服务国家战略”宗旨的具体行动。智库作为思想的源泉、知识的缔造者以及政策的驱动力量，在引领时代趋势与指导前行方向中扮演着举足轻重的角色。面对全球性的重大挑战与紧迫性危机，智库更应积极承担推动文明交流互鉴、缓解文明冲突以及构建人类命运共同体的重大使命。因此，为了构建中国自主知识体系，就必须积极打造一流的文明交流互鉴智库，搭建世界文明交流互鉴的平台，致力于实现文化交流的深层次精准对接，秉持着胸怀天下的理念，以兼收并蓄的态度积极吸收和借鉴人类一切优秀文明成果，以自信开放的姿态更好推动中华文化“走出去”，弘扬全人类共同价值、落实全球文明倡议。

第一，智库应当成为文明交流领域的研究平台。智库作为文明交流的重要平台，应肩负起推动全球文明互鉴的重任。在全球化的时代背景下，智库应当充分发挥其独特作用，以博大的胸怀和强烈的责任感，紧密关注世界的发展态势，通过深入研究，为全球可持续发展和文明交流互鉴提供理论支撑与策略建议。在秉持“己所不欲，勿施于人”底线原则的同时，智库还应追求“爱己者爱人，达人者达己”的崇高理念，积极弘扬和平、发展、公平、正义、民主、自由的全人类共同价值。在文明交流与战略合作的领域，智库应深入探究国际交流与合作的新模式、新路径，为全球可持续发展和文明交流互鉴提供坚实有力的理论支撑和具有操作性的政策建议，努力成为各国间增进理解与信任的桥梁，推动全球范围内的友好合作与互利共赢。同时，智库还应积极挖掘不同文明中的智慧资源，为应对人类面临的挑战提供智力支持，共同促进人类社会的繁荣与进步。

第二，智库应当成为思想交融与实践互动的核心阵地。在全球化和信息化交织的当下，智库需展现出宏大的全球视野，积极利用时代赋予的便利条件推动跨国合作，广泛汇聚各方智慧，形成强大的智力支撑，以充分发挥理性独立思考的效能。智库应以问题为导向，通过广泛收集与分析大量事实与数据，精准把握问题实质，并提出具有可操作性的解决方案。同时，智库还应成为学术交流与思想碰撞的重要场所，通过思想的交流与碰撞，智库能够助力各方更加清晰地认知自身与他者，以及不断变化的彼此与世界，进而在不同文明间构建知识共享的桥梁，就全球性重大问题形成共同认识，为全球性挑战贡献共同智慧。

第三，智库应当成为国际传播的人才摇篮。鉴于全球性问题往往具有长期性，且在演变过程中持续涌现新的难题与挑战，这需要不断培养具有前瞻性思维和创新能力的新一代人才。人才作为智库建设、学术研究和实践发展的核心驱动力，其地位至关重要。为确保智库事业的持续繁荣和不断创新，必须实施长期、系统的人才培育战略。智库在人才建设方面具备显著优势，通过广泛的国际人才培养合作，可以推动不同领域人才之间的深入交流与相互学习，从而培养出一批既具备坚实专业基础，又拥有卓越研究

① 习近平：《在哲学社会科学工作座谈会上的讲话》，北京：人民出版社，2016年，第22页。

能力和出色语言表达能力的复合型人才，以应对全球性问题带来的复杂挑战。

（二）引领文明互鉴使命担当，建设中华民族现代文明

五千年源远流长的中华文明，其历史本身就是一部交流互鉴的壮丽史诗。中华文明的形成离不开与其他文明的广泛交流与深入互鉴。从佛教东传、“伊儒会通”的文化融合，到近代以来“西学东渐”的思潮涌动、新文化运动的兴起，以及马克思主义和社会主义思想的传入，再到改革开放后全方位对外开放的伟大实践，中华文明始终在交流中融合，在互鉴中发展，不断焕发新的生机与活力。习近平总书记指出：“文明永续发展，既需要薪火相传、代代守护，更需要顺时应势、推陈出新。世界文明历史揭示了一个规律：任何一种文明都要与时偕行，不断吸纳时代精华。”①在构建中华民族现代文明的道路上，我们不应仅仅依赖中华民族传统的文化积淀，也不应仅仅局限于当前中国特色社会主义的实践经验，还必须将中华民族现代文明置于全球文明的交汇点上进行深度融合锻造，使中华文明在吸纳人类文明优秀成果的同时，又秉持中华文化的伟大核心价值和时代使命，只有这样的文明，才能使不同的国家和民族从中华民族的复兴中汲取经验与教训，使我们自己比以往任何一个时代都更有条件破解“古今中西之争”。因此，中华民族现代文明作为中华文明的历史延续和当代形态，必须坚定不移地推动文明交流互鉴。在交流互鉴的过程中，既要基于自身的国情和文化底蕴，同时也要积极借鉴各国文明发展的先进经验，通过促进不同文明间的深入交流与对话，实现优势互补和共同发展；既要珍视并传承自身的历史文化传统，又要开放包容地吸收现代世界文明的优秀成果，以开放和谦逊的姿态，相互学习、共同进步；既致力于提升中国人民的福祉，又要积极促进世界的和谐与发展，通过文明交流互鉴，融合各种优秀思想文化资源，为实现中华民族伟大复兴和推动人类文明的共同进步贡献力量，实现不同文明的和谐共生与共同繁荣。

第一，在文明交流互鉴中增强中华民族现代文明的传播力、影响力。在文明交流互鉴的广阔舞台上，中华民族现代文明不仅汲取了人类文明的丰硕成果，更为人类文明进步贡献了重要力量，这是中华文明与其他文明进行交流互鉴的信心和底气。中华民族现代文明所蕴含的丰富哲学思想、人文精神、教化理念及道德观念，均为人们深入理解与改造世界提供了宝贵的智慧资源，同时也为治国理政和道德建设提供了重要的思想启迪。为此，需进一步深化对中华民族现代文明的研究阐释与展示传播，积极开展跨国界、跨时空、跨文明的交流互动，向外界清晰阐述中华民族现代文明“讲仁爱、重民本、守诚信、崇正义、尚和合、求大同”的精神特质与发展形态，深入阐述中国人的宇宙观、天下观、社会观、道德观。积极弘扬那些跨越时空、超越国度、富有永恒魅力、具有当代价值的文化精神，将继承优秀传统文化并弘扬时代精神、立足本国又面向世界的当代中国文化创新成果广泛传播出去，以此不断提升中华民族现代文明的影响力和感召力。

第二，在落实全球文明倡议中彰显中华民族现代文明的实践伟力。全球文明倡议

① 习近平：《论党的宣传思想工作》，北京：中央文献出版社，2020年，第402-403页。

是中华文明传承创新的重要成果，全球文明倡议深植于悠久的中华文明，蕴含了中华民族现代文明的核心要素，积极倡导和弘扬全人类共同价值。这一倡议是中华民族独特文明理念在新时代的鲜明体现，也是中国在21世纪对全球文明发展观的独特贡献。全球文明倡议彰显了新时代中华民族以开放包容、积极进取的姿态，为世界文明进步贡献力量的坚定决心，充分展现了中华文明深厚的历史底蕴和时代担当。全球文明倡议秉持尊重多元文明的核心原则，通过展现包容的实践精神、积极的创新理念和普遍的交流意识，为不同文明间的交往树立了典范。"四个共同倡导"为文明交流互鉴的实践活动提供了明确的指导方向。为了有效落实这一倡议，必须积极推进文明交流对话平台建设，强化"一带一路"人文交流机制，并加强双多边政党和政治组织的交往活动。具体路径包括：一是完善人文交流机制，创新交流方式。通过政党、智库和地方等多种形式的合作，将人文交流合作活动常态化、机制化，构建全方位、多层次、宽领域的国际人文交流合作网络。二是不断充实国际人文交流合作的内容，广泛开展学术、教育、卫生、体育、旅游等领域的人文交流活动，为人文交流合作的深入发展奠定坚实的民意基础。三是综合运用文学、戏剧、电影、电视、音乐、舞蹈、美术、摄影、杂技、文艺评论和艺术教育等多样化的文化形式，结合大众传媒等多种方式，共同打造形式多样、高效务实的人文交流合作渠道。

（三）夯实中国式现代化的文明根基，创造人类文明新形态

在人类社会不断推动现代化的进程中，实践探索的每一步都在深刻塑造着现代文明的发展轨迹，同时也在不断地深化人类对现代化本质及其内在规律的认知与理解。习近平总书记在学习贯彻党的二十大精神研讨班开班式上发表重要讲话指出："中国式现代化，深深植根于中华优秀传统文化，体现科学社会主义的先进本质，借鉴吸收一切人类优秀文明成果，代表人类文明进步的发展方向，展现了不同于西方现代化模式的新图景，是一种全新的人类文明形态。"①这一重要论述，明确界定了"中国式现代化"与"人类文明新形态"之间的时代关联，从历史的长远视角和时代的宏观高度，对创造人类文明新形态所蕴含的世界意义与文明价值进行了科学的定位与阐述，在中国共产党和中国人民的不懈探索中，成功开辟出一条具有鲜明中国特色的现代化新道路，并创造了一种全新的人类文明形态，为全球应对共同挑战贡献了中国智慧和中国方案。人类文明新形态既独立于西方现代文明，也不同于苏联模式的社会主义文明，它立足现实，同时展望未来。"人类命运共同体"指向的是未来社会的发展方向。中国秉持开放包容的态度，致力于在相互依存的经济格局中与美国等资本主义发达国家寻求合作与竞争并存的发展模式。在面对环境恶化、气候变暖、地区冲突等全球性挑战时，中国更是坚定倡导通过合作与共赢的方式，共同应对挑战，推动构建持久和平、普遍安全、共同繁荣、开放包容、清洁美丽的世界。中国特色社会主义与资本主义是在同一世界体系中并行

①《习近平在学习贯彻党的二十大精神研讨班开班式上发表重要讲话强调 正确理解和大力推进中国式现代化》，《人民日报》2023年2月8日，第1版。

发展的，但中国的文明理念并非旨在压制或消除“他者”，而是旨在与“他者”共同发展，推动全人类的福祉增进和文明进步。

第一，超越西方现代化实践和理论的框架桎梏，积极拓展文明转型的多元路径。各国各民族通往现代文明的道路本应具备多样性，然而，西方凭借其历史先发优势，逐步确立了现代化实践和理论的主导地位，导致众多发展中国家在现代化进程中一定程度上形成了对西方现代化的“路径依赖”，似乎唯有模仿西方国家并采纳资本主义发展模式，方能实现本国的现代化。然而，中国式现代化并非西方现代化的简单复制，而是坚决摒弃了西方现代化模式中的内在缺陷，构建了一条根植于中国国情、具有鲜明中国特色的社会主义现代化道路。这一道路打破了西方对人类现代化实践与理论的垄断格局，为众多发展中国家在保持独立自主性的前提下迈向现代化提供了极具价值的典范。同时，中国式现代化并非全面排斥西方有益的发展经验，而是秉持批判性吸收和借鉴的原则，广泛吸纳人类历史长河中积累的优秀文明成果，致力于实现对资本主义现代化的批判超越，通过创新的“并联式”现代化发展模式，超越传统的“串联式”现代化发展逻辑，不断探索现代文明转型的崭新范式。

第二，促进世界现代化格局的深刻调整，深化文明秩序的变革重构。在全球现代化的宏大背景下，中国式现代化摒弃了西方传统上依赖殖民扩张和掠夺以垄断全球资源、维系现代化动力的发展模式，开创了一条和平、包容、共赢的独特发展道路，有力挑战了由西方发达国家主导的传统世界现代化格局，为构建更为公正、合理的国际秩序提供了新的可能性。中国始终是全球和平与发展事业的积极贡献者，也是推进人类文明进步的坚定力量。中国式现代化根植于中华民族深厚的文化底蕴之中，秉承讲信修睦、亲仁善邻、协和万邦、天下大同的文明理念，不断推动传统文明的传承与创新，从中华优秀传统文化中汲取智慧与力量，以应对现代性问题的挑战。面对人类共同面临的生存与发展问题以及国际社会复杂严峻的挑战，中国相继提出全球发展倡议、全球安全倡议、全球文明倡议，积极推进构建人类命运共同体的伟大事业，弘扬全人类共同价值，凝聚建设美好世界的广泛共识，促进多元文明的包容共存与交流互鉴。

第三，深化对现代化路径多元性的认知，推动文明形态的跃迁转型。在人类发展的历史长河中，人类社会受到西方文明优越性和西方模式普世性的误导，过于单一地将西方文明发展路径视为人类现代化的唯一蓝本，从而忽略了现代化路径的多样性和现代化本质价值的普遍性。而中国式现代化以更加开放的文明视角，持续深化对文明多样性和现代化路径多元性的理解，不仅有助于人们摆脱西方“普世价值”的桎梏，还能进一步丰富人类迈向现代化的道路选择。中国式现代化的范畴提炼、理论构建和话语阐释，将不断突破西方文明观念的局限，推动构建中国自主的现代化知识体系、话语体系和叙事体系，为全球现代化文明叙事的重构贡献中国经验和中国智慧。中国式现代化不仅是对现代化本质内涵的深刻解读和升华，更是对文明形态的重新定义，引领其向更高层次跃升，为世界文明的繁荣发展开辟更为广阔的空间，为人类文明的进步提供源源不断的动力。

文明形态观

文明二元共治制下的最小限度道德*

詹姆斯·韩金斯 著　宋文弢 译①

摘　要：道德自我修养作为连接不同文明的普遍纽带，有着成为稳定的、全球化的政治体系所需的基本道德原则的潜力。通过比较亚里士多德主义、斯多葛主义、佛教和儒学，可以得出能够被称为“最小限度道德”的道德原则公约数，即普遍存在于各文明之中的对道德自我修养的基本要求。沿着这些“最小限度道德”原则，可以进一步通过普遍化后的西方和东亚的政治教义，将国际关系从竞争性的关系过渡到基于正义的无强制性的美德秩序。不同文明间的互动将培育和生成全球范围内值得信赖的道德领导力，如同情、尊重和谦逊等人类普适的共同美德。这些美德可能成为当代全球领导者与包容的监护理念之间的重要桥梁。而文明二元共治制则保障了在政治主体的互动中，较高的权力允许较低的权力拥有高度的自主权。它并不强制政治或意识形态的一致性。这种制度可以保障“最小限度道德”在国际关系改革中的角色及其在建立全球道德标准共识中的实际应用，帮助人类建立一个基于共享人类价值观的全球秩序。

关键词：最小限度道德；文明二元共治制；文明；国际秩序

---

* 本文是作者在北京大学博古睿研究中心2022年8月举办的“第三届‘天下’会议——行星秩序下的最小限度道德：多元文化的视角”上提交的论文，经作者授权同意翻译并发表。原文将发表于 *Tianxia III: Formulating a Minimalist Morality for a Planetary Geopolitical Order: Alternative Cultural Perspectives Conference Volume*, University of Hawaii Press, ed. Roger Ames.

① 作者詹姆斯·韩金斯（James Hankins），美国哈佛大学历史系教授；译者宋文弢，清华大学马克思主义学院博士生（北京 100084）。

因此，战争和征服能使不受约束的恶人感到快乐，
而在受到约束的好人看来，
则必然是一种可悲。
……无疑，
与好邻居和平共处比用战争手段征服恶邻更幸福。
圣奥古斯丁，《上帝之城》，4.15

这个会议的主题，我认为是在寻找能够奠定全球政治秩序的共同道德原则，这一直是我近二十年来的兴趣所在，早在阅读会议组织者提到的迈克尔·沃尔泽（Michael Walzer）和赵汀阳的作品之前，我就对这个问题很感兴趣。[①]多年来，我一直在哈佛大学教授一门名为"关怀灵魂"的本科课程，该课程在目录中被描述为"古代道德自我修养传统的比较研究"，所考虑的传统包括亚里士多德主义、斯多葛主义、佛教和儒教——这些都是在公元前1000年中期的轴心时代在欧亚大陆上兴起的自我修养形式。该课程的一个目标是探讨是否如哲学家卡尔·雅斯贝尔斯——"轴心时代"一词的发明者——所声称的那样，确实存在所有伦理信仰体系的基本结构或普遍动机，并因此为全人类所共有。[②]我甚至用拉丁短语"*minima moralia*"（直译：最小的道德）来称呼这些内容，尽管当时我并不知道沃尔泽教授关于"薄"道德和"厚"道德的区分。我将后者理解为道德底线和道德准则之间的区别。道德底线是所有道德主体（*qua* moral beings）都共享的最低限度的道德要求，而道德准则是详细复杂的道德规范，根植于具体历史社会的教诲之中。

几年后，我与我的同事、中国历史学家包弼德（Peter Kees Bol）一起，发起了一个由哈佛全球研究所资助的项目，旨在从比较历史的角度研究政治贤能制。比较对象是西方和东亚的政治传统，主要是儒家治国传统。[③]总体理念是，政治贤能制的理论——如何提高执政精英的道德和智力素质——在中国的政治反思传统中比在西方要丰富得多。这是西方政治学学生可以从中国思想家那里学习的一个案例，而不是反过来让东方学生向西方思想家学习。2018—2019年在马萨诸塞州剑桥和上海举行的两次会议中，我们讨论了一些与赵汀阳讨论的问题相似的问题。例如，我们研究了如何构建一种"基于美德"的国际秩序，以超越许多人认为与威斯特伐利亚国家主权概念相关的马基雅维利式的竞争性、利益驱动的国际秩序。这种秩序的关键在于找到一个正义的等级基础，使所有人都能自愿服从，而不需要暴力统治、监视和控制。

很显然，在"天下"模式的全球秩序中，关于所需的最小限度道德有很多话题可讨论。这里我只提出两个广泛的观点，一个是（1）关于"最小限度道德"的性质和认识论地位，另一个是（2）关于哪种文明互动最有可能在国际层面上实现值得信赖的道德领导。

---

① 参见 Michael Walzer, *Thick and Thin: Moral Argument at Home and Abroad* (Notre Dame: University of Notre Dame Press, 1994); Zhao Tingyang, *All Under Heaven: The Tianxia System for a Possible World Order*, tr. Joseph E. Harroff (Oakland, CA: University of California Press, 2021) [original Chinese edition 2016].

② 关于雅斯贝尔斯及其以后关于轴心时代的文献概述，参见 Robert N. Bellah and Hans Joas, eds. *The Axial Age and Its* Consequences (Cambridge: The Belknap Press of Harvard University Press, 2012).

③ 见 https://globalinstitute.harvard.edu/political-meritocracy-comparative-historical-perspective.

如何才能开始弥合当前全球领导阶层与赵汀阳所称的“无外的监护”的“天下”理想之间的巨大差距？而这些领导者需要能够吸引并赢得世界各国人民的衷心拥护。

首先，谈谈最小限度的道德，*minima moralia*：我在关于轴心时代伦理体系研讨会上最终成功的，至少是令我自己满意的，找到了欧亚大陆道德传统的共同结构。或许我应该在描述这个结构之前解释一下，根据雅斯贝尔斯和后来的历史学家的观点，轴心时代发生了一场道德革命，改变了人类与家庭外的其他人的关系，也改变了人们与早期文明中的秩序维护者之间的关系。从大约公元前4000年最早的文明出现起，维持秩序的主要方式是通过武力或武力威胁，以及利用宗教恐惧。法律规范被制定出来，以禁止和惩罚破坏秩序的行为。在分配适当的惩罚时，出现了一种基本的正义原则，后来被称为“同态复仇法则”(*lex talionis*)或相称报复原则。在轴心时代之前，遵守法律的最重要动机是自我保存。法律面前的平等概念不存在，也没有任何关于人类生命内在价值的概念。

公元前1000年中期的轴心革命，即大约在周朝中期，带来了道德激励结构的重大变化。总体而言，这些变化可以概括为道德规范的内化。内化通常始于对个人道德失败的厌恶感，对实现更高道德自我的无力感，以及随之而来的按照某位大师或学派所教导的方式追求道德自我修养的愿望。这有时被描述为良心的发现，拉丁语称之为“*conscientia*”，希腊语为“*suneidesis*”。大师(或学派)教导对他人要求的意识。最低限度而言，这意味着(如苏格拉底或孔子所言)认识到伤害他人就是伤害自己。更激进的则认为(如斯多葛派和佛教徒所言)，道德训练涉及传授一种更高的意识，这种意识试图消除自我与他人之间的界限。大师或学派还通常教导关于非主观标准的存在、自然规律或天道，这些规则是独立于自身存在的，需要学习以矫正自己的行为。我可以用以下图表来说明轴心时期的道德意识三角结构：

轴心时代的道德传统

神(The Divine)[ho theos]/自然(Nature)

精神(Spirit)/灵魂(Pneuma)/理性(Reason)

现实(Reality)(vs. 幻觉 illusion) - 达摩(Dharma)

自然法(Natural Law)/天道(Tian dao)/立法神(Lawgiver God)

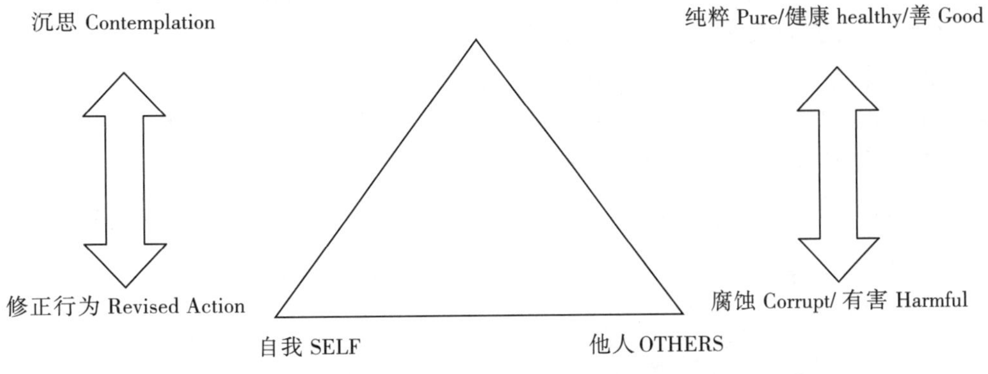

各种轴心时代的道德自我修养形式最终结晶为由弟子和学派传承的哲学传统，或

被纳入宗教实践中。在西方的宗教传统（犹太教、基督教、伊斯兰教）中，智慧对非主观规范或正确行为模式的探索被服从于上帝的启示之声所取代。就像犹太先知所写的那样，“耶和华向你们所要的是什么呢？只要行公义，好怜悯，存谦卑的心，与你的神同行”（出自《弥迦书》6:8，CNVS）[①]。实际上，这意味着服从启示的守护者。尽管宗教生活对沉思生活有一定的限制，但正如圣奥古斯丁在其《论真宗教》一文中满意地指出的那样，宗教传统有能力在比古代哲学家影响力更大的范围内，内化道德教义并促进道德自我修养。

我在此总结轴心时期的道德意识结构，目的是提出关于最小限度的道德的论点。依我之见，世界上伟大的道德传统的共性不能以抽象的一套规则或法律来表达。由于语言和文化传统的不可通约性，制定这样一套规则的障碍太大，无法成功。例如，“黄金规则”常被视为普遍的道德真理。它在各种宗教和智慧传统中存在积极和消极版本，但这些版本并不等同；它们也不能引导所有传统共有的统一道德实践。积极版本的“黄金规则”要求帮助他人，而消极版本则不然。对“爱邻”诫命的解读需要明确“邻人”的定义，而该定义在不同传统中会存在差异，即使是假设这些传统体系中都拥有“邻人”这一概念的情况下。赵汀阳阐述的“天下”原则中的非排他性，例如，在以排他性为信仰本质的伊斯兰文化圈中将难以翻译。拿撒勒人耶稣在著名的“好撒玛利亚人”寓言中试图修正犹太人对“邻人”的理解，但听他讲故事的那位犹太律法学者无法接受其有效性而离开。基督教版本的“黄金规则”高度重视为他人牺牲自己，甚至为拯救他人而死，但从亚里士多德或斯多葛主义的道德传统来看，个人为他人牺牲的概念是完全不可理解的。亚里士多德和孔子一样，认为自爱是友谊的基础，并且可以作为政治生活中的社会纽带，而斯多葛主义的“亲近”（*oikeiôsis*）——从自爱和家庭情感逐渐扩展到包括朋友、国家，最终涵盖全人类的概念——如果没有自爱作为基础，是无法开始的。在孟子的“孺子入井”的寓言（2A6.3-4）中，重点是我们由此意识到对他人的自然同情，而不是我们有宗教责任去冒险救孩子。

此外，所谓普遍规则如“黄金规则”，在政治上的用处是有限的，用沃尔泽教授的话说，正因为它们过于“薄”了。除了它们所抽象出的传统，它们没有任何权威。道德学家普遍承认，最有效的道德教育是通过榜样，而不是戒律，而榜样是不可避免地被嵌入文明传统中的。优秀行为的具体例子之所以有力量，正因为它们在特定社会中长时间内被证明是有价值的。有时，一个民族对那些做出过保存或改善该民族状况行为的人心怀感激，这也提供了模仿的动机。换句话说，正是道德教义的厚度使其具有变革性；它们在没有文明传统或人民历史生活的情况下在教育上是无效的。

话虽如此，我并不认为对“最小限度道德”的追求毫无用处，事实上，这对于重建国

① 更贴合内化概念的，是希伯来先知耶利米（约公元前570年去世）的话语（耶利米书31:31-34，CNVS）：“‘看哪！日子快到，我要与以色列家和犹大家订立新的约。这新约不像从前我拉他们祖先的手，领他们出埃及地的日子，与他们所立的约；我虽然是他们的丈夫，他们却违背了我的约。’这是耶和华的宣告。‘但那些日子以后，我要与以色列家所立的约是这样：我要把我的律法放在他们里面，写在他们的心里。我要做他们的神，他们要做我的子民。他们各人必不再教导自己的邻舍和自己的同胞，说你们要认识耶和华。因为所有的人，从最小到最大的都必认识我。我也要赦免他们的罪孽，不再记着他们的罪恶。’这是耶和华的宣告。”

际关系的道德基础,并对于世界从国家间的暴力竞争威胁中恢复和平至关重要。但我们必须在正确的地方寻找最小限度道德,并找到或创造合适的治理精英——那种能够进行道德治理并拥有道德魅力的精英。“达沃斯人”不能成为这样的榜样。[①]

如我所论述的,轴心时期出现的“最小限度道德”具有一些共同特征。然而,这些特征既不能被描述为所有人共同遵守的法律或规则,也不能被描述为源自精英的“哲学永恒智慧”。事实上,它们更类似于一组道德性情——追求自我价值、将自己的利益与他人的利益相联系、寻求智慧——这些更像是美德,而不是规则或秘传哲学体系的结论。如果情况是这样,那么要培养出能够领导“天下”的道德精英,所需要的是美德:如西方传统中的四大美德或儒家价值观中的仁、孝、礼、谦。美德在我看来比最基本的道德规则更具文明间的同构性,尽管要令人信服地论证这一点需要很长时间。

但矛盾的是,至少在目前,领导美德只能通过既有的哲学和宗教文明传统来产生。只有通过这些传统,才能培养出这些美德。如果未来有一个负责秩序或监督“天下”的统治机构,并具备确保世界人民愿意服从的道德品质,那么该机构的成员将从世界的文明传统中获得这些品质。他们不会通过在哈佛肯尼迪政府学院上的领导技能课程获得这些品质。达沃斯式的普遍超国家主义——将所有人同质化以符合现代或后现代“价值观”——并不能为全球精英提供人道美德的培训。

解释这个矛盾需要一些详细的说明。我首先观察到,如果从尊重“天道”“逻各斯”、自然法或达摩,并接受“上天”对人类无限且无序的自由欲望的主权的前现代传统开始,就更容易在世界道德传统中找到共同点。我认为,“天下”原则之一是,如果所有民族不接受上天(或自然)的主权,就不可能存在普遍和谐。赵汀阳很好地描述了人们及其领导者需要如何与天道“相关联”,从而论述了自然必须限制自由的方式。作为人类自由的不正当延伸——我称之为非人类的权力追求——的例子,他提到了核武器的制造、超人类主义的实验或超级机器人的发展。我还想补充的例子是,将杀害婴儿作为人类庆祝其自由的表现,激进平等主义,以及否定或试图废除与生物性别相关的传统角色的性别理论,尽管赵教授可能不一定会同意我的这些例子。

让我给出两个例子,说明前现代西方道德传统如何更容易与中国古代的天下观念相符。一个例子来自斯多葛学派的传统。斯多葛学派中的逻各斯,作为一种内在的神圣秩序原则,是活跃的、动态的和适应性的,这与中国的“道”的理念更加接近,而非柏拉图主义中静态的、超验的逻各斯,这影响了基督教和伊斯兰教的神学。斯多葛学派还理论化了一个彻底非排他性和无边界的单一宇宙。在斯多葛学派的物理学中,实际上不存在离散的物质——在宇宙的物质—心灵中,任何局部质量之间没有真正的、量化的区别。我们都属于宇宙这个单一无缝实体,我们并不因拥有独有的本质而与自然界的任何其他事物分离。整个现实是一个单一的有机体。显然,这种人性观念比现代西方的激进个人主义更适合于概念化单一的世界秩序。

第二个例子可以在前现代的平等观念中找到。在现代西方政治理论中,平等长期

① Samuel P. Huntington, “Dead Souls: The Denationalization of the American Elite”, *The National Interest,* no.75(2004): 5-18, online at https://nationalinterest.org/article/dead-souls-the-denationalization-of-the-american-elite-620.

以来一直是一个基本价值，政治体系必须以某种形式保证它，以被认为在道德上可以接受。但在前现代西方，除了神学背景外，"人人生而平等"的信念并不存在。它在17世纪之前不是政治原则。在现代西方之前，平等充其量是工具性的，而不是根本性的。希腊的民主理论将公民之间的政治平等（非公民不算在内）视为防止暴政和寡头统治的预防措施。[①]从某种意义上说，亚里士多德的观点非常类似于天下（按照赵教授的解释），他认为相对平等——避免极端的贫富差距——是政治稳定（类似于赵所说的均衡）和和谐的工具，这些是政治的最高目标。共和传统中的文艺复兴美德理论家们认为，相对的财富平等是自由（理解为自治）的前提条件。[②]另外，天下的"简易之道"却很难与约翰·罗尔斯关于平等在公正社会中本身就是一种自我欲求的"目的"（*telos*）的观点协调一致。

如果要出现一个能够实现"兼容性普遍主义"天下原则的世界，前现代伦理系统之间的相对同构性无疑是重要的。在17世纪以来的现代西方，最小限度道德逐渐脱离了在古典学校、哲学教派和宗教训练中传授的文明传统。早期现代哲学家们——部分是为了逃避破坏性的宗教战争——寻求一种能够超越大众迷信的永恒哲学（philosophia perennis）以供启蒙者使用。制定这样一种普遍的、超验的哲学，一直是西方跨国精英们400年来的愿望，从培根、笛卡尔、霍布斯、斯宾诺莎到莱布尼兹。更近一些的，自启蒙时代以降，精英哲学采取了科学主义的形式；而在伦理学上，无论是功利主义还是义务论的伦理观，都强调个体理性的自主性，脱离所有传统——"摆脱监护的自由"，正如康德所述的那样。不幸的是，这种自主性方案最终脱离了康德的引导，变成了拒绝自然限制和人际关系义务的方案。正如英国哲学家伊丽莎白·安斯科姆在针对康德的绝对命令时，机智地写道："当（你的）理性为全人类立法时，投票结果总是一个对零个。"在我看来，这种将人类世界视为凌驾于自然界之上的支配者，以及将个体视为与所有其他个体相对立的定位，为建立一个能够实现"天下秩序"的世界（即兼容的普遍主义世界）造成了根本性问题。

现代世界道德领导力的失败，既可以从古代西方也可以从儒家传统中理解为源于有魅力的美德的缺失。我们在比较研究政治贤能制的过程中得出的一个结论是，当精英和非精英之间的信仰差距太大时，领导力是无效的。社会团结（Ibn Khaldun著名的"*asabiyyah*"一词所描述的那种社会团结）变得难以实现。当精英声称掌握无法与普通民众分享的神秘知识（即使或特别是当它自称为"科学"时），非精英就会反抗。无论是民主还是天下秩序，当政治精英和非精英之间的信仰存在强烈分歧，尤其是涉及宗教时，都是不可行的。正如欧洲宗教战争时代的历史所显示的那样，政权最容易动摇的方式就是攻击人民的宗教信仰。其结果是民粹主义反抗权威、精英腐败以及共享意义和目的的丧失。

---

① 例子可参见希罗多德 History of the Persian Wars 3.80–82. 古希腊关于平等的理论可参见 Gianfranco Mosconi, *Democrazia e buon governo. Cinque tesi democratiche nella Grecia del V secolo A.C.* (Milan: Edizioni Universitarie di Lettere Economia Diritto, 2021).

② James Hankins, *Political Meritocracy in Renaissance Italy: The Virtuous Republic of Francesco Patrizi of Siena* (Cambridge, MA: Harvard University Press, 2023), pp.104–109.

这就是为什么现代西方精英的科学主义心态无法构建成功的治理哲学。技术精英可以构建最大化GDP的算法，他们可以在个人利益之间进行谈判，识别和满足偏好，但他们不能创造社会团结。为了做到这一点，治理精英必须接受并示范精英和非精英之间共享的文明价值观。他们必须能够用人民的思想来思考，正如唐朝政治家吴兢在《贞观政要》中所敦促的那样。这意味着他们必须拥抱深厚的文明价值观，并面向过去和未来。对于吴兢来说，正是儒家价值观的训练帮助皇帝及其官员通过人民的眼睛看世界并理解他们的需求。[①]治理精英不应采取敌视任何来自过去的遗产的态度，这种敌视态度在西方精英近几十年来的悲惨模式中尤为明显。我认为，这种态度也与天下秩序不相容。周朝天下系统中所示范的道德治理不仅仅是照顾人民的物质需求，还涉及建立心灵和思想的和谐。用孟子的例子（1A2），人民必须因为爱戴文王，并能够分享他的创造喜悦而乐于建造他的灵台。其暗示是，使用强迫劳动标志着暴政。

现在，我终于要谈论二元共治制了。在我看来，我们目前生活在一个全球化的世界，但离建立一个以和平与所有人民繁荣为导向的普遍道德秩序——或者用赵教授的话来说，即“生生”——还相差甚远。我们还没有实现天下大同。我已故的同事塞缪尔·亨廷顿（Samuel Huntington）过去常常警告说，我们正走向文明的冲突。我希望我们能在道德上如此先进，以至于能够进行文明的冲突。事实上，真正的问题是世界文明正在消亡。它们不再使我们文明化；它们不再教导我们公民美德；它们正被赶出我们的学校，变成博物馆的藏品。相反，我们生活在一个由共谋的寡头政治统治的世界，他们都同样用权力和财富作为语言，并且对世界文明——那些古老而健全的道德传统——怀有敌意。在我看来，世界文明化的传统是唯一能够抵御全球化资本的意识形态暴政和西方非政府组织及其他掠夺性国际组织所推崇的“价值观”同质化的屏障。我的观点是，如果我们想要实现一个仁慈的、和平与繁荣的“天下”秩序，就必须从加强和改善我们的文明化传统开始。“兼容的普遍主义”只有在教导人们良善意愿和公平公正，以及灌输对侵略、野蛮和破坏性竞争的恐惧的文明之间才有可能实现。

赵汀阳的“兼容的普遍主义”接近于我所说的“二元共治制”一词的意思，一个借用自神圣罗马帝国的概念词汇。[②]有些人可能会认为这个概念必须类似于有限主权的概念，或者指向缺乏真正主权的行政国家，但这并不完全是我想表达的意思。二元共治制指的是双重权力，一种较高的权力和一种较低的权力，较高的权力允许较低的权力拥有高度的自主权。它并不强制政治或意识形态的一致性。神圣罗马帝国的二元共治制最终导致了威斯特伐利亚模式的竞争性主权和为战争和征服而建立的民族国家的确立。神圣罗马帝国在中世纪早期为欧洲建立了共同的法律框架，但是——部分得益于罗马

① “‘古之帝王为政，皆志尚清静，以百姓之心为心。近代则唯损百姓以适其欲，所任用大臣，复非经术之士。汉家宰相，无不精通一经，朝廷若有疑事，皆引经决定，由是人识礼教，治致太平。近代重武轻儒，或参以法律，儒行既亏，淳风大坏。’太宗深然其言。自此百官中有学业优长，兼识政体者，多进其阶品，累加迁擢焉。”吴兢：《贞观政要》，上海：上海古籍出版社，2016年，第19-20页。原文引自 Wu Jing, *The Essentials of Governance*, eds. and trans. Hilde De Weerde, Glen Dudbridge, and Gabe van Beijeren (Cambridge: Cambridge University Press, 2020), 18 (1.2.8). ——译者注。

② Barbara Stollberg-Rilinger, *The Holy Roman Empire: A Short History* (Princeton: Princeton University Press, 2018), pp.17-42.

教会维护的国家权力独立——它拒绝承担实施意识形态和政治一致性的任务。它脱离了东方(基督教)罗马帝国和伊斯兰哈里发的神权模式。其法律秩序与一系列政权类型兼容,包括绝对君主制、君主立宪制、贵族共和国和人民城市共和国。它将对灵魂的照料留给了教会,在文艺复兴时期,留给了训练欧洲贵族阶层的古典学校。

诚然,神圣罗马帝国从来就不是一个巨大的成功。它的军事力量太过薄弱,无法建立秩序,中世纪早期充斥着连绵不断的战争、政治动荡和肆无忌惮的帝国主义。但这个模型是可以改进的。有人认为,现代欧盟实际上是重建神圣罗马帝国的尝试,其结构最初似乎可以追溯到中世纪的二元共治制。因此,欧盟才会有"适当权责划分原则"(subsidiarity)的保证。诚然,在最近的几十年里,欧盟官僚机构确实表现出了一些意识形态暴政的倾向,它想成为自己的教会。但是,无论欧盟存在什么缺陷,在70多年的时间里,它在维持和平和促进繁荣方面无疑是非常有效的。

欧盟的模式可以扩大。在我看来,一个世界性的二元共治制,既能保证和平与秩序,又能维护东亚、南亚、伊斯兰世界、斯拉夫世界和西方文明的完整性,比任何来自世界任何一个部分的全球霸权计划都更有可能成功。那些珍视其古老传统的健康文明之间的竞争仍然存在;它们仍然会在合作的同时进行竞争。但更大的可能是,这将是一种"有德性"的竞争,正如古老的西方道德家所说的"*generosa aemulatio*",高尚的角逐。与其进行一场卑鄙的争夺资源和支配他人的竞争,还不如出现一种高尚的角逐,一种追求最美好事物的竞争——关于和平与繁荣,无论是物质层面还是精神层面。这种高尚的竞争将关乎对文明成就、美好事物和人类卓越的骄傲,这是一种以奥运会为模范的竞争形式。在古希腊城邦和近代欧洲,出现了一些走向高尚竞争的势头,但后来被革命热情和帝国主义所撕裂。当然,相信人类堕落的加尔文教徒和强调权力斗争的马基亚维利现实主义者们,都会嘲笑并引用一千个事例来反对仅仅是建立一个仁慈的天下的可能性。但是,如果没有这些崇高的理想来激发我们的政治,我们将变得不像人类,甚至很可能,走向灭亡。

“外文铅饼”的百年考证与释读

——兼论其与丝路希腊式钱币的关系*

杨巨平①

摘　要:学界习称的“外文铅饼”的发现已逾百年,尤其20世纪70年代以来,类似铅饼大量出土。国内研究侧重于探讨其与汉武帝发行的“白金三品”之间的关系,国外学者则更关注铅饼上面疑似希腊文的来源,并试图破译。本文旨在回应一些依然悬而未决的核心问题:“外文铅饼”与“白金三品”到底是什么关系;发行者或仿造者为何要在其上增铸疑似外文的字符,寓意何在;倘若它们确为外文字符,应如何定性、解读;“外文铅饼”和汉代丝绸之路沿线西域各国的希腊式钱币是否有关。问题的最终解决仍有待于新的考古成果,特别是中外钱币资料的发现。

关键词:“外文铅饼”;汉武帝;“白金三品”;希腊语铭文;丝绸之路

从清末至今,我国境内屡现造型独特、铭文奇异的铅饼,其正面是凸起的类似龙纹

* 本文系国家社科基金重大项目“希腊化文明与丝绸之路”(项目编号:15ZDB059)的阶段性成果之一。撰写过程中,承大英博物馆原钱币部主任克里布先生(Joe Cribb)、德国自由大学印度学家福克教授(Harry Falk)、法国国家科学研究中心钱币学家波比拉赫奇教授(Osmund Bopearachchi)、美国休斯敦大学专攻中亚印度希腊化钱币的约瑟夫博士(Fances Joseph)、希腊国家基金会希腊铭文专家冈萨雷斯博士(Elena Martin González)等热情赐教。克里布和约瑟夫的研究成果都尚未正式发表,但他们欣然同意我先介绍给中国学界交流分享。甘肃省灵台县博物馆章云峰馆长、陕西扶风县博物馆汪玉堂馆长提供了观察实物的便利。谨此一并致谢。关于丝路希腊式钱币的来源、类型及其内涵的演变,详见杨巨平《互动与交流——希腊化世界与丝绸之路关系研究》第五章《希腊式钱币的变迁与古代东西方文化交流》,北京:中华书局,2022年,第120–135页。

① 作者杨巨平,南开大学历史学院教授(天津 300350)。主要研究方向:世界古代史、希腊化文明、丝绸之路、古代中外文化交流与比较。

的图案，反面则内凹，周边环绕难以辨认的疑似外文字符（大约32个）①，中间是两个对称的方形印记，内似各有一篆体汉字。其发现地，南至安徽、江苏、湖南，北达陕西、甘肃一带，散布甚广。尤以1976年甘肃灵台县所出数量为最，亦最具代表性，铅饼共计274枚，总重达31806克，每枚重110~118克（图1）②。此类铅饼，清末民初已有发现，曾引起学者注意。20世纪中期以来，随着出土数量增多及发现地点的明确，人们对其兴趣日浓，诸多疑问也随之产生：此铅饼何时问世，从何而来，有何用途？若是国内所铸，源于何朝何代？倘为外来之物，又是何地发行，何时传入？尤令人费解者，乃其上的疑似外文字符③，其属于何种语言，寓意何在？何以与汉文戳记同存于一铅饼之上？

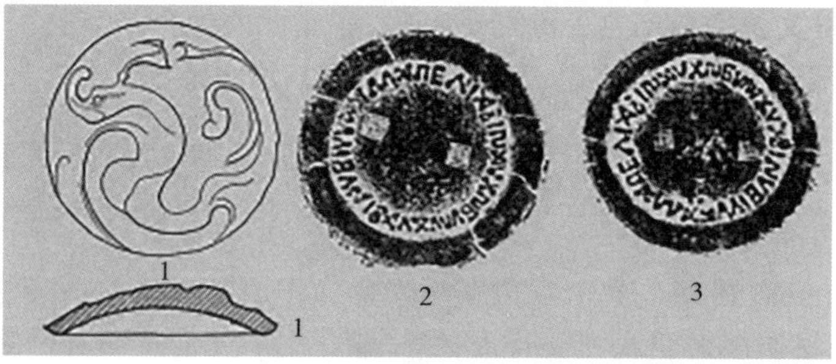

图1　甘肃灵台出土铅饼（1. 铅饼实测图，2—3. 铅饼拓片。缩小版）

学界的回应莫衷一是。目前国内倾向性意见是，它们出自西汉武帝时期；此铅饼实际上是一种货币，是汉武帝为了解决财政困难而发行的一种虚币，也可称为龙纹币。它与其他两种重量有差的马纹币和龟纹币统称为“白金三品”。对于龙纹币上疑似外文的铭文，推测者居多，深入解读者甚少。除了20世纪50年代初德国汉学家密兴-黑尔芬（O. Maenchen-Helfen）做过尝试，并提出“仿帕提亚钱币的希腊文说”之外④，近年鲜有人再做全面释读。但2009年，美国学者惠利（Mark A. Whaley）提出“婆罗米文说”（Brahmi），声称自己成功解决了这一问题⑤。笔者请教国外几位从事希腊化钱币和丝路古钱币研究的专家，他们一致认为这些字母是讹写的希腊文，仿自以巴克特里亚—印度为主要流通地区的希腊化或希腊式钱币。国外专家在钱币学和古文字方面别有优势，但因语言障碍，难以全面了解有关中文记载和中国学者的研究，也就无法深入参与讨

① 由于目前所见铅饼铭文图片字迹都不太清晰，连笔现象严重，国内外各家依据的样本图片也不一致，所以辨认不一。但除了密兴-黑尔芬所依据的郑氏拓片符号（极可能是赝品）似有缺失之外，其余各地发现的铭文字符基本一致，都可分辨出32个相同或相似的符号。黄锡全《“白金三品”篆文及有关问题略议》根据灵台铅饼铭文做过比对，结论也是如此[《中国钱币》2003年第3期，第3-12页（尤见图2）]。正式发表的铭文图案见刘得祯：《甘肃灵台发现外国铭文铅饼》，《考古》1977年第6期，第427页图1；安志敏：《金版与金饼——楚、汉金币及其有关问题》，《考古学报》1973年第2期，第82页图9，图版5:2；罗西章：《扶风姜塬发现汉代外国铭文铅饼》，《考古》1976年第4期，第275页图1；作铭（夏鼐）：《外国字铭文的汉代（?）铜饼》，《考古》1961年第5期，第272页图1；O. Maenchen-Helfen,“A Parthian Coin-Legend on a Chinese Bronze”, *Asia Major*, New Series/ Vol. III /part I, 1952, Figs. 2, and 4.

② 刘得祯：《甘肃灵台发现外国铭文铅饼》，第427页。

③ 本文标题和行文中给“外文铅饼”加引号，也是此意，表明铅饼铭文的定性仍在探讨之中。

④ O. Maenchen-Helfen,“A Parthian Coin-Legend on a Chinese Bronze”, pp.1-6.

⑤ Mark A. Whaley,“A Middle Indo-Aryan Inscription from China”, *Acta Orientalia Academiae Scientiarum Hungaricae* 62, no. 4 (2009): 413-460.

论。但术业有专攻,博采众家之长,还是受益良多。今在回顾总结百年来相关研究的基础上,结合个人对希腊化钱币和中亚、印度丝路各国钱币的了解,略抒己见。

一、铅饼铭文字符的归属与破译

关于这些铭文字符的归属,众说纷纭。就外文而论,主要有拉丁文、希腊文、婆罗米文三种说法。“拉丁文说”最早由清末郑文焯根据清朝遗老宋芸子的说法提出。蔡季襄的“罗马帝国币说”也属于此列。[①]这些说法仅出于揣测,有牵强附会之嫌。[②]“希腊文说”最早由伯希和提出,他认为许多符号类似希腊字母,但含义不明。[③]其后的国外学者也多认为是已失真、讹化的希腊文。至于惠利的“婆罗米文说”,学界尚无正式响应。国内学者大多认同“外文”说,但也有从本土文化传统中探寻其来源。

(一)“希腊文说”

目前最为流行,然其仿自何种希腊文,意见尚存分歧。

1.“帕提亚(安息)说”

密兴-黑尔芬利用字符对比的方法,认为它们仿自帕提亚(Parthia,安息)钱币上的希腊语铭文。这些铭文,尤其是德拉克马钱币(drachm)上的铭文早在公元前2世纪中期之后就开始退化变异。张骞通西域后,中国与帕提亚通商,其钱币有可能被商人们带到中国新疆地区和中原地区,这就为中国接触这些钱币并用以讹传讹的方式模仿这些希腊字符提供了可能。根据他的考证,这些外文字符是帕提亚德拉克马钱币上希腊语铭文中5个词的讹写。他注意到,这几个希腊词几经讹写,不仅字符变形,而且字母也有所省略,以至于如果不对照以前正规的铭文,仅看这些符号几乎不知所云。他依据这些希腊词及字符讹化的规律,以最初的安息钱币铭文作为参照,对他所知的一枚铜饼的铭文拓片(郑氏铭文,图2[④])字符一一做了推导修正,最后还原如下:

---

① 详见郑文焯:《腊丁金槃文》,《神州大观》第2号(神州国光集第23集),上海神州国光社,1913年,第10页。蔡季襄:《汉西域大秦国褭蹏金考》,《泉币》1943年第19期,第1-6页。据郑文焯,该金槃是他家祖传百年之物,其上的铭文虽在国内外经多方求证,但终无一人释读。蔡季襄也藏有铜铅两枚实物,认为它们出自罗马安东尼王朝(138—161年),“与汉武帝之马蹄金饼,绝相类似”。

② 作铭《外国字铭文的汉代(?)铜饼》对郑、蔡二文多有评介(第272-276页)。

③ 伯希和原文见 *T'oung Pao*, Second Series 29, no. 1/3 (1932), p.194;参见作铭:《外国字铭文的汉代(?)铜饼》,第272页;M. A. Whaley,“A Middle Indo-Aryan Inscription from China”, *Acta Orientalia Academiae Scientiarum Hungaricae* 62, p.414.

④ 此图首见于郑文焯《腊丁金盘文》第10页。密兴-黑尔芬的解读以此为据,他知道此“铜饼”(bronze)可能是一个复制品(copy),不过认为即使如此,它也是一个精确的复制品,不妨作为原型进行考古学研究,尤其是铭文研究。O. Maenchen-Helfen,“A Parthian Coin-Legend on a Chinese Bronze”, pp.1-6.

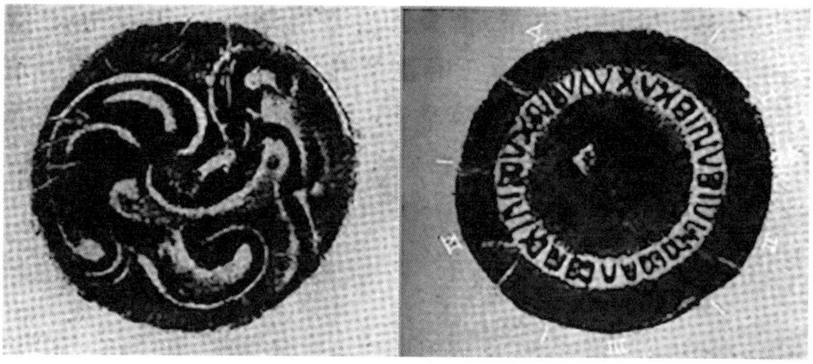

图2　郑氏铜饼拓片（正面、背面）

```
 Ᏽ  ΙⅡV    Ᏽ  ΙVΛ⊲    ⊳⊲ΛΛ⊲     ΠΧΙΛΙ⊳⊲     VΧΙVᏴVΛVΧVΧ
 B  ΙΛΙV   B  ΙΙΛΙШ   <ΙΙΑΛΟ⊳    ΠΙΧΙΝ⊳⊳     ΤΧΙVΗΛΛ?Χ
 BαϭΙΛΕΩϛ  BαΣΙΛΕΩν   ΑΡΣΑΚΟΥ    εΠΙΦΑΝΟΥϛ   ΦΙΛΕΛΛΗΝοϛ
```

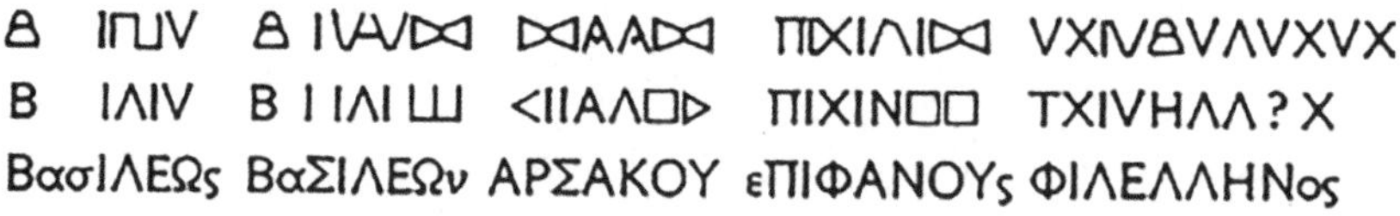

第一行是从铜饼上摹写的字符原形，第二行是他暂时复原的变形的希腊字母；第三行是他认定的希腊文原文"ΒΑΣΙΛΕΩΣ ΒΑΣΙΛΕΩΝ ΑΡΣΑΚΟΥ ΕΠΙΦΑΝΟΥΣ ΦΙΛΕΛΛΗΝΟΣ"，中文意为"王中王，阿尔萨息，神显者，爱希腊者"。他断言这些铜饼是在2世纪后期之前的中国铸造而成，其上的铭文则是由不懂希腊文的中国制模工匠摹刻。①

此释读在逻辑上似言之成理。帕提亚原是亚历山大和塞琉古王国的行省。公元前3世纪中期，游牧民族斯基泰人的一支帕尔尼人（Parni）或阿帕尔尼人（Aparni）在首领阿尔萨息（Arsaces）的带领下，侵入该地，独立建国。但因深受希腊化文化熏陶，也为了安抚境内被征服的希腊城市和希腊人，帕提亚王朝在征服了伊朗高原和两河流域后，打出了"爱希腊"（Philhellene）的旗号。②甫一建国，希腊语即为其官方语言之一，钱币铭文一直采用希腊语，且头衔日增，乃至钱币背面围绕中心图案（以坐着的弓箭手为主）横竖排满希腊语铭文。公元前后，随着塞琉古王国灭亡，希腊化时代终结，帕提亚历史进入伊朗化时期。虽然钱币上仍保留了希腊语铭文，但已严重退化、简化或讹化。黑尔芬所依据的帕提亚国王戈塔尔泽斯二世（Gotarzes II，约40—51年）及其后的钱币铭文，即属此类。然此解释却遭到夏鼐质疑。

夏先生认可铭文"实是传写失真的希腊文"，但否认"铜饼"出自中国人之手（当然赝品除外），以为应出自西域，具体何处则不详。他虽基本认可密兴-黑尔芬的对比方法与结论，但仍持保留意见，认为尚非定论，理由是："我们找不出一个安息钱，它的铭文的退化，恰和图二（引注：指上图）第二行相近，可以作为这些铜饼的蓝本。我们也找不出一个铭文恰是这五个字。一般字数都较多。"③

---

① 具体论证和结论，详见 O. Maenchen-Helfen,"A Parthian Coin-Legend on a Chinese Bronze", pp.1-6.
② 参见杨巨平：《帕提亚王朝的"爱希腊"情结》，《中国社会科学》1993年第11期，第180-201页。
③ 作铭：《外国字铭文的汉代（？）铜饼》，第272-276页。但在米特拉达特二世（Mithradates II，约公元前123—公元前88年）的一枚钱币上，笔者竟发现了只有这五个希腊词的铭文，惜图像不清。详见 David G. Sellwood,"Parthians and Scythians", in *Ex Moneta: Essays on Numismatics in Honour of Dr. David W. Macdowall*, eds. Amal Kumar Jha, Sanjay Garg (New Delhi: Harman Publishing House, 1998), pp. 101-102；图见 http://www.parthia.com/mithradates2.htm.（2021.9.17）

图3　戈塔尔泽斯二世德拉克马钱币

密兴-黑尔芬知道，戈塔尔泽斯二世及其后的德拉克马钱币铭文一般由ΒΑΣΙΛΕΩΣ ΒΑΣΙΛΕΩΝ / ΑΡΣΑΚΟΥ / ΕΥΕΡΓΕΤΟΥ ΔΙΚΑΙΟΥ / ΕΠΙΦΑΝΟΥΣ ΦΙΛΕΛΛΗΝΟΣ七个希腊词构成。[①]然何以在这个中国铜饼铭文上，仅辨认出五个词？盖因中国工匠（刻模人）在模仿外来文字时不解其意，亦不明拼写规则，他所能认出的，就是钱币背面坐着的持弓人（实则表示国王）。于是，工匠将钱币朝上放置，先摹刻持弓人上方的ΒΑΣΙΛΕΩΣ ΒΑΣΙΛΕΩΝ（王中王），再刻右边的ΑΡΣΑΚΟΥ（阿尔萨息），接着是左面的ΕΠΙΦΑΝΟΥΣ ΦΙΛΕΛΛΗΝΟΣ（神显者，爱希腊者），最后是下方的ΕΥΕΡΓΕΤΟΥ（恩人）和ΔΙΚΑΙΟΥ（正义者）。由于后期钱币毛坯的空间不够，下方两词常打压不上，中国工匠也就无从模仿。[②]细察看戈塔尔泽斯二世的钱币图录（图3），可见该币铭文讹化现象颇为明显。字形变异，字母缺漏，几成常态。[③]而且自他之后，帕提亚钱币铭文讹化日甚，终至与原文大相径庭。[④]黑尔芬的对比法不无可取之处，但此假设有一明显漏洞，即对比所依据者，乃其归纳之铭文字符变异规律，而他并未提到任何一个帕提亚钱币的讹化铭文与他推导出的铭文字符完全或大致一致。在帕提亚钱币图录中，也难觅此例。当然，他确定这些铭文是讹写的希腊字母，尚属合理；把这些铭文的出现定于2世纪后期之前，也有所据，唯此时帕提亚钱币铭文的讹变才能达到如此难以辨认的程度。[⑤]然有一点，现在看来是致命缺憾，即黑尔芬所据之郑氏铅饼很可能是后世仿制品或赝品。从20世纪70年代以来出土的各种铅饼铭文来看，其数目、字体、排序几乎相同，应最接

① 这七个希腊词依这样的顺序出现于帕提亚钱币上并非从Gotarzes II开始，在他之前的Pacorus I (c.39 B.C.)（Sellwood Type 49）、Artabanus II (c. AD 10–38)（Sellwood Type 63）的钱币上也出现了相同排列的铭文。见http://www.parthia. com/pacorus1.htm；http://www.parthia.com/artabanus2.htm.（2021.9.17）.

② O. Maenchen–Helfen,“A Parthian Coin–Legend on a Chinese Bronze”, p.4.

③ 参见Warwick Wroth, *Catalogue of the Coins of Parthia in British Museum*, London,1903, pp. 161–177, PL. XXVI–XXVIII; http://www.parthia.com/gotarzes2.htm.（2021.9.17）.

④ 关于这些希腊铭文字母的变形规律和讹化加深程度，参见Warwick Wroth, *Catalogue of the Coins of Parthia in British Museum*, pp. lxxvii–lxxviii以及戈塔尔泽斯二世之后诸王的铭文（pp. 178–253）。

⑤ 此前法国考古学家摩根针对帕提亚钱币的退化讹化问题写过专文，密兴–黑尔芬由此受到启发。O. Maenchen–Helfen, “A Parthian Coin–Legend on a Chinese Bronze”, p. 3 & n. 7. 摩根原文参见J. de Morgan,“Etude sur la décadence de l’écriture grecque dans l’empire perse sous la dynastie des Arsacides (171 av . J.–C. à 228 ap. J.–C.) – D’après les documents numismatiques”, *Revue archéologique*, tome 20, 4e série, Paris, Ernest Leroux, 1912, pp. 1–31；译文见徐朗《安息帝国时期希腊文书写衰退研究（前171至228年）——以钱币资料为据》，收入“希腊化文明与丝绸之路”结项成果，即将出版。

近当时铭文，或者即为当时铭文。与灵台铭文对比，郑氏铭文的摹写痕迹甚为明显。如果如此，黑尔芬释读的合理性不免打了折扣。

2.“巴克特里亚—印度—贵霜说”

这一说法实际上涵盖了公元前2世纪到2世纪间在印度和中亚的希腊化或希腊式钱币。它们以印度—希腊人（Indo-Greeks）钱币为源头，以印度—斯基泰人（Indo-Scythians）钱币为中心，以印度—帕提亚人（Indo-Parthians）钱币和贵霜钱币为延续，共同特征是希腊语铭文呈圆形排列，与中国铅饼铭文相似。克里布和约瑟夫力主此说。而密兴-黑尔芬虽注意到此类铭文字母或与巴克特里亚地区希腊人（或中国以西的部分希腊化地区）钱币铭文有关，但认为它与帕提亚钱币铭文相似度更高，因为二者似乎都是同样无意义的（same seemingly meaningless）排列组合。[①]然而，帕提亚钱币铭文多是呈直线排列，或上下或左右，构成三堵墙或四堵墙式的方框，中间是保护神或持弓人；而印度—希腊人、印度—斯基泰人、印度—帕提亚人和贵霜人圆形钱币（主要是银币）铭文则呈圆周环绕，与中国铅饼铭文形式一致。克里布据此否认中国铅饼上的铭文与帕提亚有关，而认为这些讹写的希腊字母与公元前1世纪之后印度西北部、巴克特里亚的印度—斯基泰人、贵霜人钱币上的铭文相似处颇多，因此中国铅饼上的铭文很可能来自这些地方。[②]此观点获得法国钱币学家弗朗索瓦·蒂埃里（François Thierry）的支持，他认为虽然外文铭文仿自安息字母的可能性存在，但其排列形式却只能依次上溯到印度—帕提亚人、印度—斯基泰人和印度—希腊人钱币。[③]

印度—希腊人国王阿波罗多托斯一世（Apollodotes I，约公元前180—公元前160年）发行的圆形银质希印双语币，最早采用这种圆周排列方式。[④]但巴克特里亚和印度—希腊人国王钱币中，未见“王中王”（ΒΑΣΙΛΕΩΣ ΒΑΣΙΛΕΩΝ）之希腊语铭文。[⑤]此称号的希腊语铭文始于印度—斯基泰人国王毛伊斯（Maues，约公元前125/公元前100—公元前85年）。[⑥]同时期，帕提亚国王米特拉达特二世（Mithradates II，约公元前123—公元前88年）亦用此称号。[⑦]毛伊斯是否有可能从帕提亚国王那里接受了这个称号？印度—斯基泰人钱币学者西尼尔（R. C. Senior）认为这是毛伊斯本人创意，与帕提

① O. Maenchen-Helfen,“A Parthian Coin-Legend on a Chinese Bronze,” p. 2.

② J. Cribb,“Chinese Lead Ingot with Barbarous Greeks Inscriptions”, Coin Hoards, Vol. 4 (1978): pp. 76-78. 林梅村《西域文明：考古、民族、语言和宗教新论》也持希腊文说，但认为这些铅饼是贵霜人在中国三辅及西邻地区活动的遗物（东方出版社，1995年，第43-44页）。

③ F. Thierry,“Review of Kaogu Yu Wenwu 1994-V, Mélanges pour le dixième anniversaire de la foundation de Société Numismatique du Shenxi”, *Revue Numismatique* 6.150 (1995) 304-308 no. 17,18, 21; François Thierry, *Les Monnaies De La Chine Ancienne*, Paris: Les Belles Lettres, 2017, p. 103 & n. 18.

④ 见 Osmund Bopearachchi, *Monnaies gréco-bactriennes et indo-grecques, Catalogue Raisonné*, Paris: Bibliothèque Nationale, 1991, p. 188, Pl. 11 (Série 2) .

⑤ 唯有欧克拉提德（Eucratides，约公元前170—公元前145年）一种钱币的佉卢文中出现了这个称号：“Rajadirajasa”（王中王）。见 Osmund Bopearachchi, *Monnaies gréco-bactriennes et indo-grecques, Catalogue Raisonné*, p. 389, Pl. 22 (Série 23).

⑥ R.C. Senior, *Indo-Scythian Coins and History*, Vol. IV, Lancaster, PA: Classical Numismatic Group, 2006, pp. xxxiv, xlii.

⑦ http://www.parthia.com/mithradates2.htm;http://www.parthia.com/coins/pdc_39548.jpg.（2021.9.17）.

亚人无关，二者相距遥远，互无影响。[①]但毛伊斯继承了印度—希腊人的双语币传统，银币正反面分别以希腊文与佉卢文圆周环绕。

中国铅饼铭文的构成和排列是否如克里布所言，和印度—斯基泰以及受其影响的贵霜钱币有关？经比对发现，"王中王"在印度—斯基泰人和贵霜人钱币的希腊语铭文中确实频频出现，但其基本构成比较简单，一般为"王中王、伟大的"（ΒΑΣΙΛΕΩΣ ΒΑΣΙΛΕΩΝ ΜΕΓΑΛΟΥ）加国王名字（属格）。[②]印度—斯基泰人钱币铭文与灵台铅饼铭文相对接近：其一，初期字形规整，起笔落笔处呈点状；后期讹化严重，阿泽斯（Azes，约公元前65—公元前15年之间在位[③]）后期尤甚。铅饼铭文似兼备这两个阶段的特点：笔画一般挺直，点状明显，尤其是类似于Λ、X和V的字符。其二，阿兹利塞斯（Azilises，约公元前80—公元前35年之间在位）钱币铭文31个字母（ΒΑΣΙΛΕΩΣ ΒΑΣΙΛΕΩΝ ΜΕΓΑΛΟΥ ΑΖΙΛΙΣΟΥ），与铅饼字符数目基本吻合，其余国王钱币铭文则或多或少。其三，时间上有交集。据《汉书·西域传》，塞人南越悬度之后建立的罽宾国，自武帝之时即与汉通，后来外交活动不断。他们"以金银为钱，文为骑马，幕为人面"[④]，近似印度—斯基泰人钱币，很可能就是其中的一部分。汉与罽宾使者几番往返，有可能带回罽宾钱币。但除毛伊斯之外，其余印度—斯基泰人国王在位时间都在汉武帝（公元前141—公元前87年在位）之后。[⑤]如果铅饼发行于汉武帝时期，显然不太可能模仿罽宾钱币铭文。

不过，其后的中国铅饼发行者有可能模仿印度—斯基泰人的双语币。约瑟夫首先认定铅饼铭文中几乎所有字符都具有希腊文形式，由B、Y、Λ、I、N、Π、E、X 8个字母及其变体构成，然后经过比对，推定这些希腊字母与某个印度—斯基泰人地方统治者的仿阿泽斯钱币铭文"ΒΑΣΙΛΕΩΣ ΒΑΣΙΛΕΩΝ ΜΕΓΑΛΟΥ ΑΖΟΥ"（"伟大的王中王Azes"）有关，并根据其中四次出现的类似"B"的符号，推测灵台铅饼铭文依据的希腊原文可能是"ΒΑΣΙΛΕΩΣ ΒΑΣΙΛΕΩΝ ΜΕΓΑΛΟΥ ΒΑΣΙΛΕΩΣ ΒΑΣΙΛΕΩΝ"。但若如此，字符显然超过32个了，看来中间或有遗漏。[⑥]

---

① R.C. Senior, *Indo-Scythian Coins and History*, Vol. Ⅰ, p. 25.

② 如 Azilises 的铭文即 ΒΑΣΙΛΕΩΣ ΒΑΣΙΛΕΩΝ ΜΕΓΑΛΟΥ ΑΖΙΛΙΣΟΥ。这与密兴-黑尔芬所认定的五个部分"ΒΑΣΙΛΕΩΣ ΒΑΣΙΛΕΩΝ ΑΡΣΑΚΟΥ ΕΠΙΦΑΝΟΥΣ ΦΙΛΕΛΛΗΝΟΣ"显然不同。本文的印度—斯基泰人、印度—帕提亚人钱币资料主要见于 R.C. Senior, *Indo-Scythian Coins and History,* Vol. II, Lancaster, PA: Classical Numismatic Group, 2001；贵霜钱币参见 David Joneward and Joe Cribb with Peter Donovan, *Kushan, Kushano-Sasanian, and Kidarite Coins: A Catalopue of Coins from the American Numismatic Society* (New York: The American Numismatic Society, 2015)；Robert Göbl, *System und Chronologie der Münzprägung des Kušānreiches*, Wien: Verlag der Österreichischen Akademie der Wissenschaften, 1984；李铁生编著：《古中亚币》，北京出版社，2008年，第151-168页；相关网站、数据库，如 ZENO.RU-Oriental Coins Database.

③ 关于印度—斯基泰人诸王的在位年代，学界多有争议。本文主要依据西尼尔的最新推定，见 R.C. Senior, *Indo-Scythian Coins and History*, Vol. IV, p. xl (table a7).

④《汉书》卷九六上《西域传》，北京：中华书局，1962年，第3885页。

⑤ 如 Vonones, c.85-65 BC；Azilises, c.80-35 BC；Azes, c.65-15 BC。见 R. C. Senior, *Indo-Scythian Coins and History,* Vol. IV, p. xl (table a7) .

⑥ 约瑟夫的释读结果主要依据其文："Toward a Closer Reading of the Han Dynasty Lead Ingots"，收入"希腊化文明与丝绸之路"结项成果，待刊。

印度—帕提亚人的钱币也值得注意。他们本是臣服于帕提亚帝国的一支斯基泰人（或是从伊犁河西迁的“塞人”一部），公元前后从塞斯坦（Seistan）和阿拉科西亚（Arachosia）地区进入印度西北部，所以钱币深受帕提亚帝国和印度—斯基泰人王国的影响。自贡多法勒斯（Gondophares，约19—46年在位）之始，诸王钱币可分为两个类型：一为帕提亚的希腊单语币类型，反面铭文围绕中间的人物形象，呈方形，或横或纵排列，通常顺时针方向，由内到外，或由外到内，铭文多少不等，每行字数也因空间而异。一德拉克马银币铭文多属此类。另一个类型则沿袭印度—希腊人、印度—斯基泰人的双语传统，正面是希腊语，呈圆周形，顺时针排列。四德拉克马银币和铜币铭文大抵如此。铭文内容也仿自各自传统，但总的来看，数目有所减少，一种是“王中王+王名”（即ΒΑΣΙΛΕΩΣ ΒΑΣΙΛΕΩΝ+王名）；一种是“王中王、伟大的+王名”（即ΒΑΣΙΛΕΩΣ ΒΑΣΙΛΕΩΝ ΜΕΓΑΛΟΥ+王名）。就字符数目和拼写形式观之，与铅饼铭文相去甚远。[①]

贵霜钱币因王而异，时间跨度大，变化显著。其钱币铭文可分两阶段。第一阶段是前三王时期，即Kujula Kadphises（约50—90年），Vima Takto（约90—113年）和Vima Kadphises（约113—127年）在位时期[②]，尽管钱币类型各有不同，但都基本保留了希腊语铭文。第二阶段从迦腻色伽（Kanishka，约127—154年）起，铭文改为希腊字母拼写的巴克特里亚语。其中增加了字母þ（发“sh”音），它在钱币铭文中频频出现，与“AO”相拼，就是“王”的意思，如þAONANOþAO“（Shaonanoshao），即“王中王”之意。只要表示王，该字母必不可少[③]。但中国铅饼铭文中无此符号，显示其与迦腻色伽时期及之后的贵霜钱币可能无关。即使是前三王（含无名王“Soter Megas”）和迦腻色伽早期的希腊语钱币，头衔也相对减少，字数变化不定，一般都是模仿巴克特里亚—印度希腊人、印度—斯基泰人钱币铭文类型：头衔加王名（属格，无名王除外）。如Vima Kadphises的金币上就是“国王+名字”，只有21个希腊字母（ΒΑCΙΛΕΥC ΟΟΗΜΟ ΚΑΔΦΙCΗC）。他偶尔也用“王中王”称号，他的铜币铭文就是“王中王，伟大的救世主+王名”（ΒΑCΙΛΕΥC ΒΑCΙΛΕWΝ CWΤΗΡ ΜΕΓΑC ΟΟΗΜΟ ΚΑΔΦΙCΗC），多达39个字母。[④]那位无名王则只用“ΒΑCΙΛΕV［Σ］ΒΑCΙΛΕVWΝ CWΤΗΡ ΜΕΓΑC（主格）”（王中王，伟大的救世主）26个字母。[⑤]而且这些希腊语铭文讹变更甚，大都难以辨识。贵霜钱币前期模仿居多，至1世纪前后第三个国王Vima Kadphises时期方独立成型。[⑥]如果放弃铅饼为汉武帝时代遗物的假设，这些希腊语钱币也可作为比较研究的对象。但总体来看，铅饼铭文与贵霜钱币上的希腊语铭文在字母、字数上都难以吻合，因此前者仿自贵霜钱币的可能性很小。

---

① 详见R. C. Senior, *Indo-Scythian Coins and History*, Vol. II, pp. 148-187.

② David Joneward and Joe Cribb with Peter Donovan, *Kushan, Kushano-Sasanian, and Kidarite Coins*, p. 4.

③ 关于始于迦腻色伽的巴克特里亚文铭文，详见Robert Göbl, *System und Chronologie der Münzprägung des Kušānreiches*, pp. XIV-XVII.

④ http://coinindia. com/galleries-vima-kadphises. html; (2021.9.17)David Joneward and Joe Cribb with Peter Donovan, *Kushan, Kushano-Sasanian, and Kidarite Coins*, 2015, p. 54.

⑤ http://coinindia. com/galleries-vima-takha. html; (2021.9.17)David Joneward and Joe Cribb with Peter Donovan, *Kushan, Kushano-Sasanian, and Kidarite Coins*, p. 45. 第一个ΒΑCΙΛΕV后的“Σ”常被省略。

⑥ David Joneward and Joe Cribb with Peter Donovan, *Kushan, Kushano-Sasanian, and Kidarite Coins*, p. 53.

至此，关于该铭文希腊文来源的研究，似乎有所进展，却陷入无一对应的处境。欣慰的是，国内外也在探索其他可能来源。

（二）"中国星图、刻符说"

有中国学者认为，这些字符与中外文字无涉，是汉代天文学或占星学中二十八宿的星象符号。他们以西安交通大学西汉墓壁画中的二十八宿天象图为据，指出这些由表示星星的小圆圈连线所形成的图案，与"白金三品"龙纹币背面的符号相对应。[①]这种比附确有新意，但图案差异显著，整体上难以契合。况且，汉武帝为何要用另一套符号来呈现二十八宿天象图？还有的中国学者否认这些字符和外文有关，认定它们只是一种标记和装饰，类似刻符见于中国仰韶文化、春秋时期陶器之上，西汉金饼亦有此类。[②]另有中国学者试图将这32个铭文符号和希腊文、拉丁文，乃至中国古代相关的数字、符号做比对，但结果并不理想，在排除重复后的16个单体字符中，接近希腊字母者约9个，接近拉丁字母者约6个，能用中国古代数字解释的仅三四个（10余符）。[③]字符图形可以仿写，但不知其意，结论又回到"外文"铭文的原点。

（三）"婆罗米文字说"

国外学者鲜少探讨"外文铅饼[illegible]金三品"的关系，但惠利注意到中国这些年的相关发现和讨论，他独辟蹊径[illegible]印度文字和文化相联系，提出全新解释：此铭文并非希腊语，更非其退化[illegible]度婆罗米文字拼写的中印度雅利安语，主要表达对佛陀的颂扬与虔诚。

惠利先一一摹写四枚铅饼上的字符，与历史上各种婆罗米字母加以比对，将对应字符音译，转写成拉丁字母，进而按意群分为两句（第一句包括前18个字符，第二句包括后14个字符），最后将拉丁化字符转写为梵语，再译为英语。首句意译为："世尊、大雄（佛陀）赐予十种恩惠（像爬行生长的植物，步步攀升），给予安康，祛除不净（涤罪）。"次句意译为："你对吉祥的（或辉煌的）、坚如磐石的大雄（或真正的智者、英雄，即佛陀）常怀感恩之心，你向他走来或走去！他，就是那个所向披靡、至高无上、征服一切的大雄。"[④]

为证明这些铭文源出印度，惠利细察所谓"白金三品"的正面图形和二次打压的印

---

① 姜宝莲、赵强：《扬州汉墓出土"龙纹铅饼"初探》，《中国文物报》2016年12月13日，第5版；姜宝莲：《汉代"白金三品"货币及其相关问题》，《考古》2020年第10期，第95页。关于该墓葬的28宿壁画，见雒启坤：《西安交通大学西汉墓葬壁画二十八宿星图考释》，《自然科学史研究》1991年第3期，第236–245页；呼林贵：《西安交大西汉墓二十八宿星图与〈史记·天官书〉》，《人文杂志》1989年第2期，第85–87页。

② 师小群、党顺民：《龙纹铅饼探》，《文博》2004年第1期，第51–54页。周延龄《西汉铅饼铭文考析》持类似观点，断言龙纹币上的字符不是外文，而是源于本土的刻符，或表示数字，或有天文学寓意（《安徽钱币》2004年第2期，第6–11页）。

③ 黄锡全：《"白金三品"篆文及有关问题略议》，第5–6页图2。

④ 具体破译方法详见 M. A. Whaley, "A Middle Indo-Aryan Inscription from China", pp. 417–420, 421–433. 中文译自原文英译。

戳。他认为龙纹、马纹、龟纹等图案，均与印度文化息息相关。龙纹币中动物高扬的长吻部类似象鼻，实为印度蛇象结合体，隐含了二者的超自然特征，梵语称作“龙象”（Hatthinaga，a Naga elephant）。马纹币中的有翼马也是外来之物，与汉代接受外国文化有关。在印度，马和大象常混合为一，称为“马象”（Hatthi-assadayo）。故此有翼马与“龙象”亦存关系。龟纹币亦与斯里兰卡曾发行的龟形铅币（lead tokens）相呼应。但因中国出土的龟纹币上明显带有汉字，所以惠利只好承认其来源可从中印两方面来解释。[①]

笔者不谙梵语以及婆罗米文字的构成和演变，难以对惠利的比对做出语言学判断，就此特别咨询了德国印度学专家哈里·福克（Harry Falk）教授。他断然否定这种破译方法，认为这些字符仅是伪字母、一种装饰，形似字母但毫无意义。惠利的所谓释读纯属幻觉。若该解读有意义，至少有部分意义，它们很早就被发现了。[②]他既否定了这些字符的实在意义，也否定了用婆罗米文、梵语，甚至任何语言解读的可能性。[③]对于这种彻底否定的结论，笔者同样难以置评，但可从历史的角度，沿惠利的思路，看看这种文字是否有可能传入中国。

佛教传入中国，最早也在公元前2年，或在汉明帝永平年间[④]，与汉武帝时期相隔百余年。武帝时张骞通西域，还不知印度佛教。这些宣传佛教的铭文从何而来？惠利明知汉武帝时佛教尚未传入，却臆断当时活动于中国西北，也就是他理解的陕西、甘肃地区（渭水流域）的匈奴和大月氏为这些文字传入中国的中介。因为前者长期与汉廷对峙接触，匈奴浑邪王（公元前121年）又率部大举投降；后者爱好和平，善于经商，与中国长期边贸。但汉武帝时，匈奴虽已经向西扩张至塔里木盆地，却未与印度有所往来；大月氏则已被匈奴逐出中国西北地区，移居于中亚阿姆河之北。故此说显系无稽之谈。至于把“白金三品”中的图案与印度文化相联系，更是不值一驳。龙纹早已有之，与春秋战国时期的蟠螭纹类似。有翼马或从西域传来，希腊城邦科林斯（Corinth）的钱币上早就出现有翼飞马珀伽索斯（Pegasus）的图案。希腊化时期，有翼飞马被安息人接受，米特拉达特二世的钱币上就有其形象。[⑤]乌龟更非印度独有，中国商代就以龟甲占卜。仅凭梵文中几个类似名词，或类似的代币形式，便认为它们影响了中国汉廷大张旗鼓发行的“白金三品”的样式设计，太过牵强。而推测这三种币的原生地是匈奴曾统治的“甘肃—陕西”地区，西汉对这一地区的占领导致了与这些奇怪的钱币形式的接触，更是与中文史籍记载相悖。而且，如果是模仿，对象何在，印度有这样“龙象”或“马象”的实物原型吗？即使有，何人又能将它们带入中国？何人又依据它们铸造了这些“白金三品”？作者自知纯属推想，这些问题终归无解，于是在文末借设问婉转表达又一想象：渭水流域

---

① 详见 M. A. Whaley，“A Middle Indo-Aryan Inscription from China”, pp. 439-447.

② 个人通讯：Harry Falk，2020.9.28。

③ 克里布对惠利的解读也持否定意见。惠利的这篇文章就是他介绍给笔者的。

④《史记》《汉书》均未载印度佛教。《后汉书》中首次提到天竺“修浮图道”，东汉明帝“遣使天竺问佛道法”（《后汉书》卷八八《西域传》，北京：中华书局，1965年，第2921-2922页）。鱼豢《魏略·西戎传》中提到“汉哀帝元寿元年，博士弟子景卢受大月氏王使伊存口受《浮屠经》”（《三国志》卷三〇《乌丸鲜卑东夷传》，裴松之注，北京：中华书局，1965年，第859页）。

⑤ https://www.parthia.com/mithradates2.htm. (2023.3.1).

的原住民(original inhabitants)有一个宏大的计划,向一座佛塔奉献,这些“人工制品”(artifacts)是否就是其中的一部分?①答案显然是否定的。佛教尚未传入,何来佛塔?何来奉献?当然,该文将中国铅饼铭文与婆罗米文字进行比对释读的研究路径,也不失为一种尝试。

(四)克里布和蒂埃里的释读探索

尽管解读极为困难,但仍有国外学者孜孜探求。克里布坚信铅饼铭文与希腊文有关,并有可能至少部分释读。时隔四十年,他重申其“蛮化的希腊文说”(barbarous Greek)②,不过,换了一个词,称为“假冒希腊语”或“伪希腊语”(the pseudo-Greek),即铭文结构和字符形式看上去更像希腊语(more suggestive of Greek),但非纯正希腊语。克里布识别出部分变形的希腊字母(如Σ变成了C,Ω变成直线的三堵墙Π,E反转过来,N多加了一划),并据此释读出“王中王”的后一个词ΒΑΣΙΛΕΩΝ(of kings,“众王中的”)。他根据“王中王”这一名号在帕提亚、印度—斯基泰、印度—帕提亚和贵霜钱币中首次出现的时间,以及这些希腊字母的变形过程,推断铅饼铭文出现在1世纪,因此,这些铅饼并非汉武帝时铸造,而是对其所发行银锡合金币的仿造,用于陪葬,其上铭文为仿造时后加的。以下是克里布的摹写与释读,他以逆时针方向摹写,从本文所示灵台铅饼铭文左下角“ΛΛ”开始。ΒΑΣΙΛΕΩΝ即如此释读出来:

克里布虽然回复简单,也未全部解决铭文的释读问题,但他把原创和仿制分开,提供了一个解决问题的思路。法国钱币学家蒂埃里(F. Thierry)持同样看法,认为这些铭文的顺序是颠倒的,他也从中读出了“ΒΑCΙΛΕΩΝ”(即ΒΑΣΙΛΕΩΝ,βασιλεων,“众王的”)这个希腊式钱币中常用的词。③

综上可见,中国铅饼上的疑似外文字符很可能来自西域希腊化或希腊式钱币铭文。

二、铅饼的用途与铭文来源

这些铅饼之性质,究竟为流通货币,抑或如克里布所言,是冥币之仿品,铭文乃后

① M. A. Whaley,“A Middle Indo-Aryan Inscription from China”, pp. 417-420, 421-433.

② 个人通讯:J. Cribb, 2019.7.14。

③ 遗憾的是,蒂埃里未说明是根据哪些字符释读的。见 François Thierry, *Les Monnaies De La Chine Ancienne*, p.103; F. Thierry,“Review of Kaogu Yu Wenwu 1994-V, Mélanges pour le dixième anniversaire de la foundation de Société Numismatique du Shenxi, ”p. 307.

加？[①]此问题与铅饼铭文的释读与定性直接相关。

密兴-黑尔芬虽未明言，但他假定帕提亚钱币是张骞之后来往于汉朝和安息间的商人所带来，中国工匠在刻模时模仿其希腊语铭文，似暗示这种铅饼（即他所说的“铜饼”，“Bronze”）亦属货币之一种。夏鼐则认为，此或可作货币之用，然此类“铜币”在汉代、西域各国，乃至安息皆未曾发行。[②]

密兴-黑尔芬的文章发表于1952年，夏鼐响应于1961年。他们仅能依据所见拓片或少量馆藏实物，其来源和真伪都需谨慎鉴别。自20世纪70年代以来，此类实物出土甚多，有的出土时还伴有类似马纹或龟纹的金属实物。[③]因其含铅量甚高[④]，并非以前认为的铜质，故被改称为铅饼。它们重量不同，形状各异，龙纹是圆形，马纹是方形，龟纹是椭形。三者都有疑似“少”字篆印，疑为二次打压。“少”或指主管铸钱的“少府”。[⑤]若此，三者似出同源。因三种铅饼有时同地出现，或为同源，有学者遂将其与汉代“白金三品”相联系，以为此即武帝时短暂发行的“白金三品”货币。后两种发现较少，且无外文字符，故学界聚焦于龙纹铅饼。

（一）文献记载中的“白金三品”与“现存实物”之比较

“白金三品”发行于汉武帝元狩四年至元鼎三年（公元前119—公元前114年）。汉武帝有感于连年用兵，水灾频仍，国库空虚，而富商大贾“财或累万金，而不佐国家之急，黎民重困”，于是“与公卿议，更钱造币以赡用，而摧浮淫并兼之徒”。由于“是时禁苑有白鹿而少府多银锡”，遂在发行鹿皮币的同时，“又造银锡为白金。以为天用莫如龙，地用莫如马，人用莫如龟，故‘白金三品’：其一曰重八两，圜之，其文龙，名曰‘白选’，直三千；二曰以重差小，方之，其文马，直五百；三曰复小，撱之，其文龟，直三百”[⑥]。部分学者将“外文铅饼”归于“白金三品”中的第一品，盖因此二者外形、重量颇为相似。

若“外文铅饼”上的纹饰确为龙形，则与文献所述一致。西汉时八两约125克，这些

---

① 个人通讯：J. Cribb, 2019.7.14; J. Cribb, “Chinese Lead Ingots with Barbarous Greeks Inscriptions”, *Coin Hoards* 4 (1978), p. 77.

② 作铭：《外国字铭文的汉代（？）铜饼》，第276页。

③ “三品”同地出现于陕西眉县常兴镇（1990）、安徽六安（1986）、陕西宝鸡（1994）。详见张立英：《谈对“白金三品”的认识》，《考古与文物》1994年第5期，第90-92页；任拴英、袁林：《外文铅饼与白金三品》，《内蒙古金融研究》2003年第3期，第55-58页；李勇、杨华：《白金三品考》，《钱币文论特辑》第3辑，2006年，第241-250页；胡诚：《白金三品之管见》，《考古与文物》1994年第5期，第98-100页。

④ 灵台铅饼经物理法和化学法测定，初步认定是“以铅为主的金属”（《甘肃灵台发现外国铭文铅饼》，第427页）；对其他龙纹铅饼测定的结果基本都是以铅为主，详见西安钱币学会课题组：《“白金三品”新探》，西安钱币学会编《西安钱币学会成立十周年纪念文集》，2004年，第26页。

⑤ 《“白金三品”新探》，第23页；黄锡全：《“白金三品”篆文及有关问题略议》，第4-5页；姜宝莲：《汉代“白金三品”货币及其相关问题》，第92、94页；李勇：《“外文铅饼”考》，《安徽钱币》2001年第2期，第12-13页；张振龙、张宏：《关于司马迁笔下“白金三品”货币考辨》，《司马迁与史记论集》第7辑，西安：陕西人民出版社，2006年，第230-231页。

⑥ 关于“白金三品”的发行、废止及其背景，详见《史记》（点校本二十四史修订本）卷一二《孝武本纪》、卷三〇《平准书》，北京：中华书局，2014年，第582、1714-1723、1728-1730页；《汉书》卷六《武帝纪》、卷二四下《食货志》，第178、1162-1164、1168-1169页。《汉书》“白选”作“白撰”。

铅饼多在110~140克之间[①]，重量亦大致吻合。但《史记》《汉书》云此类铅饼的主要成分应是银锡，然化验结果显示，实为铅锡合金，银之成分甚少，有的仅占约6%。[②]这与“白金三品”名不符实。为了弥合这种矛盾，有学者推测汉武帝并未真正发行过史书中所谓“白金”银币，而是以铅币充数，抑或当时并存“银三品”和“锡（铅）三品”两种货币[③]。司马迁（公元前145—公元前90年）与汉武帝同世，班固（32—92年）是东汉前期人，他们（尤其是司马迁）理应亲睹这种通行全国的特殊钱币，否则难以如此详尽地描述。前述克里布信中提供了一种思路：当时真正流通的货币为银币，而后世所见之铅币则为仿制品[④]。无独有偶，近年国内也出现了这种原作与仿制二分法的猜测。三种币型据说都有银制品出现，这似乎为银锡合金、以银为主之“白金三品”提供了物证。2011年公布的龙纹币含银量89.3%，2007年发现、2012年公布的马纹币含银86.65%，2013年发现的龟纹币没有检测，但提供者确认是银质。[⑤]如果银质的“白金三品”可以证实，那铅质的“三品”就只能是仿制品了。

实际重量方面似也有问题。《史记》谓马、龟纹铅饼与龙纹者相较，重量稍轻。司马贞和晋灼的注释谓马纹重六两，龟纹四两。[⑥]依此推算，马纹币约重93克，龟纹币约重62.5克。然实测结果显示，马纹铅饼仅20~22克，龟纹铅饼约15克，差距悬殊。但若以“直三千、五百、三百”的级差（500，300与3000之比）计算，即125克的六分之一（约21克）、十分之一（12.5克），确实“与实物重量相差不大”[⑦]。那么，是史书误记，抑或司马贞、晋灼之解释偏差？司马迁以当代人写当代事，按理不应有错。或是司马贞和晋灼未见实物，仅凭“以重差小”“复小”字面臆测后二者分别减重为六两、四两。或许此铅饼非彼龙纹币，汉代另有一套重量分别是8∶6∶4，成色是银锡为主的“白金三品”，但目前发现银质龙、马、龟纹币的重量分别是118.6克、19.2克、10克，比例显然不是8∶6∶4。若就面值而言，倒大致符合六分之一和十分之一的比例。为什么龙纹币的面值奇高，当然与其重量有关，龙纹代表天子，寓意重大。银质和铅质的“三品”重量比例相仿，这似乎也证明铅饼仿制银饼而作。

关于汉武帝时期的“白金三品”，司马贞《史记索隐》和张守节《史记正义》的相关注释是常被忽视的重要资料。司马贞提到的“白金三品”都是有肉有好的钱币，如龙纹币“肉好皆圜”，即中间的孔与周围的边都是圆形。马币“肉好皆方，隐起马形。肉好之下

---

① 灵台铅饼在110~118克之间（《甘肃灵台发现外国铭文铅饼》，第427页）；宝鸡一枚137.131克，西安一枚138.609克（参见《“白金三品”新探》，第23页）；也有平均达139.6克（考古研究所资料室：《西安汉城故址出土一批带铭文的铅饼》，《考古》1977年第6期，第428页）。

②《“白金三品”新探》，第26页。

③ 参见《“白金三品”新探》，第26页；张立英：《谈对“白金三品”的认识》，《考古与文物》1994年第5期，第90-92页；赵晓明《西汉白金货币再探》，《南方文物》2009年第3期，第168-169页。

④ 个人通讯：J. Cribb, 2019.7.14。

⑤ 参见刘存忠：《真正的“白金三品”》，《收藏界》2011年第5期，第88-89页；董大勇：《拨开“白金三品”身上的迷雾》，《收藏界》2011年第5期，第87页；王泰初：《西安发现龟形银币“白金三品”材质之争尘埃落定》，《收藏界》2013年第4期，第65-66页；张吉保：《再论“白金三品”——从陕西发现“白金三品”之银质马币说起》，《西部金融·2010年钱币研究增刊》，第36-39页。钱币学界对此类银质币的真伪有争议，本文仅列出处，供参考。

⑥《史记》卷三〇《平准书》，第1722页；《汉书》卷二四下《食货志》，第1164页。

⑦ 李勇：《“外文铅饼”考》，第11-14页。

又是连珠文也”，显然，马纹币是个方形币，还有连珠纹。龟币则“肉圆好方”，中间是方孔，周边是圆形。[①]张守节引《钱谱》云“白金第一，其形圆如钱，肉好圆，文为一龙。白银第二，其形方小长，肉好亦小长，好上下文为二马。白银第三，其形似龟，肉好小，是文为龟甲也”[②]，不仅肯定三种白金、白银都是有肉有好，而且指出了三者肉好的区别。第一肉好皆圆，第二肉好皆长宽有差，第三则肉好皆小。值得注意的是，《钱谱》说有白金、白银两种，马纹为上下二马。《钱谱》是南朝梁人顾烜所作，上距汉武帝铸“白金三品”已有600多年，但这是中国首部钱币学专著，或有所据，惜已失传。然而，现今所发现的被认为是“白金三品”的钱币，不论圆形方形，中间均无孔，马币上也未发现连珠纹或上下双马图案。这引发疑问：所谓铅质“白金三品”可否等同于汉武帝发行的“白金三品”？

再者，《史记·平准书》《汉书·食货志》均提到“又造银锡为白金”，而且以下只介绍形状、名称和面值。裴骃《史记集解》引如淳曰：“杂铸银锡为白金也。”[③]可见，汉武帝“白金三品”材质相同，只是形状、纹饰和面值不同。这个大概与前面发行的皮币一样，也是虚币，主要依据形状、重量和纹饰来区别价值。裴骃、司马贞、张守节都是司马迁、班固之后数百年之人，在他们的时代，能否见到存世“白金三品”，是个疑问。但他们利用前人注解，详细描述的有孔“白金三品”，或有所本[④]，只是至今尚未出土。果真如此，汉武帝的银锡“白金三品”与现代发现的铅质所谓“白金三品”显非同类。

就实物外形而言，以灵台铅饼为例，它们与司马迁、班固笔下的“白金三品”及后世的注释差别明显：其一，中间无孔；其二，币形外凸内凹，非平面；其三，反面周边刻有疑似外文字符；其四，有二次打压的戳记。宋代洪遵《泉志》附有三种币的图案，显然是依据文字描述的想象之作。这些图可能是明万历年间徐象梅补充绘制[⑤]，虽难免以讹传讹，但反映了所谓“白金三品”形制上的一个共同特点，即不论圆形还是方形，中间皆有孔[⑥]，而这恰是现在发现的所谓“白金三品”没有的。

（二）“疑似外文字符”的可能来源——仿制或附加

如上所论，以灵台铅饼为代表的铅锡合金龙纹币有可能是仿造币而非原始币。另外的问题随之产生，它们仿自何处？最初的银质龙纹币上有疑似外文的字符吗？铅饼上疑似外文字符是有所本，还是仿制时所添加？目前公布的（2011）唯一龙纹银币损毁严重，铭文与出土信息不明，细察图片似隐约可见外文字符和汉文戳记，不过漫漶不清[⑦]，难以视作确凿线索。司马迁对“白金三品”龙纹币介绍尤详，为何不提背面文字？

---

①《史记》卷三〇《平准书》，第1722页。

②《史记》卷一二《孝武本纪》，第582页。

③《史记》卷三〇《平准书》，第1722页。

④ 如司马贞《索隐》为龙币所作的注解中就明确说“顾氏案：《钱谱》‘其文为龙，隐起，肉好皆圆，文又作云霞之象’”，说明他也参照了顾烜《钱谱》，与张守节所据本稍有不同。

⑤《津逮秘书》等版本、洪遵《泉志》部分卷次下题有“明徐象梅校并图篆”。

⑥ 有关“白金三品”的记载和图案，参见洪遵《泉志》卷九，中国国家图书馆藏《津逮秘书》本，第1a–2a页。

⑦ 现在国内钱币界和收藏界对所谓“白金三品”之认定见仁见智。一般对实地出土之物的真实性殆无异议，但对市场购入或个人收藏之物，多持谨慎态度。

有学者提出,当时可能发行了有外文和无外文的两种龙饼,分别适用于对外交往和国内流通[①]。然而,真正的"白金三品"发行于张骞通西域之际,西域的葡萄、苜蓿开始传入,深目、高鼻、多髯的西域使者也跟随张骞的副使进入长安。司马迁对西域兴趣浓厚,在《史记·大宛列传》中详尽转述了张骞给汉武帝的报告,他对与汉字迥然不同的外来字符不应无视,因此发行两种钱币的可能性不大。

此外,张骞所处时代,大宛、康居、大月氏、大夏流通的都是希腊式钱币,但无一铭文是如此书写。即使现在可信度较高的安息仿希腊化钱币,其上铭文也不是这样排列,内容、字数、书写方式都有不同。张骞确实提到了安息钱币,但仅寥寥数语:"以银为钱,钱如其王面。王死辄更钱,效王面焉。"[②]如果这些铅饼是汉武帝时发行,那时负责铸币的官员或者汉武帝本人从哪里得到这样的灵感,以这样的铭文为模仿对象?即使张骞于公元前126年出使西域归来带回安息钱币,那时安息钱币的希腊字符还没有如此多头衔、如此退化。可见仿照此时的安息钱币说亦难成立。

"白金三品"本为解决财政困难而发行,用于流通和敛财,铸上汉地无人认识的外文字符似不合逻辑。铭文的来源与目的仍需另寻源头。

部分所谓"白金三品"出土于汉代墓中,加之陶制龙纹币频现,使得"冥币说"获得一定支持。但此类铅饼并非都出于汉墓[③],尤其是灵台曾一次性出土274枚与墓地无关的铅饼,可证铅饼并非都是冥币。即使是冥币,为何在模仿龙纹币时要增添奇特字符?此疑团的解开,还是要追溯至所谓"外文铅饼"的发行者或仿造者。

《史记》《汉书》谓"白金三品"因盗铸成风,仅在流通五年后便遭废止。当时不仅"吏民之盗铸白金者不可胜数",各郡国也趁机"多奸铸钱"(《史记索隐》注"谓多奸巧,杂以铅锡也"),以至于"钱多轻""白金稍贱,……终废不行"[④]。以铅锡当白金,以假乱真,现在所见的铅饼或在此背景下(并不一定是这一时期)出现。"白金三品"银质变铅质之谜似乎可以解开了。固然不能设想大规模盗铸都以"白金三品"为对象,但它至少是主要目标之一,否则不可能短短五年便被明令废止。据此推测,"白金三品"可能分为两种:一种是最初的银币(或曰以银为主的银锡合金币);另一种是后来盗铸或仿制的铅币(或含少量银)。至于龙纹铅饼上的疑似外文字符,虽不能完全排除是从银币上模仿而来,但更可能是盗铸者或仿制者的添加。那么,究竟谁是这些"外文铅饼"的发行者或仿造者?不得不追根溯源以寻找线索。

① 参见黄锡全:《"白金三品"篆文及有关问题略议》,第6页。

②《史记》卷一二三《大宛列传》,第3839页。

③ 参见黄锡全:《"白金三品"篆文及有关问题略议》,第7–9页附表"目前所见所谓'白金三品'资料统计表";姜宝莲:《汉代"白金三品"货币及其相关问题》,第93页表1"'白金三品'货币出土资料统计表"。

④《史记》卷三〇《平准书》,第1722、1729–1730页。

三、铅饼的铸造地、发行者或仿造者

研究铅饼铭文的归属，何处铸造至关重要，因为它直接关乎发行者或仿造者的身份，以及铭文字符的来源。

（一）铸造地当在汉代中国

总体上看，发行地有汉代中国与西域两说。汉代有西汉、东汉之分，而西域则可能指广泛的地域，或具体到大秦、贵霜、印度、大夏、安息等国家。[①]夏鼐疑其出自中国之外的西域，但确切地点不详。[②]若将这种铅饼归类于“白金三品”，那发行者非汉武帝莫属。但其金属成分与史不符，此说存疑。再者，汉武帝时代与密兴-黑尔芬和克里布根据外文字形与排列规则变化所推定的时间（前者最晚约2世纪后期，后者约1世纪）相差太远。因此，笼统地称其为汉代或汉魏制品，显然不够精确。

如果铅饼确是汉武帝时少府所铸，但汉文印记却是二次打压的。既为官方行为，为何不将外文字符和官印一并铸造？估计还是先有“外文”铅饼，后有少府打戳，表示官方的认可。官方为何发行或认可这种带有外文的铅饼？持国内说的学者常认为这是为了促进和西域的商贸交流，铅饼在此充当了国际公认的等价（可能非等值）交换物。然而汉时西域诸国钱币以银、铜为主，金币较少[③]，铅币更是罕见[④]。铅饼本身笨重，且价值相对较低，对丝路商人而言，并非理想的携带货币。此外，与西域希腊化钱币的重量系列相比，铅饼也很难兑换[⑤]。尽管它可以作为货币使用，且铅质本身有价值。币材和币值一般相对应，这是古代中外贵金属币的惯例，但“白金三品”可能例外。这种龙纹（或称蟠螭纹）铅饼如果是虚币，在汉朝控制区域或能使用，但因其币值与币材不符，失去了交换的价值，无法对外流通。目前此类钱币在当时的西域各国均未发现，因此，这些铅饼如果确有货币交换功能，那么它们很可能是在国内铸造并使用的。随着丝路开通，西域

---

① 参见黄锡全：《“白金三品”篆文及有关问题略议》，第3–4页；李勇：《“外文铅饼”考》，第11页；康柳硕：《甘肃境内出土的丝路外国和西域钱币综述》，《内蒙古金融研究》2003年第3期，第20–21页。

② 作铭：《外国字铭文的汉代（?）铜饼》，第272–276页。

③ 仅巴克特里亚希腊人王国前三个家族的首任国王和著名的印度—希腊人国王米南德发行过少量金币[参见 Osmund Bopearachchi, Monnaies *gréco–bactriennes et indo–grecques, Catalogue Raisonné,* p. 147: Diodote I et II (Série I); p. 154: Euthydeme I (Série I)；p. 202：Eucratides I(SIrie 4)，p. 226: Menander I　(Série I)]。贵霜在第三任国王 Vima Kadpheses 之时（约113—127年）采用金币，但银币和铜币仍在流通（参见杨巨平：《“Soter Megas”考辨》，《历史研究》2009年第4期，第140–152页，封三）。安息几乎全是银币和铜币。

④ 仅见于印度—希腊人、印度—斯基泰人和印度—帕提亚人的个别钱币，但都是小额钱币，如奥波尔（obol）或查柯（chalkoi）。印度—希腊人国王中仅有 Straton II 和他的儿子发行过铅币[见 O. Bopearachchi, *Monnaies gréco–bactriennes et indo–grecques, Catalogue Raisonné*, Paris: Bibliothèque Nationale, 1991,pp. 370–372, Pl. 69 (Série 3–5, 7–8)]。印度—斯基泰人中的Azes、Rajuvula、Sodasa和一些不知名的统治者，印度—帕提亚人中的Gondaphares也发行过圆形铅币（参见 R.C. Senior, *Indo–Scythian Coins and History,* Vol. II, pp.118, 127–128, 130,158）。

⑤ 按希腊化世界通行的阿提卡制，一德拉克马重4~4.5克，一个四德拉克马则重16~18克。现今的铅饼通常重110~120克，以此来计算，一个铅饼约相当于25个一德拉克马或6个四德拉克马。但一德拉克马和四德拉克马一般都是银币，银币和铅币如何换算是颇为复杂的问题。

钱币可能传入汉廷，尽管具体时间不详且尚未发现相关实物。其时汉人并无几人能解读这些符号，但通过西域商人，大概能了解都是赞颂帝王之意，这无疑博得了皇帝的欢心。刻模的中国工匠，不知含义，不识字形，以讹传讹也就在所难免。

安息德拉克马钱币铭文的变形始于公元前2世纪中期。之后随着希腊化世界的衰亡，安息的伊朗化程度加深，这在钱币上的体现就是：希腊语铭文虽得沿用，但讹变日甚。密兴-黑尔芬曾以《大英博物馆帕提亚钱币目录》①中的铭文 ΕΠΙΦΑΝΟΥΣ（神显者）为例，整理出了它在 Gotarzes II 之后的20种变形，可谓面目全非。②若无先后对照，根本无法认出原始字母构成及其含义。密兴-黑尔芬推测，这批铅饼出现的时间不晚于2世纪下半叶，与他依据的帕提亚钱币字母此时严重变形、不可辨认有关。他正是从 ΕΠΙΦΑΝΟΥΣ 的讹变中探寻字母失真的规律，逐步突破，最后自认为破译了铅（铜）饼上的文字。如依其说，所谓汉武帝于公元前119年发行的“白金三品”与这些铅饼自然无丝毫关联。

（二）真品还是复制：灵台铅饼的属性

郑氏铜饼原为复制品，灵台铅饼是复制还是真品尚不清楚。笔者曾比对灵台出土铅饼文字与郑氏拓片文字，发现字符多可勘同，但数目略有出入。灵台钱币多为32个，而郑氏拓片介于27～28个之间（因认定而异）。部分字符因笔画连写而难以分辨是一是二，数目之微差，固可理解。然其中或有遗漏，如约瑟夫所言，郑氏拓片疑似缺失 E、Λ、I 和 ϐ 等四字符，笔者比对结果亦同。③可见刻模者（或仿制者）不谙其意，粗制滥造。其字迹虽较灵台铭文清晰，但模仿之迹明显，初步判断，应为赝品。灵台钱币一次性出土甚多，显系批量铸造，应视为真币或首次仿制币（指相对于陶制龙纹币或郑氏币而言）。④其余散见出土者，字符略同，也可能同属一批或一模具所铸。这种铅饼技术含量不高，易于仿制。作为研究样品，灵台铅饼当属首选（图4）。

图4⑤

① Warwick Wroth, *Catalogue of the Coins of Parthia in British Museum* (London: Order of the Trustees, 1903).

② 详见 O. Maenchen-Helfen,“A Parthian Coin-Legend on a Chinese Bronze”, pp. 2-3.

③ 笔者和约瑟夫都有自制的比对图表。从略。

④ 笔者对比西安汉城西查寨出土的铅饼铭文，发现与灵台铅饼铭文不论在字符排列和写法上都高度一致，应为同一模制。见安志敏：《金版与金饼——楚、汉金币及其相关问题》，第82页图9右，图版5:2。

⑤ 笔者拍摄于甘肃省灵台县博物馆（2019年10月14日），字迹比先前公布的拓片清晰。

克里布是西方学界首位关注灵台铅饼的学者。[①]其研究资料来自中国考古报告，并参考了中国考古学者的观点。他注意到，这些铅饼与汉代金饼形状、大小相仿，推测汉墓中的铅饼、铜饼或泥饼可能仿自金饼。他的观点来自安志敏，安氏猜测这些外文铜饼（包括部分铅饼）在形制上与冥币鎏金铜饼相似，或与汉代金饼有关。然此仅为基于1965年西安古城遗址出土的13枚“外文铅饼”所得之结论。[②]1999年，西安北郊谭家乡又出土汉代金饼219枚，其形状与“外文铅饼”略同，平均重量约247克，与汉初“一黄金一斤”（16两，约250克）比较吻合。然其铭文皆为汉字，且凸面上的图案模糊，“有盘旋状波纹和瘤状凸斑”，与“外文铅饼”之清晰龙纹有异。凹面一般光洁，戳记大多打压于此（图5）。[③]学界一般认为，这些金饼的发行时间与汉武帝太始二年（公元前95年）改铸金币（“今更黄金为麟趾褭蹏以协瑞焉”[④]）有关，但金饼实早于此时出现，于西汉中叶至东汉时期均盛行。[⑤]可见若在这些有疑似外文的铅饼与汉代金饼间建立模仿关系，那将其置于汉武帝时期或之后都有一定道理。但这就与所谓“白金三品”切断了联系。如果二者确有模仿关系，缘何仿自金饼（仅有个别中文戳记）的铅饼会出现疑似外文？可见，模仿之说仅解决了形制轮廓的问题，而疑似外文字符之来源及仿制者身份，仍为谜团。

图5　出土于西安北郊谭家乡的汉代金饼（正面、背面）

结　语

至此，本文已回顾梳理了迄今掌握的关于铅饼铭文的国内外研究成果。尽管问题尚未最终解决，但个人愿提出几点不成熟的想法，供方家指正。

首先，这些铭文应以希腊字母为主，但讹化现象严重。笔者通过多次摹写比对不同的灵台铅饼，辨认出大约8个疑似希腊字母：B、V（U）、Λ（A）、X（包括左右下疑似连笔的X）、I、N、Π、E，这些字母重复出现总计约28次。其余3个字符、、（其中出现2次）外形奇特，不好归类，但也可附会到相应的希腊字母，如约瑟夫将、归于B，将

① J. Cribb, “Chinese Lead Ingots with Barbarous Greeks Inscriptions”, *Coin Hoards* 4 (1978), pp. 76–78.

② 安志敏：《金版与金饼——楚、汉金币及其相关问题》，第61–90页；《西安汉城故址出土一批带铭文的铅饼》，第428页。

③ 徐进：《记西安北郊谭家乡出土的汉代金饼》，《文物》2000年第6期，第50–59页。

④《汉书》卷六《武帝纪》，第206页。

⑤ 安志敏：《金版与金饼——楚、汉金币及其相关问题》，第78页。

归于N。值得注意的是，灵台钱币字符的起笔、落笔或转折处常呈现点状，这与印度—希腊人、印度—斯基泰人钱币特征吻合，其实是希腊化钱币的一种特点，源自刻模工艺。工匠先在模具上刻出铭文轮廓，然后在其上钻出一排排小孔，再用凿子将这些孔连起来，加以修饰。起笔落笔之处，圆孔往往比较突出。这种工艺，近东和希腊世界早已有之。安息钱币也是如此，或许是受希腊化钱币刻模工艺的影响。①点状特征最为明显者，首推印度—希腊人双语币上的希腊语铭文。②尚不清楚中国工匠如何雕刻这些铭文模具，是有西域胡人指导，还是自己随意模仿？由于中国钱币是模制而非打制，类似的模仿在陶范或泥范上都很容易，无需钻孔之繁琐，这些点状特征仅表明中国工匠可能模仿了来自西域的希腊化或希腊式钱币铭文。遗憾的是，现在仍难解其意，无法拼写或复原出作为摹本的希腊语铭文，估计还是没有找到大致对应的钱币。或如约瑟夫博士所言，铭文中或许还有别的文字字母（如佉卢文或婆罗米文）的掺入。但克里布和蒂埃里从中辨认出“ΒΑΣΙΛΕΩΝ”这个西域希腊式钱币的常用语，无疑为此铭文的希腊语属性的判定及解读提供了重要线索，推动研究向前迈进了一大步。

其次，这些铭文很可能出现于西汉后期。鉴于此类希腊语铭文的讹化并非安息独有，印度—斯基泰人、印度—帕提亚人及贵霜前期的钱币亦存在类似情形，故还应将视野扩展至西域其他地区的希腊语钱币，尤其是印度—斯基泰人的钱币。克里布、约瑟夫已提供了这方面的启示。若此，这些疑似希腊字母的铭文最早出现于公元前1世纪，最迟不晚于2世纪，而公元前后的两个世纪则更为可能。遗憾的是，目前中国方面关于这些龙纹铅饼的发现报告中都缺乏精确年代定位。不过，其中一部分已明确发现于西汉墓葬或窖藏之中③，这就将铸造或仿造时间有可能推至汉武帝之时或之后的西汉，即公元前2世纪末至1世纪初。此时期与印度—希腊人、印度—斯基泰人和印度—帕提亚人王国的存在时间相近。此时的中国已对印度—斯基泰人建立的罽宾国和印度—帕提亚人一度统治的乌弋山离国的钱币有所了解。④因此，不排除这一时期类似钱币被使者带回中国，从而提供了模仿铭文的可能。

再者，这些铅饼可能与丝路贸易有关，几乎可以确定它们是在中国境内铸造的。尽管关于铅饼是否即为汉武帝时发行的“白金三品”中的龙纹币尚存争议，但作为龙纹币的一种模仿品的可能性较大。模仿的目的何在？是作为冥币吗？随葬的冥币多为陶

---

① 这是反复观摩灵台铅饼铭文后得出的印象。一个世纪前法国考古学家摩根就详细解释过这种刻模方式。参见 J. de Morgan, “Etude sur la décadence de l’écriture grecque dans l’empire perse sous la dynastie des Arsacides (171 av. J.–C. à 228 ap. J.–C.) – D’après les documents numismatiques”, pp. 6–7. *Revue archéologique*, tome 20, 4e série, Paris, Ernest Leroux, 1912. pp. 6–7.

② Apollodotes 钱币上的希腊语铭文可为典型，起落笔处均为明显的点状。见 Osmud. Bopearachchi, *Monnaies gréco-bactriennes et indo-grecques, Catalogue Raisonné,* pp. 370–372, Pl. 11 (Série 1–4)。

③ 姜宝莲、赵强：《扬州汉墓出土“龙纹铅饼”初探》谓2015年在扬州发现的26枚龙纹铅饼出自西汉墓葬；任拴英、袁林：《外文铅饼与白金三品》谓1990年在陕西眉县常兴镇出土的一枚圆形外文铅饼属于西汉时期的窖藏（第55–58页）。

④ 乌弋山离位于丝路南道的最南端，大致方位在今日以阿富汗坎大哈为中心的地区。此地也曾是印度—希腊人、印度—帕提亚（斯基泰）人的活动之地。“其钱独文为人头，幕为骑马”（《汉书》卷九六上《西域传》，第3889页），也属希腊式钱币类型之一。

制，并无外文字符。[①]

即使安徽六安汉墓出土的“外文铅饼”[②]，也只能视为随葬品，与专为逝者准备的陶制或泥质冥币不同。此外，灵台铅饼也很难用冥币来解释。如非冥币，而是用于流通交换，那上面的疑似外文字符又该如何解释？它们是首次发行就有吗？目前无法证实。是仿制者后加的吗？缘由为何？

灵台地处通向河西走廊的丝路要道，大量的铅饼埋藏于此，或与丝路贸易有关，埋藏者应是往来的外国商旅。此类铅饼主要发现于中国西北的陕西、甘肃，这似印证了它与丝路贸易的关系。故有理由推测，这是一种特殊货币，类似于外汇券的代币，专为外国商人在中国境内交易而设。它们更可能是虚币，而非实币，这或可解释为何在西域始终未发现此类铅饼。夏鼐推测这些铅饼出自西域，主要依据其外来铭文，此说不无道理。但西域或希腊化世界的钱币一般都是实币，其金属价值即为实际交换价值。西域钱币以银、铜为主，金币较少，铅币更是罕见。铅币重而价轻，商贾不可能负载这种钱币来华采购或将其作为财富携归。因此，它更可能是一种中国的仿造币，或是由官方发行，或民间冒用朝廷名义盗铸。目前发现的唯一一枚银质龙纹币，由于缺乏具体出土地点和实物参考，其真实性仍有待验证，难以据此证明汉武帝时发行过有“外文”字符的银质龙纹币。不过，灵台铅饼铭文中确有类似希腊文的外文字符，不论是发行者还是仿造者，采用或保留它们必有用意。各地发现的铅饼上（郑氏铜饼除外），这些字符的字体和数量基本一致，显示出它们有着共同的来源。推测此币是为了和胡商交易之用，与希腊式钱币铭文相似的字符是为了给胡商一种信任感、熟悉感。同时，可能也有宣扬大汉皇帝威名的意图。至于这些字符的变异、讹写，甚至位置错乱，可能与原型有关，也可能是中国刻模工匠以讹传讹。于是，这种无人识得却得到官方或胡商认可的交易凭证或等价交换物（货币）应运而生。这种货币重形轻实或有形无实，从而造成了千年疑案。

总之，无论此类钱币出自何方，价值几许，疑似外文的字符寓意为何，希腊文字（至少部分字母）或已通过丝绸之路传入中土，并在流通于中国的钱币上留下印记，这是希腊化文明遗产融入汉代中国文明的见证。当然，此论建立在铅饼铭文与希腊文相关的前提之上。要最终证实这一推论，还需要有足够耐心等待或寻找新的证据。今后倘若在可以确切定年的中国古（汉）墓中发现这种“外文铅饼”或银饼，或在古代西域的某个地区发现类似字符的希腊式钱币，则有助于揭开这些“外文铅饼”的神秘面纱。

本文原载《文史》2024年第1辑（总第146辑），略有改动。

---

① 2000年，咸阳汉墓出土与“外文铅饼”极为相似的陶饼3枚（图片见林文君：《咸阳出土的白金三品“白选”》，《西安金融》2003年第5期，第59-60页）。其他还有安徽和县的陶质龙，湖南长沙的泥质龙纹饼，泥质方形、椭形（似龟壳）等冥币［叶永相：《初析和县出土的一批陶冥币》，《安徽钱币》1993年第2期，第45-46页；周世荣：《长沙衡阳出土西汉货币研究》，中国钱币学会编《中国钱币论文集》第1辑，北京：中国金融出版社，1985年，第202、207页“表一：西汉前期泥金饼”（式别IV龙纹）］。

② 李勇：《安徽六安汉墓出土铅饼》，《中国钱币》1996年第4期，第72页。

元代传入中国的希腊—阿拉伯知识

——再论元《秘书监志》中的回回书籍和仪器*

林丽娟①

摘　要：本文讨论元《秘书监志》中所提及回回书籍和仪器，尝试为尚未被破译和释读存在争议的条目提供解决方案。鉴于大部分书籍与仪器的希腊渊源，将结合希腊—阿拉伯学最新成果，阐述其传入伊斯兰世界的经过和发展情况。通过比对中世纪伊斯兰学科分类体系，可知回回书籍乃依循当时主流学科分类标准，精选若干学科中最有代表性的权威著作汇集而成，堪称代表当时世界前沿知识水平的图书馆。这些书籍的传入在中西文化交流史上具有重要意义。

关键词：《秘书监志》；回回书籍；希腊—阿拉伯学；中西文化交流；元代

引　论

元代王士点和商企翁合著《秘书监志》卷七《司天监》中有“回回书籍”一节，记载了至元十年（1273）十月回回司天台（后改名司天监）所藏回回书籍和仪器的情况，其中罗列书籍22种、仪器4种。各条目一般给出书籍或仪器的音译、意译和册/件数。此22种书籍中，前13种藏于回回司天台，余下9种则为当时行秘书监事、提点官扎马鲁丁所藏。

* 本文选题得益于2020年岁末荣新江先生的提示。写作过程中，屡蒙王一丹老师赐教；初稿亦幸得彭小瑜、张帆、郭黎、党宝海、邹大海、孙承晟、印铁皓、钱艾琳、吴靖远、郭津嵩以及匿名评审专家的指正；北京大学图书馆汤燕老师曾协助查阅文献。在此一并致以诚挚感谢！

① 作者林丽娟，北京大学历史学系长聘副教授（北京 100871）。

回回书籍反映了元初传入中国的伊斯兰世界先进知识，涵盖数学、天文、历法、医学、占卜、炼金、机械、矿物、诗学、历史、哲学等诸多领域，对研究中西文化交流史具有举足轻重的意义。早在20世纪，田坂兴道与马坚先后发表了有关回回书籍所涉名称的释读文章，破译了书目中大部分条目。[①]近年来，宫纪子与王一丹亦就此主题开展专门研究，重新释读部分书名，进一步加深了我们对于这一珍贵史料的认识[②]。

在前人研究的基础上，本文希望结合阿拉伯学最新文献学研究成果，补论回回书籍诸条目，尝试开展以下三方面工作。其一，释读并讨论“罕里速窟”“艾竭马答”等尚未被破译的名称。其二，针对“撒那的阿剌忒”“撒非那”“密阿”“黑牙里”“兀速剌不窟勒”“牙秃鲁”“拍儿可儿潭”等释读尚存争议的条目，力求提供解决方案。其三，对于释读无争议的名称，本文将聚焦于既往研究未及之文献学相关问题，尝试确定其所对应的具体书籍。由于条目中往往仅给出了关键词音译，很难明确其具体所指，在这种情况下，意译名称可能提供有价值的信息，帮助确定条目具体所指（参“艾竭马答”）；对于难以确定具体所指的条目，本文试图界定其大致对应的范围，并据此推测对应的书籍。从《几何原本》《至大论》来看，书目中所包括的书籍通常是相关领域中最重要的著作，这可以成为推考的依据之一（参“阿堪”“蓝木立”“呵些必牙”“亦乞昔儿”“忒毕”“福剌散”“虵艾立”）。由于大部分书籍和仪器源自希腊，故本文将结合希腊—阿拉伯学（Graeco-Arabic Studies）最新成果，追溯其传入伊斯兰世界之历程与发展。结论部分将结合中世纪伊斯兰主流的学科分类标准，分析这批书籍遴选的依据及其学术价值，并探讨其传入对于中西文化交流史的深远意义。

在讨论具体条目之前，首先介绍本文所参考《秘书监志》的版本。前人有关《秘书监志》诸研究，常因版本差异而导致书籍和仪器名称读法不一。[③]故有必要先对读不同版本，解决异读问题。王一丹《典籍》主要依据《秘书监志》高荣盛点校本，该点校本以民国仓圣明智大学刊广仓学窘丛书本为底本，对校以清陆心源所抄吴骞拜经楼藏旧抄本。[④]广仓学窘本是《秘书监志》唯一刻本，基于刘履芬据拜经楼藏本校录本，影印收入杨讷编《元史研究资料汇编》中[⑤]；而陆氏抄吴氏拜经楼本今藏于日本静嘉堂，文海出版社曾影印出版。[⑥]《典籍》亦参考了广仓学窘本。马坚《释义》和田坂兴道《伊斯兰文化》均依据

① 田坂兴道：《东漸せるイスラム文化の一側面について》（简称《伊斯兰文化》），《史学杂志》1942年第53编第4·5号，第401–466页（4），第555–605页（5）；英译：Tasaka Kōdō, “An Aspect of Islam Culture Introduced into China”, *Memoirs of the Research Department of Toyo Bunko* 16 (1957): 75–160. 马坚：《元秘书监志“回回书籍”释义》（简称《释义》），《光明日报》1955年7月7日，收入中国社会科学院民族研究所等编：《回族史论集（1949—1979）》，银川：宁夏人民出版社，1984年，第193–198页。

② 宫纪子：《モンゴル时代の「知」の东西》下（简称《知识》），名古屋大学出版会，2018年，第614–615页；王一丹：《元代传入中国的波斯阿拉伯语典籍：从〈秘书监志〉中的“回回书籍”说起》（简称《典籍》），《新丝路学刊》2019年第2期，第135–147页。关于元秘书监、司天台之建置过程，参王一丹：《典籍》，第135–136页。

③ 如宫纪子将条目12读作“撒那的阿速忒”，而点校本读作“撒那的阿剌忒”；宫纪子将条目23读作“兀剌速”，而点校本读作“兀速剌”。

④ 王士点、商企翁著，高荣盛点校：《秘书监志》，杭州：浙江古籍出版社，1992年。

⑤ 杨讷编：《元史研究资料汇编》第95册，北京：中华书局，2014年。

⑥ 王士点、商企翁：《秘书监志》，台北：文海出版社，1988年。

广仓学窘本。而宫纪子则基于《中国科学技术典籍通汇·综合卷》所收版本①,该本影印自一清抄本,但该书未提供该抄本具体信息(简称《通汇》影印本)。本文主要依据高荣盛点校本,对存在异读之处,参考广仓学窘本、陆氏抄吴氏拜经楼本和《通汇》影印本,此外,还将参考多种从未被参校的抄本,如清季振宜藏影元抄本(现存台北图书馆)、清孙星衍平津馆藏本(现存北京大学图书馆),以及中国国家图书馆所藏三部抄本:清瞿氏铁琴铜剑楼家藏本(03673)、清陆氏捐送国子监抄本(CBM0966)和另一清抄本(09353)。②其中,季氏藏影元抄本为明初抄本,是《秘书监志》存世最早抄本,校勘价值极高。比对各种版本,可见《通汇》影印本、陆氏抄吴氏拜经楼本、陆氏捐送国子监抄本、国图藏09353号清抄本和孙星衍平津馆藏本多有共同讹误之处,应属同源,需谨慎使用。疑陆氏抄吴氏拜经楼本抄错多处,后为若干清抄本沿袭。与陆氏抄吴氏拜经楼本相比,刘履芬校录、王国维题词的广仓学窘本更忠实地反映了拜经楼抄本原貌。比较可知,季氏藏影元抄本、瞿氏铁琴铜剑楼家藏本亦相对可靠。

释　读

(一)兀忽列的《四擘算法段数》十五部

属几何学(Geometry, *'ilm al-handasa*)。"兀忽列的"公认对应公元前3世纪的古希腊数学家欧几里得(Εὐκλείδης, Euclid)。作为伊斯兰世界最知名的希腊数学家,欧几里得常被阿拉伯人称为Uqlīdis,或Iqlīdis、Iqlīd(GAS V 83),此处"兀忽列的"对应Uqlīdis。《四擘算法段数》应指其《几何原本》,希腊传统常称为Στοιχεῖα(*Stoicheia, Elements*),阿拉伯语译本则题为*Kitāb al-uṣūl*、*Uṣūl al-handasa*或*al-Usṭuqusāt*③。《几何原本》在阿拉伯语世界广为流传,是中世纪阿拉伯数学学科最重要的著作。该书不仅存在多个阿拉伯语译本,更有至少六十部阿拉伯语注解,部分注解出自哲学家如金迪(al-Kindī)、法拉比(al-Fārābī)、阿维森纳(Ibn Sīnā)之手(GAS V 103-112, GAP 63-65, EI² *'Ilm al-Hay'a* by David Pingree)。首个阿拉伯语译本译者为哈杰(Al-Ḥaǧǧāǧ Ibn Maṭar Ibn Yūsuf,卒

① 任继愈主编,林文照分卷主编:《中国科学技术典籍通汇·综合卷》卷五,郑州:河南教育出版社,1995年。

②《秘书监志》另有多部抄本散见各处,有关情况参洪一麟:《〈秘书监志〉版本流传及整理略论》,刘迎胜主编《元史及民族与边疆研究集刊》第24辑,上海:上海古籍出版社,2012年,第162-169页。

③ 严敦杰指出,"段数"应与宋元演段有关,参严敦杰:《欧几里得几何原本元代输入中国说》,《东方杂志》1943年39卷13号,第35页。关于"四擘"所指,众说纷纭,皆难以让人满意,相关综述参Peter M. Engelfriet, *Euclid in China: The Genesis of the First Translation of Euclid's Elements in 1607 & its Reception up to 1723* (Leiden: Brill, 1998), p. 74。

于261/875年），或基于一份5世纪或6世纪初的叙利亚语译本译出[①]，该阿语译本可断代至大约175/791年；同一译者在9世纪初亦修订一版，有少量抄本存世（GAS V 104）。现存抄本数目众多的是由伊斯哈克·伊本·侯奈因（Isḥāq Ibn Ḥunain）于9世纪后半叶翻译[②]，后经萨比特·伊本·库拉（Ṯābit Ibn Qurra）完善的伊斯哈克—萨比特（Isḥāq-Ṯābit）译本。[③]这版译本存世抄本的数量证明，它在一段时间之内几乎完全取代了哈杰译本。[④]四百年后，纳西鲁丁·徒昔（Naṣīraddīn aṭ-Ṭūsī，卒于672/1274年）于646/1248年完成集大成之译本，即《欧几里得〈几何原本〉订补》（*Taḥrīr uṣūl al-handasa li-Uḳlīdis*），这也是阿拉伯文《几何原本》最权威的版本，有大量抄本存世，另有诸多疏本（GAS V 111-114）。一般认为，徒昔译本主要参考了哈杰译本，因后者很可能参考了一份叙利亚语译本，可以追溯到独立于塞翁（Theon of Alexandria）本的一份希腊语抄本[⑤]，校勘价值极高。通过哈杰译本，徒昔希望能尽可能恢复《几何原本》的原貌。同时，徒昔也参照了伊斯哈克—萨比特译本[⑥]，整理了其中包含的异读（GAP II 422-427，III 75；GAS V 86-104；*Fihrist* 265）。田坂兴道和王一丹均特别提到了徒昔译本，而回回书籍中所提到的《几何原本》很可能指这一译本。萨兹金（Fuat Sezgin）在《阿拉伯著作史》第五卷数学卷中，全面介绍了欧几里得在伊斯兰世界的接受史和现代研究史，其中包括《几何原本》现存阿语抄本及其注本、改写本和简写本的流传情况（GAS V 83-120）。

---

① 关于《几何原本》叙利亚语译本存世残篇，参G. Furlani, "Bruchstücke einer syrischen Paraphrase der ‚Elemente' des Eukleides", *Zeitschrift für Semitistik und verwandte Gebiete* 3, 1924, pp. 27-52, 212-235。富拉尼（Guiseppe Furlani）认为，叙利亚语残篇译自哈杰阿拉伯语译本，这解释了为何二者存在诸多相似之处。这一观点在后来的研究中受到了挑战，如博杜（Claire Baudoux）认为这一叙利亚语残篇应来自哈杰所参考的叙利亚语译本，参Claire Baudoux, "La version syriaque des 'Éléments' d' Euclide", *2me Congrès Nat. des Sciences* vol. I, 1935, pp. 73-75; GAS V 89-90。这一问题仍存争议，参Sonja Brentjes, "Textzeugen und Hypothesen zum arabischen Euklid in der Überlieferung von al-Ḥağğāğ b. Yūsuf b. Maṭar (zwischen 786 und 833)", *Archive for History of Exact Sciences* 47, no. 1（1994）: 53-92; EI² *Uḳlīdis* by Sonja Brentjes。

② 伊斯哈克（卒于298/910年）为9世纪巴格达翻译运动译者侯奈因·伊本·伊斯哈克（Ḥunain Ibn Isḥāq，卒于260/873-4年）之子。关于侯奈因·伊本·伊斯哈克及其翻译团队参Anton Baumstark, *Geschichte der syrischen Literatur*, A. Marcus und E. Webers Verlag, 1922, pp. 227-231; Gotthelf Bergsträsser, *Ḥunain b. Isḥāḳ und seine Schule: Sprach- und literaturgeschichtliche Untersuchungen zu den arabischen Hippokrates- und Galen-Übersetzungen*, Brill, 1913; Max Meyerhof, "New Light on Ḥunain Ibn Isḥâq and his period", *Isis* 8.4, 1926, pp. 685-724; EI³ Ḥunayn b. Isḥāq by Gotthard Strohmaier。

③ 萨比特·伊本·库拉（卒于288/901年），9世纪数学家、天文学家、哲学家、翻译家。他不仅翻译和修订了包括《几何原本》和《至大论》在内的希腊经典，也是重要的原创科学家，被认为奠定了中世纪阿拉伯几何学的基础，参Roshdi Rashed ed., *Thābit Ibn Qurra. Science and Philosophy in Ninth-Century Baghdad*, De Gruyter, 2009。

④ 不过，在最新的研究中，布伦特斯（Sonja Brentjes）对以上有关《几何原本》阿拉伯语译本的传统观点提出了质疑，因为传统被归属于伊斯哈克—萨比特的译本具有本属于哈杰残篇的特征，甚至二者讹误相同，部分定理阐述几乎全同，乃至字字对应，这表明《几何原本》在阿拉伯世界的翻译和流传可能并非像人们之前所认为的那样，参Sonja Brentjes, "Who Translated Euclid' *Elements* into Arabic", in *Translation and Transmission. Collection of Articles*, eds. Jaakko Hämeen-Anttila and Ilkka Lindstedt (Ugarit Verlag, 2018), pp. 21-54; EI³ Euclid by Sonja Brentjes and Gregg De Young。

⑤ 4世纪希腊数学家和天文学家塞翁刊布的欧几里得著作广为流传，在相当长一段时间里是唯一版本。佩拉尔（François Peyrard）于19世纪初发现一份9世纪抄本，现存梵蒂冈，该抄本独立于塞翁传统，对校勘希腊语原文价值极高，该抄本也是希腊文《几何原本》现代校勘本的底本。而伊斯哈克—萨比特译本则基于塞翁本或与塞翁本相近的希腊语抄本，参GAS V 96。

⑥ Clemens Thaer, "Die Euklid-Überlieferung durch aṭ-Ṭūsī", *Quellen und Studien zur Geschichte der Mathematik, Astronomie und Physik* Abt. B 3, 1936, pp. 116-121.

最后略论“十五部”所指。《几何原本》希腊文原著共计十三卷，在阿拉伯传统中被增广为十五卷，可从一系列8世纪以来的阿拉伯语抄本中得证（GAS V 96, 104）。“十五部”可能对应“十五卷”。[①]第十四、十五卷由古斯塔·伊本·卢卡（Qusṭā Ibn Lūqā）翻译，萨比特·伊本·库拉修订。增补两卷很可能也来自古希腊传统：卷十四来自希腊化时期的天文学家、数学家许普西克勒斯（Ὑψικλῆς, Hypsicles，约公元前190—公元前120年）；卷十五作者未知，仅有阿拉伯语、希伯来语译本存世。此二卷原不属于《几何原本》，这在阿拉伯语学界亦广为人知（GAS V 96）。因萨比特·伊本·库拉正是增补第十四、十五卷的修订者，故传世伊斯哈克—萨比特译本多为十五卷（GAS V 104）。尽管徒昔在其译本前言中声称他将恢复希腊语原著十三卷的编排方式（GAS V 112），但其传世抄本主要为十五卷，而部分归于他名下的十三卷抄本则被证伪。[②]这似佐证了前面十五部对应十五卷的论断。不过，深入考察下文其他条目中所记载之数量词，可发现部数不一定等于卷数，如“麦者思的”所对应的托勒密《至大论》，其希腊语原文和阿拉伯语译文均为十三卷，但回回书籍却记为“十五部”。马坚认为，部数对应抄本册数，“例如‘忒毕医经十三部’，就是说这部书共计十三册，不是说同样的书有十三部”。这是目前看来最合理的解释。故《几何原本》共被分抄为十五册，册数不等于卷数，因某卷可能被分抄为两册，正如中国古籍有时会将一卷分为上下两部分。

（二）罕里速窟《允解算法段目》三部

属几何学。先前研究中未能确定“罕里速窟”对音。宫纪子尝试将“窟”读作“密”之误，从而对应 *Khwārismī*，“花剌子密”。按“罕里速窟”对应 *Ḥall šukūk*，抑或其波斯语形式 *Ḥall-i-šukūk*，即“释疑”。另据汉译名“允解算法段目”可判断本书应是一本《几何原本》释疑。在中世纪阿拉伯数学著作中，题目中明确包含“《几何原本》释疑”的有两种。其一是1世纪古希腊数学家亚历山大里亚的希罗（Ἥρων ὁ Ἀλεξανδρεύς, Heron of Alexandria，约10—70年）所著《欧几里得之书释疑》的阿语译本（*Kitāb Ḥall šukūk kitāb Uqlīdis*），仅有残篇传世（GAS V 153, 104; *Fihrist* 269）；其二则是被誉为“现代光学之父”的阿拉伯数学家、天文学家和物理学家海什木（Ibn al-Haiṯam，卒于430/1040年）所著《欧几里得〈几何原本〉释疑及概念诠释》（*Kitāb fī Ḥall šukūk kitāb Uqlīdis fī l-Uṣūl wa-šarḥ maʿānīhi*，简称《释疑》），现存多个抄本（GAS V 107，370；另参GAL I 618）。海什木不仅以光学成就著称，而且是一流数学家，曾写作七部与《几何原本》有关的著作（GAS

① 参比如严敦杰《欧几里得几何原本元代输入中国说》，第35页；K. Yabuuti, “The Influence of Islamic Astronomy in China”, in *From Deferent to Equant: A Volume of Studies in the History of Science in the Ancient and Medieval Near East in Honor of E. S. Kennedy*, eds. David A. King and George Saliba (New York: New York Academy of Sciences, 1987), pp. 547–559; Thomas T. Allsen, *Culture and Conquest in Mongol Eurasia* (Cambridge: Cambridge University Press, 2001), pp. 169–170.

② 参 Heinrich Suter, *Die Mathematiker und Astronomen der Araber und Ihre Werke*, B. G. Teubner, 1972, p. 151; Ali A. Al-Daffa and John J. Stroyls, *Studies in the Exact Sciences in Medieval Islam* (New York: John Wiley, 1984), pp. 31–32; Gregg De Young, “Further Adventures of the Rome 1594 Arabic Redaction of Euclids’ ‘*Elements*’”, *Archive for History of Exact Sciences* 66, no. 3(2012): 265–294.

V 107–108,358–374)。他在《释疑》一书中,针对《几何原本》逐项列举可能存在的疑问,并在多处改进了欧几里得的理论,在若干方面被视为18世纪几何学家的先驱(GAS V 360–361)。徒昔在《几何原本》译本的注解部分,广泛征引了海什木《释疑》中的论证,其篇幅占注解部分的一半左右。[①]按"罕里速窟"很可能指海什木的《释疑》。[②]值得一提的是,海什木另著有针对托勒密《至大论》的"罕里速窟"(*Ḥall šukūk fī kitāb al-Maǧisṭī*, GAS VI 258)[③]。

(三)撒唯那罕答昔牙《诸般算法段目并仪式》十七部

属几何学。"罕答昔牙"无疑对应*handasīya*,"geometrical"。关于"撒唯那"为何,则众说纷纭。田坂兴道认为难觅对应的阿语词;马坚《释义》认为是Sarina,"*Sarina Handsi-ya*,译云几何学";宫纪子《知识》和王一丹《典籍》均认为此乃波斯—阿拉伯语:*Safīnah-yi Handasiya*或*Safīna-yi Handasiya*,意为"几何学汇编",王一丹另举例伊朗伊利汗国时期以*Safīna*为书名的著作如《大不里士文集》(*Safīna-yi Tabrīz*)。王说可从,疑马坚之Sarina读法为*Safīna*笔误。故"撒唯那罕答昔牙"对应*Safīnat Handasīya*的波斯语形式*Safīna-yi Handasiya*"几何学汇编"。值得注意的是,*Safīna*一词亦出现于条目13,被译为"撒非那"。综观译名和篇幅,此书很可能是多位数学家作品的几何学汇编,抑或为囊括诸家知识的几何学手册或百科全书。不过,检视萨兹金《阿拉伯著作史》数学卷中世纪阿拉伯数学著作,未见题目中包含*Safīnat Handasīya*的著作,而布洛克曼《阿拉伯文献史》(GAL/GALS)中以*Safīnat*命名之作,则多为宗教、文学、历史类著作,未见数学汇编。关于中世纪阿拉伯几何学概况,亦可参《阿拉伯语文学概要》(GAP)第3卷第74页及以下。

(四)麦者思的《造司天仪式》十五部

属天文学(Astronomy, *ʿilm al-haiʾa, ʿilm al-falak, ʿilm al-nuǧūm*)。"麦者思的"公认对应magest(Almagest简称,省略了定冠词al-)。Almagest即古希腊天文学家托勒密(Πτολεμαῖος, arab. *Baṭlamiyūs*)所著《天文学大成》,希腊传统中被称为Μαθηματικὴ Σύνταξις(Mathematical Treatise)或ἡ μεγάλη σύνταξις(The Great Treatise),阿拉伯语题为

① 参Gregg De Young, "Tusi, Nasir al-Din al-", in *Medieval Science, Techonology, and Medicine: An Encyclopedia,* eds. Thomas F. Glick, Steven Livesey, Faith Wallis (London: Routledge, 2005), p. 494.

② 另参Dror Weil, "The Fourteenth-Century Transformation in China's Reception of Arabo-Persian Astronomy", in *Knowledge in Translation: Global Patterns of Scientific Exchange, 1000–1800,* eds. Patrick Manning and Abigail Owen (Pittsburgh: University of Pittsburgh Press, 2018), p. 267, footnote in p.356及第356页,脚注13。

③ 在针对《至大论》的"罕里速窟"中,海什木对托勒密的天文学理论提出了质疑和挑战。该书对伊斯兰东方影响甚广,尤其影响了以徒昔为代表的马拉盖学派,参H. Tahiri, "The Birth of Scientific Controversies, The Dynamics of the Arabic Tradition and its Impact on the Development of Science: Ibn al-Haytham's Challenge of Ptolemy's Almagest", in *The Unity of Science in the Arabic Tradition: Science, Logic, Epistemology and their Interactions,* eds. Shahid Rahman, Tony Street, Hassan Tahiri (Cambridge: Springer, 2008), pp. 183–225.

al-Maǧisṭī(EI² *Baṭlamiyūs* by M. Plessner), *maǧisṭī* 对应希腊语 μεγίστη(greatest,至大),故又称《至大论》。《至大论》之于中世纪阿拉伯天文学,正如《几何原本》之于中世纪阿拉伯数学,是最重要的著作(GAP III 89)。在中世纪天文学中,与《至大论》相对应的是"小天文学"(little Astronomy)或《中论》(*al-Mutawassiṭāt*, *Middle Books*),后者包括托勒密《行星假说》('Υποθέσες τῶν Πλανώμενων, *Planetary Hypotheses*)、塞翁《实用天文表》(Πρόχειροι κανόνες, *Handy Tables*)等其他希腊天文学作品(EI² *'Ilm al-Hay'a* by David Pingree)。《至大论》有多个阿语译本,前述《几何原本》的几位译者哈杰、伊斯哈克·伊本·侯奈因、萨比特·伊本·库拉均参与过《至大论》的翻译和修订。其中由伊斯哈克·伊本·侯奈因翻译、萨比特·伊本·库拉修订的伊斯哈克—萨比特本被认为是最权威的译本,有多部抄本存世(EI² *'Ilm al-Hay'a* by David Pingree, GAS VI 88-89)。《至大论》有至少33位阿拉伯语注家,包括如金迪、法拉比、海什木、阿维森纳、阿威洛伊(Ibn Rušd)。徒昔亦曾写作《至大论》订补本(*Taḥrīr*)或注解本(*Šarḥ*),有多部抄本和疏本存世(GAS VI 90-94)。通过这些译本和注解,托勒密的理论得以传承、完善和发展,后来的阿拉伯科学家如海什木和徒昔都曾在重要方面改进过托勒密的理论。①关于伊斯兰世界的托勒密接受史、现代学术史,及《至大论》阿语抄本和诸家注解、摘要,可参GAS VI 83-94。

(五)阿堪《诀断诸般灾福》 部

属星占学(Astrology, *'ilm/ṣinā'at aḥkām an-nuǧūm*, *'ilm qaḍāyā n-nuǧūm*, *at-tanǧīm*, *an-niǧāma*, GAS VII 12, GAP III 104, Ullmann 1972: 271)。马坚《释义》、宫纪子《知识》和王一丹《典籍》均认为"阿堪"是 *aḥkām*(judgments)的对音,无疑对应中译名"诀断"二字。"阿堪"所指究竟为何书,马坚推测与清刘智《天方性理》采辑经目中所提及"额合克目克瓦乞卜"(*Aḥkām Kawakib*,即"诸星判决")为同书,这一观点为后来研究者接受②,今存疑。"星占学"(astrology)在阿拉伯语中常被称为 *'ilm aḥkām an-nuǧūm*,直译即为"诸星判别之科学"(The science of the judgments of the stars)或"诸般预言判别之科学"(The science of judgments of the predications),正对应"诀断诸般灾福"。从《秘书监志》所记信息来看,仅能判断这是星占学书籍。在中世纪阿拉伯语星占学书籍中,以《星占之书》(*Kitāb aḥkām an-nuǧūm*)为题的著作有多部,分别来自伪亚里士多德、金迪、印度天文学家朱奈(Ǧunnah al-Hindī)等(GAS VII 444)。此外,书名中包含 *aḥkām an-nuǧūm*, *aḥkām* 的其他阿拉伯语星占学书籍亦不少(参比如GAP III 107-108, GAS VII 444),难以凭借"阿堪"和"诀断诸般灾福"遽断究竟指的哪一种。考虑到前述《几何原本》《至大论》均为中世纪几何学和天文学最重要的经典,有理由推测这里亦涉及一本星占学权威著作。中世纪直至近代伊斯兰和西方最重要的星占学著作是托勒密之《四卷书》

① 参GAS VI 85-88; George Saliba, "Greek Astronomy and the Medieval Arabic Tradition: The medieval Islamic Astronomers Were not Merely Translators. They May Also have Played a Key Role in the Copernican Revolution", *American Scientist* 90, no.4 (2002): 360-367.

② 参比如羽离子:《元秘书监藏回回书籍及其下落》,《宁夏大学学报》(社会科学版)1998年第4期,第109页;姚继德、王根明:《刘智〈天方性理〉采辑经书文献考》,《回族研究》2012年第4期,第9页。

(Τετράβιβλος),曾先被译为叙利亚语,而后两次被翻译为阿拉伯语,其阿拉伯语译名为 *Kitāb al-Arbaʿa*(《四卷书》),或 *Kitāb al-Maqālāt al-arbaʿ fī aḥkām an-nuǧūm*(《星占四卷书》)(Ullmann 1972: 283, GAP III 105)。根据伊本·纳迪姆(Ibn an-Nadīm)的记载,首个译本为阿布·亚哈亚·毕特里克(Abū Yaḥyā al-Biṭrīq,卒于约184/800年)所译,第二个译本出自9世纪易卜拉欣·伊本·赛勒特(Ibrāhīm Ibn aṣ-Ṣalt)之手,后经侯奈因·伊本·伊斯哈克(Ḥunain Ibn Isḥāq)修订,有多个抄本和注本存世(GAS VII 42-44, Ullmann 1972:283, *Fihrist* 268,273)。[①]此外,在伊斯兰世界和基督教西方世界最流行的星占书籍还包括阿里·伊本·艾比·里贾勒(ʿAlī Ibn Abī l-Riǧāl,卒于429/1037-8年之后,在西方亦称Albohazen或Abenragel)所著《星占全书》(*Kitāb al-Bāriʿ fī aḥkām an-nuǧūm*)。该书分为八卷,编纂自诸多史料,囊括了星占学一切领域(详参Ullmann 1972:336)。至于刘智所提及"额合克目克瓦乞卜"(*Aḥkām kawākib*),难以在传世知名星占学著作名称中找到直接对应,今检索发现一部无名氏所作阿语抄本题为 *Kitāb Aḥkām al-kawākib*(Tornberg 62),也是星占学书籍,或为18世纪抄本,与刘智时代相近。这一抄本属于亚美尼亚东方学家多桑(Ignatius Mouradgea d'Ohsson, 1740—1807年)私人收藏十七部伊斯兰抄本中的一部,现藏于瑞典隆德大学图书馆。[②]

(六)蓝木立《占卜法度》 部

属地占学(Geomancy, *ʿilm ar-raml, khaṭṭ ar-raml, ḍarb ar-raml*)。马坚《释义》指出"蓝木立"为 *raml* 对音,应无疑义。阿拉伯地占学最著名的作者是13世纪的阿布·阿卜杜拉·穆罕默德·扎纳提(Abū ʿAbdallāh Muḥammad al-Zanātī),他也是一个重要地占学学派的创立者,其追随者被称为al-Zanātiyya。多部地占学著作被归于扎纳提名下,流传甚广。另一位著名作者是阿卜杜拉·伊本·迈哈福夫(ʿAbdallāh Ibn Maḥfūf,卒于664/1266年之前),其主要著作为《地占学三项》(*Kitāb al-Muṯallaṯāt fī ʿilm ar-raml*)。多部地占学著作作者不可考(参EI² khaṭṭ by T. Fahd, EI³ Geomancy by Emilie Savage-Smith)。[③]特别值得注意的是,徒昔曾应旭烈兀要求以阿拉伯语和波斯语写作一部地占学大全(*al-Sulṭāniyya fī r-raml, al-Wāfī fī ʿilm ar-raml*),这部作品在之后的波斯地占学传统中被视为权威著作引用,均有多部抄本存世。[④]"蓝木立"很可能指徒昔之书。

① 关于《四门经》与汤若望的《天文实用》,参韩琦:《明末清初欧洲占星术著作的流传及其影响——以汤若望的〈天文实用〉为中心》,《中国科技史杂志》2013年第4期,第433-442页。

② Carter Vaughn Findley, *Enlightening Europe on Islam and the Ottomans: Mouradgea d'Ohsson and His Masterpiece* (Leiden: Brill, 2019), pp. 104-105. 另参 Donald Daniel Leslie and Mohamed Wassel, "Arabic and Persian Sources Used by Liu Chih", *Central Asiatic Journal* 26, no.1/2(1982): 93: "This work is cited or quoted, once only, in the *pen-ching of Liu Chih's Hsing-li.*"

③ 另参比如 T. Fahd, *La divination arabe,* Brill, 1966.

④ Matthew Melvin-Koushki, "In Defense of Geomancy: Šaraf al-Dīn Yazdī Rebuts Ibn Ḫaldūn's Critique of the Occult Sciences", *Arabica* 64, fasc. 3/4(2017), pp. 357-358; "*Persianate Geomancy from Ṭūsī to the Millennium: A Preliminary Survey,*" in: Nader El-Bizri and Eva Orthmann (eds.), *Occult Sciences in Premodern Islamic Culture*, Orient-Institut Beirut, 2018, pp. 162-163.

（七）麻塔合立《灾福正义》 部

属星占学。“麻塔合立”，田坂兴道与王一丹《典籍》均读作 *Madḫal* 的对音，应无疑义。*Madḫal*，又可读作 *Mudḫal*（Wehr s.v.），意为“入门”或“导论”。在阿拉伯语星占学著作中，存在一系列教材性质的著作以《星占学导论》（*Madḫal ilā ʿilm aḥkām an-nujūm*）或相近表达为题。①在诸种《导论》中占据特殊重要地位的是金迪的学生阿布·马沙尔·巴尔希（Abū Maʿšar al-Balḫī，卒于272/886年）所著《星占学大导论》（*Kitāb al-Mudḫal al-kabīr ilā ʿilm aḥkām an-nujūm*）及《星占学小导论》（*Kitāb al-Mudḫal aṣ-ṣaġīr* 或 *Kitāb Muḫtaṣar al-Mudḫal*）。阿布·马沙尔被誉为中世纪首屈一指的星占家，其八卷本《星占学大导论》是西方最重要和最流行的星占学著作之一，有多个抄本存世（GAS VII 139–142，Ullmann 1972: 316–321，GAP III 107，EI³ Astrology）。此外，10世纪出现了多部星占学导论著作，包括阿布·萨克尔·卡比西（Abu l-Ṣaqr al-Qabīṣī，卒于356/967年）《星占术导论》（*Kitāb al-Mudḫal ilā ṣināʿat aḥkām an-nujūm*）、阿布·纳斯尔·穆纳吉姆·库米（Abū Naṣr al-Munağğim al-Qummī，约4/10世纪）《星占导论》（*Kitāb al-Mudḫal ilā aḥkām an-nujūm*）、阿布·萨义德·西吉齐（Abū Saʿīd as-Siğzī，约340/951–415/1024年）《星占学导论》（*Kitāb al-Mudḫal ilā ʿilm aḥkām an-nujūm*）、拉班（Kūšyār Ibn Labbān，约360/971–420/1029年）《星占术导论》（*Kitāb al-Mudḫal fī ṣināʿat aḥkām an-nujūm*）（GAP III 107–108; GAS VII 170–171, 174–175, 177, 182–183; Storey II 1 42; Ullmann 1972: 332–335）。其中，卡比西所著导论被认为是最为流行的星占学简明导论，其主要内容基于阿布·马沙尔的导论，也利用了金迪、托勒密等前人的学说（EI³ Astrology）。据韩琦考证，明末清初汤若望所著《天文实用》中或包含托勒密《四卷书》和卡比西所著导论的部分内容。②而拉班所著《星占术导论》曾被译为波斯语、土耳其语，并于785/1383年被译为汉语《天文书》（EI³ Astrology）。③前人指出明译《天文书》可能对应《秘书监志》回回书籍中的天文书籍④，如的确如此，那么《天文书》可能对应“麻塔合立”，也就是说，“麻塔合立”可能指拉班（即阔识牙耳）的《星占术导论》。⑤该书分为四卷，现存抄本众多（GAS VII 182–183，Ullmann 1972: 334–335，Yano 1997）。

（八）海牙剔《穷历法段数》七部

属天文学。田坂兴道认为“海牙剔”对应 *haiʾa* 复数 *haiʾat*，并提及成书于15世纪的

① EI³ Astrology by Charles Burnet, “2. Doctrine: General introductions to astrology, or *madāḫil ilā ʿilm aḥkām an-nujūm*.”

② 参韩琦：《明末清初欧洲占星术著作的流传及其影响——以汤若望的〈天文实用〉为中心》，第433–442页。

③ 参王一丹：《典籍》，第141–142页，特别第142页注1。

④ 参马建春：《元代传入的回回天文学及其影响》，《西北师大学报（社会科学版）》2005年第3期，第69页。

⑤ 另参 Benno van Dalen, “The Activities of Iranian Astronomers in Mongol China”, in *Sciences, techniques et instruments dans le monde iranien (Xe–XIXe siècle)*, eds. N. Pourjavady and Ž. Vesel (Tehran: Presses Universitaires d'Iran / Institut Français de Recherche en Iran, 2004), p. 25. 不过，由于西方天文书也存在别种流入中国的途径，如爱薛在1283年出使伊利汗国，或携带部分天文著作回中国，故此处尚难以排除其他可能性，参 Qiao Yang, “Like Stars in the Sky: Networks of Astronomers in Mongol Eurasia”, *Journal of the Economic and Social History of the Orient* 62, no. 2/3 (2019): 405, 413.

天文学著作《论天文学》(*Risālat fī ʿilm al-haiʾati*)。事实上，书名中包含*haiʾat*的阿拉伯语天文学书籍还有多部，如海什木与拉齐(ar-Rāzī，卒于313/925年)各著有《论世界之构成》(*Risālat fī haiʾat al-ʿālam*)(GAS VI 254，187，其他书籍参比如GAS VI 488)。[①]王一丹《典籍》则认为，“海牙剔”亦可能对应*haiʾa*的波斯语形式*haiʾat*(Steingass s.v.)，如此则书名中包含*haiʾa*的众多阿拉伯语著作亦应被列入考虑范围之内。如波斯天文学家阿布·伯克尔·哈拉吉(Abū Bakr al-Ḫaraqī，卒于533/1138年)所著《天文学入门》(*Tabṣira fī ʿilm al-haiʾa*)，或阿维洛伊的同时代人比特鲁吉(al-Biṭrūǧī，约6/12世纪)所著《天文书》(*Kitāb fī l-haiʾa*)(GAP III 94-95)。最有可能的是如下两种：一种是王一丹《典籍》中提到的徒昔之《天文学纲要》(*Taḏkira fī ʿilm al-haiʾa*)，分为四卷，被誉为划时代之作，有多部抄本和注本存世(GAL I 674-675，GALS I 931；GAP III 95)。[②]它开创了中世纪天文学著作的新文体，广为后学效仿。[③]另一种则是徒昔的同时代人沙里夫丁·马苏迪(Šarīf al-Dīn al-Masʿūdī)所著《天文学要义》(*al-Kifāya fī ʿilm al-haiʾa*)，其波斯语译本题为Ǧahāndāniš(《宇宙论》)。该书应与刘智《天方性理》采辑经目中所收录的“哲罕打尼识”，又译“寰宇述解”为同一本。[④]同一书名亦可见于牛街《冈志》[⑤]。法国巴黎国家图书馆一部形制特殊的抄本(MS Paris，Bibliothèque Nationale，Persan 776，Supplément 1306)中即收入了此书，其每页边缘均可见“天字”二汉字及页码，表明该本来自中国。[⑥]可见此书在中国伊斯兰知识界流行数世纪，可能最初即作为回回书籍之一在元初传入中国。

马坚《释义》曾推测“海牙剔”与刘智《天方性理》采辑经目中所收录“海亚土额噶林”，又译“七洲形胜”为同一本书。[⑦]今按并非如此。从“七洲形胜”译名来看，这应是一本地理书，“海亚土额噶林”可能对应*haiʾat al-aqālīm (as-sabʿa)*，即*The Shapes of the (Seven) Climes/Regions*。[⑧]*aqālīm*为*iqlīm*复数形式，源自希腊语κλίμα(*klima*)，原意为“坡度，倾斜”(inclination, slope)，这里指在两条纬度线之间、气象特征相同的地理区

---

① 参 Y. Tzvi Langermann, *Ibn al-Haytham's on the Configuration of the World*, Garland, 1990.

② 参 F. Jamil Ragep ed. and trans., *Naṣīr al-Dīn al-Ṭūsī's Memoir on Astronomy (al-Tadhkira fī ʿilm al-hayʾa)*, 2 vols., Springer, 1993.

③ 参比如 John W. Livingston, “Naṣīr al-Dīn al-Ṭūsī's al-Tadhkirah: A Category of Islamic Astronomical Literature”, *Centaurus* 17, no.4 (1973): 260-275.

④ Dror Weil, “Islamicated China: China's Participation in the Islamicate Book Culture during the Seventeenth and Eighteenth Centuries”, *Intellectual History of the Islamicate World* 4, no.1/2 (2016): 36-60(37-38). 外尔认为马苏迪很可能也是徒昔的同事(第37页)。关于马苏迪生平及其《天文学要义》参 Ayman Shihadeh, *Doubts on Avicenna: A Study and Edition of Sharaf al-Dīn al-Masʿūdī's Commentary on the Ishārāt* (Boston: Brill, 2016), pp. 11-19, 22-23.

⑤ 刘东声、刘盛林注释《北京牛街志书——〈冈志〉》(修订本)云：“康熙庚寅，偶于友人处得西域天文稿及《哲罕达尼史》，残篇断简，补褑而读之。其所论九天七地、日月五星之理，皆言人所不能言，发古人之未尝发，中国天文诸书远不及也。”(北京出版社，1991年，第23页)

⑥ Dror Weil, “Islamicated China: China's Participation in the Islamicate Book Culture during the Seventeenth and Eighteenth Centuries”, *Intellectual History of the Islamicate World* 4, no. 1/2 (2006): 37.

⑦ 另参杨志玖：《元代回族史稿》，南开大学出版社，2003年，第311页；姚继德、王根明：《刘智〈天方性理〉采辑经书文献考》，第10页。

⑧ 另参 Donald Danid Leslie and Mohamed Wassel, “Arabic and Persian Sources Used by Liu Chih”, *Central Asiatic Journal* 26, no.1/2 (1982), p. 93: “*Hayʾāt aqalīm*, ‘shapes and features of the seven continents.’”

域。①*climata/aqālīm*是希腊和阿拉伯地理著作中的关键词。古希腊地理学有关*climata*的论述可追溯到公元前2世纪天文学家和地理学家希帕库斯(Hipparchus),他依据各地气象差异将希腊世界分为七个*climata*,这一区分在古代晚期和中世纪阿拉伯地理学中被沿袭下来。而阿拉伯人关于希腊地理学的知识主要得自托勒密《地理学指南》(Γεωγραφικὴ Ὑφήγησις, *Geographical Guidance*),该书曾多次被直接或间接(经叙利亚语)译为阿拉伯语,传世本为花剌子密(al-Ḫwārizmī,卒于232/847年之后)的改编本,其中也包括了阿拉伯人关于地理学的知识。波斯人则认为世界可区分为七个区域(*kishvars*),每个包含一个大帝国。②希腊和波斯的"七洲"理论深刻影响了阿拉伯世界,阿拉伯语*aqālīm*即对应希腊语*climata*和波斯语*kishvars*,多位从属于伊拉克学派(The ʿIrāḳī school)的阿拉伯地理学家均接受了波斯或希腊的"七洲"理论。③虽然部分阿拉伯地理学家如巴勒希学派(The Balḫī school)亦尝试突破"七洲"理论,将伊斯兰世界区分为十四洲或二十洲,但"七洲"理论依然盛行。在11世纪,相比波斯与印度的地理学,比鲁尼更推崇希腊的理论,而在12—13世纪诞生了多部基于希腊七洲理论的世界地理著作,代表性的如伊本·萨义德(Ibn Saʿīd,卒于685/1286年)所写作《七洲地理》(*Kitāb al-Ǧuġrāfiyā fī l-aqālīm al-sabʿa*)(EI[3] *d̲jug̲h̲rāfiyā* by S. Maqbul Ahmad, EI[3] Geography in Arabic by Adam Silverstein),推测《七洲形胜》即为这类世界地理著作之一。这亦可从刘智《天方性理》卷二中"七洲分地图"得到印证。④另有一部10世纪阿拉伯地理著作,名为《七洲奇观》(*Kitāb ʿAǧāʾib al-aqālīm as-sabʿa*),作者为地理学家苏拉卜(Suhrāb,约4/10世纪上半叶,其中给出了制作世界地图的实用建议(GAP II 293, EI[3] Suhrāb by Yossef Rapoport)。

(九)呵些必牙《诸般算法》八部

属算术(Arithmetic, *ʿilm al-ḥisāb*)。与"罕答昔牙"对应*handasīya*(geometrical)类似,"呵些必牙"对应*ḥisābiyā*(arithmetical)。检视萨兹金《阿拉伯著作史》数学卷中世纪阿拉伯数学著作,仅见一部无名氏著作的书名中包含*ḥisābiyā*(GAS V 65),但书名包含*ḥisāb*者众多(比如GAS V 486, GAP III 66-74)。这里不排除"呵些必牙"是学科类别名

---

① J. B. Harley and David Woodward eds., *The History of Cartography, Volume 2, Book 1: Cartography in the Traditional Islamic and South Asian Societies* (Chicago: Chicago University Press, 1992), pp. 7-8; D. R. Dicks, "The KΛIMATA in Greek Geography", *The Classical Quarterly* 5, no. 3/4 (1955): 248-255.

② Dicks, "The KΛIMATA in Greek Geography"; E. Honigmann, *Die sieben Klimata und die πόλεις ἐπίσημοι. Eine Untersuchung zur Geschichte der Geographie und Astrologie im Altertum und Mittelalter*, Winter's Universitätsbuchhandlung, 1929.

③ J.B. Harley and David Woodward eds., *The History of Cartography, Volume 2, Book 1: Cartography in the Traditional Islamic and South Asian Societies* (Chicago: Chicago University Press, 1992), pp. 8, 93-95; 另参 EI[3] *d̲jug̲h̲rāfiyā* by S. Maqbul Ahmad.

④ 关于回回地理学,参伊本·胡尔达兹比赫:《道里邦国志》(中译本),宋岘译注,张广达序言,北京:中华书局,1991年,第1-22页;刘迎胜:《回回地圜说及其入华》,《海路与陆路——中古时代东西交流研究》,北京:北京大学出版社,2011年,第75-82页。

称，而非来自书名关键词的可能性，这样便需要考虑中世纪阿拉伯语算术著作的一般情况。较有代表性的如10世纪数学家阿布·哈桑·乌克利迪西（Abū l-Ḥasan al-Uqlīdisī）《论印度算术》（*Kitāb al-fuṣūl fī l-ḥisāb al-hindī*）、拉班《印度算术原理》（*Kitāb uṣūl ḥisāb al-hindī*）、阿布·曼苏尔·阿卜杜·卡希尔·巴格达迪（Abū Manṣūr ʿAbd al-Qāhir al-Baghdādī，卒于429/1037年）《算术补遗》（*al-Takmila fī l-ḥisāb*）等（EI³ Arithmetic by Sonja Brentjes）。从意译名"诸般算法"来看，最可能是指一部算术手册或百科全书。作为13世纪最伟大的数学家，徒昔亦曾写作多部算术著作，其中最著名的当数《算术集成》（*Ǧāmiʿ al-ḥisāb*，GAL I 674），这里最可能指此书。

（十）积尺《诸家历》四十八部

属天文学。先前研究均已指出"积尺"对应阿拉伯语中的波斯语借词*Zīǧ*，指以《至大论》为典范形成的中世纪阿拉伯语天文学手册（GAP III 90-92；EI² Zīdj by F.C. De Blois，D.A. King and J. Samsó；EI³ Astronomy by F. Jamil Ragep；GAL I 675，GALS I 931）。①以"积尺"为题的著作数目众多，肯尼迪统计约存在125部积尺，而EI²的较新统计则认为8—19世纪诞生了超过200部积尺，代表性的如巴塔尼（al-Battānī，卒于317/929年）《萨比积尺》（*az-Zīǧ aṣ-Ṣābī*）、伊本·尤努斯（Ibn Yūnus，卒于399/1009年）《哈基姆积尺》（*az-Zīǧ al-Ḥākimī*）、徒昔《伊利汗积尺》（*Zīǧ al-Ilḫānī*）、伊本·沙蒂尔（Ibn aš-Šāṭir，卒于777/1375年）《新积尺》（*az-Zīǧ al-ǧadīd*）等。田坂兴道的推测可从，此处最可能是指徒昔所著波斯语《伊利汗积尺》（EI² al-Ṭūsī，Naṣīr al-Dīn by Hans Daiber；Storey II 1 58-60），或为其早期手稿。该书存世抄本、注解众多，另有一部阿拉伯语译本存世。②

（十一）速瓦里可瓦乞必《星纂》四部

属星象学（Uranography）。田坂兴道指出，"速瓦里可瓦乞必"对应*Ṣuwar kawākib*的

① 另参 E. S. Kennedy, "A Survey of Islamic Astronomical Tables", *Transactions of the American Philosophical Society* 46, no.2 (1956): 123-177; David A. King and Julio Samsó, with a contribution by Bernard R. Goldstein, "Astronomical Handbooks and Tables from the Islamic World (750-1900): An Interim Report", *Suhayl* 2 (2001): 9-105.

② E.S. Kennedy, "A Survey of Islamic Astronomical Tables", *Transactions of the American Philosophical Society* 46, no.2 (1956): 123-177; David A. King and Julio Samsó, with a contribution by Bernard R. Goldstein, "Astronomical Handbooks and Tables from the Islamic World (750-1900): An Interim Report", *Suhayl* 2 (2001): 125, 161-162. 关于"积尺"为《伊利汗积尺》，另参 Roxann Prazniak, "Marāgha Observatory: A Star in the Constellation of Eurasian Scientific Translation", in *Knowledge in Translation: Global Patterns of Scientific Exchange, 1000-1800*, eds. Patrick Manning and Abigail Owen (Pittsburgh: University of Pittsburgh Press, 2018), pp. 235-236。艾利森推测"积尺"为《伊利汗积尺》的一个早期版本，参 Thomas T. Allsen, *Culture and Conquest in Mongol Eurasia* (Cambridge: Cambridge University Press, 2001), p. 170。考虑到《伊利汗积尺》定稿于徒昔七十岁左右（1271年左右）（EI² al-Ṭūsī, Naṣīr al-Dīn by Hans Daiber），而《秘书监志》中所载回回书籍于1273年藏于司天台，时间较近，加上书籍从伊利汗国传入和入藏司天台需要一定时间，此处的确不能排除传入中国的《伊利汗积尺》为该书早期手稿这一可能性。这一论断也适用于本文所涉徒昔其他著作。关于元代传入的波斯文积尺，参下文脚注。

波斯语形式 *Ṣuwar-i-kawākib*。王一丹《典籍》进一步指出此书应为10世纪伊朗学者苏菲（ʿAbdarraḥmān aṣ-Ṣūfī，卒于376/986年）所著星象学著作，书名为《星辰图像》（*Kitāb Ṣuwar al-kawākib*）。此书基于托勒密《至大论》星象部分改编而成，是中世纪阿拉伯语星象学最重要的作品，在诞生后几个世纪内一直是该领域的权威著作（GAP III 95-96），有众多阿拉伯语抄本和波斯语译本存世（GAS VI 214-215，Storey II 1 41）。

（十二）撒那的阿剌忒《造浑仪香漏》八部

属机械学（Mechanics，*ilm al-ḥiyal*）或仪器学（Science of Instruments）。"撒那的阿剌忒"的释读存在争议。马坚《释义》、田坂兴道《伊斯兰文化》、王一丹《典籍》、点校本均据广仓学窘本读为"撒那的阿剌忒"，为 *sanat ālāt* [instruments for calculating the year (revolution) of the sun，测量太阳运行年的仪器]对音（田坂兴道）或 *ṣanʿat ālāt/ṣanʿat al-ālāt*（the making of instruments，仪器之制造）对音（马坚、王一丹）。这一读法亦见于季氏藏影元抄本、瞿氏铁琴铜剑楼家藏本。而宫纪子则据广陵影印本认为应读作"撒那的阿速忒"，为 *ṣanʿat-i āst* 对音，意为"賛美の工芸"。这一读法还见于陆氏抄吴氏拜经楼本、陆氏捐送国子监抄本、国图藏09353号清抄本和孙星衍平津馆藏本。按"阿速忒"应为"阿剌忒"之讹，应为陆氏抄吴氏拜经楼本之笔误，后被多个清抄本沿袭。[①]马坚《释义》和王一丹《典籍》的释读可从，即"撒那的阿剌忒"对应 *ṣanʿat ālāt* 或 *ṣanʿat al-ālāt*（*the making of instruments*，仪器之制造）。从"造浑仪香漏"来看，本书是一本浑仪（armillary sphere，*ḏāt al-ḥalaq*）制作之书。在中世纪阿拉伯语天文仪器制作之书当中，的确可以找到一部著作书名中包含 *ṣanʿat al-ālāt*，即西吉齐所著《论天文仪器的构造》（*Risālat fī Kaifīyat ṣanʿat al-ālāt an-nuǧūmīya*）（GAS VI 225，GAP III 102）。他精于天文仪器特别是星盘（astrolabe）的制作，另著多部星盘制作之书如《论一切星盘之构造》（*Fī Kaifīyat ṣanʿat ǧamīʿ al-asṭurlābāt*）（GAS VI 225）。考虑到伊斯兰世界有时不严格区分球形星盘（参下文条目23，汉译"浑天图"）与浑仪（armillary sphere，*ḏāt al-ḥalaq*）[②]，无法排除二者被等同使用的可能性。书名中包含 *ṣanʿat al-asṭurlāb* 的中世纪阿拉伯语星盘制作书籍另有多种（GAS V 499，VI 497）。若"仪器之制造"是学科类别名称，而不严格对应书名，则多部有关浑仪制作之书亦应纳入考量，如金迪所著《论浑仪》（*Risālat fī Ḏāt al-ḥalaq*）（GAS VI 153）。此外，值得注意的还有出自徒昔同事穆艾亚达丁·乌尔迪（Muʾaiyadaddīn al-ʿUrḍī，卒于1266年）之手的《论观测》（*Risāla fī Kaifīyat al-arṣād*）（GAP III 103）。[③]

---

① 参下文条目23，兀速剌不窟勒。

② 参 Fuat Sezgin and Eckhard Neubauer, *Wissenschaft und Technik im Islam, Band II, Katalog der Instrumentensammlung des Institutes für Geschichte der Arabisch-Islamischen Wissenschaften*, Institut für Geschichte der Arabisch-Islamischen Wissenschaften, 2003, p. 120.

③ 参 Hugo J. Seemann, "Die Instrumente der Sternwarte zu Marâgha nach den Mitteilungen von alʿUrḍî", *Sitzungsberichten der Physikalisch-medizinischen Sozietät zu Erlangen* 60, 1928, pp. 15-126.

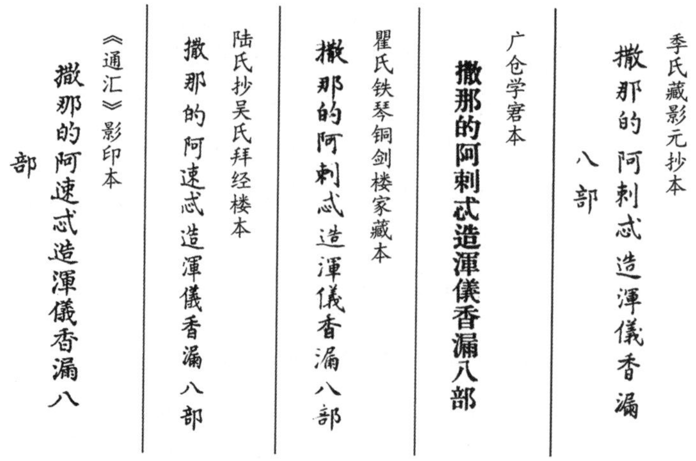

图1 各版本对比图

（十三）撒非那《诸般法度纂要》十二部

疑属星占学。“撒非那”对应*Safīna*，参条目3。马坚《释义》和王一丹《典籍》均认为仅从“诸般法度纂要”难以推知内容属天文历算还是医药占卜。今按可能指徒昔之《星占汇编》（*Safīnat al-aḥkām*）（EI³ Astrology，GAP III 108，Ullmann 1976: 338-339）。①这是星占学和神秘科学汇编，收集了大量前人著作，除了前代阿拉伯文献和教材手册之外，还汇集了来自如赫尔墨斯、伪柏拉图、伪亚里士多德、查拉图斯特拉的学说（GAP III 108），这解释了“诸般法度纂要”中“诸般”一词。而“法度”一词则对应条目6中“占卜法度”。

（十四）亦乞昔儿《烧丹炉火》八部

属炼金术（Alchemy，*ʿilm al-kīmiyāʾ*）。前人已指出“亦乞昔儿”对应*iksīr*（elixir）。阿拉伯语*iksīr*可追溯到古希腊语ξηρίον（*ksērion*）和古叙利亚语*ksīrīn*，意为“干燥的粉末”，又称“魔法石”（the philosophers' stone）（EI³ Elixir by Paula Carusi）。中世纪伊斯兰炼金术最重要的方法便是通过elixir来获得金子（EI³ Alchemy by Regula Forster），而至少从11世纪末开始，*iksīr*成为*kīmiyāʾ*的同义词，可用于指代这门学科整体（EI³ Elixir by Carusi）。由此可知这是一本炼金术著作。西方炼金术可溯源至希腊化时期的埃及，相当数量的希腊炼金术著作曾经由巴格达翻译运动被译介到阿拉伯世界，得到进一步发展（GAP III 143-147，GAS IV 1-299，Ullmann 1972: 145-270，EI³ Alchemy by Regula Forster）。田坂兴道推测此书可能是13世纪下半叶的炼金师艾哈迈德·西马维·伊拉基（Aḥmad as-Simawī al-ʿIrāqī）所著《炼金术之馨香》（*ʿArf al-ʿabīr fī ʿilm al-iksīr*）。事实上，中世纪阿拉伯语炼金术著作可见多部书名中包含iksīr，如最伟大的阿拉伯炼金术士贾比尔·伊本·哈扬（Ǧābir ibn Ḥaiyān，卒于约200/815年）最重要的老师之一贾法尔·萨

① Ullmann则认为此书作者名为an-Nuṣairī，身份不详，参Ullmann 1976, pp. 338-339。

迪格（Ǧaʿfar aṣ-Ṣādiq，卒于148/765年）所著《论炼金》（*Risāla fī l-iksīr*）（GAS IV 128-131），或哈拉杰（al-Ḥallāǧ，卒于309/922年）同名著作（GAS IV 275）。哲学家、医学家拉齐也是最重要的炼金术士之一，著有《炼金之书》（*Kitāb al-iksīr*）（GAS IV 275-276，281）。若“亦乞昔儿”不严格对应书名关键词，而用来泛指炼金术，则此处亦可能指其他阿拉伯语炼金术著作。特别值得注意的是被归于贾比尔·伊本·哈扬名下的大量炼金术著作，其中不乏来自希腊、叙利亚、波斯传统的元素（GAP III 144-145，GAS IV 132-269）。

（十五）忒毕《医经》十三部

属医学（Medicine，*ʿilm al-Ṭibb*）。田坂兴道已指出“忒毕”为阿拉伯语*Ṭibb*的波斯语形式*Ṭabb*对音，所以这是一部医学经典。现对于《医经》具体所指略做推测。在巴格达翻译运动中，一系列古希腊医学家的作品被翻译成叙利亚语和阿拉伯语，这些医学家包括希波克拉底（Hippocrates，卒于约公元前370年）、盖伦（Galen，卒于200年）、阿奇格涅斯（Archigenes，卒于117年）、以弗所的鲁弗斯（Rufus of Ephesus，卒于约150年）、埃伊纳的保罗（Paul of Aegina，卒于约690年）等（GAP III 118-121，Ullmann 1970: 25-100，GAS III 20-171）。这一过程中起最重要作用的是叙利亚基督徒译者侯奈因·伊本·伊斯哈克和他的翻译团队，他们的翻译作品对于后来古典阿拉伯科学和医学术语的形成至关重要。①10世纪至11世纪早期诞生了几部有代表性的阿拉伯语医学百科全书，包括拉齐《医学集成》，又称《医方书》（*al-Ḥāwī fī ṭ-ṭibb*）及《曼苏尔医书》（*al-Kitāb al-Manṣūrī fī ṭ-ṭibb*）（GAS III 274-281）；麦朱西（ʿAlī ibn al-ʿAbbās al-Maǧūsī，约4/10世纪）《医术全书》（*Kāmil aṣ-ṣināʿa aṭ-ṭibbīya*）（GAS III 320-322）；阿维森纳（Ibn Sīnā，卒于428/1037年）《医典》（*al-Qānūn fī ṭ-ṭibb*）（Ullmann 1970:152-154）。这四部百科全书将希腊医学发展成严密的体系，是中世纪阿拉伯语医学的权威著作，对于后世医学有着深远影响（参EI² *Ṭibb* by Emilie Savage-Smith）。元明之际《回回药方》中包括了来自拉齐《医方书》、麦朱西《医术全书》、阿维森纳《医典》的药方，亦可见上述几位古希腊医学家的汉译名如卜忽剌忒（Hippocrates）、札里奴思（Galen）、阿牙剌只阿而可阿尼昔（Archigenes）、鲁肥西（Rufus of Ephesus）、补里西/卜里西/卜黎西（Paul of Aegina），足见这几

① 有关侯奈因·伊本·伊斯哈克及其团队的翻译参 Gotthelf Bergsträsser, *Ḥunain Ibn Isḥāḳ und seine Schule: Sprach- und literaturgeschichtliche Untersuchungen zu den arabischen Hippokrates- und Galen-Übersetzungen*, Brill, 1913; Max Meyerhof, “New Light on Ḥunain Ibn Isḥâq and his period”, *Isis* 8.4 (1926): 685-724; Max Meyerhof, “Les versions syriaques et arabes des écrits galéniques”, *Byzantion* 3 (1926): 33-51; Rachid Haddad, “Ḥunayn Ibn Isḥāq apologiste chrétien”, *Arabica* 21 (1974): 292-302; EI³ Ḥunayn b. Isḥāq by Gotthard Strohmaier。

部百科全书在当时为穆斯林所熟悉。[1]《秘书监志》中所记载的《医经》可能便是这几部医学百科全书中的一部或几部，最可能指阿维森纳之《医典》，这也是中世纪医学学科之根基（GAP III 122-123）。[2]关于《医典》现存抄本、译本和研究状况，可参：Gutas 2014: 512-513；GAL I 596ff.，GALS I 823ff.；Ullmann 1970:152-154。

（十六）艾竭马答《论说有无源流》一十二部

属哲学（Philosophy，*ʿilm al-ḥikma*）。前人研究已指出“艾竭马答”为阿拉伯语*ḥikma*的波斯语形式*ḥikmat*对音，推测此书为哲学类，但尚难以确定对应何书。和古希腊科学情况类似，在巴格达翻译运动中，以亚里士多德为代表的希腊哲学家的著作被大量翻译进阿拉伯传统。而从金迪开始，阿拉伯世界亦出现一批本土哲学家，著述众多（GAP III 25-61，Überweg）。根据意译名“论说有无源流”，推测这本哲学著作应为徒昔在马拉盖天文台的同事纳贾默丁·卡提比·盖兹威尼（Nağmaddīn al-Kātibī al-Qazwīnī，卒于675/1276年）所著*Ḥikmat ʿain al-qawāʿid*，直译为“有关本原（即有无）源泉的知识”（Knowledge of the source of the foundations/principles）。*qawāʿid*为*qāʿida*复数形式，后者意为“foundation, groundwork”，对应“有无”这一哲学本体论术语。该书主要分为两个部分，即形而上学（*al-ʿilm al-ilāhī*）和物理学/自然哲学（*al-ʿilm aṭ-ṭabīʿī*）。前者主要讨论本原学说、原因与结果、实体与范畴等诸本体论问题，亦涉及部分伊斯兰教教义内容（*uṣūl, furūʿ*），后者则讨论自然世界如天象、动植物等诸现象（Ahlwardt IV 423；GAL I 613，GALS I 847；GAP III 61；EI² al-Kātibī by M. Mohaghegh；EI³ al-Kātibī al-Qazwīnī by Khaled El-Rouayheb）。从著作性质上，这可被视为一本哲学百科全书著作。中世纪阿拉伯哲学百科全书的编写一般依循“逻辑学、数学、物理学和形而上学”四重结构或“逻辑学、形而上学和物理学”三重结构，前者最具代表性的是阿维森纳《治疗》（*aš-Šifāʾ*），后者则是安萨里（al-Ġazālī）《哲人之目标》（*Maqāṣid al-falāsifa*）（GAP III 57-60）。作为工具学科，逻辑学有时会独立成册。这正是《论说有无源流》的情况：其编排依循传统三重结构，但逻辑学独立成册，即为《论逻辑学源流》（*Risālat al- ʿAin fī ʿilm al-manṭiq*），而《论说有无源流》则处理形而上学和物理学。和不少伊斯兰哲学家如安萨里一样，卡提比倾向于将哲学百科全书视为服务于伊斯兰神学的工具书和预备书。[3]《论

---

① 参刘迎胜：《〈回回药方〉与中国穆斯林医药学》，载《华言与蕃音：中古时代后期东西交流的语言桥梁》，上海：上海古籍出版社，2013年，第422-425页；宋岘：《回回药方考释》，武汉：湖北科学技术出版社，2016年，第11-21、37-51、61-64页，另参第32页：“可以肯定，《回回药方》的内容同这些从元大都（今北京）运到南京的西域医书有关。另一种可能性也是有的。朱元璋在位年间及明成祖永乐年间，大明王朝同中亚的帖木儿帝国的经济、文化交流是良好的。其间，两国在图书方面亦应有所交流。因此，现今北京图书馆善本部珍藏的明代红格抄本《回回药方》最可能是在此后，由中国回回医生利用上述两种来源的伊斯兰医药书籍才编写成的。”

② 关于《医经》即为《医典》，另参 Thornas T. Allsen, *Culture and Conquest in Mongol Eurasia* (Cambridge: Cambridge University Press, 2001), p.151。

③ GAP III 61; Josef van Ess, “Encyclopaedic Activities in the Islamic World：A Few Questions, and No Answers”, in *Organizing Knowledge: Encyclopaedic Activities in the Pre-Eighteenth Century Islamic World*, ed. Gerhand Endress (London: Brill, 2006), p. 9.

说有无源流》影响广泛，徒昔最重要的学生库特巴丁·史拉兹（Quttbaddīn aš-Šīrāzī，卒于710/1311年）曾为其写作一部注本（Ahlwardt IV 425，Nr. 5081，GAP III 61）。此外还有多部注解出自如赛达丁·塔夫塔宰尼（Saʿdaddīn at-Taftazānī，卒于792/1390年）、谢里夫·朱尔加尼（Šarīf al-Ǧurǧānī，卒于816/1416年）等作者之手（Ahlwardt IV 425-428；GAL I 613-614，GALS I 847）。有关卡提比的哲学、《论说有无源流》文本和注解出版情况可参BIP，al-Kātibī文献综述。

（十七）帖里黑《总年号国名》三部

属历史（History，*ʿilm al-taʾrīḫ*）。前人研究已指出"帖里黑"对应*taʾrīḫ*，推测此书为历史类。田坂兴道据"总年号国名"推测这是通史，并认为最可能指泰伯里（aṭ-Ṭabarī，卒于311/923年）的里程碑式著作《历代先知与帝王史》（*Taʾrīḫ ar-rusl wa-l-mulūk*）（EI² al-Ṭabarī by C.E. Bosworth；GAL I 148-149，GALS I 217-218）。田坂兴道还举出另外可能的两部书是伊本·艾西尔（Ibn al-Aṯīr，卒于630/1233年）《历史大全》（*al-Kāmil fī t-taʾrīḫ*）和阿塔·马里克·志费尼（ʿAṭā-Malek Jovaini，卒于1283年）所著波斯语著作《世界征服者史》（*Tārīkh-i Jahāngushāy*）。前者基于泰伯里本改写扩充而成，被誉为中世纪伊斯兰最重要的世界史著作（GAP II 272；GAL I 402，422-423，GALS I 565，587-588；EI² Ibn al-Athīr by F. Rosenthal），而后者则是波斯文献史上的重要著作，记载了蒙古帝国征战的历史（EIr Jahāngošā-ye Jovayni by Charles Melville）。从"总年号国名"来看，这里更可能指《历代先知与帝王史》或《历史大全》。[①]但考虑到这两部都是卷帙浩繁的历史巨著，其篇幅似乎与此处所记载"三部"相差甚远。艾利森（Thomas T. Allsen）在其《蒙古欧亚的文化与征服》（*Culture and Conquest in Mongol Eurasia*）一书中则提出，此书或为比鲁尼（al-Bīrūnī，卒于约440/1048年）《古代诸国年代学》（*al-Āṯār al-bāqiya ʿan al-qurūn al-ḫāliya*）（GAL I 627，GALS I 872；EI³ al-Bīrūnī by Michio Yano），其中考察不同时代，以及不同古代民族和国家所使用的编年和历法体系。[②]

（十八）密阿《辨认风水》二部

属机械学（Mechanics，ʿilm al-ḥiyal）和水文学（Hydrology）。在前人研究中，一般据"辨认风水"将此书视作占卜学著作。马坚《释义》认为"密阿"对应*Mirʾāt*，"镜子"，来自一本名为《幽玄宝鉴》（*Mirʾāt al-Ġaib*）的占卜书。[③]今在萨兹金和布洛克曼（Carl Brockelmann）文献史中均未能检得此书。田坂兴道认为"密阿"对应*miyāh*，即"水"一词（*māʾ*）

① 参 Muḥammad Abū al-Faḍl Ibrāhīm ed., *Al-Ṭabarī, Taʾrīḫ ar-rusl wa-l-mulūk* (Cairo, 1968-1975); Ihsan Abbas u.a. eds., *The History of al-Ṭabarī. An Annotated Translation*, 40 vols., *State University of New York Press,* 1985-2007; Carl Tornberg ed., *Ibn al-Athīr Chronicon quod perfectissinum inscribitur,* 14 vols., *Brill,* 1851-1876.

② Thornas T. Allsen, *Culture and Conquest in Mongol Eurasia* (Cambridge: Cambridge University Press, 2001), p. 170.

③ 艾利森亦认同"密阿"对应地占学(Geomancy)，参 Thornas T. Allsen, *Culture and Conquest in Mongol Eurasia* (Cambridge: Cambridge University Press, 2001), p. 209.

的复数，但未能找到书名中包含此词的占卜学著作。宫纪子则认为“密阿”对应 *mīʾād*（按疑为 *mīʿād* 之误），意为“应许之地（约束の地）”。仅从对音来看，*miyāh* 最准确对应“密阿”，不过这未必是占卜学著作，或与水文学和水利设施建设有关。马坚已指出阿拉伯人并不信风水，故“风水”未必对应相地术，而可能指代天象学、水文学、机械学等方面的技术。在这些领域，中世纪阿拉伯亦继承和发展了古希腊的相关理论，特别是亚里士多德《天象学》（Μετεωρολογικά, *Meteorologica*, *al-Āṯār al-ʿulwīya*）。该书不仅关注天象，也讨论地质学和水文学知识，尤其认为风和河在诸多方面有相似之处（1.13）。①亚氏《天象学》自 8 世纪下半叶被译介到阿拉伯世界，是中世纪阿拉伯天象学权威著作，地位接近托勒密之《至大论》，有多部阿拉伯语译本和注本（GAS VII 212-215）。②检索与亚氏《天象学》相关的中世纪阿拉伯语经典文献，可见一部著作书名中包含 *miyāh* 一词，即阿拉伯数学家、工程师阿布·伯克尔·凯拉吉（Abū Bakr al-Karağī，卒于约 410/1019 年之后）《发现隐藏之水》或《抽取隐藏之水》（*Inbāṭ al-miyāh al-ḫafīya*, *The Extraction of Hidden Waters*, GAP III 84, GALS I 390, EI³ al-Karaǧī）。*Inbāṭ* 是 *nabaṭa* 第四词干动名词形式，意为“使之涌出”“找到”“发现”（to cause sth. to gush out or well forth, to find, discover），或对应“辨认”。而音译“密阿”或表明该书主要探讨有关水的理论和实践知识。《发现隐藏之水》一书基于亚氏《天象学》相关理论展开，但区别于后者，此书并不讨论天象，而着重讨论地表上下水之流动原理和水道（*qanāt*）营造和维护的实践知识，从而提供了时代前沿的水文学和机械学理论。③

（十九）福剌散《相书》一部

属相面术（Physiognomy, *ʿilm al-firāsa*）。中世纪阿拉伯传统中相面著作相对较少，有部分译自古希腊传统，如伪亚里士多德《相面学》（Φυσιογνωμονικά, *physiognomonics*, *Kitāb Arisṭāṭālīs fī l-firāsa*）和 2 世纪希腊智者波勒蒙（Polemon）《论相面术》（Περὶ φυσιογνωμονίας, *On Physiognomy*, *Kitāb al-firāsa li-Iflīmūn*）（GAP III 148, Ullmann 1970: 96, EI² Firāsa by Fahd）。④书名中包含 *firāsa* 的中世纪阿拉伯语相面术著作有多种可能，除上述两部作品外，代表性的还有如金迪《论相面》（*Risāla fī l-firāsa*）（GALS I 373）、法拉比《论相面》（*Risāla fī l-firāsa*）（GALS I 377）、法赫尔丁·拉齐（Fakhr al-Dīn ar-Rāzī，卒于 606/1209 年）《论相面术》（*Risāla fī ʿilm al-firāsa*）（GALS I 924；亦参 EI² Firāsa by

---

① 威尔逊（Malcolm Wilson）认为这一风与河的模拟是亚氏首创，参 Malcolm Wilson, *Structure and Method in Aristotle's Meteorologica. A More Disorderly Nature* (Cambridge: Cambridge University Press, 2013), p. 158.

② 参 Paul Lettinck, *Aristotle's Meteorology and Its Reception in the Arab World* (London: Brill, 1999)；关于叙利亚传统中的亚里士多德《天象学》，参 Hidemi Takahashi, *Aristotelian Meteorology in Syriac* (Leiden: Brill, 2003).

③ 有关此书学术史和最新讨论，参 K. Niazi, "Karajī's Discourse on Hydrology", *Oriens* 44, no.1/2 (2016)：44-68，特别 pp. 48-49, 66.

④ 参 Fahd, *La divination arabe;* Robert Hoyland, "Physiognomy in Islam", *Jerusalem Studies in Arabic and Islam* 30 (2005): pp. 361-402; Ullmann 1970, p. 96. 关于古希腊罗马的相面术，参 Elizabeth C. Evans, "Physiognomics in the Ancient World", *Transactions of the American Philosophical Society* 59, no.5 (1969)：1-101; Simon Swain ed., *Seeing the Face, Seeing the Soul: Polemon's Physiognomy from Classical Antiquity to Medieval Islam* (Oxford: Oxford University Press, 2007).

Fahd)。田坂兴道和王一丹另举出书名中包含*firāsat*的波斯语著作如穆罕默德·米尔扎·汗(Muḥammad Mirzā Khān)《论相面学的依据》(*Risāla-i-Dalā'il al-Firāsat*,成书时间不明)或伪柏拉图《相面学》(*al-Firāsat*)。

(二十)者瓦希剌《辨认宝贝》五部

属矿物学或宝石学(Mineralogy, petrology; *ma'ādin, aḥǧār*)。抄本一致为"别认宝贝",点校本据马坚文读作"辨认宝贝"。《释义》指出"者瓦希剌"对应*ǧawāhir, ǧauhar*(宝石)的复数形式。西方古代权威宝石学著作是色诺克拉底(Xenocrates of Ephesus)《鉴石家》(Λιθογνώμων, *Lithognomon*),已被译介到中世纪阿拉伯世界;该译本中也保存了第一位系统研究宝石学的古希腊学者索塔库斯(Sotacus,约公元前4—公元前3世纪)所著《论石》(Περὶ λίθων, *On Stones*)中部分内容。另有一部中古波斯语的宝石学著作以亚里士多德的名义在阿拉伯世界流传,即《石头之书》(*Kitāb al-Aḥǧār*)(GAP III 142-143, Ullmann 1972: 95-144)。此处《辨认宝贝》所指,王一丹《典籍》已推测可能是比鲁尼《珠宝录》或徒昔《伊利汗的珍宝书》。中世纪最重要的阿拉伯语宝石学著作是比鲁尼《珠宝录》(*Kitāb al-Ǧamāhir fī ma'rifat al-ǧawāhir*),被认为在体系的彻底性和材料的解析上都无可超越(GAP III 142-143, Ullmann 1972: 121ff.)。而徒昔所著波斯语《伊利汗的珍宝书》(*Tansūḫ-nāme-i īlḫānī*,又称*Kitāb al-ǧawāhir, Risālat al-ǧawāhir*)则进一步发展了比鲁尼的理论。

(二十一)黑牙里《造香漏并诸般机巧》二部

属机械学(Mechanics, *'ilm al-ḥiyal*)。马坚《释义》认为"黑牙里"是*ḥiyal*对音,即*ḥīla*复数,意为"仪器"(artifices, devices),而田坂兴道和宫纪子则认为对应*ḫayālī*,"空想"(disembodied spirit, imagination)。马坚读法甚确。①中世纪阿拉伯机械学同样奠基于希腊学,先后被译介到阿拉伯世界的机械学著作包括伪亚里士多德《机械学》(*Mechanica*),欧几里得和阿基米德的机械学相关著作,以及公元前3世纪拜占庭的斐洛(Philo of Byzantium)和1世纪亚历山大里亚的希罗(Hero of Alexandria)等人所著机械技术之书。中世纪阿拉伯机械学进一步发展了古希腊理论,先后诞生了两部里程碑式的著作。第一部是9世纪穆萨(Banū Mūsā)三兄弟合著《奇器之书》(*Kitāb al-Ḥiyal*)(EI² Mūsā by D. R. Hill)。②这部书介绍诸般精巧仪器的制作方法,在中世纪伊斯兰世界备受赞誉,13世纪的传记作家伊本·赫立康(Ibn Ḫallikān)认为它是同类著作中最好的,而现代研究者希尔则评价说:"如果穆萨之书在伊斯兰世界后继无人,那么可能是因

① 另参 Benno van Dalen, "The Activities of Iranian Astronomers in Mongol China", *Bibliothèque iranienne* 58 (2004), p.25(黑牙里:ingenious devices)。

② D. R. Hill trans., *The Book of Ingenious Devices (Kitāb al-Ḥiyal)* (Dordrecht: D. Reidel Publishing Company, 1979).

为它给后人留下了太少的发展空间。”①另一部重要的中世纪阿拉伯语机械学著作是12世纪后半叶加扎利（Al-Ğazarī）所著《精巧机械仪器知识之书》（*Kitāb fī maʿrifat al-ḥiyal al-handasiyya*）（EI² al-Djazarī by D. R. Hill，EI³ al-Jazarī，Badīʿ al-Zamān by Gerhard Jaritz）。②此书被萨尔顿（George Sarton）誉为“同类著作中最为精心之作”和穆斯林机械技术的“高峰”③，有诸多抄本（13—18世纪）存世。考虑到汉译名中《造香漏并诸般机巧》提到香漏这一计时器具，而《精巧机械仪器知识之书》开篇第一部分即用十章篇幅讨论包括水钟、蜡烛钟等时钟（*fanākīn*，单数*finkān*），推测这里更可能是指加扎利的著作。《精巧机械仪器知识之书》共讨论六个范畴，共计五十章，在时钟之后依次讨论适用于宴饮的容器（十章）、陶罐与水盆等物（十章）、喷泉与戏水装置（十章）、抽水装置（五章）及其他（五章）。加扎利关于水钟的理论可溯源到一部被归于阿基米德的水钟制作之书。④关于中世纪阿拉伯机械学一般情况，可参GAP III 82-86，EI² Ḥiyal by D. R. Hill；关于伊斯兰计时理论参EI³ Timekeeping: socio-political and cultural aspects by Avner Wishnitzer。

（二十二）虵艾立《诗》一部

属诗学（*ʿilm aš-šiʿr*）。马坚和宫纪子均认为“虵艾立”为*šiʿr*对音，“诗”（poetry），而田坂兴道则主张应为*šāʿirī*，“作诗”“诗歌创作”（versification，construction of poetry），并指出此书并非单纯诗集，而是诗歌创作指南。按“虵艾立”为*šiʿr*对音，同时，该书应为中世纪阿拉伯诗学理论著作，而非普通文学作品。书名中包含*šiʿr*的中世纪阿拉伯语诗学作品众多（GAP II 177-207），难以确指。有代表性的如被誉为第一部文学批评理论著作的库达玛·伊本·贾法尔（Qudāma ibn Ğaʿfar，卒于约10世纪上半叶）所著《诗论》（*Naqd aš-šiʿr*）（GAP II 182，GAS XVI.1 52-55），伊本·拉西格（Ibn Rašīq，卒于456/1063年）所著诗学大全《柱石》（*al-ʿUmda*）（GAP II 183，GAS XVI. 1 110-113）。若“虵艾立”不严格对应书名关键词，而用来泛指诗学，则阿卜杜·卡希尔·朱尔加尼（ʿAbd al-Qāhir al-Ğurğānī，卒于471/1078年）之作品亦应纳入考量，作为阿拉伯文学理论之巅峰，他著有《修辞奥秘》（*Asrār al-balāğa*）和《奇迹例证》（*Dalāʾil al-iʿğāz*）两部作品（GAP II 184，GAS XVI.1 8）。⑤

在阿拉伯本土诗学作品以外，“虵艾立”或指从希腊译介的亚里士多德《诗学》（Ποιητική，*Poetics*，arab. *Kitāb aš-šiʿr*）一书。该书是诗学领域奠基性著作，在叙利亚和

① D. R. Hill trans., *The Book of Ingenious Devices (Kitāb al-Ḥiyal)* (Dordrecht: D. Reidel Publishing Company, 1979), p. 17; p. 23: “If the Banu Musa’s work had no real successors in Islam, then this is probably because it left little scope for development.”

② D. R. Hill ed. and trans., *The Book of Knowledge of Ingenious Mechanical Devices* (Dordrecht: D. Reidel Publishing Company, 1974).

③ George Sarton, *Introduction to the History of Science,* Vol. II (London: Carnegie Institution, 1931), p. 510: “This treatise is the most elaborate of its kind and may be considered the climax of this line of Muslim achievement.”

④ D. R. Hill, *On the Construction of Water-Clocks, An Annotated Translation From Arabic Manuscripts of the Pseudo-Archimedes Treatise,* Occasional Paper 4, London, 1976.

⑤ 参谢秩荣：《阿拉伯语修辞新探》，对外翻译出版公司，2002年。

阿拉伯世界有复杂的流传史。根据目前的文本证据,保守推测《诗学》在9世纪中叶被译为叙利亚语,这一版本的修订本后来成为10世纪阿布·比什尔(Abū Bišr)阿拉伯译本的底本。阿布·比什尔译本后经多次修订,在阿拉伯世界广泛使用,如阿维森纳在《治疗》中所使用的版本就是该译本的第二次修订本,而阿维洛伊在其《中评》(*Middle Commentary*)中采用的则是初次修订本(Tarán/Gutas 2012:108–109)。在早期叙利亚语和阿拉伯语译本中此书曾被称为 *The Book of the Poets*(syr. *pwʾyṭē*, *pʾwyṭē*; arab. *Kitāb aš-šuʿarāʾ*),但自10世纪巴格达亚里士多德学派建立之后,此书书名公认为 *Kitāb aš-šiʿr*, *The Book of Poetry/Poetics*。也就是说,提及 *Kitāb aš-šiʿr*,其所指无疑是亚里士多德《诗学》。该书在叙利亚—阿拉伯世界被广泛阅读、翻译、引用和讨论,存世多种证言、叙利亚译本残篇或改写、阿布·比什尔阿拉伯译本抄本,以及出自法拉比、阿维森纳和阿维洛伊的注本,对校勘希腊语原文具有重要价值(Tarán/Gutas 2012)。关于中世纪阿拉伯诗学,可参 GAP II 4.3, GAS XVI. 1, Tarán/Gutas 2012, DPA Supplément *La Poétique* by Hugonnard-Roche。①

(二十三)兀速剌不窟勒小浑天图

属天文仪器。点校本读作“兀速剌八丁窟勒”;马坚和田坂兴道均依广仓学窘本读作“兀速剌八个窟勒”;宫纪子据广陵影印本读作“兀剌速八个窟勒”,且将“兀剌速”和“窟勒”分别读成两种仪器[兀剌速 *kurās* =坐标/*aqrāṣ* =盘八个;窟勒 *kurrah* =球,小浑天图(个)](按 *kurrah* 疑为 *kura/kurah* 之误)。首先讨论是否两种仪器。《通汇》影印本中“兀剌速八个”单独一列,另起一列作“窟勒小浑天图”,宫纪子据此以为这里指两种不同仪器。但考察点校本所据的两种版本,此处多有不同。广仓学窘本此处为“兀速剌八个窟勒小浑天图”,与“虵艾立诗一部”同列,中间有一空格分开,未另起一列;据陆氏抄吴氏拜经楼本(学海影印本)则为“兀剌速八个窟勒小浑天图”,其中“兀剌速八个”与前面“虵艾立诗一部”同列,中间有一空格分开,另起一列作“窟勒小浑天图”。陆氏捐送国子监抄本、国图藏09353号清抄本和孙星衍平津馆藏本与陆氏抄吴氏拜经楼本无异。查对清季氏藏影元抄本,则为“兀速剌八个窟勒小浑天图”,其中“兀速剌八个”与前面“虵艾立诗一部”同列,中间有一空格分开,另起一列作“窟勒小浑天图”。瞿氏铁琴铜剑楼家藏本,则“兀速剌八个”单独一列,另起一列作“窟勒小浑天图”。“兀剌速”显为“兀速剌”之讹,应是陆氏抄本笔误,后被多个清抄本沿袭。此条目可能很早就出现理解困难,不仅文字讹误,而且版式参差。②尽管排版略有不同,但广仓学窘本、季氏藏影元抄本和瞿氏铁琴铜剑楼家藏本共同保存了“兀速剌”这一正确读法。

“兀速剌八个窟勒”对应 *usṭurlāb kura*,指球形(*kura*)星盘(*usṭurlāb*),“spherical as-

① 关于中世纪诗学作品在阿拉伯图书馆中的重要地位,参 Michal Biran, “Libraries, Books, and Transmission of Knowledge in Ilkhanid Baghdad”, *Journal of the Economic and Social History of the Orient* 62, no.2/3 (2019), p. 488; Konrad Hirschler, *Medieval Damascus: Plurality and Diversity in an Arabic Library* (Edinburgh: Edinburgh University Press, 2016), pp. 106–112。

②《通汇》影印本或与陆氏本同源,因其讹误相同。

trolabe”。故“兀剌速”和“窟勒”应属同一仪器。此处“个”字难以通过对音解释，马坚《释义》和点校本均尝试解决这一困难。马坚指出“兀速剌八个窟勒”或为“兀速土剌八窟勒”之误，后者是*usṭurlāb kura*更准确的对音。在《元史》卷四八《天文志·西域仪象》中，第七种亦为*usṭurlāb kura*，译为“兀速都儿剌不(定)”。点校本则尝试读作“兀速剌八丁窟勒”，“丁”这一读法可以对应《元史》“兀速都儿剌不定”中“定”字。①田坂兴道尝试保留广仓学窘本读法，认为“兀速剌八个窟勒”对应波斯语*uslūbi-kih-hor*，其中*uslūbi*表示“方式，秩序”，*kih*为波斯语小词，*hor/hūr*则表示“日，月，星辰”。相较于田坂兴道，马坚和点校本读法更为可取，这两种读法接近，但又各有困难之处：马坚读法难以解释“土”何以被“个”替代，且发生移位；点校本难以解释为何“兀速剌八”少译一个音节(*ṭur*)，且“丁/定”字难以找到阿拉伯语对音。一种可能是，此处“八个”或为“不”之讹误，本应为“兀速剌不窟勒”，对应*usṭurlāb kura*。因“不”被错写为“八个”，故在晚出抄本中，将其单独成列，看作一个独立仪器，数量为八。故原应为“兀速剌不窟勒小浑天图”，“兀速剌不”简写自“兀速都儿剌不”。另一种可能是，“个”本应在“小浑天图”之后，因抄写者误以为此处八为数词，而错将“个”提前，原应为“兀速剌八窟勒小浑天图个”。考虑到在所有条目中，唯此条目未以计量单位结尾，这一可能性亦存在。

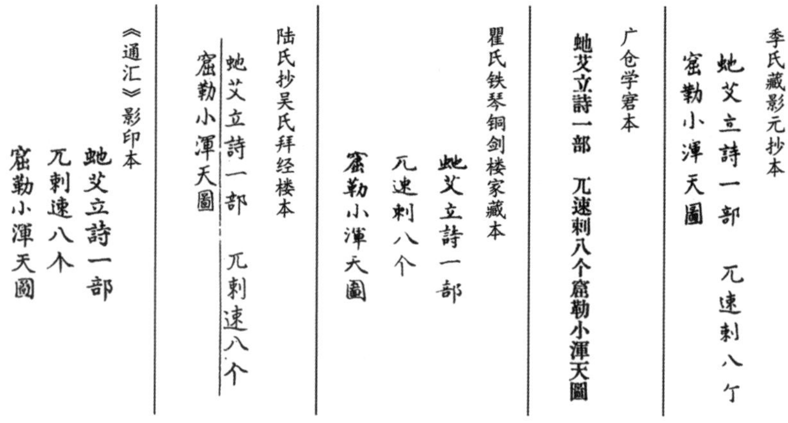

图2　小浑天图各版本对比图

阿拉伯星盘*asṭurlāb*，源自古希腊语ἀστρόλαβον(*astrolabon*)，star-taker，波斯语为*usṭurlāb*。星盘一般分为平面星盘(*al-asṭurlāb al-musaṭṭaḥ*)和球形星盘(*al-asṭurlāb al-kurī*)两种。《元史》卷四八《天文志·西域仪象》中“兀速都儿剌不”即平面星盘，故称其“其制以铜如圆镜而可挂”，而《秘书监志》“兀速剌不窟勒”或指球形星盘。关于阿拉伯星盘参EI³ Astrolabe by David A. King，GAP III 101；Sezgin，*Wissenschaft und Technik im Islam* II，120ff.；Needham 375ff.《天文志·西域仪象》谈及第五种西域仪象称“苦来亦撒麻，汉言浑天图也”，也可据此推测“浑天图”所指。“苦来亦撒麻”即*Kura-i-samā'*，即天球仪(globe of heaven，celestial globe，参EI³ Globes by Emilie Savage-Smith)。故此处“浑天图”指天球仪，“刻二十八宿形于其上”。可见“浑天图”是伊斯兰球形天文仪器的译

① 点校本作“兀速都儿剌不，定汉言定昼夜时刻之器也”，李约瑟误读作“兀速都儿剌，不定汉言定昼夜时刻之器也”(Needham 374)，应作“兀速都儿剌不，汉言定昼夜时刻之器也”。相关讨论参杨志玖：《元代回族史稿》，第292页。

名，可指球形星盘，亦可指天球仪。阿拉伯天文学家直接或间接从希腊人那里继承和发展了浑仪、天球仪以及简易平面星盘，而球形星盘则是伊斯兰世界的发明。[①]

（二十四）阿剌的杀密剌测太阳晷影一个

属天文仪器。田坂兴道认为“阿剌的杀密剌”为 *alāt-i-samʿal* 对音，意为“测量影子的仪器”；宫纪子《知识》读作 *ālat-i shāmīlah*，意为“投影器具”。马坚《释义》中的看法可从，“杀密剌”对应 *šāmila*，意为“包罗万象”，该仪器阿拉伯语名称为 *ālat aš-šāmila*，波斯语形式 *ālat-i šāmila*，意为“包罗万象的仪器”，或“万能仪器”（模型和介绍参 Fuat Sezgin, *Wissenschaft und Technik im Islam* II, 151–153）。关于“阿剌的”，亦参前条目 12“阿剌忒”，区别在于后者是复数形式。该仪器为 10 世纪后半叶重要数学家和天文学家哈米德·伊本·希德尔·胡简迪（Ḥāmid ibn al-Ḫiḍr al-Ḫuǧandī）所发明，他著有《论万能仪器》（*Kitāb al-Āla aš-šāmila*），存世多部抄本（Sezgin VI 220–222, GAP III 102）。

（二十五）牙秃鲁小浑仪一个

属天文仪器。田坂兴道推测“秃鲁”是波斯语 *tūr* 对音，表示“小”，但难以解释“牙”；宫纪子认为“牙秃鲁”是 *zāt al-rubʿ*，意为“四分仪”。这两种读法在对音和词义上都难以让人满意。马坚《释义》的读法可从，“牙秃鲁”为阿拉伯语 *yadūru* 对音，表示“旋转、运转”。此处《元史》卷四八《天文志·西域仪象》可佐证，其谓第一种西域仪象“咱秃哈剌吉，汉言混天仪也。……亦可以运转”，第四种西域仪象则为“苦来亦撒麻，汉言浑天图也。……即浑天仪而不可运转窥测者也”，可见是否可以运转，是区分不同球形观象仪的一个重要标准。前述“兀速剌不窟勒”，即浑天图，不可运转，“牙秃鲁”，则为浑天仪，此处意译“浑仪”，可以运转。浑天仪，在《天文志·西域仪象》中对应阿拉伯语音译“咱秃哈剌吉”，*ḏāt al-ḥalaq*, *armillary* sphere。在 17 世纪天文望远镜发明之前，浑天仪是所有西方天文学家确定天空方位不可或缺的仪器（Needham 339; GAP III 102; 模型图参 Sezgin, *Wissenschaft und Technik im Islam* II, 39ff.）。西方浑天仪与中国传统浑仪大致对应，但又有所不同，最早可追溯到古希腊，最著名的是托勒密在《至大论》中提到的浑天仪。阿拉伯人进一步研究和改造了希腊浑天仪，元代传入中国的是这一改造之后的版本，李约瑟称之为“非托勒密式”（Needham 373）。浑天仪也是穆艾亚达丁·乌尔迪在其《论观测》中提到的第二件天文仪器（Sezgin, *Wissenschaft und Technik im Islam* II, 39）。

---

① 参 Sezgin and Neubauer, *Wissenschaft und Technik im Islam, Band II, Katalog der Instrumentensammlung des Institutes für Geschichte der Arabisch-Islamischen Wissenschaften*, p. 120: “Die Astronomen des arabisch-islamischen Bereiches übernahmen Geräte wie die Armillarsphäre, den Himmelsglobus oder das einfache ebene Astrolabium direkt oder indirekt von den Griechen und sorgten für eine stetige Entwicklung und Verbesserung dieses Instrumentariums. Das Kugelförmige Astrolab hingegen scheint zu den Erfindungen. Des neuen arabisch-islamischen Kulturkreises zu gehören.” 关于二者的不同模型参 Sezgin and Neubauer, *Wissenschaft und Technik im Islam, Band II, Katalog der Instrumentensammlung des Instituts für Geschichte der Arabisch-Islamischen Wissenschaften*, pp. 16ff.

（二十六）拍儿可儿潭定方圆尺一个

属天文仪器。点校本、马坚和宫纪子均读为"拍儿可儿潭定方圆尺一个"，断句有误。田坂兴道的读法可从，即"拍儿可儿潭"对应波斯语 *parkār-i-tāmm*，意为"完美圆规"，阿拉伯语为 *barkār at-tāmm*（Sezgin V 317）或 *birkār at-tāmm*（Sezgin V 46）。阿拉伯语中的 *barkār/birkār* 借自波斯语 *parkār*。该仪器的发明者或是10世纪下半叶数学家阿布·赛赫勒·库希（Abū Sahl al-Kūhī），他曾写作一本《论完美圆规》（*Risālat fī l-Barkār at-tāmm wa-l- ʿamal bihī*），存世多部抄本（Sezgin V 314-321，GAL I 621）。区别于普通圆规，完美圆规亦可画圆锥曲线（Sezgin V 317）。除了库希，希吉齐也曾写作关于完美圆规的著作。①

结　论

综上可见，《秘书监志》所载"回回书籍"一节涵盖了诸多学科的诸多重要著作，代表了当时阿拉伯和波斯世界的尖端知识，其传入对于中国科技文化史具有特殊意义。鉴于这批书籍所涉学科之广、学术质量之高，它们被甄选并带入中国，显非偶然，应是依循当时主流的学科分类标准，精选若干学科中最有代表性的权威经典汇集而成。中世纪伊斯兰学科分类的标准植根于古希腊传统。亚里士多德曾在《形而上学》中将知识分为理论与实践两类，前者包括数学、物理学和形而上学。亚历山大里亚学派的评注家们进一步发展了这一划分，将亚氏著作分别对应学科门类建立体系，此体系后传入叙利亚和阿拉伯世界。中世纪阿拉伯学者金迪、法拉比、阿维森纳等，都曾尝试给这些源自希腊的学科分类②。这些分类虽细节有异，但整体结构和顺序相似③。阿维森纳的同时代学

① 参 Thomas de Vittori, "The Perfect Compass: Conics, Movement and Mathematics around the 10th Century", Verlag Holzhausen GmbH, 2009, pp. 539-548.

② Überweg 169; H.H. Biesterfeldt, *Die Zweige des Wissens. Theorie und Klassifikation der mittelalterlich-islamischen Wissenschaften in der Darstellung des Ibn Farīġūn*, Ruhr-Universität Bochum, 1985; H.H. Biesterfeldt, "Eine arabische Klassifikation der Wissenschaften aus dem 4./5. Jahrhundert H.", *Studia graeco-arabica* 10,(2020), pp. 261-270; Franz Rosenthal, *Das Fortleben der Antike im Islam, Artemis Verlag*, 1965, pp. 77-105; Christel Hein, *Definition und Einteilung der Philosophie. Von der spätantiken Einleitungsliteratur zur arabischen Enzyklopädie*, Peter Lang, 1985; O. Bakar, *Classification of Knowledge in Islam. A Study in Islamic Philosophies of Science* (Cambridge: Cambridge University Press, 1998); H. H. Biesterfeld, "Medieval Arabic Encyclopedias of Science and Philosophy", in *The Medieval Hebrew Encyclopedias of Science and Philosophy*, ed. Steven Harvey (Dordrecht: Springer, 2000), pp. 77-98; Gerhard Endress ed., *Organizing Knowledge: Encyclopaedic Activities in the Pre-Eighteenth Century Islamic World* (Leiden: Brill, 2006). 关于阿拉伯传统中的亚里士多德参比如：Francis E. Peters, *Aristoteles Arabus: The Oriental Translations and Commentaries on the Aristotelian Corpus* (Leiden: Brill, 1968); Francis E. Peters, *Aristotle and the Arabs: The Aristotelian Tradition in Islam* (New York: New York University Press, 1968); Ahmad Alwishah and Josh Hayes eds., *Aristotle and the Arabic Tradition* (Cambridge: Cambridge University Press, 2015).

③ H. H. Biesterfeldt, "Eine arabische Klassifikation der Wissenschaften", p. 270; Rosenthal, *Das Fortleben der Antike*, pp. 77-78.

者阿布·赛赫勒·马西希（Abū Sahl al-Masīḥī）所著《哲学科学之范畴》（*Kitāb fī Aṣnāf al-ʿulūm al-ḥikmiyya*）被尊为这一类型学科分类的典范，今以之为例，来帮助分析中世纪阿拉伯世界希腊学科分类的整体特征及其与回回书籍的对应关系。在这份学科分类中，部分条目直接援用亚氏或其学派著作题目作为学科标题，其他标题后往往列出各学科的代表性著作。回回书籍所覆盖的著作或学科加粗标识。

表1

A.逻辑（Logic）使人区分以下诸科学中的真与假。亚氏著作： 1.《逻辑学》 2.《解释篇》 3.《前分析篇》 4.《后分析篇》 5.《论题篇》 6.《辩谬篇》 7.《修辞学》 **8.《诗学》**（?）
专门科学（Particular Sciences）
B.数学（Mathematics）理论（ʿ*ilmī*）专门科学，物理学和形而上学的预备学科 1.**几何学** 基础文本是欧几里得、阿基米德和阿波罗尼乌斯（Apollonius）的著作 2.**算术** 基础文本是尼科马库斯（Nicomachus of Gerasa）所著《算术引论》、欧几里得的算术部分、印度算术和代数（algebra）诸书 3.**星象学（Science of the stars）** a）**天文学** 托勒密《至大论》；奈里齐（Nairīzī）注；《中论》诸书（Books on *mutawassiṭāt*）；哈巴什（Ḥabaš）、巴塔尼（Battānī）、奈里齐著《积尺》（*Zīj*） b）**星占学** 此学科并非论证科学（demonstrative science），与这里所列举的其他学科不同类，而与释梦、鸟卜和相面同类 4.音乐 托勒密《谐和论》（*Harmonics*），金迪释义。法拉比亦写作一本有关这一主题的大全 5.光学 托勒密和欧几里得著作
C.非数学（Non-mathematical）应用（mihnī）数学专门科学 1.**机械学** 说此学科为应用科学，而非理论科学更为恰当 2.**医学** 盖伦著作；埃伊纳的保罗［Paul（of Aegina）］、艾哈伦（Ahrun）、马西赫·迪马希基［（Masīḥ）ad-Dimašqī］、伊本·萨拉毕尤恩（Ibn Sarābiyūn）所著医学手册（*kunnāšāt*）；拉齐所著《医学集成》（*al-Jāmiʿ al-kabīr*）［*al-Ḥāwī=Continens*］ 3.农学 **4.炼金术**

一般科学(Universal Sciences)
D. 物理学(Physics)亚氏著作： 1.《物理学》 2.《论天》 3.《论生成与毁灭》 4.《天象学》 5.《动物学》 6.《植物学》 7.《论灵魂》 8.《论感知与可感知者》(*On Sense and the Sensible*)
E. 形而上学(Metaphysics) 1.形而上学 亚氏著作
实践哲学(Practical Philosophy)
F. 伦理学(Ethics) 这类科学应同时被实践和研究。作为实践学科，它们在刚刚列举的哲学理论部分之前。作为研究的对象，它们在之后 1. 伦理学 亚氏《尼各马可伦理学》 2. 政治学 亚氏关于政治学的信函；柏拉图政治学 3.《经济学》①

回回书籍涵盖的学科种类包括六类中的五类，即逻辑、数学、应用数学、物理学、形而上学，实践哲学则未被涵盖。可能与第一类工具部分(1)对应的仅有"蚍艾立"《诗》，而与一般科学，即物理学/自然哲学(4)和形而上学(5)对应的也仅有一部，不过并非亚氏著作，而是徒昔同时代学者卡提比所著"艾竭马答"《论说有无源流》。"密阿"《辨认风水》虽与亚氏《天象学》理论有关，但着重讨论仪器学的实践知识，故应归类于专门科学的机械学。回回书籍中绝大部分集中于第三类专门科学的两个部分，即数学(2)和应用数学学科(3)，前者主要包括几何学("兀忽列的""罕里速窟""撒唯那罕答昔牙")、算术("呵些必牙")、天文学("麦者思的""海牙剔""积尺""速瓦里可瓦乞必")、星占学("阿堪""麻塔合立""撒非那")；后者主要包括机械学("撒那的阿剌忒""黑牙里""密阿")、医学("忒毕")和炼金术("亦乞昔儿")。这两个部分书籍共计16种。

在希腊传统之外，中世纪伊斯兰科学体系另有一个本地科学分支，这特别指伊斯兰神学、教法学，以及与阿拉伯语相关的诸学科如语法、诗学等。从金迪到法拉比，有一系列阿拉伯学者均采取类似的二分法。②如花剌子密的学科分类体系如下：其一，伊斯兰教法及与之相关的阿拉伯科学：1. 法学，2. 宗教哲学，3. 语法，4. 书法，5. 诗歌与韵文，6. 历史；其二，来自异邦如希腊和其他民族的科学：1. 哲学，2. 逻辑，3. 医学，4. 算术，5. 几何学，6. 天文学—星占学，7. 音乐学，8. 机械学，9. 炼金术。③故历史类著作"帖里黑"《总年

① 节译自 Gutas 2014, pp. 170–172，原文中(伪)亚氏著作后通常列出诸家注解，此处省略。

② Überweg 169.

③ Rosenthal, *Das Fortleben der Antike im Islam*, pp. 79–80.

号国名》属于希腊科学之外的阿拉伯科学体系的历史部分，而前述卡提比所著“艾竭马答”《论说有无源流》中形而上学部分也包括了伊斯兰神学的部分内容。若“虵艾立”并非亚氏《诗学》，而是阿拉伯本土诗学作品，则回回书籍中亦包含了阿拉伯科学体系中的“诗歌与韵文”部分。

回回书籍中剩下的几种是地占学“蓝木立”《占卜法度》、相面术“福剌散”《相书》、宝石学“者瓦希剌”《辨认宝贝》，均属博物学（Nature History）与神秘科学（Occult Science）这一类非纯粹科学。地占学、相学作为占卜术与星占学、炼金术性质类似，均具有神秘色彩，属于神秘科学，而伊斯兰传统中，包括动物学、植物学和宝石学/矿物学在内的博物学，因包含诸多非科学的因素，与神秘科学有着天然的亲缘关系，故博物学与神秘科学常被归属于同一学科类别。①

综上，这批书籍中大部分属于中世纪伊斯兰科学分类中的希腊科学部分，特别是专门科学的数学部分中与天文学和星占术相关的诸科学和神秘科学。②这亦符合这批书的主要用途——服务于司天监和天文台。难能可贵的是，这批书籍也包括多种从属于希腊科学其他部分的著作，如专门科学应用数学中的机械学、医学、炼金术著作，一般科学中的哲学著作，以及包括从属于伊斯兰本地科学的伊斯兰神学和历史著作。虽难确认来自希腊还是阿拉伯，但诗学作品亦包括在内。完全没有传入的是实践哲学相关书籍，尽管事实上徒昔亦著有这类作品，其《纳西尔伦理学》（*Aḫlāḳ-i Nāṣirī*）处理伦理、经济和政治主题，甚至在之后的几个世纪都是最流行的实践哲学著作。③总体而言，这批书籍虽然数量有限，但较好地涵盖了各学科分支的权威著作，堪称代表当时世界前沿知识水平的小型伊斯兰图书馆。④与天文学和星占学直接相关的13种（共242册）主要放置于上都司天台，应更方便服务于天文台的工作，而包括炼金术、医学、哲学、历史、水文学、相面术、宝石学、机械学和诗学在内来自不同领域的9种（共47册）书籍则藏于提点官扎马鲁丁家中，这或许也反映了提点官本人在工作之外的阅读趣味。

就具体书籍而言，回回书籍中包括了若干领域传统的权威典籍，特别是在巴格达翻译运动（8—10世纪）中从希腊语和叙利亚语译介的作品如欧几里得《几何原本》、托勒

① 参《阿拉伯语文学纲要》（GAP）中的分类8.8.4 Naturkunde und Geheimwissenschaft; Ullmann 1972; GAS IV。

② 蒙古统治时期伊斯兰图书馆中文学和科学类图书占相当大的比重，如大马士革阿什拉菲亚（Ashrafīya）图书馆中为数最多的书籍是文学类（*adab* literature and poetry），而非宗教类，或与蒙古人偏爱资助科学和文学类著作有关，参Biran, “Libraries, Books, and Transmission of Knowledge in Ilkhanid Baghdad”, pp. 488-489, 491-492; Konrad Hirschler, *The Written Word in the Medieval Arabic Lands: A Social and Cultural History of Reading Practices* (Edinburgh: Edinburgh University Press, 2012), pp. 147ff.; Hirschler, *Medieval Damascus*. 从传统来看，中世纪伊斯兰私人图书馆和清真寺图书馆藏书往往偏重伊斯兰神学与教法学（Hirschler, *The Written Word in the Medieval Arabic Lands*, pp. 146ff），这也符合中国清真寺图书馆的藏书结构（参比如M. J. Shariʿat, “The Library of the Tung-HIS Mosque at Peking”, *Asian Affairs* 11, no.1 (1980): 68-70；范宝编：《福德图书馆馆藏古籍目锍》，北京：民族出版社，2016年）。

③ Peter Adamson, *A History of Philosophy Without Any Gaps. Volume 3. Philosophy in the Islamic World* (New York: Oxford University Press, 2016), p. 336: “He wrote the most influential and eagerly read work of ethics in the later eastern tradition.” 另参EI² al-Ṭūsī, Naṣīr al-Dīn by Hans Daiber.

④ 关于同一时期中世纪伊斯兰世界图书馆，较有代表性的是大马士革阿什拉菲亚图书馆和巴格达最大的穆斯坦希里亚（Mustanṣiriyya）图书馆，其藏书状况参Biran, “Libraries, Books, and Transmission of Knowledge in Ilkhanid Baghdad”; Hirschler, Medieval Damascus; Hirschler, The Written Word in the Medieval Arabic Lands.

密《至大论》，甚至可能包括了亚氏《诗学》，而《医经》中相当部分可追溯到希波克拉底和盖伦的著作。亚里士多德、欧几里得、托勒密和盖伦亦是伊斯兰世界最广受承认、最重要的四位古希腊科学家。此外，回回书籍中也收入了10—11世纪学者的作品如拉班《星占术导论》、海什木《欧几里得〈几何原本〉释疑及概念诠释》、苏菲《星辰图像》、希吉齐《论天文仪器的构造》、凯拉吉《发现隐藏之水》。可能包括在内的还有阿维森纳《医典》、10世纪麦朱西《医术全书》或拉齐《医学集成》，以及9世纪穆萨《奇器之书》或12世纪后半叶加扎利《精巧机械仪器知识之书》。数量最多的当属13世纪百科全书式学者徒昔（EI² al-Ṭūsī，Naṣīr al-Dīn by Hans Daiber）的作品（或早期手稿），回回书籍中的大部分很可能来自他所主导的马拉盖天文台图书馆。马拉盖天文台由旭烈兀汗于1259年建立，委任徒昔领导，天文台图书馆收有旭烈兀从美索不达米亚、巴格达和叙利亚图书馆搜罗的藏书，因其丰富馆藏吸引了众多学者，是当时伊斯兰世界最重要的天文学中心（EI² al-Ṭūsī，Naṣīr al-Dīn by Hans Daiber）。据拉施特《史集》，徒昔声名远播，元宪宗蒙哥曾请旭烈兀在征服伊朗之后将徒昔送到中国主持建造天文台，但旭烈兀后来并未从命，而是留徒昔在伊朗主持建造马拉盖天文台。拉施特亦提及蒙哥曾“解答欧几里得的若干图”，蒙哥或许即基于徒昔最新校勘和译注的《几何原本》。[①]除了《几何原本》，秘书监所收《至大论》抑或为徒昔所最新校勘译注本。另外，这批书籍中还可能包括徒昔的《算术集成》《地占术大全》《伊利汗积尺》《星占汇编》。[②]虽尚无法确定“者瓦希剌”对应何书，但很可能是徒昔的《伊利汗的珍宝书》或比鲁尼的《珠宝录》，而“海牙剔”很可能指徒昔的《天文学纲要》或其同时代人马苏迪的《天文学要义》。此外，回回书籍中还可见徒昔同事卡提比的《关于本原源泉的知识》（《论说有无源流》），应同样来自马拉盖天文台。[③]尽管“亦乞昔儿”“帖里黑”“福剌散”“阿堪”等书籍的具体信息难以确定，但可推测它们亦为炼金术、历史、相面学、星占学等领域的权威著作。回回书籍中相当部分为大型汇编作品或百科全书，如《诸般算法段目并仪式》（几何学汇编）、《诸般算法》（算术汇编）、《诸家历》（天文历法百科全书）、《医经》（医学百科全书）、《论说有无源流》

① 拉施特著，余大钧译：《史集》第3卷《旭烈兀汗传》，北京：商务印书馆，1986年，第75-76页。尽管回回书籍很可能和马拉盖天文台有关，但这批书籍具体的传入过程并不清楚。回回司天台的首任提点扎马鲁丁或在当中起了较为关键的作用。扎马鲁丁在蒙哥时期或更早的贵由时期就来到了蒙古朝廷［参金浩东撰，李花子译，马晓林校：《蒙元帝国时期的一位色目官吏爱薛怯里马赤（Isa Kelemechi，1227—1308年）的生涯与活动》，余太山、李锦绣主编《欧亚译丛》第1辑，北京：商务印书馆，2015年，第237页］，他曾在1267年受元世祖之命在大都建立观象台并主持制造七件西域仪象，这些仪器与马拉盖天文台存在联系（参 Willy Hartner, “The Astronomical Instruments of Cha-ma-lu-ting, Their Identification, and Their Relations to the Instruments of the Observatory of Marāgha”, *Isis* 41, no.2 (1950): 184-194.）。李迪《元上都回回司天台的始末》推测，扎马鲁丁曾受忽必烈之命于13世纪60年代初期回到伊朗访问马拉盖天文台（《内蒙古师范大学学报（自然科学汉文版）》2005年第3期，第310页）。关于扎马鲁丁可能曾于13世纪60年代访问马拉盖天文台，另参 Qiao Yang, “From the West to the East, from the Sky to the Earth: A Biography of Jamāl al-Dīn”, *Asiatische Studien* 71, no.4 (2017): 1234; Qiao Yang, “Like Stars in the Sky: Networks of Astronomers in Mongol Eurasia”, *Journal of the Economic and Social History of the Orient* 62, no.2/3 (2019): 413.

② 另参王一丹《典籍》，第145页。

③ 关于司天监回回书籍与马拉盖天文台图书馆，参马建春：《元代传入的回回天文学及其影响》，第68页。关于马拉盖天文台的天文学家群体，参 Aydin Sayili, *The Observatory in Islam and Its Place in the General History of the Observatory* (Ankara: Türk Tarih Kurumu Basimer, 1960), pp. 189-223; Qiao Yang, “Like Stars in the Sky: Networks of Astronomers in Mongol Eurasia”, *Journal of the Economic and Social History of the Orient* 62, no.2/3 (2019): 391-399.

(哲学百科全书)以及《诸般法度纂要》(星占汇编)。汇编作品中汇集了大量来自希腊、波斯和阿拉伯等多个传统的经典著作,学术价值很高。值得注意的是,这批书籍中相当部分出自伊朗和中亚学者之手笔,如来自10—11世纪的拉班、苏菲、希吉齐、凯拉吉、阿维森纳,13世纪徒昔及其学生卡提比,等等。回回书籍中的大部分可在阿拉伯语著作或译作中寻得对应,但部分可能是波斯语著作或译本,特别是归属于徒昔的一系列著作如《地占术大全》《伊利汗积尺》《伊利汗的珍宝书》。[①]波斯语的影响也反映在这批书籍的音译名上,这特别表现在如"兀速剌不"对应波斯语*usṭurlāb*,而非阿拉伯语*asṭurlāb*;"拍儿可儿潭"更接近波斯语*parkār*,而非阿拉伯语*barkār/birkār*。可见这批书籍的音译名,更可能来自服务于司天台的伊朗天文学家与中国译者的口头交流[②]。

以徒昔为中心的马拉盖天文台学者群体代表了13世纪阿拉伯乃至世界科学的最先进水平,传入中国的《几何原本》和《至大论》不仅是徒昔所最新校勘和译注的版本,也包含了其改进和发展的最新数学和天文学理论,而其所著算术、天文、星占作品亦各自代表相关领域的最新发展(EI^2 al-Ṭūsī, Naṣīr al-Dīn as Scientist by F.J. Ragep)。回回书籍的引进,可视为当时最前沿知识体系的传入。此体系根植于古希腊,但在阿拉伯世界经历了数百年的译介、完善和发展,而也正是这一脉经过叙利亚人和阿拉伯人传承的古希腊科学和哲学,后来回传欧洲,促成了欧洲文艺复兴运动的诞生[③]。据《秘书监志》保存的书单,这一知识体系的相当部分在文艺复兴运动之前就传入中国。元代这些回回书籍和仪器主要保存在司天监,推测主要为色目人所使用。它们应在扎马鲁丁造天文仪器时发挥了重要作用[④],也应是"于西域诸国语、星历、医药无不研习"[⑤]的也里可温教士爱薛在司天台、广惠司和崇福寺等机构履行职责的重要参考资料。[⑥]遗憾的是,回回书籍在元代终未译成汉文,未能令当时中国的科技水平发生质变。这一方面因为中国

① 关于波斯与阿拉伯天文学的关系,参 George Saliba, "Persian Scientists in the Islamic World: Astronomy from Maragha to Samarqand", in *The Persian Presence in the Islamic World*, eds. Richard G. Hovannisian and Georges Sabagh (Cambridge: Cambridge University Press, 1998), pp. 126-146.

② 参 Tasaka Kōdō, "An Aspect of Islam Culture Introduced into China", *Memoirs of the Research Department of the Toyo Bunko* 16(1957):75-160; Benno van Dalen, "The Activities of Iranian Astronomers in Mongol China", *Bibliothèque iranienne* 58 (2004):23.

③ 参比如 George Saliba, "Greek Astronomy and the Medieval Arabic Tradition: The medieval Islamic astronomers were not merely translators. They may also have played a key role in the Copernican revolution"; George Saliba, "Arabic Astronomy and Copernicus", *Zeitschrift für Geschichte der Arabisch-Islamischen Wissenschaften* 1(1984): 73-84; John Freely, *Aladdin's Lamp: How Greek Science Came to Europe Through the Islamic World* (New York: Alfred A. knopf, 2009); Jim Al-Khalili, *The House of Wisdom: How Arabic Science Saved Ancient Knowledge and Gave Us the Renaissance* (New York: Penguin Books, 2010);马拉盖天文台是"托勒密与哥白尼之间的纽带"(the link between Ptolemy and Copernicus),参 Jim Al-Khalili, The House of Wisdom, p. 219。

④ 薄树人:《回族先民札马鲁丁的科学贡献》,《科学杂志》1986年第4期,第300-303页。

⑤ 程巨夫:《程雪楼文集》卷五《拂林忠献王神道碑》,《元代珍本文集汇刊》,"国立,中央图书馆"编印,1970年,第243页。

⑥ 参 Hidemi Takahashi, "Syriac Christianity in China", in *The Syriac World*, ed. Daniel King (New York: Routledge, 2019), pp. 641-642; 殷小平:《元代崇福使爱薛史事补说》,《西域研究》2014年第3期,第95-103,144页; Tang Li, *East Syriac Christianity in Mongol-Yuan China* (Niesbaden: Harrassowitz Verlag, 2011), pp. 128-129; 金浩东撰,李花子译,马晓林校:《蒙元帝国时期一位色目官吏爱薛怯里马赤(Isa Kelemechi, 1227—1308年)的生涯与活动》。

与伊斯兰天文学的原理和体系相对独立，相互沟通颇难①；另一方面也因为元代中国与回回天文学家分属不同机构，工作相对独立，且存在政治竞争，几无合作。②尽管如此，从天文、历法、医学等多方面，仍可观察到回回书籍和仪器对后来中国科学发展的作用与影响。如郭守敬《授时历》很可能汲取了伊斯兰知识，其制造的天文仪器简仪也在伊斯兰天文学的基础上推陈出新。③元世祖时期编修《大元本草》广罗西域异药和医术④，而扎马鲁丁所创议和主持的官修《元大一统志》也应充分采纳了伊斯兰地理学知识⑤。明代翻译的回回天文书籍如《天文书》源自拉班《星占术导论》⑥，而《回回药方》中可能保存了来自《医经》的内容。此外，回回学者在营养学、工程技术（如兵器制造和建筑）、地理学、水利学诸方面均贡献良多，这或与元代传入的回回书籍有着直接或间接的关系。⑦

---

① Needham, p. 375: "Jamāl al-Dīn had an overwhelming task before him if he intended to explain to the Chinese the whole system of Arabic gnomonics and the mathematics required for the stereographic projection on which the astrolabe markings were based, and if he tried he certainly did not succeed. But what has been unperceived, even by Hartner, is that the measurements and computations which the rulers and the astrolabe could yield were simply not wanted in the Chinese polar-equatorial system." 亦参 K. Yabuuti, "The Influence of Islamic Astronomy in China", in *From Deferent to Equant: A Volume of Studies in the History of Science in the Ancient and Medieval Near East in Honor of E. S. Kennedy*, eds. David A. King and George Saliba (New York: New York Academy of Sciences, 1987), p. 552; Yoichi Isahaya, "Fu Mengzhi: 'The Sage of Cathay' in Mongol Iran and Astral Sciences along the Silk Roads", in *Along the Silk Roads in Mongol Eurasia: Generals, Merchants, and Intellectuals,* eds. Michal Biran, Jonathan M. Brack, Francesca Fiaschetti (Oakland: University of California Press, 2020), p. 239.

② Willy Hartner, "The Astronomical Instruments of Cha-ma-lu-ting, their Identification, and their Relations to the Instruments of the Observatory of Marāgha", *Isis* 41, no.2 (1950): 193; Benno van Dalen, "Zhamaluding", in Thomas A. Hockey et al. (eds.), *Biographical Encyclopaedia of Astronomers*, vol. 2, eds. Thomas A. Hockey et al. (New York: Springer, 2007), p. 1262; Nathan Sivin, *Granting the Seasons: The Chinese Astronomical Reform of 1280, With a Study of its Many Dimensions and a Translation of its Records* (New York: Springer, 2009), p. 26; Shi Yunli, "Islamic Astronomy in the Service of Yuan and Ming Monarchs", *Suhayl. International Journal for the History of the Exact and Natural Sciences in Islamic Civilisation* 13 (2014): 31; Qiao Yang, "Like Stars in the Sky: Networks of Astronomers in Mongol Eurasia", *Journal of the Economic and Social History of the Orient* 62, no.2/3 (2019): 411.

③ 有关回回书籍对郭守敬编写《授时历》和制作简仪的影响，参杨志玖：《元代回族史稿》，第 296–298 页；另参 Needham, pp. 377, 379.

④ 陈高华：《忽必烈修〈本草〉》，《元史研究论稿》，北京：中华书局，1991 年，第 447–449 页；董杰：《读〈元代官修大元本草确有其事〉札记》，《中国科技史杂志》2011 年第 3 期，第 440–441 页。

⑤ 薄树人：《回族先民札马鲁丁的科学贡献》，第 304 页；Qiao Yang, "From the West to the East, from the Sky to the Earth: A Biography of Jamāl al-Dīn", *Asiatische Studien* 71, no.4 (2017): 1238–1240; Hyunhee Park, *Mapping the Chinese and Islamic Worlds: Cross-Cultural Exchange in Pre-Modern Asia* (Cambridge: Cambridge University Press, 2012), pp. 103ff.

⑥ 参前"麻塔合立"一节。另参马坚：《回回天文学对于中国天文学的影响》；马建春：《元代传入的回回天文学及其影响》；Weil, "The Fourteenth-Century Transformation in China's Reception of Arabo-Persian Astronomy"。值得注意的是，明译《回回历》亦译自元司天监保存的一部波斯语积尺，不过这部积尺并非由伊斯兰世界传入，而是当时在中国的穆斯林天文学家依照伊斯兰传统天文学手册标准制作的新积尺，其中不仅包含未见于其他波斯语积尺的全新星象观察，亦包含中国天文学知识，参 Benno van Dalen, "Islamic and Chinese Astronomy under the Mongols: A Little-Known Case of Transmission", in *From China to Paris: 2000 Years Transmission of Mathematical Ideas,* eds. Yvonne Dold-Samplonius, Joseph W. Dauben, Menso Folkerts, Benno van Dalen (Stuttgart: Franz Steiner Verlag, 2002), pp. 336–339, 344–345; Benno van Dalen, "The Activities of Iranian Astronomers in Mongol China", *Bibliothèque iranienne* 58 (2004): 19.

⑦ 邱树森主编：《中国回族史》，银川：宁夏人民出版社，1996 年，第 299–307 页；杨志玖：《元代回族史稿》，第 303–314、328–336 页。

缩写：

Ahlwardt=Wilhelm Ahlwardt, *Verzeichnis der arabischen Handschriften*, 10 Bände, Berlin, 1887–1899.

BIP=Hans Daiber, *Bibliography of Islamic Philosophy,* 3 vols., Leiden, 1999.

BIP Supplement=Hans Daiber, *Bibliography of Islamic Philosophy*, Supplement, Leiden, 2007.

DPA Supplément=Richard Goulet et al. eds., *Dictionnaire des philosophes antiques (supplément)*, CNRS, 2003.

EI^2=P. Bearman, Th. Bianquis, C.E. Bosworth, E. van Donzel and W.P. Heinrichs eds., *Encyclopaedia of Islam*, Second Edition, Leiden, 1955–2005.

EI^3=Kate Fleet, Gudrun Krämer, Denis Matringe, John Nawas and Everett Rowson eds., *Encyclopaedia of Islam*, Third Edition, Leiden, 2007–

EI^r=*Encyclopaedia Iranica*, iranicaonline.org.

Fihrist=Ibn an–Nadīm, *Kitāb al–Fihrist,* mit Anmerkungen herausgegeben von Gustav Flügel, Leipzig, 1872.

GAP=Wolfdietrich Fischer and Erdmute Gatje eds., *Grundriss der arabischen Philologie*, 3 vols., Ludwig Reichert, 1982–1992.

GAS=Fuat Sezgin, *Geschichte des arabischen Schrifttums*, 17 vols., Leiden, 1967–2015.

GAL/GALS=Carl Brockelmann, *Geschichte der arabischen Litteratur*, 5 vols., Leiden, 1937–1949.

Gutas 2014=Dimitri Gutas, *Avicenna and the Aristotelian Tradition*, Leiden, 2014.

Wehr=Hans Wehr, *Arabisches Wörterbuch für die Schriftsprache der Gegenwart. Arabisch–Deutsch,* Harrassowitz, 1952.

Needham=Joseph Needham, *Science and Civilization in China, vol. 3, Mathematics and the Sciences of the Heavens and the Earth,* Cambridge, 1959.

Steingass=Francis Joseph Steingass, *A Comprehensive Persian–English Dictionary, including the Arabic words and phrases to be met with in Persian literature*, Routledge & K. Paul, 1892.

Tarán/Gutas 2012=Leonardo Tarán and Dimitri Gutas eds., *Aristotle Poetics*, Leiden, 2012.

Ullmann 1970=Manfred Ullmann, *Die Medizin im Islam*, Leiden, 1970.

Ullmann 1972=Manfred Ullmann, *Die Natur- und Geheimwissenschaften im Islam*, Leiden, 1972.

Überweg=Ulrich Rudolph ed., *Philosophie in der islamischen Welt,* Bd. 1: 8.–10. Jahrhundert, Schwabe Verlag, 2012.

Yano 1997=*Kitāb al–madkhal fī ṣināʿat aḥkām al–nujūm,* ed. and trans. Michio Yano, *Kūšyār Ibn Labbān's Introduction to Astrology*, Tokyo, 1997.

本文原载《文史》2024年第1辑（总第146辑），略有改动。

中西古典学

出土文献与古典学重建

裘锡圭[1]

我们根据学界已有的认识和研究成果，简单谈谈出土文献与古典学重建的关系。对所据资料和研究成果的出处，恕不一一注明。

先对“古典学”作一些解释。

我国学术界使用“古典学”这个词，是借鉴了西方学术界的“古典研究”的。古典研究指对于作为西方文明源头的古希腊、罗马文明的研究。古典研究以古希腊语、古拉丁语的研究和希腊、罗马时代典籍的整理、研究为基础，涵盖了对希腊、罗马时代各个方面，诸如哲学、文学、艺术、科技、历史等的研究。

我们认为中国的“古典学”，应该指对于作为中华文明源头的先秦典籍(或许还应加上与先秦典籍关系特别密切的一些汉代的书，如《史记》先秦部分、《淮南子》《说苑》《新序》《黄帝内经》《九章算术》等)的整理和研究，似乎也未尝不可以把“古典学”的“古典”就按字面理解为“上古的典籍”。我们的古典学的涵盖面不必如西方的古典研究那样广。这是由先秦时代的语言和历史跟我们的关系所决定的。

我们今天使用的汉语、汉字，跟先秦时代的汉语、汉字之间，我们的现代历史跟先秦时代的历史之间，存在着不间断的传承关系。而古希腊、罗马的语言和历史，跟从事古典研究的人今天所使用的语言和他们的历史之间，即使存在传承关系，也还没有我们的关系那样直接和密切。

所以，虽然先秦时代的汉语、汉字，跟今天使用的汉语、汉字很不一样，却没有必要把先秦时代汉语、汉字的研究，从汉语言文字学里分割出来，纳入古典学的范围。同样，也没有必要把对先秦时代各个方面的研究都从相关学科里分割出来，纳入古典学的范围。

对先秦典籍的整理、研究应该包含以下内容：搜集、复原(对在流传过程中有残缺的或本身已经亡佚、只在其他古书中有引文的书以及新发现的散乱的书尽量加以复原)、著录、校勘、注释解读以及对古书的真伪、年代、作者、编者、产生地域、资料的来源和价值、体例和源流(包括单篇的流传、演变，成部的书的形成过程和流传、演变等情况)的研究。为了做好这些工作，必须对典籍的实质性内容有较透彻的理解。即以校勘而论，对异文的去取往往就不能只停留在语言文字层面上去考虑，更不用说注释解读等工作了。所以一位好的古典学者，不但要有文献学和文字、音韵、训诂等语言文字学方面的良好

[1] 作者裘锡圭，复旦大学出土文献与古文字研究中心教授(上海 200433)。

基础，还要对那些跟所整理、研究的典籍的实质性内容有关的学科有较深的了解。我们在前面指出，中国的古典学不必将有关学科中关于先秦的研究全都纳入其范围。但是应该看到，这些学科跟古典学有密切关系，而且古典学的研究领域，跟这些学科是会有重叠之处的。有不少问题需要古典学者跟这些学科的学者共同来研究。

在西方的古典研究中，抄写时代距原著较近的古抄本和已无传本的古希腊、罗马时代典籍的发现，往往能有力地推动研究的进展。在我国，先秦典籍的古抄本（包括有传本的和无传本的，后者即所谓“佚书”），通常见于出土文献之中。

“出土文献”指出自古墓葬、古遗址等处的古文献资料。除了从地下发掘出来的古文献，后人发现的古人遗留在地上的古文献，如西汉前期在孔子故宅墙壁里发现的古文经书，又如20世纪初在敦煌莫高窟一个早已封闭的藏经洞里发现的大量唐代及其前后的写卷，也都是出土文献。

出土文献中的有传本的先秦典籍的抄本，其时代往往要早于传世刻本千年以上，如战国和西汉墓葬所出抄本。它们在校正文本、研究典籍的真伪、年代和源流等方面，具有巨大价值。出土文献中有大量久已亡佚的先秦典籍（包括尚有传本的典籍的亡佚部分）的抄本。通过它们，我们可以对先秦典籍以及先秦时代其他很多方面有更全面、更深入的了解。这对整理研究先秦典籍当然是很有用的。由于上古著作的一个特点，即内容相同或相似的篇章、段落或文句，往往出现在两种或多种不同的著作里，这些佚书的抄本对传世典籍往往能起与它们本身的古抄本相类的作用，有时还能用来研究有关传世典籍的资料来源和形成过程。

即使是出土文献中非典籍的各种先秦文字资料，由于能提供当时的语言文字以及其他方面的信息，对古典学的研究也是很有用的。尤其是那些内容丰富的品种，如商代后期的甲骨卜辞、西周时代的青铜器铭文等，更是如此。例如：王国维根据甲骨卜辞中关于殷王先人王亥的资料，阐明了《山海经》和《楚辞·天问》中讲到王亥（《天问》作“该”）的内容，证明这种“谬悠缘饰之书”，“其所言古事亦有一部分之确实性”。通过西周青铜器铭文与今传《尚书·周书》和《逸周书》诸篇在语言文字上的对照，可以看出哪些篇是可信的，哪些篇是后来的拟作或伪作；还可以解决那些真《书》解读上的不少问题。

由于时代接近，秦汉时代的出土文献，即使不是先秦典籍的抄本，而是秦汉典籍的抄本或非典籍的各种文字资料，对古典学往往也很有用，不可忽视。

总之，出土文献对古典学研究的重要性是极为突出的。古典学研究者不能满足于使用第二手资料，最好能有整理、研究出土文献的能力。由于与古典学有关的出土文献多用古文字书写，他们应该有较好的古文字学基础。这跟西方从事古典研究的学者，需要有古希腊、古拉丁语的基础，有相似之处。

我们使用“古典学”这个名称，是晚近的事，但是从实质上看，古典学在我国早就存在了。发源于孔子及其弟子的经学，就属于古典学的范畴。对于先秦诸子和屈原、宋玉等人的《楚辞》等先秦著作的整理和研究，自汉代以来也不断有学者在进行。西汉晚期成帝、哀帝两朝，命刘向、刘歆父子等人全面整理先秦以来典籍。他们所做的，大部分是古典学的工作。

经学与政治相结合，在古典学中占据统治地位长达两千年。辛亥革命和反封建的五四运动结束了这个局面。经书的神圣地位不复存在，以经书为依托的“孔家店”在五四运动中成为打倒的对象。“五四”以后，对包括先秦典籍在内的传统文化，知识界有不少人持简单的否定态度。他们认为这种文化对新文化的建设有害无益。

几乎与五四运动同时，在西方学术思想的影响下，我国学术界兴起了怀疑古史和古书的思潮。这种疑古思潮到20世纪二三十年代发展到了顶峰。疑古派(或称“古史辨”派)成为商代之前的古史研究和古典学研究的主力。在将传统的上古史大大缩短的同时，他们在怀疑古书方面，以前代学者的辨伪工作为基础，大大扩展了怀疑的范围。包括经书在内的很多先秦古书的年代被推迟(这里所说的“书”包括成部的书中的单篇，下同。有时，怀疑的对象还可以是一篇中的段落或文句)，很多一般认为属于先秦的古书被认为是秦汉以后的伪作。在经书被还原为一般典籍的同时，孔子跟经书的关系也被极力淡化。疑古派对古书真伪、年代等问题的很多看法，是从前代学者那里承袭下来的，或是前人已引其绪的。不过那些看法有很大一部分在过去的学术界不占主流地位，由于疑古思潮的影响才变得深入人心。疑古派的古典学对传统的古典学的冲击是巨大的。疑古派有不少值得肯定的地方，但是他们的疑古显然过了头。

中华人民共和国成立后，在社会上相当普遍地存在着简单否定传统文化的思想。20世纪60年代后期到70年代的“文革”，更把这种思想强化到了极其荒谬的地步。学术界在70年代发现西汉前期墓出土受疑古派怀疑的先秦典籍抄本之前，也仍有相当大的一部分人信从疑古派怀疑古书的很多看法。

改革开放以后，大家对传统文化有了比较全面、比较正常的态度。在“复兴中华”的思想影响下，学术界研究传统文化的热情明显升温。很多有识之士指出，我国人民(包括广大知识分子)缺乏人文素养，甚至对作为本民族文明源头的先秦典籍中最重要的那些书(有些学者称之为“原典”)，也茫然无知，或知之过少，这是关系到国家、民族命运的严重问题。发展古典学已经成为时代的要求。我们不能照搬在很多方面都早已过时的传统古典学，也不能接受那种疑古过了头的古典学，必须进行古典学的重建。而古典学的重建是离不开出土文献的。

在我国古典学的历史上，曾有两次极其著名的出土文献的大发现。第一次在西汉前期，景帝之子，封在先秦鲁国故地的鲁恭王，想拆除孔子故宅，在墙壁里发现了用“古文”抄写的《尚书》、《礼记》(指一些被看作是对礼的阐释的单篇著作，不是后来被纳入十三经的《礼记》)、《论语》、《孝经》等儒家典籍。此即所谓“孔壁古文”，当为战国时抄本，可能是秦焚书时掩藏起来的。第二次在西晋早期。汲郡有人在郡治汲县(今河南汲县附近)盗掘一座战国时魏国大墓，墓中有大量竹简书。政府获知，收取整理，得《纪年》(即《竹书纪年》)、《穆天子传》等古书二十来种。此即所谓“汲冢竹书”。这两次发现在学术史上都产生了重大影响。

但西晋之后，直到中华人民共和国成立前，就未见先秦典籍的这类重大发现了。前面提到过的敦煌写卷中，也有经书和《老子》等先秦典籍的不少残卷，由于抄写时代比“孔壁古文”和“汲冢竹书”晚得多，重要性当然不能与之相比。20世纪40年代初，盗墓者从长沙子弹库一座战国楚墓中盗出一幅完整的帛书，有九百多个字，分成三部分，分别讲创世神话、天象灾异和十二个月的宜忌，内容虽然重要，毕竟不能与成批的大发现相提并论。

中华人民共和国成立以后，主要是20世纪70年代以来，由于考古事业的发展，多次在从战国时代到汉代的墓葬中发现先秦典籍的抄本。从总体上看，其数量已大大超过历史上的两次大发现。下面简单加以介绍，除秦墓出土文献放在最后综述外，基本上按发现先后分批叙述：

1. 长台关楚墓竹书

1957年，河南信阳长台关1号战国楚墓出土一批竹简，其中有一些比较残碎的简是抄写某种书的，有学者认为是《墨子》佚文，也有学者认为是儒家佚书。

2.《仪礼》汉简

1959年，甘肃武威磨咀子6号汉墓（大概下葬于王莽时）出土《仪礼》的部分抄本。

3. 银雀山汉墓竹书

1972年，山东临沂银雀山1号汉墓（下葬于汉武帝早年）出土一批竹书，有《孙子》《晏子》（整理者按《汉书·艺文志》命名，即《晏子春秋》）、《尉缭子》（《艺文志·兵书略》称《尉缭》）、《太公》（我们按《艺文志》命名，今传《六韬》为其一部分）和已无传本的《齐孙子》（我们按《艺文志》命名，即《孙膑兵法》）、《地典》（有自题之名，《艺文志》著录于兵阴阳家）以及大量过去不知道的佚书，内容包括政治、军事、阴阳时令、占候等方面，还有一篇自题篇名为“唐勒”（篇首二字）的宋玉佚赋（残碎较甚）。此墓出有一块记着十三个篇题的木牍，所记之篇多数可以在此墓竹简中找到或多或少的残文。其中，《守法》《守令》的内容多与《墨子》的《备城门》《号令》等篇近似，《王兵》篇的内容分见于《管子》的《参患》《七法》《地图》等篇；《兵令》与《尉缭子·兵令》相合，但其字体与此墓其他五篇《尉缭子》不同，而与上述篇题木牍各篇相同，原来当与这些篇编在一起，而不是与那五篇《尉缭子》编在一起的。此墓所出《晏子》、《尉缭子》、《太公》、《齐孙子》和《地典》的篇数，都大大少于《艺文志》著录之本，乃是部分单篇的抄本。《孙子》有“十三篇”（即今本《孙子》十三篇，但残碎较甚。墓中还出了一块记这十三篇篇题的木牍）和少量佚篇，也只是《艺文志》所著录的《吴孙子兵法》八十二篇的一部分。此墓所出的书，用古隶抄写，抄写时间大概多在武帝之前，书的著作时间当然要更早得多，从内容看，基本上都是先秦著作。

4. 八角廊汉墓竹书

1973年，河北定州八角廊40号汉墓（大概是宣帝五凤三年逝世的中山怀王刘修墓）出土一批已因焚烧而炭化的竹书，其中有《论语》《文子》《太公》、见于《大戴礼记》的《哀公问五义》，内容与《大戴礼记·保傅》基本相合的《保传传》（整理者拟名）以及内容大都见于《说苑》《孔子家语》等书的《儒家者言》（整理者拟名，共有27章，绝大多数记孔子与其弟子的言行，整理者认为编成于战国晚期）等书，但残损十分严重。

5. 马王堆汉墓帛书

1973年，湖南长沙马王堆3号汉墓（下葬于汉文帝十二年）出土一大批帛书，其中有《周易》以及与今本有较大出入的《繫辞》和几篇过去不知道的《周易》佚传、《老子》两本（整理者称甲本、乙本）以及甲本卷后佚书（有儒家著作《五行》、道家著作《九主》等，皆整理者据内容拟名）和乙本卷前佚书（道家著作《经法》《十六经》《道原》和格言汇编性质的《称》，皆自题篇名）、分章记一些春秋史事并有当事人或贤者对其事的评论的《春秋事语》、与《战国策》相似且有不少章重见于《战国策》和《史记》的《战国纵横家书》（以上两种为整理者拟名）以及很多医药、占候等方面的佚书。此外，还出了抄在简上的房中术佚书等。此墓所出的书，从内容看绝大部分是先秦著作。有些实用性较强的医书、占书或非先秦著作的忠实抄本（如《五星占》讲到汉文帝时星行情况），但其基本内容在战国时代当已形成。《五星占》（整理者拟名）等天文方面的占书，反映了古代天文学知识。此墓古书抄本所用古隶的字体，可以分出早晚。字体较古的，抄写时间可能早到秦至汉初。

6. 双古堆汉墓竹书

1977年，安徽阜阳双古堆1号汉墓（大概是文帝十五年逝世的汝阴侯夏侯灶之墓）出土一批竹书，其中有《诗经》（主要是《国风》）、《周易》（卦、爻辞后加有便于实用的占辞）和一些佚书，可惜残损十分严重。佚书中有一种，分章记春秋至战国初期一些人物的言行，其内容大都见于《说苑》《新序》，文句亦相近。墓中所出的2号篇题木牍，从所列章题看，所属之书与上述佚书同性质。木牍与佚书皆严重残损，已整理出来的佚书各章残文，尚无与木牍所存章题相对应者。此墓所出1号篇题木牍，上列四十七个章题。从章题内容看，所属之书的性质与八角廊汉墓《儒家者言》相似，章题所记之事大都见于《说苑》《孔子家语》等书，绝大多数是关于孔子及其弟子的言行的。

7. 张家山汉墓竹书

湖北江陵张家山有一处西汉早期墓地。1984年，247号墓（当下葬于吕后时）出土一批竹书，除西汉早期的律、令外，有《脉书》（内容基本与马王堆帛书中的一些医书重合）、《引书》（讲养生、导引）、《算数书》及《阖庐》（兵书）等佚书。《阖庐》没有问题是先秦著作。其他几种有实用价值的书，可能不是先秦著作的忠实抄本，但其基本内容在战国时代当已形成。1988年，136号墓出土一批竹书，除西汉早期的律、令外，有见于《庄子》的《盗跖》和《食气却谷书》等。此墓竹书尚未正式发表。

8. 慈利楚墓竹书

1987年，湖南慈利石板坡36号楚墓（发掘者认为属战国中期前段）出土一批竹书，有见于《国语》的《吴语》、见于《逸周书》的《大武》及一些佚书。此墓竹书尚未正式发表。

9. 九店楚墓竹书

20世纪80年代发掘湖北江陵九店楚国墓地，56号墓（发掘者认为属于战国晚期早段）和621号墓（发掘者认为属于战国中期晚段）出有竹书。56号墓出《日书》，是讲时日宜忌等事的数术类书，未见自题书名，整理者据秦墓所出同类书定名。621号所出竹书，文字极为漫漶不清，性质不明。

秦代至西汉早期墓葬屡见内容与九店56号楚墓所出相当接近的书，有些自题书名为“日书”。这些《日书》的基本内容，大概在战国时代就已形成。

10. 郭店楚墓竹简（此即这批简的著录书之名，一般简称“郭店简”）

1993年，考古工作者清理已遭盗掘的湖北荆门郭店1号楚墓（清理者认为属战国中期偏晚），获得一批竹书，其中有：《老子》三组（总字数相当今本三分之一左右）、道家佚篇《太一生水》（整理者拟名，原来可能与《老子》丙组编在一起）、见于《礼记》的《缁衣》，也见于马王堆帛书的儒家佚篇《五行》（帛书本有经有传，郭店本有经无传）和多篇其他佚书（大多数为儒家著作）。此墓所出之书皆未见自题之名。

由于舆论极为重视考古工作者清理被盗掘的郭店1号墓所获的这批简书，盗墓者开始重视随葬竹木简。1994年以来，香港古董市场上陆续出现由内地战国、秦汉古墓盗掘出土的成批简册。下面所介绍的11、12、13三批简，以及综述秦墓出土文献时要讲到的岳麓书院和北京大学所藏的秦简，就都是从香港市场上抢救回来的。

11. 上海博物馆藏战国楚竹书（此即这批简的著录书之名，一般简称“上博简”）

1994年入藏，整理者推测出自战国晚期白起拔郢（公元前278年）之前下葬的楚墓。这批竹书主要有：《周易》（原当为全经，但已残失一半左右）、《缁衣》、与《礼记·孔子闲居》前半相合的《民之父母》（整理者拟名）、与《大戴礼记·武王践阼》有同源关系但出入较大的《武王践阼》（整理者因其与《大戴礼记·武王践阼》大体相合而定名，但其篇首没有以“武王践阼”开头的一段）、很多儒家著作佚篇、一些道家著作和其他可以归入诸子类著作的佚篇、很多体裁近于《国语》或《晏子春秋》所收篇章的佚篇（大都记春秋至战国前期时事，多为楚事，也有齐、晋、吴之事）、由远古传说中的帝王讲到武王伐纣的长篇古史佚作《容成氏》、佚兵书《曹沬之阵》、讲龟卜的《卜书》（整理者拟名）以及一些文学佚作（有《诗经》体的诗、体裁近于楚辞或近于赋的作品）等。这批简中的《缁衣》和儒家佚篇《性情论》（整理者拟名），也见于郭店简（郭店简整理者为后者所拟之名为《性自命出》）。这批简尚未发表完毕。

12. 清华大学藏战国竹简（此即这批简的著录书之名，一般简称“清华简”）

2008年入藏，从各方面看也应出自湖北楚墓，专家鉴定会定为战国中晚期简，碳14加速器质谱仪测年结果是公元前305±30年。这批简基本上都是书籍，主要有：与《尚书·金縢》为“同篇异本”的《周武王有疾周公所自以代王之志》、百篇《书序》称“《说命》三篇”的佚《书》《傅说之命》三篇、《书序》称《咸有一德》的佚《书》《尹诰》（简本无篇题，《缁衣》引此篇称《尹告》，整理者据以定名）、见于《逸周书》的《皇门》（简本无篇题）和

《祭公之顾命》(《逸周书》篇名作《祭公》,《缁衣》简本引作《祭公之顾命》,《礼记·缁衣》作《葉公之顾命》,"葉"为误字或音近通假字)、《逸周书》的佚篇《程寤》(简本无篇题)、类似《尚书》《逸周书》的前所未知的佚《书》多篇(如《耆夜》和整理者拟名的《保训》等)、《周颂》体佚《诗》《周公之琴舞》(共有诗十首,周公、成王所作,其中一首即《诗·周颂·敬之》,其余皆佚《诗》)、《大雅》体佚《诗》《芮良夫毖》(周厉王时芮良夫所作,整理者拟名)、分二十三章记周初至战国前期的一些重要史事的《系年》(整理者拟名。整理者后来指出,此书非编年体而稍近于"纪事本末"体)、叙述自楚先祖季连到楚悼王二十三位楚君的居地和迁徙情况的《楚居》(整理者拟名)、讲占筮的理论和方法的《筮法》(整理者拟名)、可用来做100之内任意两位数(且可带分数二分之一)的乘法的实用《算表》(整理者拟名。以上二种目前尚未发表,但在《文物》上已有介绍文章)等。其他重要佚书尚多,由于尚未发表,情况不是很清楚,从略。

有的学者认为,郭店、上博、清华这三批简的时代,都可以看作在公元前300年左右,距离实际情况应该不会远。所以见于这三批简的古书的著作时间,当不会晚于战国中期。

13.北京大学藏西汉竹书(此即这批简的著录书之名,可简称"北大汉简")

2009年入藏,从字体看当抄写于西汉中期(不早于武帝后期),所抄既有先秦著作,也有西汉著作,绝大部分尚未发表。这批竹书中最重要的一种,是已发表的《老子》(自题篇名"老子上经""老子下经"。上经为《德经》,下经为《道经》,篇序同于马王堆帛书《老子》而异于今本,马王堆《老子》乙本有自题篇名"德""道"),保存情况好,完整程度大大超过帛书本。虽然尚未发表但已有较详介绍的先秦著作有《周训》,是战国中晚期之交的东周君昭文公多次以史事为鉴训诫西周恭太子之辞的汇编。整理者根据书名和整理出来的篇数,认为此书即《汉书·艺文志》著录于道家的《周训》十四篇。

秦禁诗、书、百家语,秦墓当然不出这方面的书籍。至于数术类书,在秦墓中是可以看到的。前面讲过,有些秦墓出《日书》,这里举几个《日书》之外的例子。1993年,江陵王家台15号秦墓(发掘者认为有可能早到秦统一前)出了亡佚于宋代的三《易》之一《归藏》的竹书残本。秦墓出这种比较重要的先秦典籍,是很难得的。此墓还出日书和灾异占,如此墓确在秦统一前下葬,它们就也是先秦的数术书。湖南大学岳麓书院2007年入藏的一批秦代简里,有自题书名为"数"的算术书。北京大学2010年入藏的一批秦代简里也有算术书(尚未发表),没有自题书名的两种,整理者拟名为"算书"甲篇、乙篇;另一种自名为"田书",是讲田亩面积与田租的计算的。这些算术书可能就是秦统一前使用的本子,也可能是其差异不大的改编本。上面提到的岳麓秦简里还有整理者据内容定名的《占梦书》,也可能是秦统一前的本子或其差异不大的改编本。这些都是数术类书。此外,上面提到的北大秦简中,据介绍还有一篇《公子从军》(整理者拟名),整理者认为"应是一篇失传的战国晚期的文学作品"。

以上简述了1949年以来陆续出土的先秦典籍抄本的情况。为了称说的方便,下文把它们总称为"新出文献"。

作为一个整体来看，新出文献完全可以跟孔壁古文和汲冢竹书媲美。后二者的实物都早已不存在。那些用战国文字抄写的古书，有些大概根本没有用当时的通行字体转写的完整整理本；有整理本的绝大多数也已失传，如汲冢所出之书，完整流传至今的只有一部《穆天子传》（《竹书纪年》至迟在宋代已经失传，今本《竹书纪年》不可信）。新出文献大部分肯定能长期保存下去，在学术上应该会比孔壁古文和汲冢竹书发挥更大的作用。

前面曾就出土文献对古典学的重要性作过一般的论述，这里再从“古书的真伪、年代”“古书的体例、源流”“古书的校勘、解读”这三个方面，通过实例来看一下新出文献对古典学重建的重要性。

一、关于古书的真伪、年代

新出文献可以证明前人在先秦古书的真伪、年代问题上有不少怀疑过头的地方。

今传《六韬》（《汉书·艺文志》著录的《太公》的一部分）、《尉缭子》、《晏子春秋》（《艺文志》称《晏子》，但《史记》已称《晏子春秋》）诸书，前人或疑其并非出自《艺文志》所著录的原本，而是汉以后人的伪作。疑古思潮兴起后，这种看法更是深入人心。汉武帝早年下葬的银雀山一号汉墓出土了这些书的部分篇章的抄本，内容与今本基本相合。可见今本的确出自《艺文志》著录之本，并非后人伪作。从这些书的内容看，应为先秦著作。

今本《吴子》和《鹖冠子》，过去也有不少人疑为伪书。在上博简《曹沫之阵》中，有两处文句与《吴子》基本相合，有一处文句之义与《吴子》相合，皆未见于其他传世古书。在学者公认为先秦著作的马王堆帛书《老子》乙本卷前古佚书中，有不少与《鹖冠子》相同或相似的文句，未见于其他传世古书。可见此二书也应出自《艺文志》所著录之本（《吴子》在《艺文志》中称《吴起》，《艺文志》杂家中有《吴子》，与之无关。《吴起》有四十八篇，今本《吴子》只六篇，是经后人整理的残本。今本《鹖冠子》中可能混入了《艺文志》著录于兵权谋家的《庞煖》），从内容看，应为先秦著作。

三《易》之一的《归藏》，未著录于《艺文志》，传本至宋代残存三卷，此后全部亡佚。但自晋至宋，颇有人引用此书，所以其卦名和一些卦辞得以保存了下来。前人多以为传本《归藏》为汉以后人所伪作。王家台秦墓出土《归藏》残本，其内容与古书所引佚文基本相合，可见传本《归藏》确是从先秦传下来的。清华简整理者指出，尚未发表的《筮法》所用的卦名，坤卦作“臾”，同于传本《归藏》；坎卦作“裻（劳）”，同于王家台秦墓《归藏》，传本《归藏》作“荦”，音近相通；震卦有时作“来（来）”，传本《归藏》作“釐”，音近相通。由此也可见传本《归藏》确为先秦古书。

百篇《书序》，汉人以为孔子所作。自朱熹以来，学者多疑之。清末，反对古文经的康有为，斥之为刘歆所伪作。近人还有主张其为西汉晚期张霸伪造《尚书》“百两篇”时所作者。百篇《书序》非孔子所作，是很明显的（前人已指出，百篇中有《尧典》《禹贡》，此二篇所反映的地理知识是孔子之时所不可能有的）。但是《书序》说："高宗（指商王武丁）梦得说（指傅说），使百工营求诸野，得诸傅岩，作《说命》三篇。"《说命》分三篇，不见于任何传世古书（伪古文《尚书》的《说命》分三篇，是根据《书序》的），而清华简中的《傅说之命》正好明确地分为三篇。整理者据此指出，《书序》作者是确实看到百篇《尚书》的。秦火之后，《说命》已亡佚，孔壁古文《尚书》中亦无《说命》，可见《书序》是战国时人所作，以《书序》为汉人所作的各种说法都是不可信的。《史记》三代《本纪》等篇有不少与《书序》相同或极为相近的文字，前人或以为《书序》袭《史记》，其实应为《史记》袭《书序》。

题为宋玉所著的《大言赋》《小言赋》，见于来源可疑的《古文苑》，过去讲文学史的人几乎都不敢相信是宋玉的作品。银雀山竹书中的《唐勒》赋，学者已考定为宋玉佚赋，其内容曾大量为《淮南子·览冥》所采用。有学者指出，《大言赋》《小言赋》的体裁与《唐勒》赋相似，很可能确为宋玉所作。

古代即有学者怀疑孙武的历史真实性。近代日本学者或谓《孙子》十三篇实为孙膑所作。疑古思潮影响下的国内学者，也有持这种说法的。银雀山汉墓同时出土孙武与孙膑的兵法，此说不攻自破。

疑古思潮兴起后，不少学者认为从思想、文辞等方面看，《老子》应是《孟子》《庄子（内篇）》之后的著作。顾颉刚作《从〈吕氏春秋〉推测〈老子〉之成书年代》一文，更断定"老聃是杨朱、宋钘后的人，已当战国的中叶"，"当战国之末还没有今本《老子》存在"，"自秦、汉间"，随着"道家"之称的创立，才有《老子》的编成。他还认为《老子》的"发展"（当指"流行"）在公元前2世纪，"《淮南》的《原道》《道应》固是这时代潮流下的作品，即《韩非子》的《解老》《喻老》，《庄子》中的《外篇》《杂篇》，亦是这一时代所作"。他不但尽量推迟《老子》的成书年代，并且由于《解老》《喻老》解释了《老子》，《庄子》的外、杂篇引用了《老子》，就把它们都定成了西汉作品。

郭店简中的三组《老子》简，究竟是《老子》五千言的摘抄本，还是《老子》的一些比较原始的本子，学者们的意见尚不统一。但是这三组《老子》简，足以证明在战国中期，老子的语录汇编已相当流行，其出现年代显然早于《孟子》《庄子》。马王堆帛书《老子》甲本不避"邦"字讳，字体近于秦隶，且夹杂少量楚文字字形，学者公认其抄写年代不晚于西汉初年。司马迁所说的《老子》"五千言"，在战国晚期无疑早已形成，顾氏的说法显然不能成立。《解老》、《喻老》和《庄子》外、杂篇，按照传统看法都是战国晚期作品。它们跟《老子》的关系，正说明《老子》在战国晚期已很流行，这跟马王堆帛书《老子》甲本反映的情况完全符合，绝不能像顾氏那样，按照他自己对《老子》成书年代的主观判断，把它们定为与《淮南子》同时代的作品。张家山136号西汉早期墓出了见于《庄子》杂篇的《盗跖》，这对以《庄子》外、杂篇为先秦作品的传统看法是有利的。

在疑古思潮的影响下，古代文史学界的很多人，曾认为大小戴《礼记》（以下简称"二《记》"）所收诸篇，是由战国晚期到汉代的作品。《礼记·王制》究竟是不是《史记·封禅书》所记汉文帝命博士所作的《王制》，学者尚有不同看法。《大戴礼记》的《保傅》（内容又分见贾谊《新书》的《保傅》《傅职》等篇）、《礼察》（大部分内容也见贾谊《陈时政疏》），都说到秦之亡，自是汉初作品（也有人认为秦汉之际所作）；《公符〈冠〉》篇末的“孝昭冠辞”等，当然也是汉人附入的。但是，二《记》的绝大部分应该是先秦作品。从新出文献中的有关资料来看，过去古代文史学界很多人对它们的年代的估计，显然偏晚。

在郭店简和上博简的儒家作品中，有不少与二《记》有关之篇。《礼记》的《缁衣》篇同时见于郭店简和上博简。上博简的《民之父母》与《礼记·孔子闲居》的前半篇相合，《武王践阼》与《大戴礼记·武王践阼》有同源关系。部分或个别段落、语句与二《记》相合、相似的，要多一些，例如上博简《内礼》与《大戴礼记》的《曾子立孝》《曾子事父母》有不少相近的内容，有时连文句也基本相同；郭店简《性自命出》自“喜斯慆也”至“愠之终也”一段，与《礼记·檀弓下》子游回答有子的“人喜则斯陶”一段话，显然出自一源，前者可以纠正后者文字上的一些重要错误。别的例子就从略了。其实，郭店简和上博简的儒家著作，大部分都很像《礼记》的“通论”类著作（关于《礼记》各篇的分类，参看《礼记正义》各篇题下所引郑玄《目录》），如果编在《礼记》或《大戴礼记》里，一点也不会显得不自然。郭店简和上博简抄写的著作，其撰成时间都不会晚于战国中期；二《记》中各篇的撰成时间，也应有不少是不晚于战国中期的。

梁代沈约说，《礼记》的“《中庸》《坊记》《表记》《缁衣》皆取《子思子》”（《隋书·经籍志》引）。郭店简不但有《缁衣》，还有跟子思有密切关系的《五行》和《鲁穆公问子思》，《缁衣》极可能确为子思所撰。《坊记》《表记》，体例与《缁衣》相似，为子思所撰的可能性也很大。《中庸》的情况比较复杂，但《史记·孔子世家》已说“子思作《中庸》”，至少其主要部分有可能出自子思。如果事实真是如此，这几篇就可以看作战国早期作品了。

《礼记·礼运》讲“大同”，推崇“天下为公”的禅让制度。顾颉刚作《禅让传说起于墨家考》，认为禅让传说为墨家所创，儒家本不主张禅让，孟子对禅让加以曲解，荀子径斥禅让说为“虚言”，荀子之后的儒家，如《尧典》和《论语》“尧曰”章的作者，才采用墨家的说法来讲禅让。《礼运》篇也被他看作荀子之后的作品。郭店简《唐虞之道》和上博简《子羔》这两篇儒家作品都推崇禅让。已有学者指出，这两篇作品应该作于公元前314年燕王哙禅让的实验失败之前。可见在此之前，儒家也是推崇禅让的，孟子和荀子对禅让的态度，显然受到了燕王哙禅让失败的影响，顾氏之说不能成立，他对《尧典》《论语》“尧曰”章和《礼运》篇的著作时代的判断都是错误的。《礼运》也应该撰成于燕王哙禅让失败之前，著作时间不会晚于战国中期。

《礼记》的《月令》，郑玄已认为它是抄合《吕氏春秋》十二《纪》首章而成的。晚近仍有不少学者，着眼于《月令》所反映的五行说的发展程度，主张此篇晚出，持与郑玄相同的见解。据清华简整理者说，尚未发表部分有一篇讲阴阳五行的著作，已将很多事物纳入五行系统，所包范围极广。看来我们对五行说发展过程所经历的具体年代，应该有新的认识，《月令》的撰成年代不见得一定很晚。《月令》跟十二《纪》的关系，应该是后者袭用前者，而不是前者袭用后者。

总之，从新出文献看，二《记》各篇绝大多数应为战国时代作品，而且其中应该不乏战国中期和早期的作品。对二《记》各篇时代的传统看法，有很多应该是正确或接近正确的(但是以《月令》为周公所作的旧说,当然是不可信的)。

从上述例子可以看出,我们亟须立足于新出文献(当然同时也不能忽略有关的其他出土文献和各种传世文献),对先秦典籍的真伪、年代进行一番全面、深入的新的研究,纠正过去疑古过头的倾向,尽可能搞清事实真相。

但是必须指出,在古书的真伪、年代问题上,一方面要纠正疑古过头的倾向,一方面也要注意防止信古过头的倾向。近些年来,在学术界"走出疑古"的气氛中,信古过头的倾向已明显抬头,下面举例说明。

伪《古文尚书》一案,在学术界大多数人看来,早已有了定谳。但是近些年来,颇有人为之翻案。在新出文献中,有可以说明伪《古文尚书》不可信的新证据。《书序》说:"皋陶矢厥谟,禹成厥功,帝舜申之,作《大禹》《皋陶谟》《弃稷》。"《大禹》是佚《书》,但伪《古文尚书》有此篇,称《大禹谟》(汉人已称此篇为《大禹谟》)。郭店简儒家佚书《成之闻之》说:"《大禹》曰:'余才宅天心。'"这是先秦古书中仅见的《大禹》佚文。传世古书中所见《尚书》佚篇之文,如也见于郭店简和上博简的《缁衣》所引佚文,伪《古文尚书》皆已编入相应之篇中。《成之闻之》是佚书,作伪者看不到,此篇所引《大禹》佚文就不见于伪《古文尚书·大禹谟》。已有学者指出,这又是伪《古文尚书》的一个伪证。清华简的《尹诰》(即《咸有一德》)和《傅说之命》(即《说命》)也是佚《书》,但伪《古文尚书》里都有。清华简的《尹诰》跟伪《古文尚书·咸有一德》,清华简的《傅说之命》跟伪《古文尚书·说命》,除传世古书引用过的文句外,彼此毫无共同之处,绝不能以"同篇异本"作解释。伪《古文尚书》还把作于商汤时的《咸有一德》安排为作于太甲时。清华简整理者已指出,这些也是伪《古文尚书》的伪证。有些学者在看到清华简之后,仍为伪《古文尚书》辩护,这就叫人难以理解了。

学术界大多数人认为今本《列子》是伪书,新出文献中也没有发现可以说明今本《列子》可信的证据。但是有的学者却趁学术界为一些被前人错认为伪的子书恢复名誉之机,为今本《列子》翻案;有的学者还在研究文章中直截了当地把今本《列子》当作真书来用。这是不妥当的。

有些古书的真伪、年代问题比较复杂,应该注意不要简单化处理。

今本《文子》长期以来被很多人看作抄袭《淮南子》等书而成的伪书。通过跟八角廊竹书中的《文子》残简比对,发现今本有些篇(主要是《道德》篇)保存有与竹书本相合的内容(但把书中的那些"平王问文子"改成了"文子问老子")。有些学者因此就把整部今本《文子》当作先秦时代的真书。但是八角廊《文子》简极为残碎,今本中已经跟简本对上的文字,只占全书一小部分。而且今本中的确有很多不像是出自先秦时人之手的内容。有的学者认为,今本《文子》是魏晋时人在古本《文子》残本的基础上,采撷《淮南子》等书,补缀而成。此说比较合理。

今本《孔子家语》的真伪问题也比较复杂。阜阳汉墓所出1号篇题木牍和八角廊竹书中的《儒家者言》,只能证明从先秦到西汉的确存在与今本《孔子家语》体裁相类的书(《汉书·艺文志》著录有《孔子家语》),并不能证明今本一定不是伪书。

我们千万不能从"走出疑古"而回到"信古"。

二、关于古书的体例、源流

新出文献可以验证余嘉锡等学者在先秦古书的体例、源流方面取得的研究成果，并使我们能在这方面有更全面、更精确的认识。在这里，不想就此作全面论述，只准备举些实例来说明新出文献对研究古书体例、源流的重要性。

先说《诗》《书》。清华简中有类似《周颂》的《周公之琴舞》和类似《大雅》的《芮良夫毖》。《芮良夫毖》是佚《诗》。《周公之琴舞》包括十首诗，只有以“成王作儆毖”为“序”的九首组诗的第一首，与《诗·周颂·敬之》基本相合，其余诸首也都是佚《诗》。就是与《敬之》相合的这一首，异文也极多，而且差别还往往很大，如《周颂》本的“命不易哉”清华本作“文非易帀”（《周颂》本他句的句末助词“思”，清华本亦作“帀”），《周颂》本的“维予小子”清华本作“讫我夙夜”，《周颂》本的“学有缉熙于光明”清华本作“孝（整理者括注为“教”，注释谓当读“效”）其光明”。据清华简整理者说，清华简中的《书》类文献约有二十篇左右。其中见于百篇《尚书》的只有五篇，即《咸有一德》（《尹诰》）、《金縢》和《说命》三篇。清华简的《尹诰》无自题篇名，后二者的自题篇名都与百篇《尚书》的《金縢》《说命》不同。清华本《金縢》的整理者和一些研究者已经指出，清华本与我们现在看到的《尚书》中的传本，有不少很重要的差异。《说命》是佚《书》，但先秦古书有所引用。整理者指出，《礼记·文王世子》《学记》所引，以及《缁衣》所引两条中的一条，“不见于竹简本，这应该是由于《说命》的传本有异”。《缁衣》所引见于清华本的一条，也为《墨子·尚同中》所引，《墨子》的引文比较接近简本。这一点整理者也已于注释中指出。《尹诰》也是佚书。《缁衣》所引的两条《尹诰》都见于竹简本，但也有出入较大的异文（有的可能是《缁衣》的传抄讹误所致）。上述这些情况，对于研究《诗》《书》的源流极为重要。

《诗》《书》本来大都是一篇篇写成的，其流传和集结的情况很复杂，原无定本。汉代人有孔子删定《诗》《书》之说。《诗》《书》既无定本，也就无所谓“删”。《史记·孔子世家》说“古者《诗》三千余篇”。《尚书纬》说孔子曾求得《书》三千余篇。这种数字当然不能认真看待。但是孔子之时，流传的《书》篇和《诗》篇的总量，无疑是很大的。孔子要与弟子讲习《诗》《书》，当然要有所选择。所以我们不必说孔子删《诗》《书》，但可以说孔子选《诗》《书》。孔子所说的“《诗》三百”，应该就是他的选本。清华简《周公之琴舞》和《芮良夫毖》的作者，都是西周时代极重要的人物，孔子应该看到过这些诗。很可能他在见于《周公之琴舞》的那些诗中只挑了一首，而《芮良夫毖》由于质量不如同一作者的《桑柔》（见《大雅》），就落选了。前面说过，今传《尚书》中的《尧典》和《禹贡》，在孔子之时还不可能存在。所以百篇《尚书》应该是战国时代儒家所划定的传习范围（这不等于说儒家著作中就绝对不用“百篇”之外的《书》，《缁衣》中就引了《祭公之顾命》）。孔子所用以与弟子一起讲习的《书》篇，可能也不出“百篇”的范围。在古代使用简册的情况下，百篇《尚书》的篇幅无疑显得很大。古书往往以单篇或部分篇的形式流传。估计战国时代在儒家中流传的《书》，百篇的全本一定不多。孔壁中发现的《尚书》的篇数，就远少于百篇。就连篇幅较小的《诗》三百篇，在双古堆汉墓中发现的本子，也不是全本。

清华简的主人，显然并未受到儒家《诗》《书》选本的影响。他所搜集的《诗》篇、《书》篇，绝大部分不见于儒家选本；即使是见于儒家选本的，其篇名也不相同，其文本也全都明显有异（今传《尚书》和《礼记》各篇所引之《书》，都是儒家传本）。有学者指出，清华本与传本《金縢》“应分属不同的流传系统”。这一意见十分正确。今传《尚书》《诗经》属于儒家系统，清华简的《诗》《书》则属于非儒家的流传系统。我推测，儒家系统的《说命》上篇很可能不会有见于清华简《傅说之命》上篇的佚中氏生二牡豕那样的神怪传说。从清华简的情况来看，在战国时代，至少在战国中期以前，《诗》《书》的儒家选本，在儒家之外的人群中，似乎没有多大影响。

秦火之后，《诗》只有儒家选本基本完整地流传了下来；《书》的儒家选本已成亡佚大部分的残本（即今文《尚书》二十八篇，孔壁古文《尚书》多出于今文《尚书》的那些篇后来并未传下来），不过“百篇”之外的《书》篇，尚有一小部分保存在《汉书·艺文志》著录的《周书》（今传《逸周书》为其残本）中。至于此外的《诗》篇、《书》篇，就只能在清华简这样的出土文献中看到了。

余嘉锡等学者早已指出，古代子书往往是某一学派传习的资料汇编，其中既有老师的著述、言论，也有弟子、后学增益的内容。银雀山汉墓出土的《孙子》是一个很好的实例。此墓所出《孙子》，除了主要部分“十三篇”，还有一些佚篇。这些佚篇有解释“十三篇”中的内容的，也有记孙子事迹的，显然为弟子、后学所增益。在属于“十三篇”的《用间》中，简本在伊尹、吕尚这两个例子之后，还有今本没有的两个例子。前一例，文字残损，意义不明。后一例是：“燕之兴也，苏秦在齐。”苏秦比孙武晚了一二百年，这一例显然是后学所增入的，其目的是使“用间”的重要性有更有力的证明。如果这一本子一直流传下来，有些考证古书真伪、年代的人，也许会以此来证明“十三篇”的形成在苏秦之后。由此可见，考虑古书的真伪、年代问题的时候，要注意古书体例及其形成和流传过程的特点，不能把问题看得太简单。但是由于子书的主要部分，也可能由弟子或后学据老师的语录、讲章等编成，我们也不能因为《孙子》“十三篇”是真书，就肯定其必为孙武亲手所著。

《老子》是新出文献中出土次数较多的书之一。简帛古书中已有四种《老子》：抄写于战国中期的郭店《老子》简（以下简称“郭简”）、抄写于西汉初年的马王堆帛书《老子》甲本（以下简称“帛甲”）、抄写于西汉早期（约在文帝时）的马王堆帛书《老子》乙本（以下简称“帛乙”）、抄写于西汉中期的北大本《老子》（以下简称“北《老》”）。根据这些本子，并结合传本，可以看出《老子》自古以来在形式和内容上的一些重要变化。

《老子》在章的划分和篇、章排序方面都发生过变化。郭简由于有可能是“五千言”的摘抄本，很难据以讨论篇、章排序方面的问题。但是可以看出，郭简与今传八十一章本，在分章上有不少出入。今本的有些章，从郭简的有关内容来看，本是分为两章或三章的。但也有今本将原来的一章分成两章的个别例子，如今本的第十七、十八两章，在郭简中是一章，与今本第十八章首句相当的那一句之首并有“故”字，以表示与上文的承接关系。这样的情况一直维持到北《老》。此章是在其后才分作两章，并去掉起承接前后作用的“故”字的（也可能是先脱落“故”字，然后分成两章）。帛乙本没有分章符号，帛甲本只是部分章有分章符号，因此它们的分章情况不大清楚。从可以观察到的情况看，似处于郭简与今本之间。北《老》的分章极为明确，共分七十七章，划分情况与今本有七处不同。西汉末期严遵所著《老子指归》分为七十二章。八十一章的格局大概是在东汉时代形成的。

前面讲过，帛甲、帛乙和北《老》都以《德经》为上篇，《道经》为下篇，篇序与今本相反。《老子指归》虽已亡佚《道经》部分，但据书首的《君平说二经目》和《德经》章数，可知也是把《德经》放在前面的。大概《道》前《德》后的次序也是东汉时定下来的。不过也有学者认为西汉以前可能也存在《道经》在前之本。如果不管篇序和章的划分，就篇内各章的次序来说，帛甲、帛乙跟今本有三处不同。以今本章序来称说，就是在帛书二本中，第二十四章在第二十一、二十二两章间，第四十、四十一两章前后相反，第八十、八十一两章在第六十六、六十七两章间。北《老》的章序则已与今本完全一致。从各章在内容上的关系来看，帛书本的章序似较合理。

从内容上看，从郭简到今本，文字的增减和错讹是大量存在的。不但简帛各本跟今传各本间有很多异文，简帛各本间和今传各本间也有很多异文。而且各本之间的关系，非常错综复杂。较晚之本不同于较早之本的异文，往往跟更早的本子相合。《老子》面世既早，流传又广，所以造成了这种情况。尤其可以注意的是，在《老子》流传过程中，除了后人为了凑“五千言”的字数有意减字外，还存在着由于思想上较深层次的考虑而窜改文本的情况。例如：《老子》第十九章有“绝圣弃智”“绝仁弃义”这两句话。说“绝圣”，跟《老子》全书多次赞扬圣人矛盾。“绝仁弃义”显然是对战国时儒、墨极力鼓吹仁义的反动，不像是生活在春秋晚期的老子的话，这成为主张《老子》晚出的学者的一个重要论据。在郭店简里，这两句话分别作“绝智（或读为“知”）弃叏（辨）”“绝悬（为）弃虑”，完全合乎老子的思想。在帛书本里，这两句话就已同于今本。这显然是战国晚期激烈反对儒家的那一派道家进行篡改的产物。如能立足于简帛本，并充分考虑今传各本，认真整理出一本比较接近原貌的《老子》来，我们也许会看到一位跟一般思想史著作告诉我们的相当不一样的老子。

上博简中有很多篇关于孔子及其弟子的言行的儒家佚著，有些内容可与《论语》中的有关内容对照（一般是竹书详于《论语》，有些地方彼此有出入）。这些不但是研究早期儒家思想的资料，也是探索《论语》如何形成的重要线索。前面说过，银雀山竹书《王兵》篇的内容，分见于《管子》的几篇。此外，同墓所出的《四时令》《三十时》《禁》《迎四时》等篇，与《管子》的《幼官》《五行》《四时》诸篇也有相同或相似的内容。马王堆帛书《老子》乙本卷前古佚书中，也有一些与《管子》很相近的文句。这对研究《管子》的形成，都是重要线索。

今本《论语》的分章，比八角廊简本要多。从银雀山简本《晏子春秋》看，今本也有将原来的一章分为两章的情况。《缁衣》简本的章序跟《礼记》本有很多不同，章的划分也偶有不同，简本还证明今本的第一章是后加的。古书流传过程中的这种变化，没有简帛古本的出土，往往是难以知道的。

三、关于古书的校勘、解读

先秦古书流传至今，文字错误极多，引起了文义不完、误解以及无法索解等问题。以新出文献校正传世古书，能解决大量这样的问题。以同一书的简帛本与今本对照，有时能发现本来想不到的问题。例如《孙子·计》篇有一句讲地形的话，今本作“地者，远近、险易、广狭、死生也”，简本作“地者，高下、广狭、远近、险易、死生也”。除语序有所不同外，简本多了“高下”二字。讲地形不应不提地势的高下，今本显然误脱了这两个字。但如没有简本，谁也想不到这一点。传世古书中有些本来根本无法讲通的文字，用简帛本一对，错字得到校正，文义豁然贯通。例如今本《逸周书·祭公》有如下文字：“祭公拜手稽首曰允乃诏毕桓于黎民般……”“于黎民般”是什么意思，从来没有人能真正讲通。清华简《祭公之顾命》中的相应文字是：“公懋拜手韻首，曰：‘允哉！’乃诏（召）毕貆（与“桓”可通）、井利、毛班……”原来“于黎民般”是“井利、毛班”的错字。“于”与“井”，“民”与“毛”，形近而误。“黎”与“利”，“般”与“班”，音近而误。毕桓、井利、毛班是穆王的三位大臣，即《祭公》中祭公称之为“三公”的人。今本的“曰允”相当于简本的“曰：‘允哉！’”。这样，文义就豁然贯通了。简帛古书只有一段或一句与传世古书相合的，也同样能起校勘、解读的作用，这里就不举例了。

简帛古书所反映的古代用字习惯，也能起解读以至校正古书的作用。例如马王堆帛书和银雀山竹书都有以“佴”为“耻”之例，得此启发，司马迁《报任安书》“佴以蚕室”（见《文选》）、《墨子·经上》“佴，自作（怍）也”的“佴”，才被学者们正确地读为“耻”。又如武威《仪礼》简有时以“埶”为“设”，得此启发，学者才发现《荀子·儒效》“埶在本朝”、《正名》“无埶列之位”的“埶”，不应读“势”而应读“设”，《礼记·内则》“少者執床与坐”的“執”乃是“埶（设）”的误字。

依靠出土文献解读古书，也有跟校勘和明用字之法（包括明通假、异体等）无关的情况，最著名的例子就是子思“五行”说之谜的破解。《荀子·非十二子》责罪子思、孟轲“案往旧造说，谓之五行”，杨倞注：“五行，五常，仁义礼智信是也。”近人多不信其说，子思“五行”说的内容究竟是什么，成为古典学和古代思想史上的一个谜。见于马王堆帛书和郭店楚简的儒家佚书《五行》篇，告诉我们“五行”指“仁义礼智圣”，文中对五行说作了详细解说。马王堆帛书整理者指出，《孟子·尽心下》说：“仁之于父子也，义之于君臣也，礼之于主宾也，知之于贤者也，圣人之于天道也，命也。”这就是孟子的五行说。“五行”之谜终于被破解。

在利用新出文献校勘、解读古书方面，还有大量的工作要做。

从上面所说的情况可以清楚地看出，要进行古典学的重建，必须更快、更好地开展新出文献的整理和研究。

在学校和社会的素质教育中，需要用到不少古典学知识。我们应该把最新、最正确的知识传授给学生和社会公众，不能以讹传讹，谬种流传。从这一角度看，也需要更快、更好地开展新出文献的整理和研究。

新出文献既是古典学的重要新资料，也是相关学科的重要新资料。郭店简公布后不久，就有学者感慨地说："思想史、学术史应该重写！"为了支援有关学科的发展，也需要更快、更好地开展新出文献的整理和研究。

前面介绍的那些批新出文献，有些尚未正式发表，有些还未发表完毕。已经发表的新出文献，有不少还需要重新整理。在研究方面，更有大量工作要做。但是真正能担负起新出文献的整理和研究工作的人才却相当缺乏。希望有关教育领导部门能采取一些特殊措施，大力支持这方面的专业人才的培养。考虑到古文献还会不断出土，培养人才的重要性、迫切性是怎样估计都不会过分的。

附识：

蒙同事邬可晶先生代为打印文稿，十分感谢。

2013年10月10日

本文原载《光明日报》2013年11月14日版，又见于清华大学出土文献研究与保护中心编，李学勤主编《出土文献（第四辑）》（中西书局，2013）、复旦大学出土文献与古文字研究中心编《出土文献与古典学重建论集》（中西书局，2018）。收入本辑依据复旦大学出土文献与古文字研究中心编《出土文献与古典学重建论集》（中西书局，2018）。

希罗多德及其《历史》

——中文世界的古希腊史学名著之一

徐松岩[1]

摘　要：希罗多德所著《历史》是中文世界所见最早的古希腊历史名著之一。其所述主题为希腊人与异族人之纷争及其原因，书中“希腊人”“异族人”分别皆有多层面的含义，必须依据文本内容和语境具体加以辨析。希罗多德在其著作中往往站在波斯人的立场上讨论波希战争及其相关问题，在确认这场战争的起因和终结时间等关键问题时就是如此。《历史》无疑是一部完整记载波希战争的著作。只有彻底摈弃学术史上某些积习和偏见，才有可能对希罗多德的成就和不足作出客观公正的评价。

关键词：希罗多德；《历史》；古希腊；中文世界；评价

一、引言

在古代世界诸民族之中，中国人和希腊人分别是东西方历史意识最强的两个族群，他们皆为后世留下多部史学名著和丰厚的史学文化遗产。一百多年前新文化运动的两面旗帜“德先生”（民主）和“赛先生”（科学），其源头皆可追溯至古希腊。历史学与“德、赛二先生”关系密切。所以，在近代以来国人世界史观的构建中，希腊史是世界史和东西方比较研究的重要参照系，从而占据特殊重要的位置。

根据我们所接触到的有限史料，中文世界最早的“欧洲通史”和“西方文化史”，是近代来华传教士、汉学家艾约瑟所编译的《欧洲史略》和《西学略述》。[2]二书于1886年以“总税务司署刻本”问世，李鸿章作序。《欧洲史略》卷二“希腊隆盛之世”第十四节“希腊

① 作者徐松岩，西南大学历史文化学院教授，中希文明互鉴中心特聘专家（重庆400715）。

② 弗里曼著，艾约瑟编译、编著：《〈欧洲史略〉〈西学略述〉校注》，王娟、陈德正校注，北京：商务印书馆，2018年。

著述经史之士”，提及“希罗多都”（希罗多德）、“都基底底”（修昔底德）、“赛挪芬”（色诺芬）三大史家，所著史书分别记载波斯与希腊战争、雅典与斯巴达战争等战事。①

《西学略述》卷六“史学”，在首节“史学考原”述及希腊史学时，以寥寥数百字，概括希腊史学由口传到成文实录的演化进程。作者把西学史上的希罗多德、修昔底德比作中国史学之班固、司马迁，堪称点睛之笔：②

> 上古希腊无史，惟多著名演说故事之人，皆口述往古诸事，俾人听记。嗣乃有数人相继而起，创著国史，荣名至今。泰西后学，仰而师之，如今中国文人之俯首于班、马也。其史例于详记希腊一国外，至与希腊邻境之敌国友邦，亦略将其风土、君民诸大端，备行收载。约计希腊创著国史之人，一为希罗多都，缘其曾周游多国，问政访俗，并皆征诸故老之所流传，典籍之所采录，返至希腊，兼证以昔所见闻，而作史九卷。一为都基底底，其史乃即当时希腊境内，诸城称兵，互相攻击，竭虑殚精，以详考其间战争诸事而作也。至若伯路大孤（普鲁塔克——引者）所著之史，则择取希腊与罗马伟人之彼此才德伯仲、功业相侔者，如或皆长于治国，或皆善于治军，皆两两相较，分为立传，考定优劣，以示后人。

古希腊历史学家希罗多德所著《历史》、修昔底德所著《伯罗奔尼撒战争史》、色诺芬所著《希腊史》，学界通常将其合称为“希腊三史”。中华人民共和国成立以后，三史的全文中译本历经半个多世纪陆续问世。1959年王以铸（王嘉隽）译希罗多德《历史》出版③；翌年谢德风译修昔底德《伯罗奔尼撒战争史》出版④；60年代初吴于廑主编“外国史学名著选读”，编译了包括这两部名著在内的西方史学名著，每种数万字，编译者分别是王敦书和吴于廑。谢德风之《伯罗奔尼撒战争史》译本的主要缺陷，是未采用国际古典学界通用的章节划分法，给广大读者特别是研究者核对希腊文原文或英译文时带来极大的不便，同时该译著也有少量错译、漏译之处，而过去几十年的修昔底德及其著作的研究成果也未能及时反映在译著之中。实际上，国际学界古典名著的现代语种译本品种繁多。国内学界也期待有新的译本出现。2004年，徐松岩主持翻译修昔底德《伯罗奔尼撒战争史》，按通行章节翻译的译本一经出版，⑤便受到学界的广泛欢迎。2012年、2017年，译者再接再厉，吸收近百年国内外学者的研究成果，参考多种英译本和古希腊文本继续修订，重修序言，精选注释，增补附录，出版了更为翔实完备的第二、三版。⑥2017年，何元国译修昔底德《伯罗奔尼撒战争史》出版，译者自称完全依据古希腊

---

① 弗里曼著，艾约瑟编译、编著：《〈欧洲史略〉〈西学略述〉校注》，王娟、陈德正校注，第25–26页。

② 弗里曼著，艾约瑟编译、编著：《〈欧洲史略〉〈西学略述〉校注》，王娟、陈德正校注，第294页。

③ 希罗多德：《历史》，王嘉隽译，北京：商务印书馆，1959年。

④ 修昔底德：《伯罗奔尼撒战争史》，谢德风译，北京：商务印书馆，1960年。

⑤ 修昔底德：《伯罗奔尼撒战争史》，徐松岩、黄贤全译，桂林：广西师范大学出版社，2004年。

⑥ 修昔底德：《伯罗奔尼撒战争史》（上下册），徐松岩译注，上海：上海人民出版社，2012年（新译详注本）、2017年（详注修订本）。

文译出。[①]徐松岩独力译注的希罗多德《历史》也分别在2008年、2013年、2018年连出三版，每一次修订都尽力吸纳消化百年来的相关研究成果，受到学界同行及广大读者的肯定。[②]为减少广大读者阅读经典的困难，徐松岩还专门撰写了两部名著的导读，收入天津人民出版社"社科经典轻松读"系列丛书。[③]2013年，色诺芬《希腊史》第一个中译本问世，[④]至此希腊三史终于出齐。[⑤]此外，色诺芬所著《长征记》《回忆苏格拉底》、亚里士多德所著《政治学》《雅典政制》、阿里安所著《亚历山大远征记》、普鲁塔克《传记集》、狄奥多洛斯《历史集成》等著作的中译本也陆续出版，[⑥]这些著作虽然也从不同侧面分别记载希腊历史，但严格说来，学界公认的希腊历史名著就是希腊三史，它们也是长期以来受到中国广大读者喜爱的三部名著。因此，笔者以下拟就西方"史学之祖"希罗多德的生平、著作内容、编纂体例以及主要贡献等做简要评述。

二、希罗多德生平和写作背景

希罗多德（Ἡρόδοτος，Herodotus，约公元前484—公元前430/公元前420年），古希腊著名历史学家、文学家、地理学家和旅行家。他所撰写的《历史》犹如西方史学大厦的第一块基石，被公认为西方史学史上第一部叙事体历史巨著。古罗马思想家西塞罗称他为"史学之祖"，这一称号无疑是对希罗多德历史地位的确当评价。

希罗多德的出生地，是波斯统治之下的希腊城市哈利卡那苏斯（Halicarnassus）[⑦]，隶属于波斯帝国第一省区，此地在希氏出生前已被波斯人统治半个多世纪。因此，我们有理由说，他既是一位希腊史家，也是一位波斯帝国的历史学家。希氏的父亲吕克瑟斯（Lyxes）是当地的富人。这种家境使希罗多德在青少年时期受到良好的教育，而天资聪颖的他自幼勤奋好学，对于赫西俄德（Hesiod）、赫卡泰欧斯（Hecataeus）、萨芙（Sappho）、梭伦（Solon）等人的作品均耳熟能详。其时哈利卡那苏斯的统治者乃是听命于波斯人的僭主吕戈达米斯（Lygdamis）。公元前461年，希罗多德家族参与了反对吕戈达米斯

---

① 修昔底德：《伯罗奔尼撒战争史》（修订译本），何元国译，北京：中国社会科学出版社，2024年。

② 希罗多德：《历史》，徐松岩译注，上海：上海三联书店，2008年；希罗多德：《历史》（上下册），北京：中信出版社，2013年（新译详注本）；上海：上海人民出版社，2018年（详注修订本）。

③ 徐松岩：《〈历史〉导读》，《〈伯罗奔尼撒战争史〉导读》，天津：天津人民出版社，2010年。

④ 色诺芬：《希腊史》，徐松岩译注，上海：上海三联书店，2013年。

⑤ 近期市面上可见希罗多德、色诺芬其他中译本，但译本质量良莠不齐，存在抄袭或粗制滥造的现象。参见宋艾：《希罗多德〈历史〉"再译本"献疑》，《中国社会科学报》2011年9月20日；李杰：《恪守学术规范，尽力少留遗憾——叶拉美、梁鸣雁译作〈希腊志〉读后感》，徐松岩主编：《古典学评论》第6辑，上海：上海三联书店，2020年。

⑥ 亚里士多德：《政治学》，吴寿彭译，北京：商务印书馆，1981年；《雅典政制》，日知、力野译，北京：商务印书馆，1959年；色诺芬：《长征记》，崔金戎译，北京：商务印书馆，1985年；色诺芬：《回忆苏格拉底》，吴永泉译，北京：商务印书馆，1984年；阿里安：《亚历山大远征记》，E.伊利夫·罗布逊英译，李活译，北京：商务印书馆，1979年；普鲁塔克：《希腊罗马名人传》（上册），黄宏煦主编，陆永庭、吴彭鹏等译，北京：商务印书馆，1990年；普鲁塔克：《希腊罗马名人传》（3卷），席代岳译，长春：吉林出版集团，2011年；狄奥多洛斯：《历史集成》（5卷），席代岳译（译名《希腊史纲》），北京：文化发展出版社，2019年。

⑦ 今土耳其东南部博德鲁姆（Bordrum），濒临爱琴海。

的斗争，但遭到失败，希氏因受到株连而被迫于同年迁居萨摩斯岛。

大约自公元前454年开始，希罗多德进行过多年艰苦的游历，足迹踏及波斯帝国的大部分地区。除了自己出生地卡里亚(Caria)地区，他去过邻近的伊奥尼亚(Ionia)、埃奥利斯(Aeolis)等地，还前往叙利亚(Syria)、吕底亚(Lydia)、弗里吉亚(Phrygia)，向东深入巴比伦尼亚(Babylonia)，也许还到过阿拉伯半岛(Arabia)；向南到过腓尼基(Phoenicia)、埃及各地和利比亚①，最远抵达古代埃及的南端埃列凡提涅(Elephantine)②，向西到过意大利和西西里；他还横渡赫勒斯滂(Hellespont)海峡③，前往拜占庭(Byzantium)、色雷斯(Thrace)和马其顿(Macedonia)，向北渡过伊斯特河(Ister)④进入斯基泰亚(Scythia)，沿黑海北岸直抵顿河（古称塔奈斯河Tanais）及其腹地。⑤在距今2400多年前的时代，在交通设施极其落后的条件下，他不畏艰险，披荆斩棘，四处探访，克服了今人难以想象的种种困难，完成了这一堪称壮举的长途跋涉。其间，他通过实地调查，亲自采访，眼界大开；他寻访名胜古迹，考察风土人情，搜罗民间传说和趣闻轶事；他一边考察征集，一边整理分析，从而获得了极为丰富的第一手资料，为他写作《历史》打下了坚实的基础。

大约在公元前447年，希罗多德来到雅典。其时，雅典国势如日中天，作为雅典帝国首都的雅典城已成为东地中海地区乃至希腊世界的经济、政治、文化中心和海陆交通枢纽；雅典当政者动用巨资大兴土木，各地的能工巧匠汇集于此，文人墨客纷至沓来，雅典成了名副其实的“希腊的学校”。希氏在逗留雅典期间，与当时雅典的“第一公民”伯里克利⑥以及戏剧家索福克利斯⑦等政坛精英或社会名流过从甚密。他积极参加城邦的文化教育活动，写诗作文，登台演讲，据说他把自己的作品当众朗读，⑧曾获得过一笔相当丰厚的奖金。⑨

公元前443年，希罗多德和其他殖民者一道，移居到雅典在意大利建立的殖民城邦图里伊(Thurii)，成为图里伊的公民，在那里，他专心著述，直至逝世。可以大致肯定的是，大约在公元前425年，他的《历史》就已经完成并且为世人所知。相传在图里伊为希罗多德所立的墓碑上镌刻着这样的铭文：

> 这座坟墓里埋葬着吕克瑟斯的儿子希罗多德的骸骨，他是用伊奥尼亚方言写作的历史学家中之最优秀者，他是在多利斯人的国度里长大的，可是为了

---

① 按古代希腊人的观念，利比亚的地理范围大致包括除埃及以外的非洲大陆。

② 今埃及阿斯旺。

③ 今达达尼尔海峡。

④ 今多瑙河(Danube)。

⑤ 参阅中国大百科全书出版社《不列颠百科全书》国际中文版编辑部编译：《不列颠百科全书》（国际中文版），第8卷，北京：中国大百科全书出版社，2002年，第43页。

⑥ 约公元前490—公元前429年。雅典政治家、军事家、演说家。

⑦ 约公元前496—公元前406年。雅典三大悲剧家之一。

⑧ 参阅 S. Hornblower, *A Commentary on Thucydides* Vol. Ⅱ Books Ⅳ－Ⅴ.24 (Oxford: Oxford University Press, 1996), pp. 19-37.

⑨ 有的文献说这笔奖金为10塔连特(talent)，堪称巨奖。按阿提卡币制，1塔连特（相当于25.86千克）=60明那(mina)=6000德拉克马(drachma)。公元前5世纪中期，1德拉克马大约相当于一个人两天的生活费。

躲避无法忍受的流言蜚语，他把图里伊变成了自己的故乡。[①]

古希腊史学从神话与史诗发端，到希罗多德以前，历时约数百年之久，可称为史学上的“孕育期”。对于早期希腊人来说，神话就是他们过去的历史，它们先是通过口耳相传的方式流传，后又以英雄史诗等形式传承下来。虽然神话往往蕴含着历史的内核和某些真实成分，却不能等同于历史，因为它还包含了大量的虚构和传说。问题的关键在于，神话的叙事方式往往是从神意出发来解释人类的所作所为，所体现的是一种以神为中心的思维方式。与此相反，历史学从一开始就以明辨真假为基本原则，并且试图以理性的方式、以人和人类社会为本来解释事件与行为。韦尔南指出，公元前6世纪，希腊人的思想方式逐渐从神话方式（muthos）转向理性方式（logos），一个重要标志就是哲学的兴起。[②]这种转变的核心内涵是，人们认识到了自己认知能力的无限潜力以及自我感受的重要性，不再依靠超自然的力量来理解和解释自然、社会和宇宙，而是以自身的认知力和自我感受来理解和把握。以神为中心的神话史观不得不让位于以人为中心的历史观，正是在这样的思想转变过程中产生了历史学。[③]希罗多德的《历史》，既明显带有旧时代一些特点，又有许多突破和创新。这部划时代历史巨著在此时此地出现，绝非偶然。

首先，希罗多德出生地所在的小亚细亚西部是当时整个东地中海地区经济文化最发达的地区。一方面，波斯帝国崛起之后，几乎征服了西亚、北非所有文明地区，促成了空前规模的经济、文化交流和民族大融合；另一方面，就爱琴海周边地区而言，公元前7—公元前6世纪，爱琴海东岸、小亚细亚西部地区，在吸收古代埃及、巴比伦、腓尼基、赫梯（Hittite）、吕底亚等文明古国优秀成果的基础上，发展成为希腊世界经济、文化最先进的地区。[④]因此，其时希腊的科学家、哲学家、文学家、诗人等大都出自小亚细亚西部沿海及其附近诸岛，史学亦是如此。

其次，散文编纂形式的出现为史书的写作提供了重要前提。自公元前6世纪起，小亚细亚西部地区的某些城邦出现了“散文纪事家”（Logographoi）。[⑤]他们以简单的、不讲求文辞修饰的散文把关于城市、民族、王公、神庙等的起源的口头传说记述下来。最著名的“纪事家”当属米利都人赫卡泰欧斯，他撰写的《大地巡游记》（*Periegesis*，或译《地理志》），以散文记述他亲身游历各地的见闻。赫氏的作品虽未能保存下来，但是对于曾经拜读过其作品的希罗多德无疑有着重要影响。从其作品的只言片语中，可以感

① 转引自张广智主著：《西方史学史》，上海：复旦大学出版社，2005年，第13页。

② 参阅让-皮埃尔·韦尔南：《希腊思想的起源》，秦海鹰译，北京：生活·读书·新知三联书店，1996年，第9-11页。韦尔南指出，对于古希腊人而言，所谓“神话”，指的是“讲话”“叙述”，起初并不与“逻各斯”（logos）对立，逻各斯最早的含义也是“讲话”“话语”，后来才指称智性和理性。只是在公元前5世纪以后的哲学阐释和历史调查中，神话才与逻各斯对立起来，泛指一种没有严谨的论证或可信的证据支持的、虚妄的论断。从真实性的角度来讲，神话失去了信誉，与逻各斯形成对照。

③ 参阅黄洋：《希罗多德：历史学的开创与异域文明的话语》，《世界历史》2008年第4期。

④ 参阅 C. J. Emlyn-Jones, *The Ionians and Hellenism: A Study of the Cultural Achievement of the Early Greek Inhabitants of Asia Minor*（London: Routledge & Kegan Paul, 1980）, pp.164-177.

⑤ 亦译“散文说书家”。这里的logos为“传说”之意，graphoi意为“记载者”。

受到他已经具备一定的批判精神。这些著作已具备历史著作的雏形。

最后，在哲学、自然科学家的影响下，一些学者力图用批判的态度，探索人类的过去和现在，力图写出与历史事实相符的作品，希罗多德就是其中最突出的代表。需要指出的是，此前“历史”和“哲学”二词并无明确区分，被伊奥尼亚人称为ἱστορίη（历史）的，正是雅典人所称的φιλοσοφία（哲学）。[①]二者均为探求真理的学问和活动，但侧重点有所不同，前者旨在求真，从事“发现”真理，[②]后者本意为“爱智”（热爱智慧）。在希罗多德时代，“历史”本意为“探究”“调查”之意。“历史”探究未知的领域、未知的世界，这和哲学、科学可谓殊途同归。而希罗多德的探究首先意味着游历、考察那些陌生的地区、陌生的国度，力求发现新的知识、新的史实。后世学者将希罗多德著作的题目定为Ἡροδότου Ἱστορίαι，[③]按其原意应为“希罗多德的调查报告”，即他的调查研究的成果。及至公元前4世纪，人们才开始把他所撰写的著作称为“历史”（接近于后世历史著作之意）。那些哲学家、科学家们旺盛的求知欲，以及他们探索大自然奥秘的勇气、毅力、思想和方法，都给了希罗多德以直接的影响。

希罗多德生逢希腊城邦蓬勃发展、欣欣向荣的时代，耳闻目睹弱小的希腊城邦击败波斯帝国的倾国之师，那无疑是当代最重大的事件之一。当时希腊诸邦的盟主斯巴达拥有重装步兵8000~9000人，雅典公民总数不过约3万人，而据希罗多德（Ⅶ.186）记载，波斯帝国军队总数达500多万人，近代研究者普遍认为这个数字是明显夸大失实的。[④]虽然如此，波斯兵力在数量上大大超过希腊人，则是确凿无疑的事实。希腊人在这场生

① 雅典人虽属于伊奥尼亚人，操伊奥尼亚方言，但是希腊历史文献中的“伊奥尼亚”，通常系指小亚细亚西部的伊奥尼亚人殖民地。

② 参阅R. G. 柯林武德：《历史的观念》，何兆武、张文杰译，北京：商务印书馆，1997年，第49页。

③ Herodotus, *Historiae*, Translated by A. D. Godley, *The Loeb Classical Library*, Havard University Press, London, 1925, 1981, Vol. 1, p.2.

④ 关于薛西斯大军的人数，古代作家的说法并不一致，近代学者的估计也不统一，不少学者认为其海陆总兵力为50万人左右。在新版《剑桥古代史》中，N. G. L. 哈蒙德就薛西斯的兵力数量进行了较为详细的考证，得出结论是：陆军总数约22万人，另有约2.2万勤杂人员（J. 鲍德曼等主编：《剑桥古代史》第4卷，剑桥：剑桥大学出版社，2002年，第526–535页）。笔者认为，希罗多德所提及的波斯陆军数字虽有失实之处，但也并非没有较为可靠的参考数字。萨拉米斯海战之后，薛西斯率军撤离希腊回国，留下精锐军队驻守普拉提亚。翌年的普拉提亚之战，是波斯战争中最重要的陆战。希罗多德（Ⅸ.28–30）统计希腊诸邦的作战人员、勤杂人员总数为11万人，而波斯方面，萨拉米斯海战结束后，玛尔多纽斯从薛西斯大军中挑选了战斗力最强的士兵，总数为30万人（希罗多德：Ⅷ.113）。至于这些军队在波斯全体陆军中的比例，希氏未做说明。此战一直被认为是希腊以少胜多的著名战例。因此，笔者认为，普拉提亚之战波斯军超过20万人应该属合理的估计。据希罗多德记载（Ⅸ.89–97），波斯海军当时有三列桨战舰1207艘，其他运输及辅助舰船3000艘。按亲历海战的雅典悲剧家埃斯库罗斯（埃斯库罗斯：《波斯人》，第341~343行）的说法，波斯人参加萨拉米斯海战的舰船数也是1207艘。据N. G. L. 哈蒙德的估计，海军战舰和其他船只的人员总数为40.8万人。笔者认为，N. G. L. 哈蒙德对波斯海军的估计大致合理，对波斯陆军的估计则明显偏低。波斯帝国兴起于亚细亚大陆，其利益的根本在于陆上，因而其统治者历来重视保持一支强大的陆军。从波斯进军的总体战略而言，其海军是配合陆军向希腊本土推进的。薛西斯出征途中，每到一地，必强征各族丁壮，扩充其军队数量。希罗多德对此有很多生动记载（Ⅶ. 38–40）。他估计薛西斯大军中仅来自于欧罗巴地区的就有30万（Ⅶ.185）。从总体上推断，波斯陆军人数绝不至于比海军还少。因此，N. G. L. 哈蒙德估计波斯陆海军总兵力为65万人（《剑桥古代史》第4卷，第534页），显然过低。公元前1世纪罗马传记家科尔涅留斯·奈波斯（Cornelius Nepos）依据古代史料所著《外族名将传》（泰米斯托克利，Ⅱ.5）中，认为波斯除海军以外，还有70万步兵和40万骑兵，总兵力在150万人上下。笔者认为波斯军队总数为100万人左右不失为一个合理的估计数字。

死攸关的大战中以少胜多，赢得了不可思议的胜利，促使他们当中那些有识之士进行反思：波斯人是如何兴起和对外扩张的？希腊人和异族人发生冲突的原因是什么？希腊人何以能战胜众多异族人？世界各地希腊族和其他民族的生活环境如何？有哪些趣闻轶事、独特的习俗和性格？取得过哪些令人惊叹的重要成就？等等。也许正是这样的背景促使希罗多德下定决心，深入调查世界各族人民的文化和历史，撰写一部完备的著作，探究希腊人和异族人以及异族人之间纷争的起因和过程，以传诸后世。

三、《历史》的主要内容

《历史》写作主题，早已是不成问题的问题了。我国学者不知从何时起，给希罗多德的“调查报告”增加了一个副标题——“希腊波斯战争史”，甚至认为《历史》又名《希波战争史》。[①]这样的引申是否符合希罗多德的原意暂且不论，可以肯定的是，希罗多德在其著作中使用希腊人、波斯人的概念，其内涵都不是一成不变的，皆有多层含义。当希罗多德在不同的语境下叙述希腊人或者波斯人、异族人的时候，同一概念的内涵有时也有很大差异。因此，纵然我们可以使用“希波战争”（或“波斯战争”）的概念，其内涵也可以有多种不同的界定。

希罗多德的著作原本不分卷，后来被亚历山大里亚的校注学者分为9卷，每卷卷首分别冠以一位缪斯女神，故而《历史》又名“缪斯书”。《历史》是以波斯的历史为中心，以波斯对外战争为主线，以波斯和希腊的战争为重点，记述了亚细亚、欧罗巴、利比亚三大洲（即希罗多德所知道的陆地世界）各地区、各民族的历史、地理、种族以及风俗习惯等，是一部高度统一的“百科全书”式的“世界史”巨著。[②]有研究者指出，希罗多德采用正叙与插叙交叉记述的方式，显示了他本人对于“比较重大事实和比较细小事实”的“高度的协调和综合能力”。而学界之所以认为“缪斯书”是以波斯战争为中心，并且将其内容分为两大部分，主要是因为学者们都习惯地站在希腊的立场上，用“希腊中心观”去分析、研究这部著作，而不是站在客观中立的立场上。[③]从希罗多德自己的表述（Ⅰ.5;95）来看，他所要撰写的正是一部波斯的历史。这一点从全书的谋篇布局也看得出来。全书中心明确，线索清晰，重点突出，内容广博而统一；作者的写作方式是正叙与插叙相结合。正叙部分就是波斯的兴起和对外战争，它贯穿全书，自然是全书的中心和主干；苏联学者C. Я. 卢里叶早就指出，希氏在前6卷论及欧罗巴和亚细亚之间关系的时候，“是从波斯的观点，而不是从希腊的观点叙述的”[④]。而在插叙部分则是相关国家、地区或民

① 最明显的例证如王以铸先生的中译本，直接加于书名之下；陈启能主编：《西方历史学名著提要》，南昌：江西人民出版社，2003年，第2页（作者说“该书以希波战争为主线，所以又名《希波战争史》）；《世界古代史》编写组：《世界古代史》（上册），北京：高等教育出版社，2016年，第286页。

② 参阅黄洋：《希罗多德：历史学的开创与异域文明的话语》，《世界历史》2008年第4期。

③ 参阅蒋保、邱文平、汪堂峰：《重新解读希罗多德的〈历史〉》，《历史教学问题》2001年第5期。

④ 参阅C. Я. 卢里叶：《希罗多德论》（苏联科学院出版社，1947年，载王嘉隽译《历史》卷首，北京：商务印书馆，1959年，第1–165页），第133页。

族的历史、地理、风土人情等，是正叙的补充，起着丰富、充实著作内容的作用。[1]希罗多德运用这种写作手法相当娴熟，他非常巧妙地安排所穿插的内容，并且知道应当怎样做才不至于影响整体的艺术效果。希氏将正叙和插叙完美结合，宛如"希腊悲剧中的对话和合唱队相互交替一样"[2]。美国学者J. W. 汤普森（J. W. Thompson）对希氏有过这样的评价：

> 这位"历史之父"赋与史学以庄严高贵的风格，这在过去还是从来没有过的。他能够从他的时期以前的那些被看作历史的大量杂乱无章的材料当中，即时构思成有条有理的故事；在这点上，他远远超过他以前的任何作家。……尽管他这部历史有记述文和轶事集的性质，但他还是具有无可争辩的统一性。使希罗多德的著作高出其他（著作）的是它表现了协调和综合的能力，这是他的前辈见所未见的，而且它还标志着批判性著述的开端，尽管它实际上还很朴素。[3]

事实上，细心的读者不难发现，希罗多德关于希腊城邦，无论是斯巴达还是雅典的内容，都是采用插叙的方式；倘若主要站在希腊人的角度上写作，他无论如何也没有理由不把雅典政治家梭伦、僭主皮西特拉图和克里斯提尼的相关事迹以及斯巴达的历史作为正叙内容加以记述的；特别值得注意的是，在全书结尾之处（Ⅸ.122），作者对阿腾巴列斯（Artembares）向波斯人献计的记载，也大致可以说明同样的问题。[4]因此，希罗多德（Ⅰ.1）从一开始就"根据在历史方面最有学识的波斯人的说法……"，展开他的故事；书中也屡屡把波斯帝国境内的希腊人的"起义"称为"叛离"，也就不难理解了。

《历史》构思深邃，结构完整，力图把当时全人类的物质生活和精神风貌展示给读者。全书各卷大致都有一个相对独立的主题。具体内容如下：

第1卷：主要叙述波斯的兴起和对吕底亚人、小亚细亚希腊城邦、巴比伦人以及马萨革泰人（Massagetae）的战争；说明希腊人和异族人冲突的远因和近因。插叙了波斯帝国的缔造者居鲁士的传奇身世，以及他在对外征服过程中所涉及的上述诸民族的历史文化、风俗习惯等。

第2卷：主要叙述居鲁士之子冈比西斯的继位，以及他筹划进兵埃及的过程，插入了对埃及的政治、经济、历史、地理、民俗以及宏大工程（金字塔、迷宫、运河等）的介绍；关于埃及的史料的主要来源就是作者的亲自观察所得，以及埃及孟菲斯、底比斯等地神庙中的那些知识渊博的祭司们的口述。

第3卷：主要叙述冈比西斯征服埃及，波斯帝国首都发生政变，高墨塔（Gaumata）短

---

① 参阅蒋保、邱文平、汪堂峰：《重新解读希罗多德的〈历史〉》，《历史教学问题》2001年第5期。

② 参阅C. Я. 卢里叶：《希罗多德论》，第139页。

③ J. W. 汤普森：《历史著作史》，谢德风译，李活校，上卷第1分册，北京：商务印书馆，1988年，第34-35页。

④ 参阅杨俊明、付静：《评希罗多德〈历史〉的结尾——兼论希罗多德的写作目的》，《湖南师范大学社会科学学报》2003年第1期。

暂执政，以及大流士等人组成“七人帮”，密谋刺杀巴尔迪亚，成功夺得统治权，[①]并且采取措施加以巩固，以及攻克巴比伦的经过；记载了政变者就波斯将采用哪种统治形式所展开的精彩辩论（Ⅲ.80–88），详细说明了大流士将其帝国划分为20个省区及其缴纳贡赋的情况（Ⅲ.89–97）。

第4卷：主要叙述大流士在攻取巴比伦城之后，以斯基泰人曾经侵入亚细亚为借口，御驾亲征斯基泰亚，以及派兵出征利比亚的经过。斯基泰人坚壁清野，诱敌深入，以“游击战”与波斯人周旋，使入侵者疲于应付，接连受挫。最后，大流士巧施“金蝉脱壳”之计，侥幸逃离了斯基泰亚；回师途中，他派兵征服了色雷斯。其中插叙了斯基泰人的传说、历史和民俗风情，描述了“女儿国”中阿玛宗人（Amazons）的生活习俗。

第5卷：主要叙述波斯名将麦加巴佐斯（Megabazus）在公元前499—公元前494年率军征服色雷斯，以及米利都等伊奥尼亚城邦发动反叛（“伊奥尼亚起义”），火烧萨迪斯（Sardis）的过程。暴动领导人阿里斯塔哥拉斯（Aristagoras）前往斯巴达求援遭到拒绝，而雅典等邦同意出兵相助。其中插叙了有关斯巴达的政治、历史、风俗，以及雅典摆脱皮西特拉图的僭主政治、克里斯提尼改革等内容。伊奥尼亚人的暴动和雅典人的行为激怒了大流士，一场大战势所难免。

第6卷：主要叙述波斯人取得拉德海战的决定性胜利，以及平息伊奥尼亚暴动的经过；接着叙述大流士两次派兵出征希腊：第一次，公元前492年，波斯人在阿索斯（Athos）海角遭遇风暴，300艘舰船、2万多兵士葬身海底；第二次，公元前490年，波斯大军长驱直入，攻克爱利特里亚（Eretria），随后在阿提卡登陆，双方在马拉松平原展开厮杀。结果，雅典人以少胜多，大获全胜。

第7卷：主要叙述大流士之子、波斯国王薛西斯举国动员，亲自统率海陆大军征讨希腊的经过。经过3年的准备，波斯大军再次出征，全军从赫勒斯滂海峡所架设的桥梁通过，进入欧罗巴；陆军经过艰难跋涉，抵达希腊人扼守的德摩比利（Thermopylae）关隘（即温泉关），斯巴达国王列奥尼达麾下的希腊勇士据险死守，奋起抵抗，使波斯大军一筹莫展；后波斯军出间道绕攻希腊人身后，列奥尼达率全体将士殊死搏杀，悉数阵亡。其中插叙了希腊的部分城邦结成反波斯联盟，共推斯巴达为盟主。

第8卷：主要叙述希腊联盟的海军先在阿尔特密西昂（Artemisium）与波斯人展开海战，继而从那里撤离；雅典海军统帅泰米斯托克利说服同盟海军在萨拉米斯附近集结，希腊联军最终在萨拉米斯海战中取得决定性胜利；战后薛西斯准备班师回国，他接受玛尔多纽斯（Mardonius）的建议，留下30万陆军驻守色萨利，准备翌年卷土重来。

第9卷：主要叙述希腊联军在普拉提亚（Plataea）战役中以少胜多，击败波斯大军，以及同日希腊联军在小亚细亚的米卡列，击溃了停泊在那里的波斯舰队。米卡列战役之后，希腊联军乘胜向赫勒斯滂进军，围攻位于色雷斯的波斯据点塞斯托斯（Sestos）城。此时，希腊士兵思乡心切，厌战情绪渐渐滋长；孤立无援的波斯人在夜色掩护下逃离塞斯托斯，希腊人攻占此城，然后撤兵。全书至此结束。

---

① 国际学术界在20世纪后期就此问题进行了全面深入的研究，基本确认真正的篡位者恰恰是大流士等人。参阅李铁匠：《巴尔迪亚政变辨析》，《世界史研究动态》1987年第12期。

四、希罗多德的主要成就

《历史》是一部划时代的巨著。作为希腊乃至西方史学史上第一位伟大的历史学家，希罗多德既具有散文说书家那种有闻必录的特点，又具有客观求实、科学严谨的求真精神和批判精神。《不列颠百科全书》（国际中文版）“希罗多德”条目的作者强调指出：

> 希罗多德所著《历史》的总寓意：巨大的繁荣是“一个很不可靠的东西”，它会导致衰落，特别在像薛西斯那样有骄傲和愚蠢伴随的话。薛西斯进攻希腊，按常人的全部推理来看应当是取胜的战争，但却无可挽回地失败了。希罗多德借此表明，“骄者必败”这样一个古老的教训已为他当时最伟大的历史事件所证明。希罗多德相信上天的报应是对人类邪恶、骄傲和残酷的一种惩罚，不过他在记述历史事件时重点总放在人们的行动和品格上，而不强调神的干预。这种根本上是理性主义的立场在西方史学史中乃是一项划时代的创举。①

这个评价是中肯的。希罗多德的成就是多方面的。

第一，从希罗多德撰史的宗旨来看，他力图撰写一部人类文明世界的历史，视野之开阔，内容之丰赡，皆远远超过其前辈。作者开宗明义地申明自己写史的目的（Ⅰ.0）：“以下所发表的，乃是哈利卡纳苏斯人希罗多德调查研究的成果。其所以要发表这些研究成果，是为了保存人类过去的所作所为，使之不至于随时光流逝而被人淡忘，为了使希腊人和异族人的那些值得赞叹的丰功伟绩不致失去其应有的荣光，特别是为了把他们相互争斗的原因记载下来。”这反映出他写史的宗旨，是保存人类的功绩，探求战争的起因，以为后世所借鉴。

本着这个目的，希氏全力以赴搜罗资料，记叙了当时那个“世界”的历史。他广泛采用口传史料，探索人类活动的各个方面，诸如地理环境、民族分布、经济生活、政治制度、传说往事、宗教信仰等。希罗多德强调通过他的主观努力，保存前人的功业，其实际目的是要通过对人类诸文明的叙述，从吕底亚人、埃及人、波斯人等诸民族的经历和克洛伊索斯（Croesus）、居鲁士（Cyrus）、大流士等个人的命运中，使广大读者体悟出这样的道理：命运多变，世事无常。最富有的人未必是最幸福的人，因为财富时常在更换它的主人；人们最好在事物呈现出一定趋势的初期就积极应对，未雨绸缪，防患于未然。这是希罗多德对历史和现实发展变化规则的高度概括，而在叙述“多变”“无常”的同时，隐含着他对历史发展变化的“有常”，即某种规律或必然性的理解，他希望读者能够认识到这一点，无论对于民族抑或个人，都应该随机应变，及早作出明智的抉择。

毫无疑问，希罗多德明确提出自己著作所要记载的不是奇闻轶事，而是自己的“调查研究的成果”，是经过一番筛选探究，比较分析或某种认识方法加工后而得到的学术

① 参阅中国大百科全书出版社《不列颠百科全书》国际中文版编辑部编译：《不列颠百科全书》（国际中文版），第8卷，第44页。

成果，在叙事连贯、有闻必录的基础上，论其原委，辨其真伪，把各地各族的历史纳入一个井然有序的体系之中，同时，又以当代最重大的事件——波斯战争缀其始终。历史所记载的内容除了种种现象之外，更重要的是其背后的“原因”；希氏所说的“研究”，实际上是尽可能地了解人们对同一历史事件的不同看法。这种有意识地搜集、陈列经验的行为，恰恰是系统的历史认识所迈出的第一步，也是历史研究最基础的一步。①

第二，能够综合地理解和探讨历史中的因果关系。希氏对于历史中的因果关系的看法，往往具有两面性。一方面，他虔心信神，甚至有些迷信，在其著作中屡屡提及梦、征兆、神谕以及因果报应的故事，津津有味地讨论神意及其表现；另一方面，他又接受了伊奥尼亚唯物论和怀疑主义的观点，重视探析导致事物发展变化的各种因素，尤其是其物质基础。在希罗多德看来，神祇是爱嫉妒的。在人世间，越是强大有力的人，他们往往越会依仗自己的实力继续扩充势力，力图获取更多的东西，而神祇出于嫉妒，就越发要打击这样的人，使其身败名裂。这有点类似中国古人“木秀于林，风必摧之”的观念。希罗多德的关于战争的叙述，看似平淡无奇，实际上却是在诠释一个古今通用的法则：物极必反，好战必亡。此前的强者，无一例外；现实的波斯，也注定如此。于是，不可一世的波斯人之所以败于马萨革泰人、斯基泰人和希腊人之手，也许就是因为波斯人的势力太强大了，人世间已无对手，因而其失败乃是天命、神意使然。

同时，希罗多德把伊奥尼亚科学家探索宇宙的起源和演化的方法，运用于探索各民族的历史、文化和战争的起因。这主要表现在四个方面：其一，在研究每个地区或国家的历史时，在一定程度上注意了当地生产、经济状况以及经济因素在历史发展中的作用。他详细记载了埃及人、巴比伦人兴修水利、发展农业的状况，强调指出埃及、新巴比伦王国和波斯帝国的富饶、强盛和文化发达是与其农业、手工业的繁荣和对外贸易的兴盛分不开的；一些国家向外扩张的经济动因是掠夺财富、人口、占领土地。其二，注意地理环境对人类社会的重要影响。人类生存和发展从来都离不开他们所生活的环境，地理环境对于古人的影响程度无疑更甚于今人。希氏强调指出，尼罗河流域和两河流域由于土壤疏松肥沃、气候温和、灌溉便利，因此，这些区域的人民在生产工具较为原始的情况下，种植农作物依然可以获得较好收成，从而为国势强盛和文化繁荣奠定基础。这样，他实际上揭示了古代东方之所以成为人类文明发祥地的客观条件。其三，强调人在历史发展进程中的决定性作用。他既重视叙述一般群众的历史作用（如关于对埃及大批民众参与修建金字塔以及亚非欧各族人民英勇抗击波斯人入侵的记述），又能较为中肯地评述杰出人物的历史地位。如他对于波斯帝国的缔造者居鲁士和大流士削平内乱、励精图治，巩固波斯帝国的统治的丰功伟绩，都给予了积极的评价；而对于斯巴达人、雅典人当中那些抗击波斯入侵的领导人如列奥尼达、米太雅德、泰米斯托克利以及普通民众的作用，都予以详细描述和充分肯定。值得注意的是希罗多德讨论人和国土的关系（Ⅷ.61），并且多次强调人性的弱点（Ⅶ.16、49）。这些实际上又是他的人本思想的重要体现。其四，在谈到希腊人和异族人战争的起因时，他明确指出，“根据在历史方面最有学识的波斯人的说法，腓尼基人是引起争端的肇始者”（Ⅰ.1），但似乎并未把它

① 参阅陈新：《古希腊历史认识及其理念》，《学术研究》2001年第4期。

视为战争的根本原因；在谈到波斯入侵希腊的原因时，他认为波斯人以希腊人援助米利都人暴动为借口出征希腊，其意图是尽可能多地征服希腊的城邦（Ⅵ.44）。关于希腊人战胜波斯人的原因，他作了多方面的分析，如波斯军队人数虽多，但成分复杂、劳师远袭、指挥不力、战术死板、地形不熟、贻误战机；而希军虽寡，但熟悉地形、士气高昂、以逸待劳、指挥有方、战术灵活得当，并且很好地把握住了战机。这样，希腊人和波斯人在交战的最终结果自然就截然不同了。

希罗多德目睹过以雅典为首的希腊城邦文化发展和繁荣的盛况。然而，在希罗多德看来，希腊文化的源泉在很大程度上恰恰来自东方文明古国，正如希腊的一句著名的谚语所说："光明来自东方"。希腊的文化实际上就是对东方文化的继承和发展，为此他陈述了大量相关的历史事实：东方诸民族的生产技术、神话、宗教、艺术、文字、文学、科学以及风俗习惯等等，无不影响着希腊人。他的看法在相当程度上已被当代学者的研究成果所证实。自从1980年英国学者奥斯温·穆瑞（Oswyn Murray）提出"东方化时代"（时间界定在约公元前750—公元前650年）的概念以后，很快得到国际学术界的公认。①其他学者，如马丁·贝尔纳（Matin Bernal）和沃尔特·伯科特（Walter Burkert）的相关研究成果，都从诸多方面揭示了东方文明对希腊文明的重大影响。②

在希罗多德的因果观中，宿命论和朴素的唯物史观等诸多因素是杂糅在一起的。值得注意的是，希罗多德对历史事物的分析往往具有双重性，如他在对梦作解析时，有时候认为梦是神托的，有时候又予以否认，而说是日有所思，夜有所梦（Ⅶ.16）；他还认为，冈比西斯的精神失常可能完全不是因渎神而受到的惩罚，而可能是生来所患癫痫所致。必须看到，直到古典时代，希腊普通民众科学知识有限，他们普遍是很迷信的，希罗多德往往能够对神谕、征兆等作出某种理性分析，说明他具有超出同代人的睿智。

第三，具有民族平等的思想。希罗多德是一位公正而富有同情心的观察家，他不但能够理解世界各民族之间的种种差别，而且以考察人类的不同特性和经验的广阔领域为乐事。③正如美国学者伊迪丝·汉密尔顿（Edith Hamilton）所说："他的毫无偏见已臻极致。希腊人轻视外国人——他们称外国人为'野蛮人'，但希罗多德从来不这样。希腊和波斯争战的时候，他坚定地站在希腊这一边，但他也钦佩波斯人，也赞美他们。他认为波斯人都很勇敢、侠义、诚实。他在腓尼基和埃及的见闻对他来说都是很值得赞叹的，即使在野蛮的赛西亚和利比亚他也能找到值得赞美的东西。"④无论是异族的，还是本族的，凡是美好的东西，凡是值得赞叹的，都予以肯定，尤其是对东方的文化倍加推崇。他指出，希腊的许多文化成果源自东方，希腊字母是从腓尼基人那里学来的，埃及

① O. 穆瑞：《早期希腊》（Oswyn Murry, *Early Greece*），格拉斯哥：方塔纳出版社，1980年。作者将该书第6章命名为"东方化时代"，以突显这一观点。

② 参阅 Martin Bernal, *Black Athena: The Afroasiatic Roots of Classical Civilization*, Volume I The Fabrication of Ancient Greece (New Brunswick: Rutgers University Press, 1987)，中译本可参阅郝田虎、程英译，长春：吉林出版集团，2011年；Walter Burkert, *The Orientalizing Revolution: Near Eastern Influence on Greek Culture in the Early Archaic Age* (London: Havard University Press, 1992)，此书中译本可参阅刘智译，上海：上海三联书店，2010年。

③ 杨俊明：《〈历史〉导读》，成都：四川教育出版社，2002年，第17页。

④ 依迪丝·汉密尔顿：《希腊精神：西方文明的源泉》，葛海滨译，沈阳：辽宁教育出版社，2005年，第137页。

的太阳历比希腊的历法更准确，[①]希腊人所使用的日晷最早是由巴比伦人发明的，希腊人从埃及人那里学会了几何学[②]，等等。

希罗多德从相对主义的观点出发，认为习惯成自然，各民族均把各自的习惯视为最佳，彼此应该尊重。他写道："如果有人提议来评选出世界上各种风俗中哪一种在他们看来是最好的，那么在经过考察之后，他们就肯定选择本族的风俗习惯。每个民族都深信，你们自己的习俗比所有其他民族的习俗都要好得多。"

在希罗多德看来，国家的政体，无论寡头政体、民主政体抑或专制政体，它们之间并没有明显的优劣之分，而是各有利弊。不过，由于他年轻时候在祖国的经历，使他很自然地崇尚自由，讴歌民主政治。对于波斯人，他强调其侠义、诚实、组织严密，而且称赞他们勇敢过人；同时也对波斯官僚贵族的残虐行为、后宫制度、洗劫城镇等行为，深感震惊。

希罗多德通过对埃及历史的实地考察，成为"第一个系统地记述了历史时期中存在的人与环境的关系"的学者。[③]他认为社会制度、宗教信仰、风俗习惯、文化艺术、典章制度等，都和该民族所在地区的气候、土壤、物产有关。他着重观察各民族的自然环境和社会风尚，合理地解释希腊人、埃及人、斯基泰人、利比亚人风俗和行为方式的差别。他认为自然环境有了改变，风俗习惯也相应地有所改变。希罗多德既然将人类的风俗习惯、文化制度的差异予以"自然"的说明，当然就不会在希腊人和异族人之间有任何种族歧视了。[④]

第四，多样而合乎科学的治史方法。《历史》内容浩繁，要写好这样一部史著，没有一套较为完善而且合乎科学的治史方法是难以完成的。希罗多德大胆创新，运用了丰富多样并且行之有效的治史方法：

1.坚定执着的求真精神

"文史不分家"是古代作品的普遍特征，而历史学区别于文学的最重要之处就是它所记载的事实必须是真实发生过。古希腊的历史学家都程度不同地具有求真意识，要求自己对历史事件进行客观记载，尽量排除各种主观意识于史书之外。在这方面，希罗多德颇有代表性。他认为历史是对过去的研究，其中包括两个基本要素，一个是证据，即对事实的忠实地陈述，而不是史诗或戏剧中的神话和传说；一个是推究真相的活动。[⑤]在搜集史料、考订史料方面，希罗多德是一位严肃认真的学者，态度严谨并且善于

① 埃及太阳历一年365天，而希腊各邦普遍使用太阴历（Ⅰ.32；Ⅱ.4）。

② "几何学"起源于古埃及人的"量地法"（Γεωμετρία，Geometria），由"土地"和"测量"二词合成。

③ 参阅中国大百科全书出版社《简明不列颠百科全书》编辑部译：《简明不列颠百科全书》，第8卷，北京：中国大百科全书出版社，1986年，第465页。

④ 正如有学者指出的，即便像柏拉图和亚里士多德这样的思想家，也依然坚信所谓"蛮族"是"天然的敌人"或"天然的奴隶"，这与希罗多德简直是天壤之别。参阅 Herodotus, *The Histories*, Translated by George Rawlinson with an Introduction by Rosalind Thomas (London: Everyman's Library, 1997) Introduction, p. xxxv.

⑤ Hannah Arendt, *Between Past and Future*: *Six Exercises in Political Thought* (New York: The Viking Press, 1961), p. 285.

存疑。因此，人们称赞他“是极其正直和诚恳的”①。

求真精神是希氏治史方法的精髓。这主要表现在两个方面：其一，秉笔直书，兼收并蓄，富于批判精神。他非常坦率地陈述种种故事，不断地批评所使用的史料。他认为，只要他觉得是真知灼见，哪怕大多数人不喜欢，他也绝不会避而不谈的（Ⅶ.139）。尽管希罗多德对某些史料失于轻信，但就其所生活的那个时代来说，他还是“精明而富有批评精神”②的，并且“表现出一定的理性倾向和批判能力”③。英国学者R.G.柯林武德认为，希罗多德并不是“毫无批判地相信目击者所告诉他的任何事情。相反地，他在实际上对他们的叙述是严加批判的”④。因此，对于那些无法确定其真伪的史料，他一般采用客观的陈述，由读者自己选择正确答案。他写道：“就我本人而言，我的职责是报导我所听说的一切，但我并没有义务相信其中的每一件事情。——对于我的整个这部历史来说，这个评论都是适用的。”⑤（Ⅶ.152）正因为这样，《历史》所保存的史料是相当丰富的。其二，重视实地考察，强调独立思考。如果没有极为强烈的求知欲和坚定不移的信念，希罗多德长时间艰苦卓绝的实地考察活动，是根本不可能完成的。他指出（Ⅱ.99），“关于埃及的内容，是来自我个人亲自观察，叙述的是我独立思考而形成的意见，还有我亲自调查研究的结果”。我们知道，希罗多德所搜集的史料不仅有政治、经济、法律、历史文献和许多神话、传说、宗教方面的材料，还有丰富的遗物古迹、现实材料和各种民族学、人类学、动物学、农学、医学以及地质学的资料，其著作堪称一部“百科全书”。而作者只懂希腊语，当时能直接利用的希腊语文献极少，因此希罗多德撰写《历史》，首要是靠他个人的观察和探寻的资料。一方面，他周游各地，进行广泛的实地考察。每到一地，他总是向各种人等了解当地历史，特别是去拜访当地知识渊博的祭司。在调查过程中，一旦发现某个重大历史问题需要厘清时，便立即改变行程，不辞辛劳地去寻根问底，核对史实。希罗多德这种注重实地考察（正合ἱστορίη本义）的精神，为其后西方古典史家所效仿，并且发展成为西方史学研究者迄今所尊奉的一个优良传统。另一方面，他通过比较各种说法之异同，从中剔除伪史，保存信史。他常常举出两种或更多的不同的说法，然后谨慎地作出选择，肯定其中一种他认为是最合理的解释。在不能断定史料之真伪时，或者存疑，或采取“客观主义”态度。另外，他还能初步运用追溯语源的办法来取得古代历史的史料。古代的城市、民族和国家的名称往往是从其建立者或始祖的名字派生而来。他推论说，波斯人的名称源自波塞斯（Perses），希腊人是从希伦（Hellen），多利斯人是从多鲁斯（Dorus）衍生而来的。

希罗多德是一位富有批判精神的学者，在叙述历史事件和人物时，他总是尽可能地指明其出处、来源并加以评述，有时甚至对那些流行的故事加以尖锐的批评和嘲笑。而每当他掌握了一种他认为更为可信的说法的时候，就会毫不犹豫地摈弃其他的说法。

---

① С. Я. 卢里叶：《希罗多德论》，第128页。

② R. G. 柯林武德：《历史的观念》，第54页。

③ 汉默顿编：《西方名著提要》（历史学部分），何宁、赖元晋编译．北京：商务印书馆，1987年，第2页。

④ R. G. 柯林武德：《历史的观念》，第57页。

⑤ 类似的表述在其著作中多次出现，如“埃及人所讲述的这些故事，是他们相信这些故事就是历史；就我个人而言，我这整个这部著作里的任务，就是如实地记载各个民族的各种传说”（Ⅱ.123）。

但是，由于辨别真伪是以他自己所掌握的知识为依据的，因而有时也对某些确凿的记载进行错误的选择和批判，譬如他一口否定腓尼基人曾经绕行非洲的说法，却恰恰证明了故事的真实性。①

2.推陈出新的历史编年法

希罗多德在选择、排列、叙述历史事件以及对历史作出合理解释的过程中，已经意识到认识时序对解释因果的重要性；时间序列的确定，有利于人们理解事件的发生、解释某个事件与其他事件的关系。希氏独辟蹊径，在这方面作出了开拓性贡献。他的做法是把在波斯帝国所发生的事件与希腊历史纪年统一起来，将东方年代学的记录同希腊名年官纪年法联系起来，然后再插叙其他地方同时发生的事情，从而清晰地确立了记叙历史发展的纵向坐标。这种将同一事件在双方编年史上加以对照，确立其时间定位的方法，开拓了在更大范围内发现事件的内在联系，从更广阔的视角解释历史的思路。②

希罗多德在叙述吕底亚、米底、巴比伦、埃及、波斯、斯基泰亚、利比亚等国家和地区的历史时，非常巧妙地将这些国家的重大事件、历史人物与波斯帝国的统治者联系起来，从而说明其所处的时代。目前史学界关于吕底亚、米底、埃及、波斯等国的某些历史纪年，就是根据希罗多德的记载推算出来的。虽然某些年代有不少失误，但总的来说其准确性已经得到公认。国内一位古波斯史专家指出："研究米底的历史主要是依据希罗多德的《历史》的记述。希罗多德是一位谨慎的历史学者。在营救当时已被普遍遗忘的以往事件的限度内，他的记述是可靠的。"③

事实上，希罗多德的时间观念是比较清晰、明确的。正如一些学者所指出："《历史》的前半部分是按照波斯帝国发展的年代顺序写作的，后半部分是按照较为严格的年代顺序写作的。"④可见，"希罗多德在心中一定有自己的时间观"⑤。在没有任何标准纪年方法的时代，为了恢复历史事件的年代顺序，希罗多德要克服诸多困难。为此，他以波斯帝国统治者的当政时间为主轴，参照其他地方同时发生的事件来编排年代顺序。事实证明，这种纪年方法在当时不失为一种较为先进的方法。

希罗多德所记载的这些历史事件都是相互关联的，一旦确定其中某一事件的年代，其他年代也随之可以解决。他提到，薛西斯大军是在春天从萨迪斯出发远征的，而希腊海军在取得萨拉米斯海战胜利之后，拉栖代梦人在科林斯地峡修筑壁垒，工程即将告竣时，因为发生日食而突然撤退（Ⅸ.10）。据近代天文学家推算，此次日食发生在公元前480年10月2日。由此可以确定波斯帝国历史上一个非常重要的年代：波斯国王薛西斯进军希腊的时间在公元前480年春天至10月初。根据这个年代，可以较为准确地推

① 参阅希罗多德：《历史》，Ⅳ.42及附注。

② 参阅杨俊明：《〈历史〉导读》，第54–55页。修昔底德在记述某些重要年代（如伯罗奔尼撒战争爆发之年）时，也注意到将多个城邦不同纪年法相互参照，这似乎多少受到希氏的影响。参阅修昔底德：《伯罗奔尼撒战争史》，Ⅱ.2。中译本参阅徐松岩译注，上海：上海人民出版社，2017年。

③ 参阅王兴运：《希罗多德与米底》，《西南师范大学学报》（哲学社会科学版）1994年第2期。

④ T. J. Luce, *Ancient Writers* (New York: Scribner, 1982), p. 214.

⑤ T. J. Luce, *Ancient Writers* (New York: Scribner, 1982), p. 231.

算出波斯帝国前期王表：

居鲁士：公元前558—公元前530年在位
冈比西斯：公元前530—公元前522年在位
伪斯美尔迪斯：公元前522年（3月11日—9月29日）在位
大流士：公元前522—公元前486年
薛西斯：公元前486年继位，公元前480年御驾亲征希腊。

经过希罗多德创新的这种纪年方法，虽然算不上完美，但仍为后世许多史家所效仿。全书所记载史事的年代顺序基本准确，但是这种编年法不能给读者以明晰的时间概念，而且有些年代也有错误。随着考古学、亚述学的发展，现代学者根据其他资料就相关问题加以比对、补充和订正。

3. 视野广阔的历史比较法

希罗多德是世界历史上最早运用比较研究方法从事历史研究的学者。世界历史的发展纷纭复杂、丰富多彩，各个地区、民族、国家的发展道路千姿百态、异彩纷呈，作为一位具有世界眼光的学者，希罗多德自然要对他耳闻目睹的各种文化加以比较，而首先是把希腊人的文化与非希腊人（异族人）的文化加以比较；其次是异族人之间以及不同方言、不同区域的希腊人的比较。如他在书中就埃及人与世界其他民族的习俗进行了广泛的对比（Ⅱ.35-36）。希罗多德的历史比较范畴相当广泛，涉及政治、经济、军事、文化、地理、习俗等领域，较好地说明了人类社会的多样性和差异性，为史学研究提供了许多参考材料，这无疑是他在史学方法方面的一个重要贡献。通过比较不同地区和民族的历史文化，希罗多德从中凝练出许多精湛而发人深省的历史训诫。同时，通过比较，可以把陌生神秘、光怪陆离的异族文化展示在读者面前，虽然希罗多德的历史比较研究方法还较为原始朴素，但是依然是希罗多德构建世界历史的重要方法。

4. 真实性和艺术性完美结合的写作方法

《历史》是用散文写成的巨著，开欧洲散文文学之先河。[①]因此，它不仅是一部古典历史学名著，而且是一部古典文学名著。作者运用高超的艺术手法，把历史真实性和艺术性有机地结合起来。希罗多德是一位故事大师，极善于编排故事：完美的背景、统一的格调及逻辑上的因果顺序，都使得他的著作常常显现戏剧性高潮。他的这种才能在对人物细致入微的刻画、生动细腻的描写、多样的选材以及语言的简洁明快等方面表现得淋漓尽致。因此，《历史》虽然卷帙浩繁，但是读起来依然让人觉得饶有兴味，毫无枯燥之感。后人称赞他的成就，说他“严肃的科学内容跟具有高度艺术性的表述方法结合在一起，他的历史也正是用散文写成的史诗”[②]。

首先，从《历史》的写作方法和结构来看，其最突出的特色就是在一个贯穿始终的骨架故事中，又嵌入了一个又一个插话故事，甚至插话之中再插话，环环相扣，形成引人入

① 参阅吉尔伯特·默雷：《古希腊文学史》，孙席珍等译，上海：上海译文出版社，1988年，第161页。
② С. Я. 卢里叶：《希罗多德论》，第146页。

胜的"故事链",而这种写作手法恰恰是东方文学的传统特色。希罗多德的成功之处在于他能够以最巧妙的手法配置各种素材,将其安插到最适当的地方。由一个主题转入另一个主题,通常都是自然过渡。我们甚至可以说,整部《历史》就是以希腊人和异族人的冲突贯穿起来的,中间穿插了很多内容,如关于斯基泰人的部分,单独看似乎是相对独立成篇的,而在全书的框架中,它只是一个特大"插话"。因此,希罗多德的著作看上去结构凌乱松散,①普通读者往往会被这种表面上的"形散"所迷惑,而其全书的布局实际上是相当严整的,是名副其实的"形散神不散"。

其次,希罗多德能够娴熟自如地运用、搭配各种不同体裁的素材,这是他的独创。②纵观全书,希罗多德具有超强的驾驭各种素材的能力,这使其著作中的插叙及插入的小故事配置得相当精妙,犹如希腊悲剧中的对话和合唱队的交替出现一样,更增添了《历史》的艺术效果。鲁斯对此予以高度评价,他认为,"希罗多德独创了一种文学形式,他把对因果关系的合理分析和对历史事件的巧妙叙述融为一体,并确为古代所有其他史家所仿效"③。

再次,《历史》的语言丰富多彩,词汇丰富,文笔华美,行文流畅可诵而有韵致。在述及传说逸闻之时,他使用了娓娓动听的民间故事语言;在表现宏大壮阔、情绪昂扬的场面时,他运用了阿提卡的悲剧词汇;在述说唇枪舌剑的论争辩难时,他采用了精巧的修辞学方法。《历史》之中不乏精彩的演说,这一点显然对修昔底德有直接影响,后世研究者对此往往有所忽视。总体而言,希罗多德的文体比修昔底德更为优美。此外,希罗多德还常常援引贤哲的名言或者格言,使其著作更富哲理。近代史学大师爱德华·吉本(Edward Gibbon)赞赏希罗多德的作品,说他"有时是写给儿童看的,有时是写给哲学家看的"④。

最后,希罗多德善于运用对比、对话来刻画人物的不同性格或者揭示不同的风俗。他在描绘梭伦造访克洛伊索斯宫廷的情景时(Ⅰ.29-33),把夜郎自大、刚愎自用的克洛伊索斯和见多识广、聪明贤达的梭伦两个形象鲜明的人物加以对照;他描述年迈多疑的米底国王阿斯泰亚基斯(Astyages),以映衬年轻果敢的波斯国王居鲁士;他把大流士即位时欢乐的场面与镇压叛乱时的惨烈场景相对比;在描写希腊人时,也运用比较的手法把斯巴达人和雅典人的性格特征充分展示出来。这样,他笔下的国王、大臣、学者、医生、士兵等,个个栩栩如生,跃然纸上。J. W. 汤普森是这样评价希罗多德的历史文学成就的:

> 在所有曾经存在的历史作家中,希罗多德是最接近于不朽的了。公元三世纪撒摩撒达人琉细安(Lucian of Samosata)曾这样写道:"我虔诚地希望能够

① 参阅蒋保、邱文平、汪堂峰:《重新解读希罗多德的〈历史〉》,《历史教学问题》2001年第5期。

② 有研究者指出,希罗多德的叙述多以口述资料为主,由于口述资料来自于记忆,如何判断记忆的真实性便成了问题。只有愈加深入地了解史家生活的社会环境及其时代精神,了解他们的局限性、他们的期望和古代读者与听众的期望,才能更好地解读他们的著作、理解古人的"生活世界"。参阅吴晓群:《公众记忆与口述传统:再论〈历史〉的真实性问题》,《新史学》2010年第2期。

③ T. J. Luce, *Ancient Writers* (New York: Scribner, 1982), p. 209.

④ T. J. Luce, *Ancient Writers* (New York: Scribner, 1982), p. 209.

模仿希罗多德……他那令人愉快的风格、他那构思的技巧、他那伊奥尼亚语的天然魅力、他那万千警句构成的财富、或者是那成匹锦绣上的万千花朵中的任何一朵，如果能学到手该多好啊！[①]

5. 首创历史叙事体

这是一种前所未有的新的历史编纂体例。古代的史书体例，大体有三种：以年代为中心的历史编年体，以人物为中心的历史传记体，以事件为中心的历史叙事体。希罗多德开宗明义，调研探究的内容大体可分为三类：人类学、制度研究、战争史。[②]此前，编年体史著已经出现，希罗多德搜集了大量史料，在此基础上加以分类、梳理、考证，将其编纂成书，融入一个完整的体例之中，从而为后世的历史叙事体奠定了基础。这种体裁成为其后西方2000多年史著的正宗体裁。“从这一意义来说，他是希腊的，因而也是欧洲历史学家第一人。”[③]

当然，希罗多德的史学思想和方法也有其时代局限，也与其自身经历有关。其一，希罗多德认为历史的发展，邦国的兴衰和人事的成败都有一定的规律性，这种规律主要表现为因果报应。和他的先辈们一样，他认为因果报应的主要动力来自神祇、天命，但希氏明显更注重人事。其二，史料中有不少错误。《历史》所涉及的内容极其广博，希罗多德不可能精通所有的知识领域。譬如他不谙军事，不善于描写恢宏的战争场面，这是他叙述军事活动时容易出错的原因之一；同时，他在无法确认史料的可信度时，往往只是依据常识来判断其正确与否，因而也造成一些错误。如他断然否认腓尼基人环绕非洲航行的真实性，就是典型例证。不过，需要说明的是，希罗多德本意只是把他所听到的传说记载下来，至于传说与历史真实之间有误差，那似乎不是希氏应该担负的责任。

五、两个值得探讨的老问题

自修昔底德以降，在欧洲学术界对希罗多德的批评之声不绝于书，而授予希罗多德“史学之祖”称号的罗马学者西塞罗，同时也称他为“谎言之祖”。古代作家由于种种原因而导致他们对希罗多德《历史》的误读。[④]时至今日，关于希罗多德撰写主题，他的世界观、历史观和治学方法，研究者们依然看法各异，这又牵涉到对这位历史学家的总体评价。实际上，国内外学者曾经讨论的关于希罗多德其人其著的许多问题，还有继续探讨的余地，某些几成定论的看法还值得重新推敲。这里仅就其中的两个问题稍加讨论。

---

① J. W. 汤普森：《历史著作史》，上卷第1分册，第35–36页。

② 阿纳尔多·莫米里亚诺：《历史与传记》，M. I. 芬利主编：《希腊的遗产》，张强等译，上海：上海人民出版社，2016年，第216页。

③ 中国大百科全书出版社《不列颠百科全书》国际中文版编辑部编译：《不列颠百科全书》（国际中文版），第8卷，第44页。

④ 郭小凌：《被误读的希罗多德》，《西学研究》第1辑，北京：商务印书馆，2003年，第8–20页。

(一)关于《历史》的主题

在国内,讨论《历史》一书的主题似乎有些画蛇添足。国内半个多世纪以来出版的相关著作,只要一提到希罗多德《历史》,往往随即就附加说明"即希腊波斯战争史"。因此,希罗多德写作的主题即希腊人和波斯人(异族人)之间的战争,早已是不刊之论。希罗多德自己申明,要使希腊人和异族人[①]的那些值得赞叹的丰功伟绩不致失去其应有的荣光,特别是为了把他们相互争斗的原因记载下来。这里的异族人,来自希腊文的οἱβάρβαρροι(相当于现代英文的barbarroies,通常被译为"野蛮人"或"未开化之人")。然而,希腊文原意为"异语之人",即"和自己说不同语言的人",对于希腊人来说,βάρβαρροι就是指非希腊人,对于波斯人来说,βάρβαρροι就是指非波斯人,对于埃及人来说,系指非埃及人(Ⅱ.158)。[②]这种称呼在某种意义上犹如犹太人称非犹太人为gentiles;也类似中国古代黄河流域诸族称呼吴楚居民为南蛮"鴃舌"之人。在希罗多德的著作中,这个词尚无明显贬义。问题是希罗多德这里所说的希腊人和异族人之间的争斗,究竟是不是流行于国内学术著作中的"希波战争"(波斯战争)的概念呢?

这里首先必须弄清"希腊人"和"波斯人"的概念。希罗多德著作中的"希腊人""波斯人",究竟具体指哪些人?笔者曾经把希罗多德著作中所有使用过希腊人和波斯人/异族人名称的地方都进行了查阅,结果发现希罗多德在使用这两个名称的时候,在不同场合和语境下,往往有不同所指。无论是希腊人,还是波斯人的概念,其内涵都不是固定不变的,在不同时代,都有其相应的民族的、地理的、历史的内容。

希罗多德《历史》中的"希腊人",大致可以归结为四种含义:(1)原始的希腊人(指居住在北希腊弗提奥提斯(Phthiotis)等地的那些人[③],以下简称"希腊人Ⅰ")。(2)本土的希腊人(其地域大致和皮拉斯基亚[④]相合,[⑤]包括希腊本土以及附近岛屿上的早期居民,以下简称"希腊人Ⅱ"[⑥])。(3)世界各地的希腊人,即居住在欧罗巴、亚细亚、利比亚各地所有的希腊人(即所谓希腊世界的希腊人,以下简称"希腊人Ⅲ")。(4)有时用以特指某地区、某城市、某方言区或某一位"希腊人"。

而《历史》中"波斯人"的概念,至少有四种含义:(1)"波斯"的波斯人,即波斯最初

① 但是,随着希腊在波斯战争中的胜利,以及古典文明高度发展,在希腊人中间逐渐流行鄙视其他民族的思想,他们开始以barbarikos作为"野蛮"的形容词,而视波斯、意大利、黑海各地的欧亚诸族为"野蛮民族";οἱβάρβαρροι这个词始有"蛮夷"之意。罗马崛起之后也称罗马和希腊以外诸族为"野蛮人"(barbarroies)。

② 希氏在书中提及,有些民族称希腊人为οἱβάρβαρροι,也就不足为奇了。

③ 参阅希罗多德:《历史》,Ⅰ.56。修昔底德(Ⅰ.3)指出,这些居民"就是原始的希腊人"。

④ Pelasgia,即皮拉斯基人居住的地方。

⑤ 参阅希罗多德:《历史》,Ⅱ.56。

⑥ 正如希罗多德(Ⅷ.132)所说,对于希腊人而言,比提洛岛更远的地方都是险象环生的,因为他们对那些地方一无所知。对他们而言,萨摩斯是和赫拉克利斯柱同样遥远的。由此造成了这样的结果:异族人由于害怕而不敢驶入萨摩斯以西的海域,同时,希腊人即使在开俄斯人的祈求之下,也不敢驶入提洛岛以东的海域。恐怖使他们之间保持着一个缓冲地带。

兴起之地的波斯人（以下简称“波斯人Ⅰ”）。[①]这里的“波斯”明显是指与“波斯人Ⅰ”相合的地域。(2)波斯帝国的波斯人，他们常常被希腊人混称为“米底人”（以下简称“波斯人Ⅱ”）。随着波斯领土的不断扩张，作为统治者和征服者的波斯人被派往帝国各地。(3)泛义的波斯人，即包括波斯人在内以及被他们征服、统治的诸民族，即所谓“异族人”。《历史》开宗明义要探讨希腊人和异族人的纠葛及其原因，这里的“异族人”，显然是泛指非希腊人，而这个概念的内涵是与波斯对外征服和扩张的过程同时扩大的，它包括波斯统治下的巴比伦人、腓尼基人、埃及人、印度人等许多非希腊语民族，甚至一度包括那些投靠到波斯人一边的希腊人（以下简称“波斯人Ⅲ”）。(4)有时用以特指某地区、某城市或某一位“波斯人”。

值得注意的是，希腊人与波斯人的关系在理论上可以有多种“组合”，而且在“波斯人Ⅲ”之中，有时也包括居住在波斯帝国境内（如小亚细亚的希腊人），或者在波斯统治者强制之下而从命出征的希腊人（如爱琴诸岛和希腊本土的某些人[②]）。因此，希罗多德所说的希腊人和异族人的丰功伟绩显然是基本上包括了当时的全世界的居民；而作者强调了希腊人和异族人的冲突，这里主要指“希腊人Ⅱ”和“波斯人Ⅲ”之间的冲突。这就是说，希罗多德心目中的“希波战争”大致是指希腊本土的希腊人与以波斯人为首的诸多异族人之间的战争，而“波斯人Ⅲ”当中一度还包括“希腊人Ⅲ”和“希腊人Ⅱ”的一部分。

明确了这一点，我们就能够理解希罗多德为什么在历史著作一开始（Ⅰ.2）就说：“根据在历史方面最有学识的波斯人的说法，腓尼基人是引起争端的肇始者。”希罗多德使用了一个很地道的波斯人的概念，认为很久以前腓尼基人的那些劫掠行为，是一系列祸端的开始。因为在波斯人的心目中，亚细亚自古以来就是隶属于他们的。[③]随后，希罗多德（Ⅰ.4）又指出，“但是接下来，波斯人认为希腊人应该受到严厉谴责，因为在他们未对欧罗巴发起任何袭击之前，希腊人就率领着一支军队入侵亚细亚了”。这里是指希腊人所发动的特洛伊战争。如果按照波斯人的看法，是腓尼基人最早惹下的祸端，但是那似乎不是什么不义之举（劫掠女子），而真正可以称得上战争远因的，就是希腊人入侵亚细亚，就是侵略了波斯的领土，或者至少是曾经侵略过波斯人的“领土”。后来，希腊人和波斯人之间的矛盾不断升级，最终爆发波斯战争。因此，在希罗多德的心目中，所谓“希波战争”（波斯战争），实际上就是希腊人和异族人（非希腊人）之间的“世界大战”；而这里的异族人（非希腊人）之中有时又包括一部分希腊人。同样，希罗多德《历史》前半部分的丰富内容，并非枝蔓丛生的“战争背景”，而恰恰就是他的主题（他还不止一次指出他所写的某些内容是题外话[④]）。希罗多德自始至终都是从波斯人的视角来理解这场战争的，波斯人离开了欧罗巴，退回亚细亚，就是退回了他们自己的“领土”了。

---

① 希罗多德（Ⅰ.153）说：“波斯人从来不在公开的市场上做买卖，而波斯境内实际上没有一个市场。”这里的波斯人以及波斯领土就是如此，因为这个时候波斯民族只是一个部落联盟，社会生产水平是相当低下的，因而在波斯（即“波斯人Ⅰ”的居住地）大概没有市场。事实上，波斯帝国境内的许多地方商品经济已经相当发达了，不可能没有市场。希罗多德同样的用法还可以参阅希罗多德：《历史》，Ⅲ.70、89、97。

② 参阅希罗多德：《历史》，Ⅶ.185。

③ 希罗多德(I.4.4)指出：“波斯人认为，亚细亚以及居住在这里的所有异语诸部族都是隶属于他们波斯人的。”

④ 如希罗多德在《历史》(Ⅶ.171)说：“关于瑞吉昂人和塔林顿人的事情，对我这部历史来说算是题外话了。”

这就是说，波斯人在欧罗巴的最后一个据点被攻下，自然就是双方战争结束的明确标志。据此，我们可以确信希罗多德的《历史》是一部完整的著作。

（二）波斯战争的起因和结束时间

如上所述，在希罗多德著作中，按照他对希腊人和异族人的理解，所谓"波斯战争"，大致可以按两个层面来理解：（1）狭义的波斯战争，即学术著作中常见的公元前500年开始、前479年结束的那场战争。（2）广义的波斯战争，泛指历史上希腊人和异族人之间的各种武装冲突。现代研究者一般按前者理解波斯战争，而希氏则往往把二者混为一谈。

国内学者一般认为波斯战争的直接原因，是雅典人援助小亚细亚希腊人（伊奥尼亚人）起义，而波斯人借机报复。事实上，小亚细亚的希腊人在起义之前，已被波斯人统治了近半个世纪，是隶属于波斯帝国的臣民，雅典人支援小亚细亚希腊人的暴动，无论出于什么理由，在波斯人看来，都是对波斯帝国事务的干涉和对帝国边疆地区的袭掠。对于帝国的主人来说，这样的行为都是绝对不可容忍的。如果任凭域外的弹丸小邦在帝国境内肆无忌惮地烧杀抢掠，那帝国秩序如何维持？因此，从波斯人的角度来看，这场大战的直接起因，就是雅典人对波斯领土的入侵和袭掠。

当然，客观地说，波斯战争的真正起因，是波斯人对外侵略扩张。毋庸否认，对外扩张和征服是奴隶制时代经济社会发展的一种主要方式，古代世界奴隶制诸强国的兴起，概莫能外。不过，举凡对外战争，侵略者往往总要寻求莫须有的理由或者借口。波斯人是如此，雅典人或马其顿人又何尝不是如此呢？

必须注意到，雅典自梭伦改革以后，公民集体内部经过一系列的调整，已经逐步走上了对外扩张的道路。虽然在扩张的过程中，常常感到力不从心。值得一提的是，雅典人在克里斯提尼改革以后不久，即击败卡尔基斯（Chalcis）人，并且在卡尔基斯的领土上安置了4000名殖民者。不过，雅典的有识之士也看到，他们在陆军方面要想与老牌霸主斯巴达抗衡，尚需时日。数年之后，米利都人领导了一场反波斯的暴动。对其时东地中海及周边国际形势不甚了解的雅典人意识到这是向外发展的大好机遇，他们贸然出兵亚细亚，就是在这样的背景下发生的。[①]

关于《历史》一书是否完成，近代以来研究者们大致有两种倾向性意见。一种意见认为希罗多德写到普拉提亚和米卡列战役便戛然而止，希腊历史上一场伟大的民族自卫战争已经结束，该书至此理应告一段落；另一种意见认为，《历史》的结尾实在算不上完美，而且希腊人和波斯人的战争远未结束，只不过是转入一个新的阶段而已。[②]其所

---

① 参阅徐松岩：《论古代雅典国家的发展道路——兼及雅典版图问题》，《四川大学学报》（哲学社会科学版）2016年第4期。

② 国内的高校教科书和某些研究者都把波斯战争的结束时间确定为公元前449年；公元前479年只是战争第一阶段的结束。如吴于廑、齐世荣主编：《世界史·古代史编》（上册），北京：高等教育出版社，1994年，第253–258页；廖学盛：《希波战争和雅典城邦制度的发展》，中国世界古代史研究会编《世界古代史研究》（第一辑），北京：北京大学出版社，1982年，第54页。

以出现这种情况，据说是因为作者的遽然离世，似乎和修昔底德的经历颇有些类似。

这两种观点看来都有相当的道理，但又都存在一些缺陷。我们不妨稍加分析。波斯战争是波斯人和希腊人之间的冲突，波斯人是战争的发动者，是矛盾冲突双方的主要一方。因此，波斯战争何时结束，首先要看波斯人如何看待这个问题。然而，长期以来人们总是习惯地站在希腊人角度去观察思考这个问题，故而才有前一种观点的出现，并且相当流行。而后一种观点则是罔顾历史上冲突双方对这个问题的看法，完全以现代人的视角去观察该历史事件，从而出现不应有的偏差。其实，当希腊人攻克波斯人在欧罗巴的最后一座据点时，希腊人认为战事已经结束，希腊反波斯联盟的盟主斯巴达人不再主持对波斯的战争，就是明证。如果说希腊人和波斯人的战争尚在持续，那么整个公元前5世纪都没有完全停止，直至公元前4世纪末，难道这也可以定为波斯战争的第三、第四甚至第五阶段吗？

如上所述，希罗多德把公元前479年年底①希腊人攻占塞斯托斯作为波斯战争的终点，符合他对这场战争的理解。古代作家修昔底德和晚后的演说家等也持同样的看法，他们在提及波斯战争时，在时间上都是有特指的。②近代以来，西方的学术著作，大都把波斯战争的结束时间确定在公元前479年。③而国内的著作，通常把波斯战争的结束时间定在公元前449年的所谓“卡里阿斯和约”。这样，许多学者进而认为，希罗多德仅仅记载了波斯战争的第一阶段；希罗多德的著作，没有完整记载波斯战争的全过程。对此，我们不敢苟同。需要指出的是，大约公元前449年，据说雅典人卡里阿斯与波斯人签订了一个和约，史称“卡里阿斯和约”。多年来，学术界对该和约签订的时间，以及是否确有其事一直都颇有争议。这主要是因为修昔底德在其历史著作中并未明确提及此事。修昔底德（Ⅰ.23）指出：“历史上最伟大的战争是波斯战争，但是那场战争在两次海战和两次陆战中就迅速决出了胜负。”④事实上，在希罗多德以及其他希腊人的心目中，那场战争已经结束了。其结束的突出标志就是希腊人把波斯人赶回了本土（亚细亚），而不是双方签订一个什么和约。况且希罗多德有时间也有热情继续写下去，希罗多德写到这个时间，显然是他自认为已经完成了写作任务，达到了写作的目的。⑤据此笔者认为，希罗多德全书至此结束完全符合作者写作的初衷，《历史》无疑是一部完整的著作。

---

① 攻占塞斯托斯的具体时间，学界尚不能完全确定。按照其时希腊的纪年方法，“冬季”是跨年度的。因此，塞斯托斯城陷的时间也许是在公元前478年初。

② 修昔底德：《伯罗奔尼撒战争史》，Ⅰ.23.1。

③ 最具代表性的观点可参阅S.霍恩布鲁尔、A.斯鲍福斯主编：《牛津古典辞书》，2003年修订版，第1145页，“波斯战争”（Persian Wars）条。

④ 狄奥多鲁斯在其《历史丛书》（Ⅻ.4）中援引公元前4世纪希腊史家埃佛鲁斯（Ephorus，约公元前405—公元前330年）的资料，认为大约在公元前5世纪中叶，雅典与波斯之间签署过一个和约。有些证据表明该此约签于公元前449年，另有其他证据证明此约签于公元前5世纪60年代。参阅S.霍恩布鲁尔、A.斯鲍福斯主编：《牛津古典辞书》，第276页。

⑤ 参阅杨俊明、付静：《评希罗多德〈历史〉的结尾——兼论希罗多德的写作目的》，《湖南师范大学社会科学学报》2003年第1期。

六、对希罗多德成就的总体评价

希罗多德是一位划时代的历史学家。他对历史学、民族学、人类学、地理学、考古学、文学等很多方面都作出了突出的贡献。然而，长期以来，人们对他的缺点的关注似乎超过了他的成就。他用朴素的唯物论的观点去观察、探究人类的历史和文化，取得了非凡的成就。但是长期以来，史学界一直都明显存在着褒修昔底德，贬希罗多德的倾向。突出表现是，对于修昔底德继承其前辈的优良传统往往轻描淡写，对于修昔底德批评希罗多德的只言片语则不遗余力地反复强调甚至有所夸大。例如，人们往往注意修昔底德著作中记载或编写了许多精彩演说，其实希罗多德的著作中的舌辩之士也不乏高论；又如，虽然与修昔底德相比，希罗多德不太善于描写战争的场面，但是希氏叙事、讲故事的才能更胜一筹；再如，人们注意到修昔底德对神谕的批判，同时强调希罗多德对神谕很崇信，然而人们却往往忽视了希氏是用一种很特别的方式对神谕作了某种否定：最崇信神谕并且最慷慨敬神的克洛伊索斯，反而遭到神谕的最严重愚弄，以至于痛失爱子、身败名裂；[①]希罗多德具有更为开阔的视野，探究的是全人类之事，而修昔底德主要着眼于希腊人的世界。此外，希罗多德颇具批判精神，这也是不容否认的。

值得注意的是，希腊民族意识实际上逐步形成的。超越城邦的泛希腊民族的意识，必然是与城邦范围内的集体意识逐渐淡化互为消长的。在城邦时代，占主导地位的意识，是城邦公民的集体意识，而不是所谓“希腊民族”的民族意识；现代的历史研究者，切不可因为希腊诸邦相互援助而把雅典人或其他希腊人想象为无私的国际主义者。希罗多德提供了确当的证据。马拉松战役阵亡者尸骨未寒，雅典人便迫不及待地对外扩张。在希腊抵御波斯入侵的联盟成立之后，“希腊使者求援，其他各邦各自心怀鬼胎，没有愿意出兵相助的”（Ⅶ.165-169）。这些城邦之所以静观其变，其目的无非是对于交战双方都可以作出圆满的交代。因此，希腊诸邦内政外交政策的根本出发点，是维护和扩大本邦的利益，不是，也不可能是所谓“希腊全民族”的利益。

如果从世界历史发展的角度来看，波斯人的开拓之功，客观上加强了近东地区诸民族之间的经济文化交流，增进了人们对古代世界历史和现实的认识，是应该予以肯定的。在希罗多德的笔下，波斯大军，浩浩荡荡，途经之地，弃石即可成山；人畜饮水，河流顿时干涸；仓皇撤军时，吃野草，啃树皮，艰难跋涉，终于重返亚细亚。在他看来，这些情况如同修筑金字塔、迷宫一样，都是值得惊叹的，而希罗多德实际上是以赞叹的口吻来记述这些人类业绩的。

应该看到，希罗多德著作内容广博，这同时也是他“错误百出”的重要原因；如若按照某些近代研究者的设想而压缩叙述主题，肯定可以少犯错误。传统认为他在叙述史事的时候，枝蔓横生，偏离主题，殊不知很多被认为偏离主题的内容，恰恰就是其正题的内容。希罗多德观察入微，兴趣广泛，“他既不天真，也不易受骗。正是这一点使得他的

① 国内学者关于希罗多德神谕讨论，参阅阮芬：《神谕与希罗多德式叙事——以吕底亚故事为例》，《世界历史》2013年第2期。

作品的前半部不仅具有很高的可读性，而且具有很高的历史价值”[①]。

希罗多德招致指责的一个至关重要的原因，是他虽身为希腊人，却并未自始至终地站在希腊人的立场上写作，相反，他的立场多变，常常批评希腊人，甚至站在异族人或者希腊人的仇敌波斯人的立场上撰写他的著作。在许多西方学者看来，甚至在那些习惯站在西方学者的立场上观察问题的中国学者看来，他的这种做法都是难以接受的。其实，这恰恰是希罗多德客观求实、秉笔直书的体现。长期以来为国内外学者所普遍称道的修昔底德史学的客观主义思想，必须根据历史事实重新加以审视。[②]

希罗多德的“世界性”视野，显然是植根于波斯帝国这个“世界级”的帝国。希罗多德的《历史》，是西方世界第一部名副其实的世界史；希罗多德也是第一位真正具有世界眼光的历史学家；[③]希罗多德的这部“百科全书”式的巨著及其对人类文化所作出的重大贡献，无疑是世界文化宝库里一份绚丽多彩的宝贵遗产。

① 参阅中国大百科全书出版社《不列颠百科全书》国际中文版编辑部编译：《不列颠百科全书》（国际中文版），第8卷，第44页。

② 参阅徐松岩译注：《伯罗奔尼撒战争史》，2017年版译序。

③ Herodotus, *The Histories*, 1997. Introduction, p. xxxv.

唯识学能够接受胡塞尔现象学中的纯粹自我吗？*

刘博达[1]

摘　要：唯识现象学是西方现象学与东方唯识学两种思想资源比较与整合下产生的重要思想成果，然而现今的唯识现象学研究主要着眼于两者之间的共同点或相近之处，却未充分看到，两者在自我问题上可能存在着较大的分歧。胡塞尔的超越论现象学认为在意识结构中存在着作为同一极点的纯粹自我，而唯识学却以对我执的破除为达到正见的必要前提。为了进入对这一问题的讨论，我们首先可以从胡塞尔现象学中总结出纯粹自我的四重意义，即作为意识行为的同一极点和习性积淀的基底，作为现象学反思的主体和注意力发出的极，作为时空上功能化了的自我，作为主体间复数的诸多自我极中的一极。而针对这四点，我们可以在《成唯识论》对我执的破斥中分别找到唯识学可能提出的异议。我们可以发现双方在论述中都涉及了自我的身体维度，对身体维度的深入思考不仅可以揭示其在思考自我问题上给我们带来的启发，而且预示了唯识现象学的一个重要的问题领域。

关键词：现象学；唯识学；纯粹自我；我执；身体

一、引言

随着现象学研究在中国的深入发展，现象学与中国及东方传统心性思想之间的对话和比较研究也随之兴盛起来，其中胡塞尔现象学和唯识学之间的比较、交流和融通就

* 本论文得到国家留学基金资助。

① 作者刘博达，维也纳大学哲学系博士研究生（沈阳 110041）。

是这一趋势中的一条重要支流。胡塞尔现象学和唯识学都以意识为自己的主要研究对象，因此两者之间分享了相当广阔的共同的问题域，并且在研究方法和研究结论上可以相互补充与借鉴。然而，现有的唯识现象学研究多聚焦于两种思想传统之间的共同点或相近之处，对两者之间可能的分歧乃至冲突却着力较少。对“自我”这一概念的理解与立场便是两者可能的分歧点之一。

作为源起于印度与佛教传统的一类思想流派，唯识学始终以人的解脱问题作为自己研究的旨归。而佛教的一般教义认为，人之所以不能获得解脱，首要原因在于所谓“我法二执”，即对自我和事物的观念与存在产生不恰当的执着与贪念，并进而使人在各种爱欲与痛苦中流转。也正因为如此，对“我执”的破斥构成了佛教，同时也是唯识学的思想任务之一。然而在胡塞尔现象学中，至少从其超越论的现象学开始，似乎并不存在这一对“我执”的拒绝，相反，“纯粹自我”“超越论的自我”“原自我”“前自我”这些概念恰恰是胡塞尔现象学中相当重要的概念，并且也是意识结构当中最具奠基性的环节之一，可以统一为意识的自我极。

唯识现象学的研究者们当然也注意到了前述这些与自我相关的概念。在与唯识学的比较融通的过程中，一种处理方式是将胡塞尔的“前自我”“原自我”等概念与唯识学系统中可接受的“末那识”“阿赖耶识”等概念相联系，在此基础上，胡塞尔的自我观与唯识学对“我执”的破斥之间的可能的冲突便被消解了，这一立场的主要代表者为中国唯识现象学的奠基人之一倪梁康。在其2009年发表的《赖耶缘起与意识发生——唯识学与现象学在纵—横意向性研究方面的比较与互补》一文中，倪梁康将“原我现象学”与“阿赖耶现象学”，“前我现象学”与“末那现象学”视为两组两两等价的术语。[①]在其唯识现象学研究的进展中，这一处理方式基本是一以贯之的。例如，在《心性现象学的研究领域与研究方法》一文中，他写道：“在唯识学的三能变理论中，作为第一能变的藏识（阿赖耶识）和作为第二能变的思量识（末那识），都是前六识的发生学基础”，而对于胡塞尔而言，“他后期在研究手稿中所讨论的前自我（Vor-Ich）、原自我（Ur-Ich）和本我（Ego），与唯识学的三种能变是直接对应的”[②]。又如在《意识现象学与无意识研究的可能性》一文中，倪梁康表示：“这个前自我、原自我、本我的三重划分与弗洛伊德的艾斯、自我与超我的三重划分显然并不相叠合，但却十分接近佛教唯识学中的八种识和三能变的理论。如果将前自我与阿赖耶识、原自我与末那识、本我与前六识一一对照，我们会发现许多可以用作互证的意识描述性分析的结论。”[③][④]

然而也有学者提出了不同的意见，他们认为胡塞尔现象学并未摆脱“我执”。其中的代表人物之一是张祥龙，他在《唯识宗的记忆观与时间观——耿宁先生文章引出的进

① 倪梁康：《赖耶缘起与意识发生——唯识学与现象学在纵—横意向性研究方面的比较与互补》，《世界哲学》2009年第4期，第57-58页。

② 倪梁康：《心性现象学的研究领域与研究方法》，《华东师范大学学报》（哲学社会科学版）2011年第1期，第7页。

③ 倪梁康：《意识现象学与无意识研究的可能性》，《中国社会科学》2021年第3期，第153页。

④ 倪梁康的观点在学界有着广泛的影响力，并且也得到了其他研究者的共鸣，如陈群志在《现象学与唯识学具有“同构性”的跨文化省思》一文中认为，基于共同的对“内在性”的追求，胡塞尔现象学和唯识学都摆脱了对“我”与“法”的执着。参见陈群志：《现象学与唯识学具有“同构性”的跨文化省思》，《现代哲学》2015年第4期，第80页。

一步现象学探讨》一文中明确指出唯识学的立场是无我的，而胡塞尔却要求树立主体性，“即便考虑到胡塞尔对‘先验主体性’的超主客二元的和源自内时间意识流的看法，及他后期加深的交互主体性思想，他的立场与无我时间观还是有相当差距”①。徐献军也表达了类似的看法，他认为胡塞尔“仍然没有摆脱‘俱生我执’，而执著于一个恒久自我的存在”②。然而两者仅仅指出了胡塞尔现象学和唯识学在对自我的理解上存在分歧与差距，并未依据文本进行深入的论证。

因此我们可以看到，学界在胡塞尔是否摆脱了我执这一问题上尚存在争议，并且对这一问题尚未产生基于文本的足够深入的有针对性的讨论。③如果说“作为中西哲学内向化转向的典范，现象学和佛教唯识学在面对人的意识这个共同问题时，体现了两种互补性的介入角度”④，那么这种互补性不应当仅仅存在于两者的共同点和相近性之中，两者之间的分歧乃至交锋同样也是两者及唯识现象学发展的重要推动力。

在后文中，笔者将首先展示胡塞尔“纯粹自我”概念⑤的多重含义与面向，其次，笔者将根据《成唯识论》中对我执的破斥，尝试指出唯识学在这一问题上和胡塞尔可能的分歧，最后，笔者并不打算给出一个裁决性的结论，而是将指出身体性对这一讨论乃至唯识现象学的重要意义。

二、胡塞尔现象学中“纯粹自我”概念的多重含义

从《逻辑研究》到《纯粹现象学和现象学哲学的观念(第一卷)》(以下简称《观念I》)，胡塞尔的自我观存在一个明显的转变。在《逻辑研究》的“第五研究”中，胡塞尔找到了两个“自我”，即“经验自我”和“现象学的自我”。经验自我带有其身体，并且“经验自我和物理事物一样，是同一个等级的超越”⑥。而现象学的自我则是具体的“体验复合体”，

---

① 张祥龙：《唯识宗的记忆观与时间观——耿宁先生文章引出的进一步现象学探讨》，《现代哲学》2015年第2期，第61页、第103页。

② 徐献军：《霍伦斯泰因对胡塞尔的批判——兼论唯识学对自我中心主义的批判》，《科学·经济·社会》2014年第3期，第31页。

③ 除了倪梁康，张庆熊也是国内较早在唯识学和胡塞尔现象学之间开展比较研究的学者之一，但是在其《熊十力的新唯识论与胡塞尔的现象学》一书中，两种思想脉络中的自我观的比较也仍然是匮乏的。参见张庆熊：《熊十力的新唯识论与胡塞尔的现象学》，上海：上海人民出版社，2016年。

④ 王俊：《从作为普遍哲学的现象学到汉语现象学》，《中国社会科学》2020年第7期，第56页。

⑤ 读者会发现，笔者在这里将胡塞尔的“原自我”“超越论的自我”等概念统一置于“纯粹自我”这一概念之下，这当然不是说这些概念是完全的同义词，然而：在意识的结构上，原自我、超越论的自我等层面统一于纯粹自我这一自我极之中，并且因此分享了纯粹自我的诸多首要特征，以至于它们之间的差别部分而言只是语境上的[Cf.: C. Macann, *Presence and Coincidence: The Transformation of Transcendental into Ontological Phenomenology* (Dordrecht: Springer, 1991), pp. 44–45]；在胡塞尔思想的发展中，“纯粹自我”概念的提出恰恰标志着其自我观的重要转向，以至于可以说没有纯粹自我胡塞尔就不会提出后续的诸自我概念；最后，就我们的讨论目的而言，我们的任务在于通过这一概念展示唯识学和胡塞尔现象学之间的分歧，而不在于细致梳理胡塞尔相关概念的层次。这些在后文的讨论中将会更明显地体现出来。

⑥ E. 胡塞尔：《逻辑研究(第二卷 第一部分)》，倪梁康译，北京：商务印书馆，2017年，第700页。

是意识流中实项内容的大全。胡塞尔承认存在经验自我和现象学的自我，因为它们各自有其对应的直观。而对于伴随着一切意识行为但自身却不被一同直观到的自我极而言，我们找不到任何相应的充盈，“如果我们可以说是生活在有关行为之中，如果我们沉湎于例如对一个显现的过程的感知考察之中，或者沉湎于想象的游戏，沉湎于阅读一个童话、进行一个数学证明以及如此等等之中，那么我们根本不会注意到作为这些被进行的行为之关系点的自我”①。出于此胡塞尔得出结论：作为行为的关系中心的自我极只不过是形而上学的残余，“‘我在’这个命题的明见性不可能依赖于对始终可疑的、哲学的自我概念的认识和接受”②。然而在《观念I》中，胡塞尔却借助“纯粹自我”的概念认可了作为关系点的自我极的存在及其明见性：“纯粹自我似乎是某种本质上必然的东西；而且是作为在体验的每一实际的或可能的变化中某种绝对同一的东西。”③因为每一个意识行为本质上都存在一个“自我关涉性”，也就是说，所有感知、判断、意愿都是“我”在感知、“我”在判断、“我”在意愿，并且这些“我”是同一个“我”。但是，纯粹自我的空洞性被保留了下来，“除了其‘关系方式’或‘行为方式’以外，自我完全不具有本质成分，不具有可说明的内容，不可能从自在和自为方面加以描述：它是纯粹自我，仅只如此”④，它是意识的一个统一的极点，但也仅此而已，由于它不像经验自我那样具备经验性的内容，因此是“纯粹”的。

纯粹自我的空洞性很大程度上是由于它并不处于意识的素材流的内部，而是与之相互伴随却又相互区别的。意识的素材流同时也是内时间意识的河流，在其中所有意识的实项素材或感觉材料等因素以内时间意识的结构组织起自身，并且在此基础之上意识才能够去意指一个超越于这一河流之上的有意义的对象。然而纯粹自我或自我极却不是以素材的方式内在于这一河流之中的：我们无法找到河流中的任何素材性的内容并尝试通过对它的立义得到自我极。然而自我极却又是无处不在的，任何素材性的意识、意识行为及其对象都“属于”自我。在《关于时间意识的贝尔瑙手稿》中，胡塞尔明确地描述了这一自我与意识的结构：“我们在体验流中没有的是自我本身，是同一的中心，是体验流的总体内涵涉及的这个极，是自我”，“延续之物在每一个延续的相位具有一个新的内涵，但自我在时间中根本没有任何内涵，没有任何不同之物与相同之物，没有任何‘直观之物’、可感知之物、可经验之物”⑤。自我极在整个意识河流的游戏之外。

自我极与整个意识的河流的关系在胡塞尔后期的《C手稿》当中获得了更为明确的描述和界定。在《C手稿》当中，自我极也被称为“原自我”，并与“原非我”（Nicht-Ich）相对立。原非我在首要意义上是内时间意识当中涌现出来的素材，其次在扩展的意义上，所有在素材的基础之上被构造起来的对象性的诸层级也属于原非我的范围。超越论意识的最底层的结构也即前提便是作为原自我与原非我的相互奠基：“被领会为内在领域

① E.胡塞尔：《逻辑研究（第二卷 第一部分）》，第722页。
② E.胡塞尔：《逻辑研究（第二卷 第一部分）》，第699页。
③ E.胡塞尔：《纯粹现象学通论》，李幼蒸译，第174页。
④ E.胡塞尔：《纯粹现象学通论》，李幼蒸译，第233页。
⑤ 埃德蒙德.胡塞尔：《关于时间意识的贝尔瑙手稿：1917—1918》，肖德生译，北京：商务印书馆，2016年，第339-342页。

的原涌现着的当下，已经是彻底的原非我，而所有在其中被构造的和继续自身构造的，是不同层级的原非我。……不同层级的存在者的构造，世界和时间的构造，有两个原前提（Urvoraussetzungen），两个原源泉，时间化地说（对每一个时间性的构造而言）总是‘处于基础地位’（zugrundeliegen）的是：1. 我的原始的自我，作为奠基着的，作为在其诸触发与诸行动中的原自我，及其所有从属于诸本质构型（Wesensgestalten）的诸模态；2. 我的原始的原非我，作为原始的时间化的河流，及其自身作为时间化的原形式，一个对于原事物性（Ur-Sachlichkeit）而言构造着的时间领域。但是两个原根据（Urgründe）是统一的、不可分的，以及就其自身而言被视为抽象的。”[①]这一段重要文本告诉我们，作为原自我的自我极不在素材的河流之中，却与河流相互伴随，两者不能够脱离对方而单独被设想。

通过以上源于胡塞尔内时间意识现象学的讨论，我们可以明确纯粹自我的伴随性与空洞性的深层依据：首先，由于一切意识行为都在内时间意识的河流的基础之上而被构造，而纯粹自我又必然与内时间意识的河流相互伴随并相互奠基，那么当然所有意识行为也都获得了与自我的关涉性；其次，由于纯粹自我与素材性的河流相互区别，因此纯粹自我就其自身而言不具备任何直观素材，在此意义上它又是空洞的或者纯粹的。

胡塞尔对纯粹自我的讨论并不限于以上时间意识现象学的范围，但是以上讨论为我们理解纯粹自我的其他特征和意义奠定了必要的基础。在《笛卡尔式的沉思》（以下简称《沉思》）当中，由于自我极的构造功能得到了强调和凸显，故而纯粹自我又被称为“超越论的自我”。在该著作中，超越论自我被视为沉思着意识但不参与意识的伴随者。在伴随的意义上，超越论自我是意识的同一化的极点，此外超越论自我的第二个特征被描述为“习性积淀的基底”，超越论自我是承载着习性的自我。[②]然而这里有两点需要明确：其一，《沉思》当中超越论自我的这两个首要意义，即同一的关系点与习性基底，并不是平行并列的，毋宁说，恰恰由于超越论的自我是伴随着一切意识行为的同一化极点，它才能够将意识行为收藏为自己的“财富”并成为自己的习性；其二，超越论的自我虽然是习性积淀的基底，但是就其自身而言先天上是没有习性的，习性积淀已经进入到了自我的具体化阶段，超越论自我仅仅是使得积淀得以可能的前提。

纯粹自我的伴随性和空洞性在“超越论自我”的标题下得到了保留，同时《沉思》还赋予了自我极更丰富的内涵。根据胡塞尔的论述，面对世界，自我极可以有两种态度：一种是对世界“感兴趣的”，参与到世界之中的；另一种是对世界“无兴趣的”，不参与到世界之中的，借助一种独特的“自身分裂”（Ichspaltung）可以进入到第二种态度，这时自我便是一个不作为的“旁观者”，而这一旁观者恰恰也就是现象学反思的主体[③]。自我极的这一反思功能当然仍然奠基于其伴随性之上，然而在此之外又更多了一层超越论意识的“思虑者”的色彩。由此纯粹自我不再是被动的意识河流的接受者，而是主动的反

① Husserl, E., *Späte Texte über Zeitkonstitution (1929–1934): Die C-Manuskripte*, Husserliana, Materialien, Band 8, hrsg. von D. Lohmar, Dordrecht: Springer, 2006, SS. 198–199.

② Vgl. Husserl, E., *Cartesianische Meditationen und Pariser Vorträge,* Den Haag: Nijhoff, 1950, S. 30, SS. 64f., SS. 72–75.

③ Ibid., S. 73.

思者。然而借助“我能”(Ich-kann)的概念，我们会发现超越论自我的主动性并不只体现于其反思者的角色中。在《沉思》中，“我能”有两个维度的内涵：时间上的和空间上的。时间上的“我能”指自我具有将过去的意识“当下化”的能力，因而可以使得过去获得的明见性再度被明见化；空间上的“我能”指自我借助动觉化的身体具有在空间中运动自己的能力，因此可以使得事物获得多角度的显现。[①]因此我们可以说，纯粹自我在伴随意识行为的同时也是一个主动的功能化的自我。

纯粹自我还是注意力发出的极点。作为自我极的纯粹自我总是和意识素材的河流相互伴随的，而意识素材对自我的刺激或触发的力度并不均匀，因此在纯粹自我这里也会产生注意力上的差别，纯粹自我以不同的方向和醒觉程度朝向素材及其对象。[②]

另外，纯粹自我并不是唯我论式的自我，这意味着每一个主体都拥有自己的纯粹自我，胡塞尔在《纯粹现象学与现象学哲学的观念(第二卷)》中对“纯粹自我”一词的复数形式的应用[③]恰恰说明了这一点。因此在交互主体性的层面，每一个纯粹自我就是复数的纯粹自我中的一极，是世界构造中的一个中心化的极点，但这个世界是多中心的，他人同样构成了世界的其他中心。

至此我们可以总结出胡塞尔现象学中纯粹自我的四重意义：意义一，与意识素材相互伴随、不可分离但与之相区别的同一化的极点，在此基础上也是习性积淀的极点；意义二，意识流的反思者，并且以注意力的方式朝向素材；意义三，在时间和空间上主动的功能化了的自我；意义四，主体间多个极点中的一极。

三、《成唯识论》对“我执”的破斥作为对纯粹自我观念的挑战

《成唯识论》是玄奘糅合印度十大论师的学说而编纂的一部论书，是中国法相唯识学的立论基础，对于体现法相唯识学的基本思想而言具有高度的代表性。对我执的破斥构成了《成唯识论》开篇的主要内容之一。依照我们的研究目的，笔者并不打算系统化或单方面地剖析唯识学破斥我执的思路和脉络，而是将根据上述总结出的纯粹自我的四组意义，以及《成唯识论》中的各组进行论证，分别指出唯识学可能从何种角度对胡塞尔的“纯粹自我”概念质疑。

---

① Ibid., S. 128, S. 133, S. 146, S. 148.

② 耿宁(Iso Kern)、张任之等学者指出，注意力问题恰恰是胡塞尔对自我极从怀疑走向接受的契机之一。参见 Iso Kern, “Selbstbewußtsein und Ich bei Husserl”, in *Husserl-Symposion Mainz,* 27.6./4.7. 1988, hrsg. von Gerhard Funke, Stuttgare: Steiner-Verl. Wiesbaden, 1989, S.55 以及张任之：《意识的“统一”与“同一”——再思胡塞尔的“纯粹自我”问题》，《哲学研究》2018年第7期，第112–113页。

③ Vgl. Husserl, E., *Ideen zu einer reinen Phänomenologie und phänomenologischen Philosophie II: Phänomenologische Untersuchungen zur Konstitution*, Den Haag: Nijhoff, 1952, S. 111.

（一）唯识学可能的对第一种意义的纯粹自我的质疑

《成唯识论》曾将小乘佛教所执的自我略分为三类："一者即蕴、二者离蕴、三者与蕴非即非离。"[①]"蕴"即色、受、想、行、识。由于胡塞尔虽然认为纯粹自我作为自我极不处在时间性的河流内部，但是同时又与之相互伴随，不可分割，因此其纯粹自我与蕴的关系当然可以被归入"与蕴非即非离"的范畴。但这一理解对于唯识学而言并不是无可指摘的："许依蕴立非即离蕴，应如瓶等非实我故。"[②]就是说，假设自我是奠基于蕴之上而被设立的，但是不等同于蕴，又不能脱离蕴，那么这一自我实际上与瓶子等实在事物分享了共同的性质，因为这些实在事物同样也可以视为"依蕴立非即离蕴"的。这样自我并未凸显出与实在事物的差别，放在胡塞尔现象学的语境中也就变成了无法论证自我是有别于物理层面的超越的另一个向度上的超越。而在唯识学的语境中，如果事物是待众缘和合而成立的，是无常的，那么这一论断也将转移到自我之上，因此也并不存在恒常的实我。

（二）唯识学可能的对第二种意义的纯粹自我的质疑

《成唯识论》曾通过设立几组二难推理的方式论证恒常的自我观念的不可靠，其中第一、第二组分别聚焦于"自我有无思虑"和"自我有无作用"。纯粹自我在第二种意义上是反思意识的主体和注意力发出与转移的极点，因此当然是有思虑和作用的。然而《成唯识论》认为，如果自我有思虑和作用，那么恰恰就说明自我是无常的："若有思虑，应是无常，非一切时有思虑故"，"若有作用，如手足等，应是无常"[③]。这是说，如果自我是有思虑和作用的，那么思虑和作用的无常特性也将进入对自我的规定，也就不存在一个恒常不变的自我的极点。当然如果在这时转而认为自我是无思虑且无作用的也无济于事，因为：假如自我是无思虑的，那么自我"应如虚空，不能作业亦不受果"[④]，就是说自我将不参与意识，意识也不能给自我带来回忆、习性等；假如自我是无作用的，那么自我"如兔角等，应非实我"[⑤]，就是说自我将成为"兔子角"一类虚构的概念。

（三）唯识学可能的对第三种意义的纯粹自我的质疑

纯粹自我在第三个意义上是在时间和空间上功能化了的自我，就其强调自我的思虑和作用而言，前述的两组二难推理当然也可以应用于这一功能化了的自我。而空间上功能化了的自我还涉及一个独特的维度即身体问题。空间上的"我能"被胡塞尔描述为在空间中运动自己的能力，除了认识论的目的外，自我还是有意志的自我，而身体运

① 《成唯识论》卷 1, CBETA 2024.R1, T31, no. 1585, p. 1c10–11.
② 同上书，CBETA 2024.R1, T31, no. 1585, p. 1c16–17.
③ 同上书，CBETA 2024.R1, T31, no. 1585, p. 1c20–27.
④ 同上书，CBETA 2024.R1, T31, no. 1585, p. 1c22–23.
⑤ 同上书，CBETA 2024.R1, T31, no. 1585, p. 1c26.

动作为自我意志的执行也就成为“意志的器官”，[①]身体是被自我“赋予灵魂”的躯体。[②]《成唯识论》在破斥外道的我执时也曾叙述这样一种观点：“执我其体虽常而量不定，随身大小有卷舒故”，[③]“量”在这里可以理解为西方哲学中的“广延”概念，这一观点认为自我的“体”是恒常不变的，与身体的运动相互伴随。但是《成唯识论》在这里沿用了其惯用的反驳思路：“我体常住，不应随身而有舒卷。既有舒卷，如橐籥风，应非常住。”[④]就是说，身体是运动变化的，假如自我随身体而运动，或者说自我必然是具身化的自我，那么自我也就不可能同时是恒常不变的。

（四）唯识学可能的对第四种意义的纯粹自我的质疑

鉴于身体性可能给纯粹自我的纯粹性带来的“污染”，我们是否可以放弃纯粹自我和身体之间的必然联结呢？实际上，熟悉胡塞尔的读者的确可能会支持这一尝试，因为胡塞尔曾不止一次表示，身体是经验自我的标志，纯粹自我恰恰意味着无身体的自我。[⑤]然而这不仅会在现象学内部引发新的问题，而且也会招致唯识学的责难，这就涉及了唯识学对纯粹自我的第四种意义的可能的质疑。纯粹自我的第四个意义涉及主体间性，纯粹自我是复数的且不同的纯粹自我之间相互区别，构成在世界之中的不同的中心点。《成唯识论》在破斥外道的我执时，曾指出外道有这样一种自我观：“执我体常周遍量同虚空，随处造业受苦乐故。”[⑥]即认为自我恒常不变，无处不在，在广延上没有大小。但是《成唯识论》认为在这一点上该立场是自相矛盾的，因为这一规定下的自我必然是没有身体性的，故而《成唯识论》反问道：“执我常遍量同虚空，应不随身受苦乐等。又常遍故应无动转，如何随身能造诸业？”[⑦]此外，一旦脱离了处境性的身体，自我还会面临与其他自我相互区别的难题，正如《成唯识论》的提问：“又所执我，一切有情为同为异？”[⑧]现象学当然不可能认为纯粹自我作为意识极点是不同的主体共享的，然而一旦认为它们是相互区别的，那么就必然会引入处境性的身体，此外我们无法找到区分不同纯粹自我的因素。如果我们说不同的自我有不同的感知、行为、回忆、习性等，那么必然会落实到不同的处境性的身体之上。

至此我们可以发现，胡塞尔现象学中纯粹自我的四个主要内涵都将面临唯识学的质疑。胡塞尔将纯粹自我视为空洞的、无内容的自我极，但同时恒常伴随着意识的流

---

① Husserl, E., *Ideen zu einer reinen Phänomenologie und phänomenologischen Philosophie II: Phänomenologische Untersuchungen zur Konstitution*, Den Haag: Nijhoff, 1952, S. 151f.

② Ibid, S.282.

③《成唯识论》卷1，CBETA 2024.R1, T31, no. 1585, p. 1b17–18.

④ 同上书，CBETA 2024.R1, T31, no. 1585, p. 1c2–4.

⑤ Vgl. Husserl, E., *Ding und Raum: Vorlesungen 1907,* ed. Claesges Ulrich, Den Haag: Nijhoff, 1973: S. 148, u. Husserl, E., *Die Krisis der europäischen Wissenschaften und die transzendentale Phänomenologie,* ed. Biemel Walter, Den Haag: Nijhoff, 1954: S. 349.

⑥《成唯识论》卷1，CBETA 2024.R1, T31, no. 1585, p. 1b16–17.

⑦ 同上书，CBETA 2024.R1, T31, no. 1585, p. 1b20–22.

⑧ 同上书，CBETA 2024.R1, T31, no. 1585, p. 1b23.

转，作为极点在意识中始终保持同一，并且在习性和世界的构造上发挥着作用，是具有“绝然明见性”[①]的“超越论的自我”，这一立场唯识学完全有理由将之归入一种对恒常实我的执着。

然而我们论述的目的仅仅在于指出，鉴于唯识学对我执的破斥，胡塞尔现象学的“纯粹自我”概念并不能与唯识学很好地相融合，两者之间的分歧是存在的。我们并未做出裁决性的判断，即双方之中哪一方的立场是更合理的。实际上，双方都可以根据自己的论述而对对方质疑，因此根据以上论述尚无法就自我极的存在与存在方式问题得出结论性的评判，例如：在身体问题上，唯识学的确以自己的方式指出没有身体的自我极将面临相互区分的难题；而站在现象学的角度上，胡塞尔也可以对《成唯识论》的诸多论证提出自己的反驳，如根据胡塞尔对于奠基关系的理解，自我在思虑与作用的同时，完全可以使意识素材层面的流变“不进入”对自我的规定，因此并不能依据彼一方的流转否定此一方的同一性，再如，胡塞尔已经明确指出纯粹自我是与物理事物层面的超越不同的另一个方向上的超越，因此《成唯识论》对第一个意义上的纯粹自我的质疑对于胡塞尔而言是无效的。

然而笔者进一步将引入一个新的维度来深化以上的讨论：存在一个因素，无论是胡塞尔对纯粹自我的讨论还是《成唯识论》对我执的破斥都涉及了这一因素，但是这一因素在现今的唯识现象学讨论中却未引起足够的重视，这一因素就是自我的身体。

四、处于讨论盲点中的身体

对于我们的讨论而言，身体的角色和作用尚处于盲点之中。这并不意味着身体的维度尚未被两方触及，而是尚处于讨论的边缘。然而笔者将指出身体对于双方关于自我的讨论而言为何具有重要的意义，并且身体对整个唯识现象学发展的意义也将通过我们的讨论而得到管窥。

我们可以继续按照前文总结出的纯粹自我的四个意义来展示身体在其中扮演的角色：

其一，对于作为行为的关系中心和习性积淀的基底的纯粹自我而言，不论是马尔巴赫，还是胡塞尔本人，都发现了一个“身体中心化”（Leibzentrierung）和“自我中心化”（Ichzentrierung）的类比，[②]这一类比的意义在于，身体同样扮演了诸意识行为的中心点的角色，同样是一个构造世界的中心化的极点。正如自我极伴随着一切意识行为一样，身体也首先在感知意识中伴随着意识的构造行为，其次在回忆和想象中成为回忆中的身体和想象中的拟-身体化的视角，并在此基础上成为有习性的身体。然而仅仅是类比

① Vgl. Husserl, E., *Cartesianische Meditationen und Pariser Vorträge,* Den Haag: Nijhoff, 1950, S. 61ff.

② Vgl. Marbach, E., *Das Problem des Ich in der Phänomenologie Husserls,* Den Haag: Nijhoff, 1974, SS. 159–175, u. Husserl, E., *Ideen zu einer reinen Phänomenologie und phänomenologischen Philosophie II: Phänomenologische Untersuchungen zur Konstitution*, Den Haag: Nijhoff, 1952, S. 105f.

还尚不足以揭示其中深层次的本质亦即使这一类比得以成立的基础。身体之所以能够在某种程度上和自我一样成为中心化的极点，根源正在于自我只有借助于一个身体才能获得一个世界。[①]胡塞尔对身体有系统性的讨论，这里不能详述，需要强调的是，虽然身体也有物理性的躯体的一面，却不能完全等同于物理事物，因为它还是自我的载体。

其二，对于作为反思的主体和注意力发出的极点的纯粹自我而言，不论是反思还是注意力，无疑都要基于意识的实项素材及其对象性领域才可能成立。而不论是实项素材的领域，还是在其上被构造的对象性的领域，对于胡塞尔而言无疑都是被身体性的因素中介过的。[②]

其三，对于作为自我极的主动性的“我能”而言，空间上的“我能”当然无法脱离身体而被思考，而在《被动综合分析》的附录中，胡塞尔也提到了在时间性的领域，在动机引发的领域中，也往往伴随着身体或者说动觉的中介。[③]

在唯识学对我执的破斥中，往往以自我的作用与思虑带来的变动来否定自我的恒常性，然而站在现象学的本质还原的立场而言，作用的现实运用与现实效果所带来的变动与多样性并不能否认作用的本质在其中始终保持同一。此外，通过身体与纯粹物理事物的区分我们也可以看到，身体同样构成了与物理物不同方向上的超越，与单纯“被构造”的物理物不同，身体在很大程度上是“构造着”的身体（尽管对身体的意识仍然无法脱离事物的显现而单独被设想）。

其四，对于作为主体间复数性的自我极中的一极的纯粹自我而言，身体将带来一个唯识学和胡塞尔现象学都要面对的问题域甚至是疑难。正如前文所述及的，由于身体有其物理躯体的一面，这使得胡塞尔始终强调纯粹自我就其自身而言是无身体的（leib-los），身体似乎只是世界构造中处于纯粹自我和物理事物之间的一个中介环节。然而这一立场却会在复数的自我极的区分问题上产生困难。如果纯粹自我就其自身而言是无身体的，那么不同的纯粹自我应该如何相互区分呢？在《欧洲科学的危机和超越论的现象学》中，胡塞尔曾设想，纯粹自我的区分是先天的，无需借助于身体，并且这一先天的个体性是主体自己可以直接把握到的。[④]然而这一想法只会引发更多的问题，因为这一设想并未给出任何区分性的因素，而且主体对自身先天个体性的自身把握也无法为他人的自我极的个体性提供担保。这提示我们，或许身体性的因素在更早的阶段就存在于纯粹自我的本质规定性之中。而对于唯识学而言，《成唯识论》对我执的破斥已经揭示了无身体的自我的困局，即由于不同人的自我无法区分，作业与受果将不存在主体间的差别。在佛学中，佛学以“质碍”的概念来表达西方哲学中事物的“不可入性”。“质

① Vgl. Husserl, E., *Ideen zu einer reinen Phänomenologie und phänomenologischen Philosophie II: Phänomenologische Untersuchungen zur Konstitution,* Den Haag: Nijhoff, 1952, S. 56.

② 对于胡塞尔现象学而言，实项素材被身体中介主要体现为：其一，实项素材必然和身体的运动状态亦即动觉相联系；其二，实项素材必然可划分为不同的感性区域，即视觉区域，听觉区域等，而这些区域又与诸感觉器官相对应。我们可以发现，在佛教理论中，色、声、香、味、触也与眼、耳、鼻、舌、身等“根”相对应。

③ Vgl. Husserl, E., *Analysen zur passiven Synthesis: Aus Vorlesungs- und Forschungsmanuskripten 1918-1926*, Den Haag: Nijhoff, 1966, S. 428f.

④ Vgl. Husserl, E., *Die Krisis der europäischen Wissenschaften und die transzendentale Phänomenologie,* ed. Biemel Walter, Den Haag: Nijhoff, 1954: S. 221f., S. 355, S. 480.

碍"对于佛学而言应不是事物的偶然性质，而是"诸色"的本质规定，假如一切"有情"都是有身体的，那么一切有情之间必然会通过身体的质碍而产生一种本质上的差别。借助身体与质碍，对于佛学而言，是否会产生一种绝对的人我差别呢？这是否又会重新产生一种对自我的执着呢？这是身体性向唯识学提出的问题。实际上，对于胡塞尔而言，他在《沉思》中通过对主体间的"共现"的探讨，已经涉及了身体和空间性对主体的个体性的担保，[①]但是他似乎并未充分意识到这一点的重要性，并且在后来对纯粹自我的讨论中没有再坚持这一点。

至此，我们已经展示了身体性对于自我问题特别是唯识现象学中的自我问题的重要性。

我们的研究与其说是通过比较研究来得出某种结论，毋宁说是尝试指出现有的比较研究中的不足和未来需要关注的问题：由于唯识学对我执的破斥，胡塞尔现象学中对纯粹自我的讨论可能构成了两者之间的一个重要分歧，而现有的唯识现象学研究对此关注不足；进一步而言，身体可能在这一讨论中扮演着重要的角色，然而现阶段却尚处于唯识现象学讨论的盲点之中。如果说胡塞尔现象学和佛教都是"超越论的"，[②]而胡塞尔又在《观念I》中将超越论问题解释为"功能问题"，[③]那么两者在这方面的共通性就不应仅体现为向内在性的回归，而还应体现为对人与世界的必然联系的描述与解释。一种具身化的视角，不仅仅对于唯识现象学理解自我问题而言是重要的，而且将为唯识现象学带来一个广阔的问题领域。

① Vgl. Husserl, E., *Cartesianische Meditationen und Pariser Vorträge*, Den Haag: Nijhoff, 1950, S. 148.

② 参见埃德蒙德·胡塞尔，《论〈觉者乔达摩语录〉》，刘国英译，杭州佛学院编《唯识研究（第一辑）》，上海：上海古籍出版社，2012年，第136–137页。

③ 参见E. 胡塞尔，《纯粹现象学通论》，李幼蒸译，2012年，第218–220页。

人能弘道

——安乐哲学术作品述评

梁中和　兰志杰[①]

摘　要：本文通过系统梳理著名中国哲学家、汉学家安乐哲先生的主要著作和治学之路，展示一个现代西方学者是如何了解中国、深入中国优秀传统文化，被怎样的中国文化独特性所吸引，又如何用西方人听得懂的方式解读和传播。本文发现安乐哲先生之所以立志于践行中国的哲学之道，根本原因在于他在对照西方文明的核心思想之后，发现中国哲学特别是儒家为代表的中国哲学有非常切合人性的思想，也有面向现代性世俗生活的应对能力，是对治新时代应对全球化危机和现代性问题的良药。只要深入理解和创造性地阐发中国哲学，就可以找到未来人类共享的美好的精神资源，开拓崭新的现代人类文明，真正实现人类命运共同体的协同发展。

关键词：汉学；弘道；正名；践行

安乐哲教授是中国哲学的弘道者。作为享誉世界的哲学家、汉学家，安乐哲一直在世界的舞台上弘扬中国哲学。他致力于为中国哲学“正名”，使得做中国哲学成为一项有意义的，甚至是有现实紧迫性的事业。安乐哲认为，如果我们能够严肃地对待中国哲学、真正地欣赏中国哲学，那么我们必能从中体验良多并获益无穷。对安乐哲而言，投身中国哲学并不仅仅是从事一种理论，更是参与一项实践、践行一条道。“道行之而成”。千百年来，这条道循环往复，周流不止，经沧海桑田仍历久弥新。在行道途中，弘道之人本身成为道之一种。

在安乐哲教授长达半个世纪的学术生涯中，他为学术界奉献了大量饱含真知灼见的学术作品。这些作品中既有对中国哲学典籍的翻译阐释（包括《淮南子·主术》《淮南子·原道》《孙子兵法》《孙膑兵法》《论语》《中庸》《道德经》《孝经》），也有原创性的关于

① 作者梁中和，四川大学哲学系教授、博士生导师（成都 610021）；兰志杰，西南大学哲学系博士生（重庆 400715）。

中国哲学以及中西比较哲学的作品(包括《主术:中国古代政治思想研究》《通过孔子而思》《期望中国:通过中西文化之叙述而思》《由汉而思:中西文化中的自我、真理与超越性》《先贤的民主:杜威、孔子与中国民主之希望》)。这里,我们将择取其中有代表性的几部作品,对其进行述评。

安乐哲一直强调在历史的具体语境中理解哲学思想的重要性。我们的这篇述评也将遵循这一建议。这篇述评将大致以时间之先后为序,通过聚焦于安乐哲教授发表的一系列重要的学术作品中的一部分,尽力呈现其哲学视野。囿于我们能力与篇幅的双重限制,这里不可能完全展现他的哲学思想中既一以贯之又变动不止的"道"。我们只希望能切中其中一两点。而在此之前,我们想对背景进行一番简单陈述。

一、背景与生平

西方社会对中国哲学的认识,长久以来是通过来华传教士的翻译与阐释达成的。其中,19世纪来华的苏格兰传教士、汉学先驱理雅各(James Legge)厥功至伟。他出版了五卷本的《中华经典》(*Chinese Classics*),将包括《大学》《中庸》《论语》《孟子》《诗经》在内的许多儒家经典翻译成了英语。理雅各的译本很快成为英语世界中儒家经典的首个标准译本。许多中国哲学术语的英译经由他的笔端第一次进入了英语世界,并就此成为英语世界中的标准译法并保留至今,例如,作为benevolence/virtue/perfect virtue的"仁"、作为righteousness的"义"、作为Heaven的"天",以及作为nature的"性"等。[①]不难看出,这些术语的翻译中存在着浓厚的基督教神学以及希腊哲学的色彩。

理雅各对儒家经典的翻译与阐释亦充满了基督教神学的色彩。例如,他将《孟子·尽心上》开篇孟子的话译为"He who has exhausted all his mental constitution knows his na-

---

① 在一本专门探讨安乐哲哲学方法与哲学议题的论文集的导言部分,江文思(Jim Behuniak)追溯了理雅各将"仁"译为"benevolence"的历史渊源。概言之,理雅各对benevolence的理解深受17世纪长老会主教约瑟夫·巴特勒(Joseph Butler)的影响,且理雅各觉得儒家哲学的观点(特别是孟子的观点)与巴特勒主教的主张遥相呼应。为了与托马斯·霍布斯关于人天性自利的观点相抗衡,巴特勒主教在布道中大力倡导benevolence这种德性。他认为,benevolence作为一种增进人类普遍幸福的欲求,乃是由上帝赋予的人的天性之中固有的一种德性。参见Jim Behuniak, "Introduction", in *Appreciating the Chinese Difference: Engaging Roger T. Ames on Methods, Issues, and Roles*, ed. Jim Behuniak (Albany: SUNY Press, 2018), p. 2. 另参见Norman J. Girardot, *The Victorian Translation of China: James Legge's Oriental Pilgrimage* (Berkeley: University of California Press, 2002), pp. 223–224. 此外,安乐哲在《成人之道:儒家角色伦理学论"人"》的引论部分也简要地提到了理雅各的术语翻译与巴特勒的思想之间的关联。参见安乐哲:《成人之道:儒家角色伦理学论"人"》,欧阳霄译,北京:北京大学出版社,2023年,第2–3页。

ture. Knowing his nature, he knows Heaven（尽其心者，知其性也，知其性，则知天矣）”[①]。在注释中，理雅各进一步写道：“我认为，‘尽其心’是说一个人获悉他的心灵的一切，捕捉其意识，从而确认他之所是。这当然使一个人有了对他的本性的知识，而由于此人乃天之造物（the creature of Heaven），其属性必定与之相符。但愿此处孟子能直接说‘上帝’（God）而不是‘天’（Heaven）这样一个模糊且不定的词汇。这段话中，我再也得不出任何其他的意涵了。”[②]

理雅各认为儒家的智慧源自上帝的神启。他写道：“孔子……为上帝所拔擢，以施教中华子民。”[③]从后来者的目光看，理雅各在这里误读并矮化了中国哲学，因为他使中国哲学成为基督教的附庸。但对理雅各而言，能够让儒家哲学与上帝的福音产生某种共通，可能是作为传教士的他对儒家哲学所能做出的最高赞誉。

于是，理雅各等传教士在对中国文化对外传播作出贡献的同时，也令人遗憾地误读了中国哲学。尽管20世纪以来，这种对中国哲学的基督教化的阐释逐渐式微，但它们的遗产仍保留至今。通过理雅各等人创造的术语，可以看到这些术语背后潜藏的基督教神学的预设呼之欲出。

20世纪以来，翻译与阐释中国哲学的使命逐渐落在了新一代汉学家的肩上，但中国哲学的尴尬处境依然存在。尽管汉学家们以其精湛的语言学、历史学以及文学技艺对中国文化典籍做出了精彩的阐释，但哲学视角的缺失使得他们对诸如《易经》《道德经》这类作品的理解不尽如人意。在一些汉学家的解读下，中国哲学改头换面，成为遥远东方的神秘景观，以其玄之又玄、富有诗性的语言吸引着人们的目光。但是，对于那些已经“除魔化”的心灵而言，我们似乎没有理由认真地看待这种东方宗教。[④]

安乐哲发现，在欧美的书店或大学图书馆，自理雅各以来的翻译的中国哲学的书籍往往被归类于“东方宗教”或“亚洲学”的标签下。在安乐哲看来，长久以来，中国哲学与西方哲学处于一种不对称的关系中。一方面是中国哲学界积极引介西方的智识资源以丰富自身内涵，另一方面则是西方哲学界对中国哲学的整体性忽视。[⑤]在西方视角的打

① James Legge, *The Chinese Classics*, Vol. Ⅱ The Works of Mencius (Hong Kong: Hong Kong University Press, 1960), p. 448. 作为对比，安乐哲与郝大维将《孟子·尽心上》中的这句话译为：“To make the most of one's heart-and-mind is to realize one's natural tendencies, and if one realizes one's natural tendencies, one is realizing *tian*.”可以看出，在关键的术语上，安乐哲与郝大维采取了与理雅各不同的译法。例如，两人将“心”译为“heart-and-mind”以强调中国哲学中的身心截然不可分的观念；将“知”译为“realize”以强调其实践意涵。并且，安乐哲与郝大维将“天”音译为“*tian*”以取代“Heaven”与基督教意象的密切关联。安乐哲与郝大维对《孟子·尽心上》中这句话的英译参见 Roger T. Ames and David L. Hall, *Focusing the Familiar: A Translation and Philosophical Interpretation of Zhongyong* (New York: Ballantine Books, 1998), p. 136.

② James Legge, *The Chinese Classics*, Vol. Ⅱ The Works of Mencius (Hong Kong: Hong Kong University Press, 1960), p. 448.

③ 转引自 Jim Behuniak, “Introduction”, p. 9. 原文出自 Norman J. Girardot, *The Victorian Translation of China: James Legge's Oriental Pilgrimage*, p. 225.

④ 安乐哲对中国哲学的基督教化阐释和东方主义式阐释一直持批判态度。例如，他曾在访谈中说过：“基督教化和东方主义是中国哲学一直以来遭遇的厄运。”见安乐哲与何金俐的访谈《文化对话的意义》，收录于郝大维、安乐哲：《通过孔子而思》（第二版），何金俐译，北京：北京大学出版社，2020年，第404页。

⑤ 参见安乐哲：《成人之道：儒家角色伦理学论“人”》，欧阳霄译，第2-3页。

量下,中国哲学要么是一种浅显简陋的哲学,要么干脆就不是哲学。正是在这样一种背景下,安乐哲开启了自己的中国哲学弘道之旅。

安乐哲原名Roger T. Ames,1947年12月12日出生于加拿大多伦多市。少年的安乐哲成长于温哥华。1966年,18岁的安乐哲负笈南下,前往美国加州的雷德兰兹大学(University of Redlands)读书。同一年,机缘巧合之下,他参加了香港中文大学的一个交换项目,踏上了通往中国哲学的道路。

抵达香港后,安乐哲发现自己来到了一个迥异于西方的全新世界。在香港中文大学,安乐哲先后在新亚书院与崇基学院学习。他在新亚书院听过唐君毅、牟宗三等老师的课。转学至沙田的崇基书院后,安乐哲又师从劳思光老师研读《孟子》。尽管彼时香港经济尚未腾飞,大家的生活仍比较清贫,但是,老师们充满激情的课堂却令大家乐在其中。第二年,交换项目结束后,安乐哲怀揣着一本刘殿爵翻译的《道德经》英译本,从香港返回加拿大。此时的他已有志于以中国哲学为业。

此后,安乐哲辗转于温哥华、台湾、东京、伦敦等多地,继续着自己的求学之路。他先是在不列颠哥伦比亚大学获得了汉语和哲学双学士学位,后又参加台湾大学的研究生项目,师从杨有维、方东美等学者。1972年,他从台湾大学回到不列颠哥伦比亚大学,在亚洲研究系获得硕士学位。之后,安乐哲又前往日本学习中国哲学。最后,安乐哲在伦敦大学亚非学院(School of Oriental and African Studies, SOAS)攻读博士,师从刘殿爵教授。刘殿爵重视原典的治学理念给安乐哲带来了深刻的影响。除刘殿爵外,在伦敦大学,与葛瑞汉(Angus Charles Graham)老师的交流与学习也让安乐哲受益匪浅。在刘殿爵、葛瑞汉等老师的指导下,安乐哲学业不断精进。1978年,安乐哲博士毕业。他的博士论文主题是《淮南子》中的政治哲学。

博士毕业后,在导师刘殿爵教授的推荐下,安乐哲前往夏威夷大学哲学系任教。夏威夷大学的哲学系在英美大学的哲学系中独树一帜。该系始建于20世纪30年代,由陈荣捷与查尔斯·摩尔(Charles A. Moore)共同创建,曾是西方大学中唯一一所授予中国哲学博士学位的哲学系。①

在夏威夷大学,安乐哲悉心治学,为哲学界带来了一系列充满洞见、令人耳目一新的作品。

① 以上关于安乐哲背景与生平的叙述,我们主要参考了下述作品:安乐哲:《我的学术之路》,收录于安乐哲:《自我的圆成:中西互镜下的古典儒学与道家》,彭国翔编译,石家庄:河北人民出版社,2006年,第618–626页;李文娟:《安乐哲儒家哲学研究》,北京:中国社会科学出版社,2017年,第17–25页;安乐哲:《成人之道:儒家角色伦理学论"人"》,第1–3页;Jim Behuniak, "Introduction", pp. 3–10.

二、主要作品述评

（一）汉王朝的法术与治国术——《淮南子》中的政治哲学

1983年，安乐哲的《主术：中国古代政治思想研究》(*The Art of Rulership: A Study in Ancient Chinese Political Thought*)①一书出版。这本书以概念重构的方式，追溯了“无为”“势”“法”“用众”和“利民”这五个出现在《淮南子·主术》中的重要概念的历史起源与演变。早在《淮南子》问世之前，诸如“无为”“势”“法”这类术语就为先秦诸子所共用，但在不同的学派间，同一个术语所表达的思想观念却有可能不同。于是，问题便是，《淮南子·主术》的作者(们)是如何理解与使用这些政治术语的?《主术》中这些术语所表达的思想观念与先秦诸子有何关联？为了探究这些问题，安乐哲首先考查了某个术语在先秦不同学者那里所表达的不同的思想观念，然后将之与《淮南子·主术》中这个术语所表达的观念相对照。以“法”(penal law)这个术语为例，先秦的不同学派对“法”的理解与态度不尽相同。②譬如，在道家看来，法阻碍并扭曲了人之天性的自然发挥，它所反映的不过是某个当政者的利益。儒家对法的态度要略为复杂。粗略地说，一方面，儒家对德政理想心怀憧憬，坚信唯有人文教化才是治理之本，另一方面，出于对现实情境的妥协，在实践上儒家仍给予了刑法以一席之地。最后，在诸如商鞅与韩非这样的法家人物那里，法成为君主操纵其臣民的有效手段。法之所以能够有效操纵臣民，乃是基于人“好爵禄而恶刑罚”(《商君书·错法》)的天性。此外，在法家的体系设计中，君主本人凌驾于法之上，不为法所约束。可以看出，这里所列举的先秦各学派对“法”的态度是彼此相冲突的。那么，《淮南子·主术》中对“法”的理解又如何呢？初看之下，《淮南子》中对“法”的理解与讨论“文字上相互矛盾，显得非常的不协调”。③但是，安乐哲发现，通过划分不同水准的治理以及其效果，《淮南子·主术》事实上兼容了不同学派对法的看法：“太上神化，其次使不得为非，其次赏贤而罚暴。”(《淮南子·主术》)一方面，《淮南子·主术》将法的概念建立在法家的制度框架之下，另一方面又大量吸收了道家、儒家的思想成果，并在根本上改变了法这套制度运行在法家那里的目的。《淮南子》中的法已不再是单纯服务于君主统治的手段，它更多地服务于人道之目的。此外，《淮南子·主术》中，君主本人的权威亦受法的绝对权力的约束：“法生于义，义生于众适，众适合于人心，此治之要也。”(《淮南子·主术》)

作为一部由众人汇编而成的作品，《淮南子》往往被认为缺乏独创性与内在一致性，

① 中译本参见安乐哲：《主术——中国古代政治艺术之研究》，滕复译，北京：北京大学出版社，1995年。这个中译本于2018年再版，参见安乐哲：《中国古代的统治艺术：〈淮南子·主术〉研究》，滕复译，南京：江苏凤凰文艺出版社，2018年。

② 安乐哲在书中指出，在法家学派成形之前，“法”这个词语常用以表达“模式或标准”(model or standard)而非“刑法”(penal law)，进入战国时代之后，随着法家学派的活跃，“法”才开始具有“刑法”的含义。参见安乐哲：《主术——中国古代政治艺术之研究》，第103页。

③ 安乐哲：《主术——中国古代政治艺术之研究》，第125页。

是一部拼凑之作，仅可作材料汇编一观。[①]安乐哲的研究却揭示了《淮南子》文本中存在着足够的独创性与内在一致性，因为《淮南子》对在先秦诸子那里彼此相冲突的观念自有其见解，并且以一种颇为高明的手段调和了冲突与分歧，在兼收并蓄的同时又有所发挥。

《淮南子》是汉初体现百家思想争鸣的集成之作，而《主术》则是《淮南子》中体现全书政治主张的提纲挈领之作。安乐哲选取《主术》作为主要的研究文本，可谓慧眼独具。[②]有评论者指出，尽管在安乐哲的这本书问世之前，已经有学者关注到了《淮南子》中的政治思想倾向与儒、道两家的密切关联。但是，论涉猎材料的梳理与分析之广博缜密，安乐哲的这部作品可能要独树一帜。[③]

在《主术：中国古代政治思想研究》这部作品的绪论部分，安乐哲提出了一种洞见，亦即，在阐释中国哲学的种种概念时，"透视其形而上学的基础并且揭示其内涵，是十分必要的"[④]。安乐哲发现，西方学者深入理解中国哲学的最大阻碍可能不是字词语法，而是哲学本身。这一洞见一直回响在安乐哲此后的学术作品中。

（二）夫子之道的语言与形而上学之维——《论语》译注

除了撰写原创性的学术作品外，安乐哲还翻译并诠释了包括《淮南子·原道》《孙子兵法》《孙膑兵法》在内的许多中国哲学经典。这些翻译作品大多是他与其他学者合作完成的。他与罗思文（Henry Rosemont, Jr.）合作译注的《论语》[⑤]就是其中之一。

在安乐哲与罗思文对《论语》的阐释中，他们对《论语》（以及更宽泛意义上的中国哲学作品）中的语言与形而上学预设的洞察格外引人注目。这里我们只关注其中主要的两种预设。（1）事件性的预设；（2）关联性（非指称性）的预设。

---

① 参见安乐哲：《主术——中国古代政治艺术之研究》，第5页，另参见YOUNG-TSU WONG, Review, *The Art of Rulership: A Study in Ancient Chinese Political Thought*. By Roger T. Ames: Honolulu: University of Hawaii Press, 1983. Pp. 277. *Journal of Chinese Philosophy*, 1985, 12: pp. 93-95.

② 在《主术：中国古代政治思想研究》这本书的附录部分，安乐哲提供了自己对《淮南子·主术》的英译，并辅之以精当的注释。除了《主术：中国古代政治思想研究》这部作品外，安乐哲还撰写了大量关于《淮南子》的论文与书籍。例如，1981年，安乐哲在*Journal of Chinese Philosophy*上发表了《〈淮南子〉中的〈主术〉一章：一种可实践的道家思想》（*"The Art of Rulership" Chapter of the Huai Nan Tzu: A Practicable Taoism*）一文。在这篇论文中，安乐哲反对学界的一贯解释，认为《淮南子·主术》一章并没有倡导某种法家极权主义，相反，它之中蕴含的主张更亲近于道家的无政府主义。同一年，安乐哲还在*Philosophy East and West*发表了一篇题为《〈淮南子·主术〉中的"无为"：其来源与哲学旨趣》（*Wu-wei in "The Art of Rulership" Chapter of Huai Nan Tzu: Its Sources and Philosophical Orientation*）的论文，这篇论文基本可以被视为是《主术：中国古代政治思想研究》中《无为》一章的单独列出。除此之外，1998年，安乐哲与他的老师刘殿爵合作译注的《淮南子·原道》出版，参见D.C. Lau and Roger T. Ames, *Yuan Dao: Tracing Dao to Its Source* (New York: Ballantine Books, 1998).

③ 参见YOUNG-TSU WONG, Review, *The Art of Rulership: A Study in Ancient Chinese Political Thought*. By Roger T. Ames: Honolulu: University of Hawaii Press, 1983. pp. 277. *Journal of Chinese Philosophy*, 1985, 12: pp. 93-95.

④ 安乐哲：《主术——中国古代政治艺术之研究》，第1页。

⑤ Roger T. Ames and Henry Rosemont, Jr., *The Analects of Confucius: A Philosophical Translation* (New York: Ballantine Books, 1998). 这本书目前有两个中译本，参见：（1）安乐哲、罗思文：《〈论语〉的哲学诠释：比较哲学的视域》，余瑾译，北京：中国社会科学出版社，2003年；（2）安乐哲、罗思文：《哲读论语：安乐哲与罗思文论语译注》，彭萍译，北京：中译出版社，2022年。

安乐哲与罗思文认为，包括英语在内的印欧语言基本上是实体性的（substantive）、本质主义式的（essentialistic）语言，而古汉语则是一种事件性的（eventful）语言。[①]实体性的语言关注事物的属性、“本质”或“实体”；事件性的语言则聚焦于万物之间相互关联并流变的过程——它首要的是叙事性的。语言方面的差异与形而上学方面的差异关联密切，以至于我们可以说西方哲学是通过诉诸本质、实体来认识世界的，而中国哲学则是通过事件或过程来认识世界的。我们可以通过一个具体的例子来呈现中西方哲学之间的这种差异。庭前的疏柳几经春秋，它仍是同一棵柳树。这棵树的本质一直以来同一不变，但在不同的时间，它所呈现出的表象却不尽一致。[②]面对这棵柳树，一个西方哲学家或许会感到困惑：为何它既是一又是多？为此，这个西方哲学家力图超越这棵树所呈现出的纷繁的表象，寻求其真正所是，以揭示这些变动不居表象背后的真正原因。他可能会探究这棵树能不能被还原成更基础的元素、探究这棵树与其他柳树的共同处、探究为什么这棵树会长成柳树而不是杏树，以及诸如此类。但是，根据中国哲学的观点，“在一个有着活生生的体验的世界中，我们不必被迫去关注这棵树的同一、实体或本质”[③]。诚然，在不同的时间，这棵树的表象显得各不相同。但是，这一切又有何妨碍呢？“为何表象就不能是‘真实的’呢？”[④]这棵树的形象会随四时轮换、昼夜流转而变易不止。如果说世界上有什么事物是不会变易的，那个事物就是变易本身了。

两位学者关于语言与形而上学预设的另一个观点是，在古汉语中，赋予一个语词以意义的方式有时不是通过其指称，而是通过它与其他语词的语义或语音的关联。安乐哲认为，《论语》中就存在着很多这样的关联，例如，“君”与“群”之间的关联（“德不孤、必有邻”，《论语·里仁》）、“政”与“正”之间的关联（“政者，正也”，《论语·颜渊》）、“仁”与“讱”之间的关联（“仁者，其言也讱”，《论语·颜渊》）等。[⑤]

如果这些对中国哲学中的语言以及形而上学预设的洞察是合理的，那么，在我们对《论语》的阅读中，我们也应对这些预设有其意识。也就是说，我们应当优先在事件性、关联性的意义上去理解《论语》。

首先，作为一个整体，《论语》可以被视作是一种叙事、一个故事，这个故事与我们当下之生活息息相关。“《论语》是一个永不落幕的故事。这就是说，根据这种阅读策略，读者以及注疏者的生命体验会被带到阐释中去，这使得每一个与它相遇的时光都特别无比且独一无二。”[⑥]《论语》讲述了孔子这个具体而鲜活的人如何通过与他人的关联修身成仁，从群体中脱颖而出成为典范之人并度过有意义的一生的故事。读者从孔子的故

---

① 参见 Roger T. Ames and Henry Rosemont, Jr., *The Analects of Confucius: A Philosophical Translation* (New York: Ballantine Books, 1998), pp. 20–21.

② 这个例子改编自 Roger T. Ames and Henry Rosemont, Jr., *The Analects of Confucius: A Philosophical Translation*, p.21.

③ Roger T. Ames and Henry Rosemont, Jr., *The Analects of Confucius: A Philosophical Translation*, p. 21.

④ Roger T. Ames and Henry Rosemont, Jr., *The Analects of Confucius: A Philosophical Translation*, p. 21.

⑤ 更多的例子见 Roger T. Ames and Henry Rosemont, Jr., *The Analects of Confucius: A Philosophical Translation*, pp. 28–29，以及安乐哲：《成人之道：儒家角色伦理学论“人”》，第 275–276 页。

⑥ David L. Hall and Roger T. Ames, *The Democracy of the Dead: Dewey, Confucius and the Hope for Democracy in China*（Chicago: Open Court，1999）.

事中获得的则是孔子这个具体之人带给我们的感动与启发，而不是某种抽象的教义。

其次，从微观的层次看，《论语》中的许多术语的含义也与这种事件性的、关联性的宇宙观息息相关。据此，“仁”与“知”都不能被理解为一种心理性的属性，因为它们之中已经有着实践的蕴意。“道”也不能被理解为是一种先在的、一成不变的、超越性的存在。“道”首先是一个动词，有“修筑道路”“引导”等含义。知“道”则是去体验、去阐释、去弘道以影响这个世界。①

（三）观念的视角与谱系——“中西文化比较三部曲”

“中西文化比较三部曲”（《通过孔子而思》《期望中国》《由汉而思》）由安乐哲与郝大维携手创作。两位作者的学术背景有巨大差异。安乐哲中国哲学底蕴深厚，精通中文；郝大维接受的则是典型的西方哲学教育，是首屈一指的怀特海专家。两位作者堪称典范的合作例示了中西方哲学交流互鉴的某种可能性。

在三部曲中，安乐哲与郝大维通过引介理查德·罗蒂的新实用主义、怀特海的过程哲学等英美哲学中的思想资源，为理解中国哲学提供了新的视角与方法。他们力图在西方文化的视角中重新定位中国哲学，以扫除此前西方学界对中国哲学的误读与偏见。两位学者的工作深切地改变了北美汉学的研究境况，促进了美国汉学研究的“哲学转向”。②

1987年，安乐哲与郝大维合著的《通过孔子而思》（*Thinking Through Confucius*）③一书问世。作为一部比较哲学的作品，这本书旨在通过重新阐释孔子哲学以烛照处于危机与困顿中的西方哲学。安乐哲与郝大维认为，西方哲学的种种观念建立在理性与经验、理论与实践二分的基础之上，而这种二分式思维导致了西方哲学危机的出现。根据这种二分式思维，我们对世界的经验根本上不同于我们对世界的理性认识。在这种情况下，哲学作为一种使之明晰的企图，该如何恰当地刻画我们生活的经验世界？安乐哲与郝大维认为，我们或许可以诉诸孔子哲学来探明一条道路，因为孔子哲学代表了一种与西方哲学全然不同的观念模式。在孔子那里，既没有理论与实践之间的截然二分，也“不存在任何超越性的存在者或原理”④。

为了澄清所探讨的问题，在《通过孔子而思》这本书的导论部分，安乐哲与郝大维提出了中西方观念在一些基础预设上的差异，这些差异涉及宇宙论、概念关系以及对传统与历史的理解等诸方面。

---

① 参见 David L. Hall and Roger T. Ames, *The Democracy of the Dead: Dewey, Confucius and the Hope for Democracy in China,* p. 45.

② 参见 Eske Møllgaard, “Eclipse of Reading: On the ‘Philosophical Turn’ in American Sinology”, *Dao: A Journal of Comparative Philosophy* 4, no.2(2005): 321-340.

③ David L. Hall and Roger T. Ames, *Thinking through Confucius* (Albany: SUNY Press, 1987). 这本书目前有两个中译本。分别是（1）郝大维、安乐哲：《孔子哲学思微》，蒋弋为、李志林译，南京：江苏人民出版社，1996年；（2）郝大维、安乐哲：《通过孔子而思》，何金俐译，北京：北京大学出版社，2005年（何金俐的译本于2020年出第二版）。

④ David L. Hall and Roger T. Ames, *Thinking Through Confucius* (Albany: SUNY Press, 1987), p.12.

宇宙论方面，西方的宇宙观历来为种种超越性的原理所支配，而在中国的宇宙观中，不存在任何超越性的原理或存在者。超越性的原理可以这样来界定："如果B的意义或内涵不借助原理A就无法得到全然的分析和解释，反之则不然，那么原理A对于B而言是超越性的。"①西方传统中，超越性的原理或存在者比比皆是，既有亚里士多德的神、柏拉图的理念这样超越性的存在者，又有充足理由律这样超越性的原理。我们借由这些超越性的存在者或原理来解释万物之所是。与此同时，这些原理自身恒定不变，不会受被解释之物的影响。与之形成鲜明对照的是，在孔子哲学以及更宽泛的中国哲学中，并无某种超越性的原理。如安乐哲与郝大维所强调的，孔子的道是聚焦于此世的人之道。②这种道贯通于天地间并时时与天地万物互动关联。由于世间万物时时刻刻处于变易中，这种道也充满着变易。

概念关系方面，西方传统中俯拾皆是的超越性的概念引入了一系列二元对立的概念关系（上帝与世界、秩序与混乱、存在与非存在、主体与客体、灵魂与身体、实在与表象）。构成二元关系的两个概念间绝无贯通之可能，其中一个要决定性地优于或高于另一个。例如，在亚伯拉罕宗教中，作为创造者的上帝与作为受造物的人之间存在着难以逾越的鸿沟，人永远无法如上帝那般从无中创造出什么东西。③中国哲学中则没有此类二元论的概念关系，取而代之的是相反性（polarity，也被译作"两极性""反成性"）的关系。相反性用以刻画两个事件之间的联系，相反者相成，每一个事件要成其所是，都需要另外一个与之相反的事件作为其必要条件，反之亦然。以"阴"和"阳"的关系为例，"阴"与"阳"相反而相成，二者各自的生成离不开彼此。并且，相反性的两个概念之间是对称的，不会有一方超越于另一方。正如"阴"并不超越于"阳"那般，"阳"也并不超越于"阴"。

西方传统中充斥着的超越性的原理与二元对立的概念的直接后果是，它最终塑造了一个不同于经验世界的超越性的世界。与之相反，中国的传统思想中从来没有超越于具体时空之外的另一个世界的观念，更没有用以描述另一个世界的理论。中国哲学始终立足于这个世界，传递着对这个世界的种种体验。

最后，对历史或传统的理解方面，西方的观念总体而言聚焦于历史，而中国的观念则聚焦于传统。在西方文化对历史的理解中，历史是由一个个本质上彼此独立的个体所创造的，而个体有自己独立的所思所想。在这种理解之下，即使是科学之历史，居于叙事中心的都是一个个头脑非凡的"伟大"科学家。但在中国文化中，人们往往通过传

---

① David L. Hall and Roger T. Ames, *Thinking Through Confucius* (Albany: SUNY Press, 1987), p13.

② 参见 David L. Hall and Roger T. Ames, *Thinking Through Confucians* (Albany: SUNY Press, 1987), p. 232.

③ 与之相反，安乐哲与郝大维认为，在中国文化中，神人之间存在着某种连续性——"神"这个词汇既可以用来表述"神灵"（且神灵往往是逝去的人），亦可以用来描述人之"精神"。参见 David L. Hall and Roger T. Ames, *Anticipating China: Thinking Through the Narratives of Chinese and Western Culture* (Albany: SUNY Press, 1995), p. 226. 此外，安乐哲与郝大维还写道："'神'并不是有时表示'人的精神性'，有时意为'神灵'。它总是表示这两种意思，不仅如此，我们所要做的事，就是企图从哲学上去理解，它怎么能同时表示这两个含义。"见郝大维、安乐哲：《汉哲学思维的文化探源》，施忠连译，南京：江苏人民出版社，1999年，第244页。对安乐哲与郝大维的中国文化中"神人连续观"的批评，参见普鸣：《成神：早期中国的宇宙论、祭祀与自我神话》，张常煊、李健芸译，李震校，北京：生活·读书·新知三联书店，2020年。

统来理解过去与现在，甚至是未来。人承载着观念的重负。观念并非源于虚空，而是其来有自。但我们并非对观念无能为力，因为我们可以通过阐释观念为传统创造新的意义。因此，传统既是人所身处的无可逃避的现实境况，又是可供阐释与创造的源头活水。人们可以在承继传统的基础上有所进取，在自己所处的特定时代将“道”发挥至最好。在安乐哲与郝大维看来，孔子本人即一个以传统为源泉不断创新进取之人。

除导论外，《通过孔子而思》全书以《论语·为政》第四节中夫子进德修业的历程自述为纲目，分为“吾十有五而志于学”“三十而立”“四十而不惑”“五十而知天命”“六十而耳顺”“七十而从心所欲不逾矩”共六章。在这六章中，两位作者勾勒了孔子哲学中的思维、人、美学秩序（感性秩序）、宇宙论、沟通等重要观念。在勾勒这些观念时，安乐哲与郝大维着重强调了孔子哲学与西方哲学的差异之处。

除了作为一部比较哲学的作品外，《通过孔子而思》亦可被视为是对《论语》的极佳导读。对于任何意图了解《论语》中哲学的人而言，这本书提供了弥足珍贵的视野与洞见。

在为《通过孔子而思》所写的前言中，南乐山（Robert Cummings Neville）就敏锐地预见这本书意味着“中西方思想者的哲学洞见新阶段的开启”①。果不其然，该书问世后迅速在学术界引发了广泛的热议。《通过孔子而思》的问世被誉为是“现代中国哲学研究的分水岭”②。

然而，安乐哲与郝大维并未止步于此。在《通过孔子而思》一书付梓后，安乐哲与郝大维二人意识到他们还需继续撰写续编，以进一步澄清之前提出的种种见解与论证。于是，《期望中国》（1995）与《由汉而思》（1998）两部作品相继问世。

《期望中国：通过中西文化之叙述而思》（*Anticipating China: Thinking Through the Narratives of Chinese and Western Culture*）③一书由三部分构成。在第一部分中，安乐哲与郝大维叙述了西方文化从古希腊的开端至奥古斯丁时代的演进，因为“这一时期所发明或发现的种种观念极大程度上决定了我们的智识文化的形成”④。在第二部分，安乐哲与郝大维探讨了对中西文化进行比较研究的诸种方法，并推荐以实用主义、历史主义的方式来理解中西文化之差异。在第三部分，两位作者阐释了传统中国思维在汉代文化中的体现。他们的阐释聚焦于汉代，是因为汉代关于阴阳五行与天地人关联互通的宇宙观最为典型地反映了中国文化在感悟方式上迥然有异于西方之所在。

安乐哲与郝大维在这本书中区分了两种思维方式：第一问题思维（first problematic thinking）与第二问题思维（second problematic thinking）。第一问题思维又被称为类比性思维（analogical thinking）或关联性思维（correlative thinking）。“这种思维模式接受过程

① David L. Hall and Roger T. Ames, *Thinking Through Confucians* (Albany: SUNY Press, 1987), p. xiii .

② Jim Behuniak, “Introduction”, p. 4.

③ David L. Hall and Roger T. Ames, *Anticipating China: Thinking Through the Narratives of Chinese and Western Culture* (Albany: SUNY Press, 1995). 中译本参见郝大维、安乐哲：《期望中国：中西哲学文化比较》，施忠连等译，上海：学林出版社，2005 年。

④ David L. Hall and Roger T. Ames, *Anticipating China: Thinking Through the Narratives of Chinese and Western Culture* (Albany: SUNY Press, 1995), p. xvi.

或变易之于静止或永恒的优先性，它没有预设主宰事物之普遍秩序的任何终极性力量，而是寻求通过诉诸相关联的过程而非决定性的力量或原理来解释诸事态。”[①]第二问题思维亦被称为因果性思维（causal thinking），这种思维方式将“宇宙”视为“一个由单一秩序所主导的世界”，并相信这种单一秩序是由诸如努斯、德穆格、不动的动者、上帝的意志这类创造性力量所缔造的——“构成‘这一世界’的诸事态皆由那些创造性力量所奠基，并归根结底由它们所决定。”[②]进一步而言，安乐哲与郝大维认为，第一问题思维与第二问题思维之别实质上是“美学”秩序与“理性”秩序两种秩序观之别。美学秩序是一种非宇宙论式的秩序，它更关注那些彰显了个案的过程或事件而非普遍的实体或本质，这种秩序“揭示了一个由诸种不可被取代的事物（items）所构成的特定的统一体”[③]。与之相反，理性的秩序则是“通过模式规律性（pattern regularity）得以揭示的，它与构成这个秩序的个案之实际内容无关”[④]。

安乐哲与郝大维认为，在中国占据主导地位的是第一问题思维，而主导西方的则是第二问题思维。当然，中国文化中并不乏第二问题思维，西方文化中也存在第一问题思维，不过它们都没有在各自的文化中占据主流地位。

在《期待中国》这本书中，安乐哲与郝大维挑战了雅斯贝尔斯的“轴心时代”观念。根据雅斯贝尔斯的观点，大约在公元前800年至公元前200年，世界上的几大主流文化都迎来了最具突破性的发展——在这一时期，个体首度“在超越的高度与主体性的深度中体验到了绝对”[⑤]。但是，在安乐哲与郝大维看来，诸如“绝对”“超越”与“主体性”这类概念在传统的中国文化中未必具有显著意义，尽管它们常常被视作西方智识文化发展历程中的标志性概念。

进一步而言，如果我们以这些源于西方的概念为坐标来衡量中国文化的演进，就会得出中国文化从未进步过或者进步甚缓的荒谬结论。那种将思想发展历史之演进视作是“从神话到理性、‘从宗教到哲学’、从类比性思维到因果性思维”[⑥]的观点并不适用于描述中国思想之发展历程。诚然，中国文化中并不缺乏创造性的变革与演进，但这种演

① David L. Hall and Roger T. Ames, *Anticipating China: Thinking Through the Narratives of Chinese and Western Culture* (Albany: SUNY Press, 1995), p. xvii.

② David L. Hall and Roger T. Ames, *Anticipating China*: *Thinking Through the Narratives of Chinese and Western Culture* (Albany: SUNY Press, 1995), p. xvii.

③ 参见 David L. Hall and Roger T. Ames, *Thinking Through Confucians*, (Albany: SUNY Press, 1987), p. 134.

④ 参见 David L. Hall and Roger T. Ames, *Thinking Through Confucians*, (Albany: SUNY Press, 1987), p. 134.

⑤ Karl Jaspers, *Vom Ursprung und Ziel der Geschichte*. Munich: R. Piper and Co. Verlag, 1949. 转引自 David L. Hall and Roger T. Ames, *Anticipating China: Thinking Through the Narrative of Chinese and Western Culture* p. xiii.

⑥ 参见 David L. Hall and Roger T. Ames, *Thinking through Confucians*, (Albany: SUNY Press, 1987), p. xviii.

进并不是目的论式的，也不是由某种根本性的力量所决定性地塑造的。[①]

如副标题所揭示的，《由汉而思：中西文化中的自我、真理与超越性》（*Thinking from the Han: Self, Truth and Transcendence in Chinese and Western Culture*）[②]一书围绕着“自我”“真理”与“超越性”三个关键性概念展开论述。安乐哲与郝大维指出，这三个在西方文化中居于核心地位的概念难以在中国文化中找到与之完全一致的对应物。

《由汉而思》全书分为三个部分。第一部分比较了中西方传统中关于“自我”的概念的差异。安乐哲与郝大维认为，那些在西方传统中发扬光大的种种关于自我的观念（目的论式的、形式主义式的）与中国人对自我的理解大相径庭。在中国，典型的自我观是一种焦点——场域型的自我观。这种自我观在儒家传统与道家传统中都有所体现。根据儒家传统，“自我是关于一个人的角色（roles）和关系的共有意识”[③]。“自我”是各种社会关系的焦点与中心，“自我”之中又蕴含着种种社会关系。如果说儒家是在社会关系中界定自我的话，那么道家显得要更进一步。道家将自我纳入了与自然万物的关系之网中。一个理想的道家式的“自我”会做到观照万物并物我偕忘，“虚己以游世”，“乘物以游心”，最终顺乎万物之道。这本书的第二部分聚焦于“真理”之概念。两位作者认为，西方哲学中形形色色的关于真理之概念与两个基础的预设紧密相关：“（1）存在一个单一秩序的世界；（2）本质与现象的区别。后一个基础预设导致强调符合论的真理观，与此同时，前者则构成了融贯论真理观的基础。”[④]然而，这些预设在中国文化中是阙如的。诚然，中国文化中不乏对“道”的种种探寻，[⑤]亦不乏对“真”的种种探讨，但这种探寻或探讨与符合论或融贯论式的真理观无关。“在中国传统中，与关于真理的思索在功用上相对应的认识，同我们称之实用主义的东西密切相关。”[⑥]这种对真理的实用主义式的理解反对任何单一秩序的观念、拒绝本质与现象之间的对立，与其说它是旨在表征现实的一种理论，毋宁说它力图促成现实的一种“道”。最后，在这本书的第三部分，安乐

① 在《成神：早期中国的宇宙论、祭祀与自我神话》的导论部分，普鸣归纳了从马克斯·韦伯到罗哲海（Heiner Roetz）的一系列对中西方思想进行比较的范式，并大致从中划分了两种相对立的比较范式。一种是进化论的范式，这种范式以理性为标杆衡量文化的演进程度；另一种则是文化本质主义的范式，这种范式认为中西方文化具有截然不同的本质特征，以至于很难用一套共同的标准去衡量。安乐哲与郝大维就被划入了文化本质主义的阵营。参见普鸣：《成神：早期中国的宇宙论、祭祀与自我神话》，第6–35页。安乐哲反对这种归纳与划分方式，并在《儒家角色伦理学：一套特色伦理学词汇》一书中回应了普鸣的观点。安乐哲指出，首先，他与郝大维等人的工作并不是在确立中国文化的“本质”。认为某个东西具有某个本质，这恰恰是西方理性思维方式的产物。其次，他与郝大维并没有认为中国文化一成不变。中国文化在变易之中，只是这种变易不是目的论或决定论式的。并且，在这个意义上，他与郝大维等人的观点更符合对“进化”的定义，因为“‘进化’指的是开放、绵延不断与偶然性的演变过程”。安乐哲对普鸣的具体回应参见安乐哲：《儒家角色伦理学：一套特色伦理学词汇》，孟巍隆译，田辰山等校译，济南：山东人民出版社，2017年，第29–37页。

② David L. Hall and Roger T. Ames, *Thinking from the Han: Self, Truth and Transcendence in Chinese and Western Culture* (Albany: SUNY Press, 1998). 中译本参见郝大维、安乐哲：《汉哲学思维的文化探源》，施忠连译，南京：江苏人民出版社，1999年。

③ 郝大维、安乐哲：《汉哲学思维的文化探源》，第29页。（部分术语翻译略有调整）

④ 郝大维、安乐哲：《汉哲学思维的文化探源》，第126页。（部分术语翻译略有调整）

⑤ 理雅各在某些地方就将“道”译为truth，参见 James Legge, *The Chinese Classics*, *Vol.I*, Confucian Analects, the Great Learning, and the Doctrine of the Mean (Hong Kong: Hong Kong University Press, 1960).

⑥ 郝大维、安乐哲：《汉哲学思维的文化探源》，第151页。

哲与郝大维延续了他们在《通过孔子而思》中的探讨，认为西方文化中的那种关于超越性的思考在中国智识文化中是缺失的。为此，两位作者首先考察了“西方在理论上、科学上和社会上诉诸超越的法则的思想发展过程，进而将它们与人们对于未诉诸超越法则的中国精神上的和社会上的做法所作的解释加以对比”[①]。在考察西方的超越论传统时，安乐哲与郝大维回归了超越性与内在性之争的原初语境——基督教神学论争的语境，并由此揭示为何这种超越论在中国是缺席的。

在“中西文化比较三部曲”中，安乐哲与郝大维两位哲人携手对中西方文化进行了“致广大而尽精微”的考察与思索。他们的考察涉及领域之宏大，思索问题之精深，迄今为止在学术界罕有能与之匹敌者。安乐哲与郝大维在唐君毅、怀特海、杜威、葛兰言、葛瑞汉、陈汉生、史华兹、列维·施特劳斯等哲学家、汉学家、人类学家以及社会学家的大量工作的基础上，独辟蹊径地对中西文化之哲学渊源进行了开创性的探究。就像所有开创性的工作那样，他们的工作所引发的争议与回响也是无穷的。

或许两位作者太过于强调语言以及其他基础性的预设与具体的哲学信念之间的密切关联。如果说他们在比较中西方文化时关注到了太多的“异”的话，那么，在看待中西方内部的种种智识思潮时，他们又看到了太多的“同”。总之，这种规模宏大的概括性对比似乎太过简化，以至于忽视了中西方各自种种思想派系的纷繁复杂。在一篇为《期望中国》所写的书评中，劳埃德（Geoffrey Lloyd）提出，安乐哲与郝大维在叙述中西方各自代表性的思维方式时太过于关注“哲学”领域而忽视了数学或医学等其他领域。如果他们能够关注到更多的领域，那么其结论或许会有所修正。此外，劳埃德还认为安乐哲与郝大维对中西方思想演变过程的叙述依赖于一种过时的“伟人”史观，一方面夸大了巴门尼德、芝诺以及荀子在各自文化演进历程中所发挥的巨大影响力，另一方面又忽视了诸如经济、政治等因素与社会思潮的复杂互动。[②]

作为对劳埃德批评的回应，安乐哲与郝大维在《由汉而思》的开篇中强调，应当从历史主义而非历史学的角度看待他们的工作。换言之，安乐哲与郝大维的意图并不在于完全还原历史的本来面目，而是为了揭示西方人当下的思想处境。他们致力于解决的问题是：“用西方的眼光来看中国文化的感悟方式时，妨碍人们更好地理解它的主要障碍是什么？”[③]并且，两位作者强调，我们应当在实用主义的“用后即弃”的意义上看待这种归纳与概括的工作。只要这种障碍事实上存在着，那么，通过归纳与概括让人对障碍有所意识便是有意义的。[④]

① 郝大维、安乐哲：《汉哲学思维的文化探源》，第193页。

② 参见 Geoffrey Lloyd, “Review of Anticipating China: Thinking Through the Narratives of Chinese and Western Culture”, *China Review International* 3, no. 2 (1996): 425–427.

③ 郝大维、安乐哲：《汉哲学思维的文化探源》，第7页。

④ 安乐哲在其他作品中还提道：“比起对文化努力作负责的归纳概括，唯一更危险的是没有能做出负责的归纳概括。”安乐哲：《儒家角色伦理学：一套特色伦理学词汇》，第28页。

(四)民主在中国——孔子与杜威思想镜鉴

《先贤的民主:杜威、孔子与中国民主之希望》(*The Democracy of the Dead: Dewey, Confucius, and the Hope for Democracy in China*)①一书出版于1999年。在这本书中,安乐哲与郝大维诉诸杜威哲学与孔子哲学提供的智识资源,论述了"儒家式民主"(Confucian democracy)在中国之未来的可行性。在西方,民主作为一种政治意识形态,往往与自由竞争的资本主义、个人主义以及权利理论紧密相关。但是,由于中西方智识文化环境的巨大差异,自由资本主义、个人主义以及权利观念在中国传统中是缺失的。安乐哲与郝大维认为,尽管中西方在智识文化领域存在差异乃是无可否认的事实,但是,如果这种差异能够得到适宜的对待,反而可以助益于中西双方在民主问题上展开卓有成效的沟通并互取所长——这样做不仅能助力中国实现一种与其文化传统相契合的"儒家式民主",亦能促进西方民主观念之更新换代以克服其种种弊端。而要实现这一点,我们需要回归到杜威与孔子的视野。

作为一位实用主义哲学家,杜威批判了以个人权利为基础的自由主义民主观。杜威认为,以个人权利为基础的民主观预设了某种不合理的本质主义的人性论。这种人性论将个人从具体的社会关系中抽离出来,赋予其一种本质主义的解释(例如,人是满足欲望的机器),并在此基础上确立人的权利。但在杜威看来,人的独一无二的个体性实质上是特定社会关系的产物。决定着某个人之为某个人的,是社会中的文化元素,而非单纯的这个人的生理本性。与此同时,人的实际权利也是在具体的社会中赋予的。

杜威还反对民主与资本主义之间的联姻。在杜威看来,科学与技术的进步以及经济制度的发展已经使得任何一个个人都难以独自控制全局、发挥其作用。现代社会中越来越需要人们团结与协作而非个人间的竞争。资本主义所塑造的个人主义神话在现代世界中破灭了。

杜威的民主观发扬了人的社会性。杜威认为,民主的真正载体不是政府或政治制度,而是社会共同体——"对杜威而言,民主是一个沟通的共同体。"②共同体中的人们如何交流沟通、如何协同成长对民主的前景至关重要。

杜威的主张与儒家的传统不谋而合。和杜威一样,儒家也将人视作是一种社会关系的构成,并且儒家也强调了人文教化对于改良社会的重要性。或许,与杜威哲学更为亲近的是,儒家对于一个自发的社会秩序所创造的和谐的由衷赞美,这种秩序通过"礼"得以体现。

在《先贤的民主》这本书中,借助杜威与孔子的洞见,安乐哲与郝大维反复强调,民主并非对某个抽象原则的孤立应用,也不单纯是某种政治制度的设立与构建。民主必

---

① David L. Hall and Roger T. Ames, *The Democracy of the Dead: Dewey, Confucius and the Hope for Democracy in China* (Chicago: Open Court, 1999). 中译本参见:郝大维、安乐哲:《先贤的民主:杜威、孔子与中国民主之希望》,何刚强译,刘东校,南京:江苏人民出版社,2004年。

② 郝大维、安乐哲:《先贤的民主:杜威、孔子与中国民主之希望》,第101页。

须落地于一个社会的实际文化环境中，才能真正得到行之有效的保障。①

除了《通过孔子而思》《期待中国》《由汉而思》以及《先贤的民主》这四部作品外，安乐哲与郝大维还合作翻译并阐释了《中庸》②与《道德经》③，此外更是合作撰写了大量的论文、百科全书词条。不幸的是，在两人合作翻译并阐释《道德经》期间，2001 年，郝大维溘然长逝。两人之间堪称典范的合作遂成绝响。郝大维逝世后，安乐哲撰写了一篇纪念郝大维的文章，文章中引用了威廉·詹姆斯的经典名篇 *What Makes a Life Significant?*（《什么让人生有意义？》）。④而《道德经》英译本的副标题最终被定名为 *Making This Life Significant*（《让此生有意义/浮生取义》）。

（五）新世纪的道德视野——儒家角色伦理学

进入 21 世纪后，安乐哲继续践行着自己的哲学之道。他与罗思文等学者合作倡导的"儒家角色伦理学"（Confucian Role Ethics），不仅对理解早期儒家伦理学思想提供了一种极具竞争力的阐释模式，也丰富了当代伦理学理论间的对话。

安乐哲受罗思文的启发与影响，接受了"儒家角色伦理学"这一主张并发表了许多与之相关的学术作品。其中，他与罗思文合作译注的《孝经》（*The Chinese Classic of Family Reverence: A Philosophical Translation of the Xiaojing*）⑤、他的著作《儒家角色伦理学：一套特色伦理学词汇》（*Confucian Role Ethics: A Vocabulary*）⑥与《成人之道：儒家角色伦理学论"人"》（*Human Becomings: Theorizing Persons for Confucian Role Ethics*）⑦，以及收录了他与罗思文关于这一话题一系列论文的论文集《儒家角色伦理学：一种为 21

---

① 除了这部作品外，安乐哲还著有一本关于孔子与杜威思想镜鉴的书，参见安乐哲：《孔子与杜威：跨时空的镜鉴》，姜妮伶译，上海：上海人民出版社，2020 年。这本书是在安乐哲的复旦大学杜威中心"复旦—杜威"讲座第一期的基础上汇编而成的，讲座时间大概是 2017 年 10 月 9 日—2017 年 10 月 11 日。讲座介绍见复旦大学杜威中心官网：http://deweycenterchina.org.

② Roger T. Ames and David L. Hall, *Focusing the Familiar: A Translation and Philosophical Interpretation of Zhongyong* (*Honolulu*: University of Hawai'i Press, 2001). 中译本参见安乐哲、郝大维：《切中伦常：〈中庸〉的新诠与新译》，彭国翔译，北京：中国社会科学出版社，2011 年。

③ Roger T. Ames and David L. Hall, *Dao de Jing: "Making This Life Significant": A Philosophical Translation* (New York: Ballantine Books, 2003). 中译本参见安乐哲、郝大维：《道不远人：比较哲学视域中的〈老子〉》，何金俐译，北京：学苑出版社，2004 年。

④ 见 Roger T. Ames, "David L. Hall (1937–2001)", *Philosophy East and West* 52, no. 3(2002): 277–280.

⑤ Henry Rosemont Jr. and Roger T. Ames, *The Chinese Classic of Family Reverence: A Philosophical Translation of the Xiaojing* (Honolulu: University of Hawai'i Press, 2009). 中译本参见罗思文、安乐哲：《生民之本：〈孝经〉的哲学诠释及英译》，何金俐译，北京：北京大学出版社，2010 年。

⑥ Roger T. Ames, *Confucian Role Ethics: A Vocabulary* (Honolulu: University of Hawai'i Press, 2011). 中译本参见安乐哲：《儒家角色伦理学：一套特色伦理学词汇》，孟巍隆译，田辰山等校译，2017 年。这本书是根据安乐哲在"香港中文大学新亚书院第二十一届钱宾四先生学术文化讲座"的基础上完善而成的。讲座信息见香港中文大学新亚书院官网：https://www.na.cuhk.edu.hk.

⑦ Roger T. Ames, *Human Becomings: Theorizing Persons for Confucian Role Ethics* (Albany: SUNY Press, 2020). 中译本参见安乐哲：《成人之道：儒家角色伦理学论"人"》，欧阳霄译，2023 年。

世纪提供的道德视野？》（*Confucian Role Ethics: A Moral Vision for the 21st Century?*）[①]，都可被视作是其中比较有代表性的作品。

安乐哲、罗思文等学者倡导“儒家角色伦理学”，部分原因是为了从中国本有的术语体系和思想资源出发，更好地阐发儒家伦理学。在安乐哲与罗思文看来，与整个中国哲学在西方哲学界受到的不对称的对待相一致，在西方伦理学的概念框架中，儒家伦理学也没有受到公允的对待。当我们用西方的种种伦理学理论去考察儒家的伦理观点时，我们看到的更多是儒家伦理学的缺陷与不足。但是，与之相反的情况似乎很少出现，例如，很少有人会说，“圣人这个概念在亚里士多德伦理学中是阙如的”，或者，“礼之于人的幸福的重要性在亚里士多德那里是缺失的”，或者，“康德、密尔或其他人……似乎忽视了君子之重要性”。[②]

在不同的学者那里，儒家伦理学分别被阐释为是一种德性伦理学、一种义务论、一种后果主义伦理学，以及一种关怀伦理学，等等。目前，对儒家伦理学的德性论式的阐释占据着主导地位。

安乐哲与罗思文认为，尽管与对儒家伦理学的义务论或后果论式的阐释相比，德性伦理学具有更多的优势，但是，在一个最为核心的问题上，儒家伦理学与德性伦理学有着巨大的差异。[③]德性伦理学中作为某种心理特质的德性与作为实体的个人之间的关系并不适用于儒家伦理学，因为二者对于“什么是人”这一问题有着巨大分歧。德性伦理学依然对人持有某种本质主义的见解，这种本质主义的见解会不可避免地将人设想为某个实体。但是，儒家伦理学视野中的人是一种“成人”(human becoming)——一种不可被还原的关联性构成、一个不断变易的过程。作为一种过程，“人”与“仁”“义”之间的关系便不同于行动者与行动者的某种心理品质之间的关系。[④]

如我们上文所述，安乐哲与罗思文等学者倡导“儒家角色伦理学”，不只是为了更好地阐发历史上存在过的一种伦理学思想，更是为了给我们现实中的行动提供更好的指导。正如安乐哲所说：“[儒家角色伦理学]当然为行动提供了指导方略，但它并不诉诸抽象的原则、价值或者德性，毋宁说它优先从我们具体的家庭与社会角色的轮廓中寻求指导，较之那些抽象概念，这些角色要更具教导性。”[⑤]

因此，与安乐哲的大部分学术主张一样，“角色伦理学”并不是一种仅仅停留在书斋中的理论构建，它更有其深切的，甚至是紧迫的现实性关怀。步入21世纪，全球变暖、地缘政治冲突、大规模传染性疾病、环境恶化等一系列问题纷至沓来。这些问题不是

---

① Henry Rosemont Jr. and Roger T. Ames, *Confucian Role Ethics: A Moral Vision for the 21st Century?* (Taipei: National Taiwan University Press, 2016). 中译本参见罗思文、安乐哲：《儒家角色伦理：21世纪道德视野》，吕伟译，杭州：浙江大学出版社，2020年。

② Roger T. Ames and Henry Rosemont, Jr., “Were the Early Confucians Virtuous?”, in *Ethics in Early China: An Anthology*, eds. Chris Fraser, Dan Robins, and Timothy O'Leary (Hong Kong: Hong Kong University Press, 2011), p.18.

③ Roger T. Ames, *Confucian Role Ethics: A Vocabulary* (Honolulu: University of Hawai‘i Press, 2011), p. 20.

④ 此外，在“Were the Early Confucians Virtuous?”一文中，安乐哲与罗思文还提供了一系列理由来论证为什么亚里士多德式的德性伦理学不同于儒家伦理学。对于安乐哲与罗思文这里的观点的反驳，参见黄勇：《儒家伦理学与美德伦理学：与李明辉、安乐哲和萧阳商榷》，《社会科学》2020年第10期。

⑤ Roger T. Ames, *Confucian Role Ethics: A Vocabulary* (Honolulu: University of Hawai‘i Press, 2011), p.161.

"我"的问题，而是"我们"所面临的问题。作为"成人"，我们需要清晰地思考我们在这个世界上的"角色"并有所行动，不断地"弘道"。通过强化我们彼此之间的关联，我们或许可以"让正在发生的一切发生得更好"①，并且最终，让人类的故事更好地传述下去。

三、结语

以上，我们以时间之先后为序，粗略地概述了安乐哲教授发表的几部主要学术著作的内容。在我们看来，安乐哲一以贯之的工作是：从中国哲学本有的基础预设与问题意识出发，为现实世界寻求经世济民之道；纠正西方学界对中国哲学由来已久的误读，让中国哲学与西方哲学展开真正富有意义的对话。安乐哲教授所从事的工作，如果恰当地看待，那么其影响力将不仅仅止于学术，更是具有现实重要性。

在安乐哲的诠释下，中国哲学中对个体的关注、对差异的包容、对开放的渴望，以及对创造力的鼓励，可能要远远高于任何一种西方理论，但这些特质即使在很多中国人这里——不论是现代人还是古人——都有所缺失。

在描述中国哲学时，安乐哲似乎一直在强调中国哲学与西方哲学之间存在着巨大的差异。如果要说中国哲学是什么的话，那么它只能是西方哲学所不是。这难免会引发我们的担忧：如果接受这种差异化的叙事，那么中西哲学间的交流何以可能？如果中国哲学不能用诸如理性/经验（感性）、普遍/特殊、客观/主观、真理/虚假这些二元对立的概念范畴去描述与衡量，那么中国哲学应该被视作是一种怎样的哲学？

或许，中国哲学之于安乐哲而言，其魅力在于它恰好切中了我们关于这个世界流变不止的真实体验。在这种体验中，天地之化育，万物之生生，在每一个独一无二的时刻，通过每一个独一无二的个体，活生生地展现在我们的眼前。并且，只要稍加留心我们就会发现，这种体验是视角性的——这一发现更加彰显了这种体验的弥足珍贵与无可取代性。千百年来，一代又一代的中国哲人试图通过话语将这种体验流传下去，弦歌不辍，直至今日。任何将这种话语体系化的企图都难免会粉碎这种对"生生之美"的独特体验。

而这种体验并不独属于中国。我们相信，这一点可以构成中西哲学交流互鉴的基础之一部分。

① Roger T. Ames and Henry Rosemont, Jr., "Were the Early Confucians Virtuous?", in *Ethics in Early China: An Anthology*, eds. Chris Fraser, Dan Robins, and Timothy O'Leary (Hong Kong: Hong Kong University Press, 2011), p. 23.

附录:

安乐哲主要学术著作(专著、译著、文集)[1]

The Art of Rulership: A Study in Ancient Chinese Political Thought. Honolulu: University of Hawai'i Press, 1983. Albany: SUNY Press, 1994, reprinted.(中译本:安乐哲:《主术——中国古代政治艺术之研究》,滕复译,北京:北京大学出版社,1995年;再版:安乐哲:《中国古代的统治艺术:〈淮南子·主术〉研究》,滕复译,南京:江苏凤凰文艺出版社,2018年。)

Thinking Through Confucius, with David Hall. Albany: SUNY Press, 1987.(这本书目前有两个中译本:郝大维、安乐哲:《孔子哲学思微》,蒋弋为、李志林译,南京:江苏人民出版社,1996年;郝大维、安乐哲:《通过孔子而思》,何金俐译,北京:北京大学出版社,2005年。)

Sun-tzu: The Art of Warfare. New York: Ballantine Books, 1993.(这本书是结合当时出土的银雀山汉墓竹简文本的首个《孙子兵法》英译本,暂无完整的中译本。中华书局曾出版过《孙子兵法》(中英文对照),其中的英文翻译采用了安乐哲的译文,见孙武:《孙子兵法》(中英文对照),李零今译,安乐哲英译,北京:中华书局,2012年。)

Anticipating China: Thinking Through the Narratives of Chinese and Western Culture, with David Hall. Albany: SUNY Press, 1995.(中译本:郝大维、安乐哲:《期望中国:中西哲学文化比较》,施忠连等译,上海:学林出版社,2005年。)

Sun Pin: The Art of Warfare, with D. C. Lau. New York: Ballantine Books, 1996. Albany: SUNY Press, 2002.

Tracing Dao to Its Source, with D. C. Lau. New York: Ballantine Books, 1998.

Thinking from the Han: Self, Truth, and Transcendence in Chinese and Western Culture, with David Hall. Albany: SUNY Press, 1997.(中译本:郝大维、安乐哲:《汉哲学思维的文化探源》,施忠连译,南京:江苏人民出版社,1999年。)

The Analects of Confucius: A Philosophical Translation, with Henry Rosement, Jr. New York: Ballantine Books, 1998.(这本书目前有两个中译本:安乐哲、罗思文:《〈论语〉的哲学诠释:比较哲学的视域》,余瑾译,北京:中国社会科学出版社,2003年;安乐哲、罗思文:《哲读论语:安乐哲与罗思文论语译注》,彭萍译,北京:中译出版社,2022年。)

The Democracy of the Dead: Dewey, Confucius and the Hope for Democracy in China. with David L. Hall. Chicago: Open Court, 1999.(中译本:郝大维、安乐哲:《先贤的民主:杜威、孔子与中国民主之希望》,何刚强译,刘东校,南京:江苏人民出版社,2004年。)

Focusing the Familiar: A Translation and Philosophical Interpretation of Zhongyong. with David L. Hall, Honolulu: University of Hawai'i Press, 2001.(中译本:安乐哲、郝大维:《切中伦常:〈中庸〉的新诠与新译》,彭国翔译,北京:中国社会科学出版社,

[1] 这里只收录了安乐哲教授的专著、对中国哲学典籍的译注以及在国内出版的论文集与文选,没有收录安乐哲教授主编的书籍。

2011年。）

《和而不同：比较哲学与中西会通》，温海明编，北京：北京大学出版社，2002年。（这本书于2009年推出修订版：安乐哲：《和而不同：中西哲学的会通》，温海明等译，北京：北京大学出版社，2009年）

Dao de Jing: "Making This Life Significant": A Philosophical Translation, with David L. Hall. New York: Ballantine Books, 2003.（中译本：安乐哲、郝大维：《道不远人：比较哲学视域中的〈老子〉》，何金俐译，北京：学苑出版社，2004年。）

The Chinese Classic of Family Reverence: A Philosophical Translation of the Xiaojing, with Henry Rosement, Jr. Honolulu: University of Hawai'i Press, 2009.（中译本：罗思文、安乐哲：《生民之本：〈孝经〉的哲学诠释及英译》，何金俐译，北京：北京大学出版社，2010年。）

Confucian Role Ethics: A Vocabulary. Honolulu: University of Hawai'i Press, 2011.（中译本：参见安乐哲：《儒家角色伦理学：一套特色伦理学词汇》，孟巍隆译，田辰山等校译，济南：山东人民出版社，2017年。）

《孔子文化奖学术精粹丛书·安乐哲卷》，杨朝明主编，北京：华夏出版社，2015年。

Confucian Role Ethics: A Moral Vision for the 21st Century?, with Henry Rosement, Jr. Taipei: National Taiwan University Press, 2016.（中译本：罗思文、安乐哲：《儒家角色伦理：21世纪道德视野》，吕伟译，杭州：浙江大学出版社，2020年。）

《安乐哲比较哲学著作选》，温海明编，贵阳：孔学堂书局，2018年。

Human Becomings: Theorizing Persons for Confucian Role Ethics. Albany: SUNY Press, 2020.（中译本：安乐哲：《成人之道：儒家角色伦理学论"人"》，欧阳霄译，北京：北京大学出版社，2023年。）

《孔子与杜威：跨时空的镜鉴》，姜妮伶译，上海：上海人民出版社，2020年。

《儒学与世界文化秩序变革》，温海明、赵薇主编，济南：济南出版社，2020年。

《"生生"的中国哲学：安乐哲学术思想选集》，田辰山，温海明等译，北京：人民出版社，2021年。

《经典儒学核心概念》，北京：商务印书馆，2021年。

《先秦儒家哲学文献译解》，北京：商务印书馆，2023年。

试论中医和古希腊医学的分化

——以《黄帝内经》和《希波克拉底全集》为例

晋鸿艺　张鹏举[①]

摘　要：古代医学是现代医学的源头活水，孕育和滋养了现代医学的产生和发展。尤其是，中医和古希腊医学分别在《黄帝内经》和《希波克拉底全集》中最早地、较为系统地表达了基本的医学哲学观念。尽管二者作为医学最初的完整形态，在医理和临床方面存在共通之处，表现出诸多相似性，但也蕴含差异，因而导致它们之后走向了不同的发展道路。中医延续了自然哲学的传统，发展出以阴阳五行为基础的类比解释体系，注重整体观和系统性思维；而古希腊医学则逐渐抛弃了传统自然哲学，转向更加实验和科学的方法，重视实证分析。本文通过对中医和古希腊医学的溯源式考察，探讨二者分化的哲学基础，旨在为现代中西医融合发展提供有益的理论借鉴。

关键词：中医；古希腊医学；医学哲学；《黄帝内经》；希波克拉底

医学，如今作为一门精密而复杂的学问，起源于人类对自身生命的关怀。回首古代，医学尚未成为一门独立的学科，而是以“医术”的形式存在，并与早期的自然哲学密切联系，不可分割。它们都在追问同样的问题：人的本质究竟是什么？人体究竟如何构成？各国早期哲学对这一系列问题的不同回答奠定了其医学产生的基础，也蕴含了其医学各自发展的不同方向。正因如此，中医和古希腊医学在经历了短暂的相似阶段之后迅速分化，最终形成各具特征的医学形态。可见，研究医学哲学，或者探究医学的哲学基础，至关重要。同时，医学是一门以人为本的学问，其核心是对生命的尊重与爱护。无论是中医还是古希腊医学，面对人或者患者，面对疾病，行动准则只有一个，即以最迅捷的速度、最大限度地减轻患者的痛苦，使其重新恢复健康。现代生活中，医学更加深刻地影响着人类的基本生活。无论是作为拥有悠久历史和独特理念与技术的中医，还

① 作者晋鸿艺，西南大学中希文明互鉴中心项目硕士研究生（重庆 400715）；张鹏举，西南大学国家治理学院外国哲学专业博士研究生（重庆 400715）。

是作为西方医学乃至现代医学源头的古希腊医学，都有着举足轻重的影响，如何把二者更好地进行有机融合，是我们当下面临的重大课题。回到最初的源头去探索二者的相似与不同背后蕴藏的深层原因，梳理出背后的逻辑，这种研究与比较能够更深入地理解医学实践的本质，有利于未来中西医更好地融合发展，更好地服务于人类社会。

一、对人体构成的共识造成中希医学理论的相似性

目前的调查研究对于中国和古希腊医学的比较，无论是差异还是相同点，已经有了一些初步的成果。很多资料表明，古代中国和希腊医学对于自然和人的看法有着惊人的一致。目前有平衡论，主张中医讲求阴阳平衡，希医也讲求四体液的平衡；养生与摄生论，主张中希医都注重人日常的健康习惯以及疾病预防；脱离鬼神论，主张中希医都是从鬼神说转向自然论，都是以可见的朴素物质作为致病因素的研究；[①]还有风水论；等等。[②]更进一步，不仅是理论上的对应，还有人认为源流思想也是一致的，研究将中国古医学的五行学说和希波克拉底的“四体液说”进行对比，以此来论证中希医理论导源上的一致性。关于二者的不同，学界也有普遍的认识，如方法论上的不同，中医是采用综合的方法，希医是采用分析的方法；在技术上，中医关注脉络和针灸，希医关注解剖，等等。[③]但这些研究多停留在表面的比较，机械的对应，多是一些从医学理论角度的考察和判断。本文试从哲学本体论的角度对中希医文本进行简单的、初步的整合和比较，主要探讨医学关于人的构成和人的本质，以及人与自然关系的认识。以期能给出古代中希医学理论相似，却在后来发展中分化，甚至走向相反路径的原因和哲学基础，以及为现代中西医应该如何融合发展提供新的思路。

如前文所述，古代中医和古希腊医学在很多方面存在相似性，其中一个重要原因在于它们对人体构成的共识，这也是中希医学理论共通和可比较的基础。在早期的医学理论中，人们一致认为人体由五脏、气血等构成。《黄帝内经》讲人有五脏六腑，还分别对应五行、身体各部分以及气血等。尤为值得一提的是，《黄帝内经》首四篇详论调养精、神、气、血，认为一个人所生之来谓之精，故此首先论精；两精相合则为神，故其次论神；气为精水中之生阳，故后论气，气而生血。古希腊的希波克拉底也认为人由血液、痰液、黄胆汁和黑胆汁组成。这反映出，尽管地域、文化背景各异，人们对人体构成却达成了共识。这或许是因为人体构造的共性，我们生来如此，我们的成长、衰老过程也大致相似。

① 李建民主编：《从医疗看中国史》，北京：中华书局，2012年。

② Paul U. Unschuld, *Medicine in China: A History of Ideas*, 25th Anniversary Edition, with a New Preface (Berkeley: University of California Press, 2014).

③ 张大庆：《医学史十五讲》. 北京：北京大学出版社，2007年。

贺佳苹：古希腊希波克拉底体液论初探[D/OL]. 东北师范大学硕士学位论文，2017年。

杨光芳：《黄帝内经》气思想研究[D/OL]. 广州中医药大学博士学位论文，2011年。

张建霞：希波克拉底的医学哲学观研究[D/OL]. 天津医科大学硕士学位论文，2017年。

基于这样的共识,医学构建了一个健康人的理想模型。这样一来,疾病的成因也自然分为两类:内在原因和外在原因。内在原因通常涉及人体内部的一些平衡被打破。按照《黄帝内经》的理论,对于衰老的过程以"女七男八"为周期,男女生、长、壮、老、已的整体过程都以"肾气"为主导。如果偏离这个周期,那么必然是肾气出现了问题。而在希波克拉底的观念中,四种黏液保持一种平衡,若其中任何一种平衡被打破,就可能导致疾病。"尽管如此,由于痰液本身的性质,它表现为最寒冷的元素。你可以从以下证据中了解到,冬天使身体充满了痰液。在冬天,人们的痰和鼻涕中痰液最多;在这个季节,肿胀多变白,疾病通常表现为痰液过多。"[①]进一步说外在原因,在这个阶段,人们已经意识到并十分关注自然对人体的影响,医学转向自然去寻找人类产生疾病的原因,考虑四季的变化、风土的差异等方面对人体的影响。黄帝内经中有"风,百病之长也",中国传统医学认为,气候变化、地理位置和季节交替对人体健康有重要影响。中医中的"六淫"理论就描述了风、寒、暑、湿、燥、火六种气候因素对人体健康的影响。希波克拉底也强调了四季和风土对人的影响,他在《风土论》(*Airs, Waters, Places*)中指出:"任何希望正确地研究医学科学的人必须这样做。首先,他应该考虑每个季节可能产生的影响;因为各个季节完全不同,在自身及其变化上都有很大差异。其次是热风和冷风,特别是那些普遍存在的,但也包括每个特定地区特有的风。"[②]这段话强调了四季和风土对人的影响,指出了环境对健康的关键作用。希波克拉底认为,季节和气候变化对人体健康有直接影响。例如,寒冷的冬季和潮湿的环境会导致痰液增多,而干燥的气候可能导致胆汁失衡。这种观点在他的整体医学理论中占据重要地位,他主张医生在诊断和治疗疾病时必须考虑患者所处的环境因素。因此,希波克拉底和中国古代医学都重视环境对健康的作用,并在医学实践中强调因时因地制宜的重要性。通过这种比较,我们可以看到,不同文化背景下的医学理论在认识和处理环境因素对健康影响方面存在相似之处。

无论是对内因还是外因的分析,人体受环境影响的相似性源于其构造的相似性。外部环境的变化,如寒冷引发感冒,与人体内部的生理机制密切相关。这种相似性使得不同个体在相同环境下有类似的反应。基于自然规律的普遍性,医学研究也能得出共通结论。因此,中希医学在探讨人体与环境关系时可以达成一致,形成医学理论上的一致。同时,这种共通性为医学领域的多元融合发展提供了基础,也为不同医学流派的交流提供了可能。通过深入探讨环境与人体相互作用的共同规律,中希医学可以相互借鉴、共同进步,为人类健康事业带来更多创新和发展。

---

① Hippocrates, "On Ancient Medicine", in *Hippocrates I - On Ancient Medicine, On Airs, Waters, Places, Epidemics 1-3, The Oath, On Aliment or Nutriment, Precepts*, translated by W. H. S. Jones (Cambridge: Harvard University Press, 1923).

② Hippocrates, "Airs, Waters, Places", pp.52–53.

二、对人本质的不同认识导致中希医学治疗本体观的分化

在中希医学的发展过程中，对人本质的认识不同导致对医学理论和实践产生了深远影响，导致中希医学对待治疗本体的观念出现分化。古代中医以人为治疗对象，把人作为一个整体进行调理，强调人体各部位之间的相互关联和平衡；古代希医将病作为治疗对象，把人分解为诸多部分进行治疗，倾向于采用解剖等手段，从微观角度来研究疾病的发生机制，并提出相应的针对性治疗方法，目的是消除身体某一处的痛苦和疾病。

（一）古代中希医对人本质的不同认识

在研究中医和古希腊医学时，许多学者常常将中医的五行学说与希波克拉底的“四体液说”进行对比，认为古希腊医学也注重对人体的生理结构和功能进行研究，认为人体是一个有机整体，健康与疾病的产生与人体内部的平衡和失调有关，而希波克拉底提出的四体液说就是基于这一观念，强调了调节人体体液平衡的重要性。但这一理论产生了另一个问题，即古代医学理念相同，为什么会出现发展路径分化和不同的问题。然而这种比较实际上存在对中国哲学的误解。五行学说是在一元论下，解释宇宙运行规律的一种模型，强调宇宙万物之间的相互关联和平衡。这种哲学理论模型于早期在各个领域得到了广泛应用，中医实践就是其中之一。而古希腊医学中的“四体液说”实际上是多元论的直接反映。所以比较中医和希医的不同，根本在于本体论的比较，本体论的不同导致了中希医后期发展道路的分化。

人的构成是相似的，但人们对于人的本质的看法却是不同的。希波克拉底认为，人的本质是多，即由四种体液构成，分别是血液、痰、黄胆汁和黑胆汁。这四种体液按照不同比例构成人体，他在《风土论》中写道：“人体内有血液、痰、黄胆汁和黑胆汁；这些构成了人体的自然，通过这些体液，人会感到痛苦或享受健康。当这些元素在化合、力量和体积上比例适当时，并且它们完全混合时，人就会享受最完美的健康。”[①]与此相对应的，黄帝内经认为人的本质是一，即自然造化，“水为阴，火为阳，阳为气，阴为味。味归形，形归气，气归精，精归化”。意思是阴为味，阴成形，地食人以五味，以养此形，故味归形。阳化气，诸阳之气通会于皮肤肌腠之间，以生此形，故形归气。阳气生于阴精，故气归于精。水谷之精气以化生此精，故精归于化也。无论如何解释和变化，人最终要归于自然造化，也就是一元论，这是二者的根本区别。

（二）中国的一元论和古希腊的多元论

中国哲学一直以来都持一元论，即本原只有一个，许多资料都论证了这一观点。我们可以发现，大多数中国哲学家都接受了这个宇宙论的假设：世界上形形色色的事物最

① Hippocrates, “Airs, Waters, Places”, p.74.

终都要追溯到一个源头，这个源头最著名的名称是“道”，意思有道路、途径或指南。另一个重要的名称是“太极”，即“至极”。“太极”一词出现在《易经》中，是阴阳产生的原始统一体。假设单一的起源对中国思想产生了决定性的影响，因为它意味着一种潜在的统一和联系，这种统一和联系很容易威胁到分化和分裂。[①]最持久的形而上学关切之一是差异和个体化的本体论地位。[②]这种取向与以二元论或本体论上独立的物质为基础的哲学截然相反，而二元论或本体论上独立的物质是欧洲思想史上大部分时期的主流观点。我们可以说，欧洲形而上学倾向于关注调和问题（本体论上截然不同的事物如何相互作用），而中国的形而上学则更关注区分问题（个体化的基础）。

与此相反，西方这个时候经历了从一元论到多元论的转变。其中贯穿着的核心问题是“存在”和“一”的问题，通过“打碎”逻各斯的“存在”和“一”而重构自然哲学，使之结构化，这就是恩培多克勒的“四根说”、阿那克萨戈拉的“种子说”、留基波和德谟克利特的“原子论”。在这一点上，希波克拉底也是他们之中的一员，他反对一元论，明确指出人类的本质并非仅由一种要素构成。他在《风土论》中写道：“关于这些人我已经说得够多了，现在我将转向医生。他们中有些人认为人是由血液构成的，有些人认为人是由胆汁构成的，少数人认为人是由痰构成的。医生们，像形而上学家一样，都附加了同样的说明。他们说人是一个统一体，给它起了一个他们希望的名字；这个名字在热和冷的作用下改变其形式和力量，变得甜、苦、白、黑等等。但是在我看来，这些观点也是不正确的。大多数医生持有这些观点，如果不是完全一致的话；但我认为，如果人是一个统一体，他永远不会感到痛苦，因为一个统一体没有什么可以让其感到痛苦的。而即使他感到痛苦，治疗也必须是单一的。”[③]他进一步反驳了人的本质是一种要素的说法：“但我要求那些断言人是血液而不是其他任何东西的人指出，在什么时候、哪个季节或人的生命季节中，显然血液是人唯一的组成部分。”[④]所以他提出了四体液说，而不是一种体液构成论。他明确说明四种自然的要素是不同的：“现在我承诺要展示，在我看来，人类的组成部分在习俗和自然中始终是相同的。我认为，这些组成部分是血液、痰、黄胆汁和黑胆汁。首先，我断言，这些名称根据习俗是分开的，没有一个与其他相同的名称；此外，根据自然，它们的本质形式是分开的，痰与血完全不同，血与胆汁完全不同，胆汁与痰完全不同。”[⑤]通过这些论述，希波克拉底强调了人类健康和疾病是由体内四种基本液

① Ivanhoe, P.J. 2017. Oneness in Philosophy. Encyclopedia of Philosophy.Ivanhoe, P.J. et al. 2018. Ultimate Origin in Chinese Thought. Encyclopedia of Philosophy.

② Kwok, D.W. 2016. Difference and Individuation in Chinese Metaphysics. Encyclopedia of Philosophy. Perkins, F. 2015. The Metaphysical Status of Difference and Individuation. Encyclopedia of Philosophy.

Chai, D. 2014a. Individuation and the Dao. Encyclopedia of Philosophy.

Ziporyn, B. 2013. The Ontology of Differentiation. Encyclopedia of Philosophy.

Sim, M. 2011. Unity and Differentiation in Chinese Philosophy. Encyclopedia of Philosophy.

Fraser, C. 2007. Metaphysical Unity in Chinese Thought. Encyclopedia of Philosophy.

Im, S. 2007. The Basis of Individuation in Chinese Metaphysics. Encyclopedia of Philosophy.

③ Hippocrates, “Airs, Waters, Places”, p.70.

④ Hippocrates, “Airs, Waters, Places”, p.71.

⑤ Hippocrates, “On the Nature of Man”, In *Hippocratic Writings*, translated by W.H.S. Jones, 175–176. Loeb Classical Library Vol. 147. Cambridge, MA: Harvard University Press, 1931.p.175.

体的平衡与否决定的，这种多元论观点不仅为古希腊医学奠定了基础，也对后来的医学理论产生了深远的影响。

总而言之，当时的时代背景中，中国和希腊的哲学思潮存在显著差异：前者以一元论为主，后者则逐渐转向多元论。这一哲学转变在各个领域中都有所体现，其中包括中医和希医。在中国，古代哲学强调的是整体观和统一性。这种一元论的思维模式认为宇宙万物本质上是一个整体，所有事物都通过某种统一的原则或力量相互联系。在中医中，这种观念体现在对人体的整体性理解上。与此相对，在古希腊，哲学思想逐渐从单一的本原探索转向了多元论的研究。多元论的出现促使希腊哲学家们开始探讨事物的多样性和复杂性，并试图理解不同元素之间的关系。希医中也表现出这种思潮，希腊医师开始重视对人体不同部分和功能的独立研究，希腊医学中的多元论思维体现在对人体内部各器官和系统的细致分析上。

（三）中希医学治疗本体的分化

古代中希医学的根本分歧是关于人的本质的分歧，由此引申出“治人”和“治病”的分化。中医是以人为本体进行治疗，希医是以病为本体进行治疗，二者的病因观不同导致了中希医学研究和治疗方式的不同。

以《黄帝内经》为遵循的中国医学关心的问题是，如何尽可能做一个“好”（健康，完善，疾病对应的是不好的人，甚至死亡）的人。所以黄帝内经一开头就是，“乃问于天师曰：余闻上古之人，春秋皆度百岁，而动作不衰；今时之人，年半百而动作皆衰者，时世异耶？人将失之耶？”，表明中国的医学，本意是让人活得更好更长久。而对此的回答可以反映出我们的本体观，我们仍然是把对宇宙的解释沿用到了对人的解释之中。“岐伯对曰：上古之人，其知道者，法于阴阳，和于术数。”由此可以看出，我们对人体病因的分析从来不是把人肢解，而是作为一个整体去分析，只要我们内外兼修就可以避免疾病。黄帝内经讲，内修养生之道，外避贼害之邪，“夫上古圣人之教下也，皆谓之虚邪贼风，避之有时，恬淡虚无，真气从之，精神内守，病安从来？”①

早期医书将人体划分成阴、阳等区域，就像中国古代的宇宙图将北斗七星置于天空的中极。将规律性强加在自然界本来不均衡的现象上，可以达到一些实用目的。同理，将人体组织成理想的形式，而不是受到正确表述或复制等考量所限制的形式。在中医里，人体被划分成均衡而规律的区域，犹如一幅地图，可以让医生在上面标出各种异常现象，就像天文学家在夜空中搜寻预兆一般。这里有完美的阴阳组成形态，用以对照各种疾病征兆——如表面的损伤、脉搏的奇怪性质。这些征兆组合在一起，预示进一步的疾病，并提供预后推断与治疗行动的基础。在这种理想的表述中，人体被划分成阴、阳等区域，并受到气的正常运行滋养。可以看出，我们是将人的整体作为治疗的对象。

希波克拉底则是将人体分为多种元素或多个部分，如果一个部分出现了问题，就治疗这个部分。在讲到血脉的时候，希波克拉底认为，如果哪里疼痛，就应该在相应的地

① 张志聪：《黄帝内经集注》，北京：中医古籍出版社，2015年。

方放血治疗，这种放血疗法完全是一种以病痛为导向的治疗方式。他在《风土论》中写道："人体内最粗的静脉有以下特性。人体内有四对静脉。其中一对从头后部延伸，通过颈部，并在脊柱两侧外部延伸到腰部和腿部，然后通过小腿伸展到脚踝外侧和脚部。因此，对于背部和腰部的疼痛，应在膝盖后面或脚踝进行放血治疗。"[①]今天的西方医学依然沿用这种思路，只是病因变得更加准确，治疗也更精确。现代医学如同打靶，如果某个细胞有病变，就精确地杀死那个细胞。这种方法可能是用特定药物治疗特定疾病的想法的雏形，并且一直延续至今。苦心孤诣地为每种疾病寻找特效药，仍然是西方医学界的主流思路。无论是通过靶向治疗、基因疗法，还是个性化医疗，现代医学的发展都是在希波克拉底精确治疗理念的基础上不断演进和完善的。

三、对人与自然关系的分歧导致中希医学治疗手段的分化

古代中希医在诊断方法和治疗手段上存在明显的区别。中医治疗依赖于丰富的临床经验和辨证施治，强调个体化治疗和调理身心平衡，常采用草药、针灸、推拿等非药物治疗方法。相比之下，希医更注重科学方法和证据支持，其理论基础建立在解剖学、生理学、病理学等知识之上，诊断和治疗依赖于客观的实验数据和临床试验，采用药物、手术学技术手段进行干预，追求标准化和规范化的治疗流程。

这样的情况可以追溯到古代医学关于人与自然关系的分歧上。中国一直以来都有天人合一的哲学传统，古代中医是庞大解释学的分支，以宇宙观念为基础，其理论体系根植于古代哲学和观念，强调人体与自然之间的关系，贯穿了天人合一的思想。如阴阳五行、经络气血等，继承宇宙论的看法，将人体与宇宙整体齐一视之。黄帝内经中讲："黄帝曰：阴阳者，天地之道也。万物之纲纪，变化之父母，生杀之本始，神明之府也。"[②]表明人与万物并无本质不同，都是在道的规律下生活。因此人与自然都是可以互相对应的，都统一于道的规律下面。其中，框架依然是根据阴阳运行的法则进行描述，把这一法则进行具体化和应用。如气分为阴气和阳气，四相对应四时，五行对应五脏。因为人与世间万物无不符合阴阳之道，所以二卷专门论述了阴阳之道，用阴阳之道阐释了病因之本。阴阳学说在于解释世界的来源，一切现象都是由阴阳两种力量相互作用而产生的。五行学说的意义在于解说宇宙的结构，五行的本义应当是五种动因（行是运行之意）——试图以自然的力量来解释自然现象。本质上它们供了一套具有高度抽象的理论逻辑，让所有的理论都可以纳入其中。于是医学的解释也继承了这样的宇宙观，统一于这套理论之中。

许多资料都指向这一点。气、阴阳和五行理论贯穿于医学著作中，以这些思想为基

---

① Hippocrates, "Airs, Waters, Places", p. 80.

② 张志聪：《阴阳应象大论篇》，p.12

础的新的系统医学理论在《黄帝内经》的宇宙论框架内得到了系统化。[①]它提出了一种系统的宇宙论，在“相关宇宙论”体系中类比了身体、国家和宇宙。[②]《黄帝内经》描述了身体与宇宙之间的关系，特别是天地与身体上下部分之间的对应关系：天是圆的，地是方的，人的头是圆的，脚是方的，由此对应。天有日月，人有两目；地有九域，人有九窍；天有风雨，人有喜怒；天有雷电，人有音声；天有四季，人有四肢；天有五音，人有五库；天有六度，人有六宫；天有冬夏，人有寒暑；天有十日，人有十指；天有阴阳，人有夫妇。一年有365天，人体有360个关节。[③]

与此相反，西方此时经历了从宇宙论向伦理学转向的过程。苏格拉底将哲学从天上之学转向了更加关注人类生活和实践的地面之学。在苏格拉底之前，古希腊哲学主要关注宇宙的起源、本质和规律等抽象的问题。苏格拉底将哲学的中心从宇宙抽象问题转向了个体人类的实践和道德生活。因此，苏格拉底把哲学从天上拉回了人间。希波克拉底也是如此，他在《人的本质》（*Nature of Man*）一开头便表明了自己的立场，甚至可以说是划清了医学与自然哲学的界限，不再以一种形而上的方式去讨论人的本质。“习惯听演讲者讨论人与医学关系之外的人的本质的人，对本节所述内容不会感兴趣。因为我根本不说人是空气，或火，或水，或地球，或任何其他不明显构成人的东西；这样的说法，我留给那些愿意的人。”[④]

由此，二者在人与自然的关系上也出现了差异。中医将人与自然看作是一体的、统一的；而希医将自然与人对立起来，自然只是人体的一个影响因素。中医认为人体与自然界是一个有机统一的整体，强调人体和自然环境之间的密切联系和互动关系。中医理论中的阴阳五行观念将人体内部的生理过程与外部自然规律相统一，强调人体的生理活动受季节、气候等自然因素的影响，提倡顺应自然、保持身心和谐与平衡。相反，希医往往将人体与自然环境进行了明确的分隔，将自然界视为人体的外部环境或影响因素之一。希医更侧重于研究人体内部的生理和病理过程，强调疾病的生物学基础和具体病因，治疗方法也主要集中在调节人体内部的生理功能或直接干预病变组织上。希波克拉底说：“使用这些证据，他必须检查出现的各个问题。因为如果医生很好地了解这些事情，最好是所有事情，但至少大多数事情，他在到达一个他不熟悉的城镇时，就不会对当地的疾病或常见疾病的性质一无所知；这样他在治疗疾病时就不会感到迷茫，也

---

① Keegan, D. L. 1988. “Huang Di nei jing: The Yellow Emperor’s Classicof In ternal Medicine.” American Journal of Acupuncture, 16(3), pp.251–254. P. U. Unschuld, *Huang Di nei jing su wen: Nature, Knowledge, Imagery in an Ancient Chinese Medical Text* (Berkeley: University of California Press, 2003), Yamada, K. 1979. “Origins of the Medical Theories of the Yellow Emperor’s Inner Classic.” Chinese Science, 4, 1–18.

② A. C. Graham, *Yin-Yang and the Nature of Correlative Thinking* (Singapore: Institute of East Asian Philosophies, 1986); Nathan Sivin, “State, Cosmos, and Body in the Last Three Centuries B. C.”, *Harvard Journal of Asiatic Studies* 55, no.1 (1995): 5–37; G. E. R. Lloyd & N. Sivin, *The Way and the Word: Science and Medicine in Early China and Greece* (New Haven: Yale University Press, 2002).

③ Wong, M. (1987). “The Yellow Emperor’s Classic of Internal Medicine: The Divine Pivot.” Journal of Chinese Medicine, 25, 336–338.

④ Hippocrates, “On the Nature of Man”, p.115.

不会犯错，正如他在没有事先了解这些问题时可能发生的那样。"[①]他仅仅是把自然因素作为一种对人身体健康有影响或者产生疾病的条件之一，使用这些因素去一一检验疾病。使用这些自然因素去分析处于这样一种自然状况中的人有着怎样的身体状况："一个暴露在热风下的城市——这些是太阳在冬天升起和冬天落山之间的那些风——当受到这些风影响并被北风遮蔽时，这里的水源丰富且咸，且必须靠近地表，夏天热冬天冷。居民的头部潮湿且充满黏液，消化器官常因头部流下的黏液而紊乱。""避开东风，而热风和冷北风吹过它们——这些城市的环境一定是最不健康的。"[②]

《黄帝内经》的《金匮真言论篇》中讲风："东风生于春，病在肝，俞在颈项；南风生于夏，病在心，俞在胸胁；西风生于秋，病在肺，俞在肩背；北风生于冬，病在肾，俞在腰股；中央为土，病在脾，俞在脊。"[③]同样是讲四季与风，虽然也源于经验，中国更多讲的是对应，是一种天人合一的宇宙观；希医讲经验，是讲自然对人体的影响，自然与人是对立关系。致病的原因或结论或许相同，但是其中理念完全不同，区别在于人与自然是对立的，还是统一的。《风论篇》中则是作为病因讲，名为风邪，也是如此："风者，百病之长也。风之伤人也。以春甲乙伤于风者，为肝风；以夏丙丁伤于风者，为心风；以季夏戊己伤于邪者，为脾风；以秋庚辛中于邪者，为肺风；以冬壬癸中于邪者，为肾风。各入其门户所中，则为偏风。风气循风府而上，则为脑风。饮酒中风，则为漏风。"[④]即使将环境的影响因素作为人体致病的原因，但中医仍然没有把人与自然对立起来，而是将人与自然对应起来，其背后也是天人合一思想的深刻影响。

所以我们发现，或许中希医在"致病"和"治病"上都得出了相同的结论，但是方式和指导思想仍然有很大的不同，不能简单地以最终结论来进行机械对应，二者的背后蕴含着对人与自然关系的不同看法。中希古代医学对现代医学产生了深远而广泛的影响，这些影响涉及医学思想、医学理论和治疗方法等方面，我们试图从源头去寻找这些思想是如何开始涌动的，其中医学关于人本身的认识起着决定作用，影响着两种文明后续的发展和实践。通过深入研究古代中希医学的分流，我们可以更好地认识中希医学的异同之处，以及各自的优势和劣势。从两个不同角度出发去看待医学问题，正如平面中的横坐标与纵坐标相交，更能准确地确定一点，更好地看待问题本身。这有助于我们在当今全球化的背景下，推动中希医学的合作交流与融合发展，共同应对现代医学面临的挑战。只有通过借鉴古代医学交流的历史经验，我们才能更好地实现不同文明的医学传统的继承和融合，并为人类健康事业贡献更多的智慧与力量。

① Hippocrates, "Airs, Waters, Places", 1923, pp.100–101.

② Hippocrates, "Airs, Waters, Places", 1923, pp.102–103.

③ 张志聪：《金匮真言论篇》，p.61.

④ 张志聪：《风论篇》，pp.485–487.

自然、政制与文明

——经学与古典学四人谈

张文江　吴飞　包利民　林志猛　陈赟

中西传统文明都关切自然、政制等永恒性议题，对于宇宙自然、政治自然与人的自然本性皆有相通的深邃理解。“自然”涉及宇宙本原、政治秩序、人伦秩序等诸多问题，“政制”是自然形成还是人为设计，政制与礼法、技艺有何关联，这些问题都隐含着对文明与价值理念的复杂思考。

2024年4月23日，浙江大学马一浮书院举行第二期“经典与文明”对谈，主题为“自然、政制与文明”，与谈嘉宾是同济大学人文学院教授张文江、北京大学哲学系教授吴飞、浙江大学哲学学院教授包利民、浙江大学哲学学院教授暨马一浮书院副院长林志猛，对谈由华东师范大学哲学系教授暨马一浮书院副院长陈赟主持。本期对谈从经学与古典学及中西文明共鉴的视野出发，重新思索自然与政制的丰富内涵，疏通古今文明的脉络，并返观当今中国与世界的文明处境。线上线下诸多师生热情参与。

陈　赟：非常高兴，大家来参加马一浮书院的“经典与文明”的第二期对谈，这一期的主题是“自然、政制与文明”。今天我们分别邀请了经学和古典学各两位教授参加对谈，经学的两位老师是同济大学人文学院张文江教授、北京大学哲学系吴飞教授；古典学的两位老师是浙江大学哲学学院的包利民教授、林志猛教授。这四位教授可以说是当今中国学界非常有代表性的学者，今天对谈的题目具有普遍意义并涉及中西学术与文明的深层次的问题。因为所有的文明都会遭遇到自然、政制与文明的自我理解问题，而经学与古典学又分别是中西学术架构的底层建筑，如何从这个底座去看自然、政制与文明，我本人对此充满期待。我们首先有请张文江教授。

一、中国传统的自然与文明理念

张文江：本次对谈的主题，包含三主（三个方向）二从（二路学问）。每个方向都广阔深邃，每路学问都博大精深，怎么谈都谈不完。对于21世纪的中国学术而言，也许不得不选择这样的大题目，尽可能站得高一些，才可以初步看清未来的方向。

我先从最朴素的角度理解，至于深入的学术辨析，有待于各位老师展开：

自然是人类生存的外部环境——于天体是斗转星移，日月运行；于地球在中国是春夏秋冬的四季循环，在其他区域或四季或三季或二季——也相应人的天性，彼此调适和演化。

文明是人（分散谓人群，聚合谓族群）与自然相适应，并到达一定阶段的产物，也是人的生存方式（文明三要素为金属、文字、城市）。人因此而区别于其他动物，称为万物之灵。

自然和人的关联，参见《尚书·泰誓上》："惟天地万物父母，惟人万物之灵。"天地万物的分合，亦即自然，其间有生生的关系，以"父母"（属于人的观念）沟通。从天地万物到人，以"灵"显示其差异。而"灵"的主要标志之一，就是创造了文明。

自然与文明的对应，以时间而言，为文明的整体兴衰。斯宾格勒《西方的没落》分为春夏秋冬，汤因比《历史研究》分为起源、成长、衰落、解体（一说加"死亡"）。自然和文明的交集，以空间而言，被称为"生物圈"，此即人类的家园。地球上生物可居住的核心区域，仅薄薄的一层（厚度约25公里，深海约10公里，天空约15公里）。《中庸》引《诗》曰："鸢飞戾天，鱼跃于渊，言其上下察也。"此人类的生存空间，在科学技术发展的加持下，虽然有所突破，但根本的拓展依然有限。汤因比研究文明，最后不得不注重保护生物圈。

人类以文明的形式生存，而作为有生有死的个人，生活在以家、国、天下（乃至世界）分层的族群中，对家人负有责任，同时敬奉祖先，照护后代，以维系世世代代的生息繁衍。汤因比认为，文明是社会（society）的同义词，它在时间上长于国家，空间上或包含几个国家。人类历史大约有30万年，而文明史只有6000年。

政制的观念，来自古希腊的城邦，开始时并不与文明（civilization是18世纪的后起词）相配合。大体抽象为政制，具体为城邦，其运作为政治。在原初意义上说，文明内含的组织结构与文明共生。此组织结构在国家（或城邦）兴起后提炼深化，演变为政制，并产生不同的形式。政制突出文明中的秩序维持，提示了文明的核心。

此内含的组织结构，在中国表现为礼乐或礼法。与西方对比，礼乐更接近文明，礼法更接近政制。文明和政制的联系，尝试借用《乐记》来疏通："礼以道其志，乐以和其声，政以一其行，刑以防其奸。礼乐刑政，其极一也，所以同民心而出治道也。"

文明相应礼乐，政制相应刑政。礼乐是政制的引导，政制是礼乐的投射，表现为政（正常运作）和刑（特殊运作）。进一步而言，政制内含（垄断的）暴力，内外有别，内为刑罚（于《周礼》属秋官），外为战争（于《周礼》属夏官）。人类的生存是在自然环境下，通过文明的形式发展起来的，其核心在中国是礼乐（相通于礼法）、在西方是政制。以《乐记》而言，"同民心"相应文明，"出治道"相应政制。

欧亚大陆自古相连，是人类生存的核心区域。此大陆的东西两端，发展出来的古代文明，于西端有希腊罗马，于东端有中国。在15世纪大航海之前，两地以间隔为主，大航海以后，交流日益频繁。历经周折，到了现代，终于不得不相见。于希腊罗马文明的研究，相应的是西方古典学。于中国文明的研究，相应的是中国经学。这也就是中国21世纪以来，经学、古典学重新兴起的基础。

考察两个文明发展的轨迹，疏通其内在的脉络，研究其经典的载体，认知其思想的演变，有两大学问体系，同时也是两大利器，这就是西方的古典学与中国的经学。以人文学科而言，中华文明的未来发展，脱离不了这两大体系的滋养。

陈　赟：非常感谢张老师的深入阐述。张老师通过对五个关键词，特别是其中三个方向（自然、政制、文明）、两路学问（古典学与经学）的阐释，最恰当地为本次对谈释题。下面有请吴飞教授。

吴　飞：关于自然、政制和文明，问题的核心我认为应该是自然和文明之间的关系。刚才张老师对地球自然的界定，作为人生存的外部环境，我想这是一个狭义的自然；其实还有更广义一点的自然，张老师后来也谈到了，它包括了人的天性，通常我们说的human nature。我想从这个角度谈一下自然，特别是自然和文明的关系。

“自然”这个词我们用得非常多，但其实有很多歧义。今天谈的自然经常是笛卡尔之后的理解，即现代传统中把自然当作和文明相对的概念，特别是在西方，像自然状态、自然科学这些用法中所说的自然往往是指野蛮的、物质性的、比较落后的等，从被文明征服的、规训和改造的角度来讲，它更多的是我们的外部环境。今天如果仅仅把它当作一个被动的对象，会有很大问题。

在西方传统中，在古希腊，主要是亚里士多德之前，自然就是自然而然。亚里士多德列举了很多关于自然的理解，它可以是质料，也可以是形式，还可以是其他，有很多种。后来从形式的角度来理解自然（nature），就是希腊文里面的physis，这和后来把它完全当作对象化的物质世界也是不一样的。在亚里士多德之前，自然而然既不仅仅是物质，也不仅仅是精神，既不仅仅是质料，也不仅仅是形式，给它强加区分就已经不是一种传统的自然观念了。

比如海德格尔讲自然，他试图回到古典的自然，而不再只是对象化的如自然科学的自然。但是在现代文明的主流中，是以征服自然、改造自然为主流的，虽然后来有从生态的角度重新理解自然，不能破坏自然，环保主义，等等，但这仍然是在自然和精神、自然和文明的二分当中来反抗传统，是从非常现代的角度来理解自然。由此反观我们中国讲自然和文明之间的关系。例如冯友兰先生说有四个境界，第一个是最低的境界：自然境界。第二个是功利境界。第三个是道德境界。第四个是最高的天地境界。他说的最低的自然境界，比较像我们现代所理解的作为野蛮的、落后的自然；他说的天地境界，其实也是自然。这就是中国思想对于自然比较特别的理解，最低的是自然，最高的也是自然。将它做一个区分，我把最低的自然称为“蒙昧自然”，而最高的天地境界里面所展现出来的自然是天道自然。这和现代西方的传统不太一样。现代西方，尤其是当前的信息时代，以人类的文明来改造自然、征服自然。在这样一个线性进化的历史观中，文明越来越发展，而自然是被动的、被征服的对象。在中国传统中也有这个环节，我们通常称为“启蒙”，就是跨越蒙昧自然的。如传统儒家讲人之异于禽兽者，从动物性的自然状态提升，进入到文明，实际上是一种传统的启蒙，我称为对蒙昧自然的超越和征服。在这之上，儒家的思想讲“参赞天地”，像孔子所说的“天何言哉？”“唯天为大，唯尧则之”，认为文明和政治的最高标准是天道自然，要服务于整体自然，这是儒家的一个态度。对道家的态度我一直比较困惑，读了陈赟老师关于《庄子》的几本书之后，我认为道家的态度表面上看像是肯定蒙昧自然，但实际上其真正讲的自然也是天道自然，只不过对于文明的看法，道家认为启蒙在超越蒙昧自然的时候很可能也在破坏天道自然。其实只有一个自然，哪有蒙昧和天道的不同？我们面对的无论是外部的自然界，还是我们身上的自然，其实都是一体的、统一的。只是就我们个人理解而言，当我们从一种局部的、有限的角度来理解，它是蒙昧的。功利境界会更接近比较感性的、物质的、欲望的这些部分，是蒙昧自然；如果从总体上来理解自然，它是混沌一体、自然而然的，它不应该是局部的，而这个层次的自然其实以人的能力很难完全把握，你很难从整全的角度把握混沌的、整体的天道自然，它永远在人类文明之上，是人类文明的标准。

在中国思想当中，自然和文明之间是非常辩证的关系。道家和儒家都是一种辩证的态度，儒家更多的是从文明的角度来辩证地看待文明和自然的关系，而道家更多的是从自然的角度来看待自然和文明之间的关系。文明和自然之间本来就是一个特别辩证的关系。关于人类文明的制造、人为的制造在什么程度上能不破坏自然，反而能服务于自然的整体，古人并没有给出一个非常好的解决方式，这个问题在今天尤为突出，需要我们在中西的古典当中来寻求一个更好的解决方式。

陈　赟：如果说张老师做了很好的解题工作，他对自然、政制、文明、经学、古典学五个关键词做了贯通的整体性理解，非常有启发性；那么，吴飞老师实际上就给出了对谈的语境。在我们通常的意识当中，自然不仅是文明、精神、历史的对立面，而且还是一个需要被征服、改造的对象，这就是现代以来自然的命运，在这背后则是人之自然本性被遮蔽的生存处境。

吴飞老师让我们看到了古希腊的自然意味着另一种可能性。自然不仅仅是外部环境的自然，而且还是人的自然本性，它关联着从大地中的生长，而不是被改造、被扬弃的客体化自然。但为什么会出现这种与精神对立，而且需要被征服和改造的自然呢？我们很想听听致力于两希文明研究的包利民老师来给我们解疑释惑。我记得皮埃尔·马南在《人之城》（*City of Man*）这本书里就特别强调，整个西方的近代正是希腊的“自然天性”（人的自然）不断地被消解的过程，基督教是否在其中起到了很大的作用？我很好奇，在希腊化时期，自然和政制的主导性是怎么样的？有请包老师。

二、西方的自然与政制思想

包利民：我主要从西方古典传统的角度来谈，重点是柏拉图之后的希腊化时期伊壁鸠鲁哲学中的“自然、文明与政制”。首先是“自然”。众所周知，希腊化时期哲学又重新回到自然哲学。前苏格拉底哲学是自然哲学，苏格拉底、柏拉图、亚里士多德的第一哲学是本体论（ontology），成就很大，不过，后亚里士多德哲学却决定重回自然哲学。斯多亚派、伊壁鸠鲁派和怀疑论都宣称要按照自然生活。其次是“文明”。伊壁鸠鲁派的态度是复杂的，一方面指责作为加法治疗的“文明”所带来的新问题，另一方面又并不主张反文明，这就指向伊壁鸠鲁的“政制”观。在古代，“政制”通常由两种兴趣组成。西塞罗在政制方面的主要著作有两本，一个是《论共和国》，一个是《论法律》，很明显他是在模仿柏拉图的写作模式，即《理想国》和《法义》。很多人可能会问：这国家与法律难道不应该是一本书的主题，为什么要分成两本？我个人的看法是，它们虽然是交叉的，但是依然有区别。柏拉图《国家篇》（无论翻译成《理想国》还是《王制》）的核心是个体幸福论，也就是说，主题其实往往不限于狭义的政制而侧重的是个体的人生选择。选择行动还是沉思？美好生活是practice还是meditation？这是标准的古希腊幸福论的问题。而第二本书《法律篇》（或《法义》）的主题则不是个体幸福，而是真正在讨论人际关系正义、道德或者是制度规定。当代政治学的主流是不能够讲第一个主题的，这是罗尔斯"道义论"的核心观点：伦理学只能够讲正义，不能够讲幸福，所以它不同意从幸福出发建立正义的功利主义。对于自由主义传统来讲，什么是幸福？这是不能统一由国家来讲的东西。然而我们是在讲古典政制，而古典政治伦理学的常用标签是"德性论"，或"德性幸福论"，它完全有资格讲个体幸福，而且必须放在首要位置讲。正义或道德反而放在第二位。

接下来稍微回头讲一下"自然"。自然通常来说是环境自然（当然，还有内心自然）。所谓环境自然就是空间，康德曾经说过，我们组织经验的纯粹直观有两个：空间和时间。大致可以这么区分：时间是人，而空间是环境。不过两者也是有关系的。人这种时间性的存在会凝结在空间中。"江山留胜迹，我辈复登临"，江山这个空间里面已经内化了历史。我们面对的自然其实大多是这时间化、历史化的空间，而不是赤裸裸的自然。空间又大致可以分为三类，一个就是纯粹虚空，什么也没有，如黑洞；另一个是纯粹实在，比如说热带雨林，走不进去，密不透风；还有一个就是半明半暗、半空半虚的"世界"，这就是海德格尔所说的林中空地。

古希腊古典时期的空间，总体来讲是第三种，而且不是田野，而是城市。古希腊是一个城邦文明，之后到了一千年的中世纪，西方又变成农村了。到了近代，城邦重新在意大利等地出现。城市性存在属于在这种半明半暗的空间当中的公共政治生活。一旦人丧失公共世界，就会感到不幸福，这也就是黑格尔说的苦恼意识，也就是刚才陈老师讲的基督教的时代精神。苦恼意识就是不幸意识，是希腊化罗马到基督教时代的一个特别的意识。我个人认为它主要是基督教的一种意识，因为苦恼是情感。希腊化哲学不讲情感，而基督教则非常看重情感，当然是痛苦的情感。

伊壁鸠鲁的哲学作为自然哲学，主张双本体：原子与虚空。原子可以理解，但是要注意对于伊壁鸠鲁来说，虚空也是本体。虚空这种空间的特点是刚才讲的第一种空间，即黑洞式彻底虚无，它如同一把刀在我们周围切开，如防火带一般带来个体之间完全的隔绝，切断任何黏稠性的存在（所谓care或牵挂）。可见，伊壁鸠鲁派是故意用第一种空间替代第三种空间。而且，伊壁鸠鲁派认为这并不苦恼，反而幸福。顺便说一下，在时间上，伊壁鸠鲁也发挥了虚空之刀的威力，切断绵延时间，切断过去和未来。我们是瞬间式存在。伊壁鸠鲁的时间观的特点是反对未来与现在有关，反对期待。

在这样的"自然观"下，伊壁鸠鲁派的"政制"从个体幸福与人际正义两个方面看则是主张：第一，反对古典的以政治生活作为幸福的主流观点。幸福是孤立的原子式生活所带来的心灵宁静。第二，在政治正义上，主张个体社会契约论的道德和法制，反对柏拉图的客观先验正义理念论。伊壁鸠鲁“基本要道”(一共有40条)的后10条专门讲正义,它的核心思想有三个:(1)正义的内容是利益、快乐与痛苦。伊壁鸠鲁挑明正义就是为了人的快乐与痛苦。反对柏拉图所讲的客观正义本质。(2)正义的来源是意志性。人的意志订立的契约就是正义,这是实证法的传统。要是没有订立契约就没有正义可言。(3)正义的执行依靠恐惧。这三条全部都是通过人的心理学进行的,这和柏拉图的理念论路径大不一样,故意反对。

陈 赟:非常感谢包老师,带给我们对自然和政制这两个概念更细致入微的思考。关于自然,他特别向我们展示了西方的自然观从古希腊到希腊化时期的转变以及其所对应着的生活形式的转变。在政制部分,关于个人幸福、正义这两者之间的张力、内在意义,无论是希腊还是后来的发展,跟我们今天的语境都不一样。

随着哲学这一符号形式的诞生,原先的城邦生活跟沉思生活发生了分离,在未分离之前,人作为城邦的成员,归属于城邦,生是城邦人,死是城邦鬼。随着城邦生活形式开始衰落,哲学家建立了一种新的生活形式,这使得个人幸福有可能通过沉思,而不是对城邦生活的归属来展开。沉思带来了人神之间的新的交通形式,它要求在超出了城邦生活形式的个体灵魂层面进行,这使得个人幸福问题成了政治哲学的首要问题。希腊化时代,从自然中也引出来了空间形态的变化。志猛老师做古希腊研究,对古希腊的自然与政制一定有自己的独到理解,这种理解想必也会与包老师这些富有启发性的观点相互发明和印证。有请志猛老师。

林志猛:刚才各位老师对主题自然、政制与文明都做了很精到的阐释,我再稍微谈一下从古希腊开始,古今哲人不同的自然观。自然这个概念在西方哲学史中有很多层面上的丰富理解,不同时期的哲人会有不同的解释。尼采有一个说法,他说每个哲人都在“规定自然”。哲人通过构建自己的理念来阐释自然是什么,借助解释自然来支配世界。哲人们对宇宙自然、人的自然本性以及政治的自然基础有不同的理解,由此构建出不同的政治类型。如霍布斯的“国家契约论”、自然法是基于他对自然状态、人的自然本性的阐述,有别于柏拉图的政制和礼法观念。洛克、斯宾诺莎等也形成了各自的自然法观念,不同于古典的自然法。尼采就批评廊下派把自然看得过于温和,说自然蕴含着理性和德性。在尼采看来,自然充满冷漠和残酷,因为人与人存在自然差异、自然的不平等。

“自然”的含义到底是什么?首先从自然这个词来看,希腊文 φύσις 的词根就是生长的意思。荷马最早使用“自然”这个词,并涉及一种草的本性。自然包含三个层面的含义,第一是涉及万物的始基或本源的问题;第二是当万物产生之后,有一个从出生到成熟的整个生长过程;第三是它生长起来以后的样子,它的结果是什么,是否是有序的、完整的东西。

最初的哲人被称作探讨“自然”的人,有别于探讨“诸神”的人。与习俗相反的“自然”需要人去发现。前苏格拉底的自然哲人在探究万物的本原时,会回溯到水、火、土、气这些物质性元素,“自然”被视为初始之物。但柏拉图反过来追问,所谓的本原或初始之物,到底是诸元素还是灵魂。如果万物的本原、初始之物不是这些物质性的元素,不是水火土气、原子或虚空，而是灵魂，那么，灵魂就应该被称作“自然”。从《蒂迈欧》《法义》等对话中，我们可以看到柏拉图是怎么论证灵魂优先于物质的。他把灵魂区分为宇宙灵魂与人的灵魂。《蒂迈欧》中提到，造物者构建的最初之物是宇宙灵魂，然后再构建了宇宙体。人的灵魂是宇宙灵魂跟一些杂质混合的产品，奥林波斯诸神，宙斯、阿波罗、雅典娜这些神是在宇宙灵魂之后才创生的。柏拉图的《法义》《斐德罗》从运动论、灵魂学来阐述，最后把灵魂定义成一种自我运动，能够推动自身和他物动起来的运动。如果说初始之物是灵魂，灵魂尤其应当被称作“自然”。柏拉图一方面从宇宙论的层面来论证自然的问题，另一方面他又从宇宙灵魂回到人的灵魂，更多谈人的灵魂的自然本性。柏拉图更关注人的自然差异、自然目的、自然欲望、自然构成等问题，他会说人的自然目的就在于追求灵魂的完善和德性的卓越。人与人之间存在自然差异，但问题在于怎么去弥合这种高低上下。政治生活的一个重要目的就是去贯通这些高低上下，弥合平等与不平等。柏拉图“高贵的谎言”涉及的两个神话就是处理这个问题，人具有平等性的一面，都是大地所生，大地是人的母亲，但人又具有差异性一面。政治的问题就在于去调和平等与不平等、高与低。

在亚里士多德那里，他认为人自然是政治的动物。刚才各位老师也谈到人具有城邦性这一面。所谓人自然是政治的动物，就是说人是群居的动物，在城邦这个共同体里生活，不是像卢梭所说的生活在社会边缘的孤独个体。人只有跟其他人生活在一起，才会生活得好，生活得幸福。如果你只是作为一个个体，孤零零地生活在社会的边缘，那是无所谓幸福和善（ἀγαθός）的。亚里士多德说的是通过城邦怎么让人变得更加幸福。

到了现代，我们可以做一个对比，霍布斯的自然和政制观与古典哲人有很大的区别，他是明确否认人是政治的动物的。霍布斯说人与人在一起，并非为了友谊，而是为了凸显他的荣耀，显得高人一等，是出于竞争性的荣誉。大家都熟悉，霍布斯将自然状态设想为一切人对一切人的战争状态，因为自然状态下每个人的身心能力是平等的。每个人都想要得到自己的东西，就会出现竞争和残杀，从而产生暴力，以及对横死的恐惧。因此，霍布斯设定的第一条自然法就是寻求和平，让人更好地保存自我。霍布斯所构建的自然法和国家契约论的第一诉求是自我保存，所需要的德性是社会性的德性，和平的德性，如同情、宽容等等，而不是柏拉图式的古典意义上的德性，如智慧、节制。对自然的不同看法会形成对德性、政制、自然法的新解释。

洛克则认为理性就是自然法。在匮乏的自然状态下，人需要限制贪欲，但丰足的公民社会下并不需要限制。洛克甚至证明，释放贪欲具有合理性，肆无忌惮地谋取财富并非不义。因为贪欲可以促进商业社会的发展，增加社会财富，让人获取更多的东西而过上舒适的生活。贪欲的自然本性无需限制。培根则谈到要征服自然，以及要征服的自然到底是什么。这里的自然不只是指大自然、自然界，现代启蒙哲人要征服的是人的自然差异，自然的不平等。现代哲人试图通过技术和民主抹平人的自然差异，结果就是走向精神的平庸化，尼采所说的“末人”问题就出来了。现代对自然征服之后，各种反自然的欲望、反自然的快乐追求就出来了，甚至将其合法化。这就是尼采所说的自然被极端地僭越，尼采还设想了如何复归自然。

陈　赟：非常感谢志猛刚才对他的发言做了一个非常重要的概括，对自然的不同理解，关联着不同的政制取向。柏拉图以前对于自然的理解、柏拉图自然理解的转向、霍布斯和洛克等启蒙哲人对自然的重新理解，都关联着不同的政制形态。启蒙以来对自然的重新理解，不仅是对柏拉图传统的一个颠覆，而且使我们处在现代性的危机当中，僭越自然，抹平自然的差异，导致我们进入普遍同质化的“末人”时代，这恰恰揭示了现时代我们和自然的处境。

四位学者都讲述了自己对于自然、政制的理解，为我们勾勒了中西经学与古典学视野中自然、政制的思想语脉，其中当然也包含或隐含了对文明的看法。刚才吴飞老师特别强调了中国传统对自然与文明关系的看法非常具有辩证性，恰恰跟志猛讲述的启蒙哲人的对自然、政制的看法，以及包老师所讲的希腊化时代的主导看法，很不一样。张老师，您觉得中国传统对于自然、文明最具有代表性的看法是什么？

三、经学与古典学：中西文明互鉴的可能与路径

张文江：自然、政制和文明，三者互相关联。自然演化为文明，文明的核心是政制，而在其背后，始终不能脱离与自然的关系。讨论这三个问题，我更关注的是中国文明的未来，以及怎么理解它和西方文明的关系。

汤因比著《历史研究》，从1934年写到1961年，共12卷，写了27年，有各种节录本。他早年认为，在世界上曾经有过的文明中（有26种、21种、19种等不同说法），到了近代，只有西方文明活着，具有生命力，而其他文明，包括中国文明在内，都处于衰老和死亡中。晚年他在《展望二十一世纪》（1972—1973）的交谈中，于中国对世界未来可能作出的贡献，寄予高度的期望，对原来的论断有所修正。他还认为，应该结合希腊模式（连续发展）和中国模式（轮流交替），创造适用于其他文明的现实模式。中国和古希腊，沃格林《天下时代》称为“两个天下”，在时间上平行展开。

刚才陈赟老师提到，包老师致力于两希文明研究。当年胡适《中国哲学史大纲》指出，中古以后，希腊吸收希伯来文明，中国吸收印度文明。考察这两个文明的发展轨迹，疏通它的内在脉络，经学、古典学的研究，并不是仅仅关注细节，而是整体上有面对未来的意义。

西方研究人类的文明，比较有影响力的有三大家，斯宾格勒（德，1880—1936）、汤因比（英，1889—1975）、亨廷顿（美，1927—2008）。当然，此前还有黑格尔（德，1770—1831）著《历史哲学》；此后还有沃格林（美，1901—1985）著《秩序与历史》，部分受韦伯（德，1864—1920）的影响，对雅斯贝斯（德，1883—1969）有所修正。

斯宾格勒认为文明的未来是悲观的，汤因比提出挑战——应战模式，如此则部分的文明，依然有重振的可能性。亨廷顿研究冷战后的国际政治，关注文明的冲突。沃格林对现实有很深的关怀，他认为，针对当代之无序的补救方法，其中之一便是哲学探索本身（《秩序与历史》序言）。而经学、古典学疏通文明的内在脉络，也可以说对文明做整体

上的体检，在21世纪中国备受重视，并非偶然。

陈　赟：非常感谢张老师，张老师在自然、文明、政制三个词语当中，最终关切的是中国文明的未来。经学与古典学是疏通文明的谱系、脉络的学问，也是一种面向未来的可能。张老师提醒我们注意那些对人类文明有统观视野的思想家，如汤因比、沃格林、亨廷顿等，他们不仅处理了西方还处理了中国，用刚才张老师的话来说，展现了中西两种"精神性的天下"。我想请教吴飞老师，中国与西方对自然和文明关系的看法，最大的差异是什么？

吴　飞：关于陈赟老师的这个问题，其实刚才几位老师都谈到了，包括张老师刚才谈到了很多当代的西方学者对文明的看法。在古今中西的脉络中，我认为西方如希腊的关于文明、自然的关系，其实和中国的差异没那么大。当然肯定还是有不同。比如说把自然当作一个最高的概念，这一点我认为中西的古典是比较接近的，最大的差别应该还是在现代，特别是两希文明结合之后，进入到现代，强行从文明的角度来取消自然的差别，强求平等这些方面，应该是基督教文明所形成的现代文明。刚才张老师也谈到，本来有很多种文明的方式，但是现代只有西方一种，西方这种文明几乎不同于所有的古典文明，包括和已经消失的一些古典的形态相比，应该都不一样。它贬低自然，并以人类的技术和人类的制度来征服自然，包括志猛谈到尼采对于自然的态度。现代西方重视自然的哲学家非常少，大多将自然当作对象化的，卢梭可能是一个特例，他对自然有比较高的看法；还有梭罗的《瓦尔登湖》，他虽然喜欢瓦尔登湖，但他笔下描述的并不是如庄子所说的自然，在他那里，自然是战争状态，并不是一个完全平静的状态，虽然只有他一个人，但他会观察，比如说蚂蚁和蚂蚁之间打仗，各种动物之间也是战争状态，而他只是在这种状态当中来培养自己，他并不是崇尚自然。这一点，我想还是和古典的，无论是西方的古典还是中国的古典，都不太一样。刚才包老师谈到西方本来是城邦文明，如特别强调城邦的希腊文明，西方的这个词civilization，用的不是希腊人的词根，用的是拉丁文，civil本来就是城，civilization本意就是城邦化，和亚里士多德说人自然就是城邦的动物是不矛盾的，城邦和自然之间并不是对立的关系。中国的"文明"，最早应该是在《尚书》《易传》里面大量地出现，"刚柔交错，天文也。文明以止，人文也"，有天文有人文。"文"强调的是内在于自然。我认为这里的"文"本身就是文质的"文"，但是这个文若要特别突出来，那么就是文、明。虽然理解不同，中国不是特别强调城邦，但强调文明和自然是一致的，并不是矛盾的，我想这个应该是古典都是比较一致的。

陈　赟：我觉得吴老师讲得非常好，我借用船山的观点来概括，"人之道，天之道也；天之道，不可谓之人之道"。人道、人类的文明不管多么高大上，但最后人类还是自然世界的一个成员。文明是自然的一个部分，我们不可能生活在一个没有自然只有文明的世界，但是我们所处的现代的历史性体制，是一个以未来为主宰的，以未来为中心来安排或结构过去和现在的形态。这种历史性体制包含了一种线性的进步/进化意识，把从自然到文明看作一种进步或进展，我们迄今似乎仍然生活在这样一个被用现代来刻画的纪元性意识当中。最为典型的就是黑格尔在《自然哲学》中提出的观点：自然界的存在只是为了自己的毁灭，以等待精神的到来，自然界不毁灭，精神就不能再生。我们每个人都有两次出生，一次是自然的，一次是精神的，精神的出生只有在自然的生命终结之后才能到来。在这种现代的历史性体制中，自然与文明的内涵都发生了古今之变，今天我们似乎仍然处在这样一个现代困局中，古典学与经学所揭示的那种与文明共生的自然、作为政制根基的自然，是否还能回去？尤其是包老师、志猛老师讲的那种“林中空地”式的自然，或者人性中的内在自然。而且，我们对希腊、对柏拉图的希腊，或者讲以柏拉图为代表的希腊的想象，会不会是我们在制造一个理想的希腊，正像我们在制造出一个柏拉图那样？当人们从历史学、文学、考古学、社会学的角度去理解古典学中的“希腊”与经学中的“三代”，可能会是另外一个景象。三代或希腊作为精神家园的符号还能否经得起怀疑主义与实证主义的质疑？

阿赫托戈认为西欧社会已经进入当下主义历史性体制的时代。自从1989年柏林墙倒塌，现代的历史性体制（以未来为导向，以进步、进化为取向来结构时间的过去、现在和未来）已经让位于当下主义，一切都是以当下为中心的，对于过去的重估和对于未来的意识，都来自当下、回到当下。未来已经被祛魅，过去也不再可能作为历史导师，只剩下对过去和未来封闭了的当下。这本身就是一种危机。我们怎么才能走出这一困境？很想请教包老师。

包利民：关于这个问题可能没有谁能够回答，我们这也只是一个讨论，而不是人生指南。但是我想强调一下我们现在说古与今，实际上我们现在正站在未来面前，对此如何强调都不为过。我们讨论的基本的立足点是古典性与现代性，然而还必须面对严格意义上的后现代性。如果快的话，它的来临可能只有10年、5年了。这是我们讨论的时候不得不面对的一个重大历史处境。科学具有加速度特点，它的发展可以越来越快。我们现在正处在第三次科技革命的进程中，是以人工智能、互联网、脑科学、基因科学、克隆技术等等为代表的所有最新的、最时髦的科学革命，这些学科群的一个共同特点就是：它们都是人学。第一次、第二次科技革命分别是力学、电学，然而这次是人学。新科技的冲击和我们今天讲的自然没有关系吗？我们的human nature会不会变？阿伦特曾经说人没有本性（反本质主义），但是有human condition。到今天为止，我们都是在现有的人的条件（也有翻译成“人的境况”）下生活和谈论价值，比如我们会死，因为我们是可朽的。我们跟神不一样，跟自然物不一样，我们所有的幸福与不幸，我们所有的价值观都建立在我们的有死性上。然而immortal之永生在今天的科技发展中甚至都可能达成，神经和基因信息下载然后搭在硅基生物上面不就行了吗？人将是什么，人的自然或空间还会是公共领域吗？这一切我们不该现在就开始思考起来了吗？而且，我们不可能总是完全受制于过去的范式。因为过去的范式可能不够用了。想象力成了必需。

陈　赟：非常感谢包老师把我们带到了人类世与后人类世的交叉点。当代关于未来的讨论，如孙周兴老师，正在揭示人类不同于此前的处境和命运。当我们渐渐开始生活在一个虚拟的世界，当我们生活中的人造物慢慢地成为基本生存背景时，如果连我们人也成了一个被造物，最大的问题是自然本性，内在于人的自然，还存在吗？黑格尔等人的观点认为人没有自然本性，人的本性只是人在历史当中的一个创造。这似乎有可能成为现实。如此的话，这会对我们的政制和文明带来什么样的影响？如果连自然本性都可以被造，我们还怎么复性、回归自然？很想听听志猛老师的见解。

林志猛：这也是我一直非常关注并思考的问题，在我们的现代的生活当中，我们所谓的human nature已经不断地被修正甚至扭曲。我刚才提到从前苏格拉底、柏拉图的自然观到我们现代各式各样的自然观，背后隐含着对人的自然本性的诸多不同理解。这些修正可能是来自如科学技术手段、现代的政治观念等。现在人工智能这么发达，我们以后的“人造人”——机器人，跟我们现实的人可能会无限地接近。加上不婚不育的观念逐渐流行，以后我们人与机器人的婚姻关系是不是也可以合法化，甚至人跟动物的关系同样可以合法化？释放贪欲在现代被证明具有合理性，因为人这种物质性欲望的释放，可带来更多的生产和消费。但我们可以看到，柏拉图等古典哲人不会把满足人的这种物质欲望放在第一位，会把怎么尽可能地追求智性、德性和灵魂的完善看作人的自然目的。我们现在颠倒过来，把怎么尽可能地满足人的身体欲望放在首位，所以在我们现代生活中就会出现各种卷，过度的劳累，因为我们要充分满足自己的物质需求。如何重新绷紧人最高的自然本性与最低自然欲望之间的张力，依然十分重要。尽管最高的一级难以达到或可能回不去了，但最高的自然始终不能遗忘掉。如果没有绷紧高的这一级，人性只能是无限地下滑，直至深渊。

我们谈古典学、经学，我们为什么要回到古典，回到传统？人的最高的nature，天性，古希腊会把具有最高nature的人形容为神样的人。我们中国人谈论天命、道法自然等问题，自然被看作最高的状态。我们也相信，始终有一部分人的天性非常卓越，出类拔萃，可能他会被我们现在生活的各种现象、各种问题蒙蔽，但是我们应该把最高的自然呈现出来，至于如何做选择是每个人自身的问题。每个人会独自做一些相应的判断和选择，但前提是，我们要把宇宙自然、人的自然从古到今比较完整的面相呈现出来，它怎么转折、断裂，到了现代、后现代又出现什么新的理解。你只有看清“自然”的各种面相之后，才能选择自己要去靠近哪一种“自然”。每个时代都有自身的问题，但怎么激励人尽可能朝向最高的自然，是每个时代的知识人最根本的使命所在。

陈　赟：我觉得志猛的答案与我们这个主题非常契合。尽管我们处在这样一个现代的境遇，遗忘自然，甚至遗忘政制的自然基础，但是古典学、经学可以让我们看到先人，以他们的生存方式协调自然、政制和文明。于是，在我们和他们之间就有了一个间距，这个间距实际上为我们反省自己的处境提供了一种参照。

下面的环节是四位老师彼此之间相互评论或者是相互提问。现在就请张老师，您可以对其他三位老师进行提问，也可以评论他们的观点。

四、古今中西之争下的政制与文明

张文江：讨论以上这三个观念，考察其语源，它们于近代由西方（通过日本）传入。自然（来自《老子》“道法自然”）和文明（来自《易》“天下文明”），有中国先秦思想的源头，需要分辨中西词义之间的微妙同异。至于政制的观念来自古希腊（《理想国》），研究城邦的组织构成,在中文古典中似乎没有直接的表达形式。追究其原因,可能是“天下”和“城邦”的不匹配。在西方城邦、帝国(对应沃格林“普世共同体”)、民族国家的政体演变中,“天下”在体量上对应的也许是帝国,然而在结构上依然完全不同。

吴飞老师刚才说,civilization来自拉丁文,civil本来就是城,civilization就是城市化或城邦化。通常认为,此词源自礼仪(civilité),跟16世纪基督教社会的演变相关(诺贝特·埃利亚斯《论文明、权力和知识》)。此处上接希腊和罗马,在最初的词源上,文明本身就相关于政制(易建平《从词源角度看“文明”与“国家”》)。

志猛老师说,自然有高低上下的差异;吴飞老师说,自然有野蛮的一面。那么政制与文明,或城邦组织的形成,既从自然演变而来,同时又抗衡自然。文明抵御自然粗劣的方面,又酝酿着道德和教化,指引着提升的可能。中国经典中“天下文明”的表达,正是揭示出了其中向善的方面。这样理解不知道对不对?请吴飞老师指教。

以中国思想而论,自然和文明之间,大体表达为天人关系;而文明与政制之间,大体表达为人人关系,两者或同或异,而后者更为集中。《史记·太史公自序》称“万物之聚散皆在《春秋》”,《庄子·天下篇》称“《春秋》以道名分”。如果深入考察,在人人关系的背后,依然有其天人关系。以古希腊思想而论,前者为physis,后者为nomos。对应中国思想,前者即自然,后者即礼法。礼表达非强制性的一面,通往文明;法表达强制性的一面,通往政制。究其极即自然和人,古云“天人之际”。

吴　飞:张老师的问题非常重要。两个词,一个是文明,还有一个文化。文明是civilization,文化是culture,虽然都是c开头,但它的词源不一样。culture本意是种植,其实更接近于自然。农业是agriculture,就是在土里种植。我们现在经常会把文化和文明混同,其实文化本来有特别强的自然含义,但是到了我们现代来说就很不一样,因为割裂了自然和文明之间的这种关系。关于张老师的这个问题,我想我暂时不能完全回答,还需要继续讨论。

对刚才包老师和志猛的所谈的我想再说几句,刚才陈赟老师提到了,我原来写过一本小书是关于《三体》的。这和包老师提到的问题有特别直接的关系。我去年参加了一个关于科幻小说的会,里面都是科幻作家,在这样的一个人工智能的时代,人类学界普遍认为没有统一的自然,当然是当前的人类学者,结构主义之前的人类学不是这样的。现在的人类学认为所谓的自然其实都是建构,没有实质的自然。《三体》中更可怕的说法是,整个物理规律其实都是没有的,是由宇宙中的更高级的人制造出来的,可以改变宇宙规律,以至于有硅基人对碳基人的征服。这是一个特别悲观的前提。在去年那个会上,我当时所讲的和我今天是同样的态度,这和张老师刚才说的“天人之际”有关,我一直是坚持文明是自然的一部分,应该是统一的。这个观点我本来想表达的是反对目前人工智能过于脱离自然等,但起到的效果是非常出乎我意料的,他们认为我这样说其实是一种乐观的观念,好像是说如果说文明都始终是自然的,那么会推出一个结论来,即无论人类文明制造出什么,它最后还是会回归到自然。但我想表达的是,文明如果一味地沿着自己的方向走,完全无视自然,完全消解掉自然,最终会得到自然的惩罚。自然对文明的惩罚可能对我们是没什么好处的,最终整个毁灭掉,像《三体》说的那样。但我们不可能把人类文明的希望寄托于最终自然的惩罚，我们身在其中的人还是要做点什么。

目前的这种科学进步，你不可能阻止它，就像包老师谈的，人类也许真的可以通过技术手段做到不朽。关于不朽，我记得加缪有一本小说写的就是这个问题，然后还有米兰·昆德拉有一本小说就叫《不朽》。就像海德格尔说的因为有死亡，我们才能找到生命的意义。如果真的不朽了，是不是所有的意义都被消除了？这是我想和包老师讨论的一些问题，也是我非常困惑的一些问题。

包利民：我当然是没办法回答的。我想要问两位国学老师的问题是比较具体的。志猛刚才说到高与低。动物层面是“低”，不过什么是“高”？能不能说我们中国的传统是“仁”，而西方的传统是“理性”。苏格拉底可能不太讲仁爱，只有到了基督教才强调上帝之爱。还有，“仁”从儒学角度来看，是不是其实并不是通常人讲的那么情感化的，而更多是一种理性概念，它是通，就是天地相通，人人相通，而不是一种情感主义（sentimentalism）。这个是我的一个问题。

关于文明，也想请教一下。西方文明，我们刚才一直在讲城市文明，它可能有个核心概念，就是城市自治，它可以提供一部分幸福，即积极行动，全过程民主。大罗马帝国下面，各个行省的官员就是行政官员，韦伯所谓的科层体制，只需要成功执行上面来的指令。儒家和它不一样，因为士人出仕，有所作为，建功立业，光宗耀祖。按照霍布斯的批评性理解，古典政治是在追求荣誉。然而这果然不好吗？所谓荣誉就是被相互看好，然后被人铭记。我们现在暂时是在历史的第二阶段，目前而言的第三阶段即后人类阶段都不知道什么样的。我觉得吴老师刚才讲的三体这个概念是强调想象。我们对新时代一定要有想象力，因为你不知道它是什么样的。现在我们一般说AI是否会全面模拟人。然而，AI为什么要模拟你？就像咱们下围棋，现在的围棋AI肯定已经不模拟柯洁。推而广之，将来的硅基生物会干什么？我们不知道，我们要有足够的想象力才能知道他在干什么。我想说的是：我们的存在，我们的人生意义是我们的。这包括我们生活的空间，还有我们的时间。那么，“他们”有没有空间和时间？比如说一个机器人需要一个公共领域吗？

林志猛：刚刚三位老师已经都做了很充分的探讨。我有一个问题请教一下包老师。包老师特别关注强者政治学、弱者政治学。您的政治哲学史研究会涉及这些问题，像高尔吉亚谈到的，所谓的自然的正义就是强者统治弱者，而且拥有更多的东西。《理想国》谈到的正义就是强者的利益。这个问题其实不仅是古典的，在我们当下的国际政治语境中，同样也会出现弱肉强食的丛林法则，包括战争殖民等等问题从古到今一直存在。以这个视角来看，到底怎么来理解所谓的正义问题，智术师所谓的自然正义与柏拉图的自然正义完全不一样。如何基于自身的文明处境来思考政制，或者说如何构建我们自身的自然来应对外在的这种强弱的，或者是丛林的政治现象？当它在每个时代反复出现，必然会有一个应对的机制。所以我想请教张老师和吴老师，我们中国的传统、历代也有那么多战争，我们如何利用自身的思想资源去整体构建内部的秩序，并应对外在的挑战？如果是像斯巴达式，它就会注重去训练人勇敢好战的这一面，它是另外一种形式。但一个文明体如果要保持长久的兴盛和稳定,它不仅仅只是有这种竞争性,还要有文明内在秩序的稳定。在这种复杂的国际环境中,我们如何看待这个问题?

张文江:包老师和志猛提出的问题,难度好像越来越大。我们这里还有一位隐藏的高手,他一直在穿针引线,默默为大家服务。我觉得,这种时候,需要请出陈赟老师来解答。

陈　赟:如果从最高的角度来看,西方确实是生活在神的近处,但是我的概括是他们生活在神的近处,生活在世界与万物的远方。中国人则是生活在人与人之间、在人与物的近处,以这种方式跟天保持关联。如果回到文明之历史进程的视野来说,中西都会强调文明源自自然与文明浑然一体没有分化的那个阶段,文明的发生意味着人类独立的自主性领域出现了,有了国家、政治、科学、技术、艺术、文明这些东西,从而人的生存形式不再与万物生存节奏所体现的宇宙节律合拍,换言之,人道从天道中分殊并独立。天道因此而有了新的分殊,这就是在万物中展现的天道与在人类生活中展现的天道,自然与文明在这个意义上都是天道的展开和表现。对以不同方式显现天道的自然和文明而言,它们都是文的不同显现形式,我们人类虽处在文明的世界当中,但是我们还要看到文明的边界,这就是"文明以止",它本身构成"文明"的内涵,它提醒我们要时刻意识到,人类文明有其边界,在它之外还有一个更加广大深邃、超出我们知能边界的自然。正因为有自然的存在,我们的文明走向何方,其实并非是确定的,正因为这样,我们才要更加深刻地去理解自然,理解自然就如同理解文明一样,是理解我们自身处境的一个部分。刚才吴飞老师讲得最高的地方,我们可以跟自然在一起,就是天地与我并生,万物与我为一,"民,吾同胞,物,吾与也""与物为春"。这就涉及物的问题,在基督教视野中,人是物的管理者,人跟物不是伙伴,人是主人;在罗马法当中,物是法权意义上的所有物,人特别是公民,则是所有者,人以法权的姿态向物发出命令,如同控制他自己的所有物一样来对待自然。这就是近代以来向自然索取、掌控自然的根源。但在中国古典思想中,可以看到"与物为春",与物共在,这被视为"辅万物之自然",赞助天地的化育。我觉得这就是中国古典意义上的文明之内涵,文明之为文明正在于它保全了自然、提升了自然、升华了自然。用吴飞老师的文质论来讲,文明要求全质,而不是灭质,是对质的丰富。由于文明丰富了质,所以文明也以此方式自我升华。我想这可能也是我从吴飞老师的文质论那里得到的启发。刚才志猛给包老师也提了一个问题,请包老师来回答一下。

包利民:我简单地说一下强者政治学和弱者政治学。其基本含义源于不同的人进入政治时的不同目标。大部分人都是弱者,所以进入政治领域是来求助公共权威主持正义的。但是还有一些人是强者,他们进入政治的目标并非如此,他们来到政治当中是为了实现自己的本质或追求特别的幸福。幸福与正义,善与道义是政治的两个概念。希腊智术师以及中国的厚黑学传统的挑战是:强者如果为正义服务就会丧失自己的幸福,吃了大亏。对于这种挑战,古典学不能够回答说你应该牺牲自己的幸福为公众服务,而必须回答说你搞错了你自己的幸福,搞错了强者的含义。为此就必须讨论什么是真正的强者及其高级幸福。中国文化的回答是:强者的幸福就是成仁成圣。希腊文化的回答就是：强者追求与神相像，完善灵魂。这一大套说辞，现代政治学是回避不论的。罗尔斯《正义论》不可能来讲政治家进入政治是旨在提升自己的幸福。这是古典政治学和现代政治学完全不一样的地方。现在是民主社会，怎么可以讲“强者的幸福”。但是，即使不讲，问题依然存在。所以正确的做法不是躲避。当然，即便古典政治哲学讲了那么多所谓“真正的强者幸福”，也并非能打动所有人。所以中外古典哲人大多把希望放在贵族青年身上。

陈　赟：对谈已经进行第三轮了。四位老师的发言都非常精彩，对自然、政制与文明的对话，虽然被限定在古典学和经学的区域，但事实上总是自发地走到了现代和未来的语境中，或者说在现在、未来和过去之间往返循环。从希腊的角度来讲，哲学家出现之前，人并不是要生活在神的近处才成为人的，比如在赫西俄德、《荷马史诗》当中，人就是人，神就是神，他们之间有一个不可逾越的鸿沟，人是有朽者，神是不朽神。在那个语境中，人只能安守人的本分。但哲学这一符号形式（或生活形式）的出现，却改变了对人的看法，人不仅仅是一个作为实存者的人，同时也是一个朝向神性实在的存在者，这时候才有了哲学家的那句名言：只有生活在神的近处，人才能够真正地成为人。这是一个非常大的变化，如果讲回到中国，我们敬畏我们作为人的本分，看到我们与天之间的距离，但同时以安守人的本分的方式来回应天道，这可能意味着中西古典思想的不同选择。所以我觉得在今天的整个对话当中，既有古今的张力，也有中西的张力。我们在座与线上的各位同学、各位朋友，可能都感受到了这种张力。我们现在请大家直接向四位老师提问。由于时间关系，请简洁提出问题，并说明你的问题是针对哪位老师的。机会难得，时间宝贵，请大家踊跃提问。

五、提问与交流

提问1：各位老师好，我的问题是朱熹的弟子陈淳在《北溪字义》说了一句话，“诚是自然”，《中庸》里的“诚”，他又说“圣人之诚，天之道也”，如果我们认为所谓的《中庸》和宋儒那里都有所谓的“诚”和“自然”这两个关键词，我有一个问题：汉唐包括荀子他们那里有“诚”吗？“诚”的问题他们也有吗？宋儒会批评汉唐求为贤人而不求为圣人。汉唐的儒者，包括荀子他们是否会承认这种批评？这个问题在他们那里是否成立？还有一个问题就是法和诚、自然之间如何去理解？

提问2：我想请教包老师和吴飞老师，我的问题是人对于不朽的追求，它在什么意义上是符合自然的？包老师提到的第三次科技革命是人学、科技的发展，在我看来它跟自然是一种愈演愈远的态势，它与人的这种狭隘的生命性的自然可能是比较违背的。比如说最近美国有一个富豪利用自己儿子的血来使自己保持年轻，让人觉得匪夷所思，这违背了哲学意义上的自然、追求整全、追求智慧，像柏拉图所说的不朽，追求不朽应该是和一些不朽的东西在一块，而不是说和一些有朽的东西长期地在一起。

提问3：我有一个问题主要是想请教林老师和包老师。我个人的观感是我们现在谈的自然的问题，尤其表现为自然跟礼法对立。西方从柏拉图、苏格拉底之后，其漫长的思想史，自然与城邦、自然与自由的问题，它都可以还原为一个自然跟礼法的关系，从柏拉图这里开始极端对立，我的感受是这个问题很大程度上是一个希腊的问题，因为在中国的传统里面我们虽然也有自然的问题，但是我们不会像希腊那样把自然当成一个对象与问题存在，我们讲自然这种天人关系，不论是儒家还是道家，都是一种内在的关系，而且我们的天和自然属于一种更高的统一性存在。在苏格拉底和柏拉图之后，对西方人来说，他们之所以谈自然，是因为自然已经成为一个问题，成为一个对象了。在前苏格拉底时代，我们讲自然哲人，他们不会像后来者这样来谈自然或者说不会把自然直接当成问题与对象来谈。我的问题就是纵观西方传统，尤其是从苏格拉底之后，自然何以成为一个问题，或者说自然何以变成一个被谈论的对象，尤其是和nomos对立来谈？这是我的问题。

张文江：谢谢提问。刚才你提到宋儒对汉唐学者的批评，我觉得涉及汉宋之辨。汉儒在前，宋儒在后，汉唐学者无法辩护，我尝试代为辩护一下。

宋儒非常伟大、非常了不起，他们比较重视心法，而汉唐学者更重视礼仪和行动。即使他们以贤人为目标，也许听上去没有宋儒以圣人为目标那么高，但是实际上达到的程度，以及两条途径的利弊，都有待于仔细分辨。不是说提出做圣人就肯定做得到圣人，如果做到贤人的话，其实程度也并不低。

另外，宋儒的“诚”的观念来自《中庸》，而《中庸》继承的是孔子。孔子既是汉学的源头，也是宋学的源头。汉学和宋学，都有各自的“诚”，都是中华文明的重要支持。

吴　飞：我也简单补充一下刚才说这个诚的问题，我非常同意张老师的这个回答。“诚者，天之道也；诚之者，人之道也”，陈淳说诚是自然，我想诚是自然，他应该是说从诚是天之道那个角度来理解的，但诚之者人之道，人只能往这个方向努力，而完全实现是不可能的，如前面陈赟老师所说船山的解释，人不可能完全达到天之道。

圣人之诚往往是比较夸张的说法，因为这意味着圣人是人追求的最高境界，他已经达到了和天一样的自然，但实际上没有一个人可以自称为圣人。孔子从来不会认为自己是圣人。中国思想讲的境界，它总是有上升的空间的，永无封顶。如包老师说的问题就是人和神的同一，但是在中国这边永远是往上的一个境界。人和天之间总有一段距离的。

关于不朽的问题一会儿请包老师继续回答，简单地说我觉得《斐多》篇里面的不朽当然是精神性的，它不可能是肉体的不朽。中国最著名的是《左传》中说的三不朽，立德、立功、立言都不是肉体上的不朽，也不是精神实体的不朽，它是文明的不朽，在历史中不朽，本身它是一个文明的概念，传统当中它和自然是不矛盾的，但不能说不朽本身是一个自然的概念，自然当中人是有死的，我想从自然来说，它本来就是mortal。

包利民：吴老师讲得已经很充分了，而且我觉得非常对。我稍微补充一点，朱熹好像也是这个意思。人的纯粹灵魂都已经化入大化。至于坟场鬼魂那种持续存在或永生，这并不算是什么好事吧。不过，我们对于肉身不朽的追求也未必都是非常低下的欲求，也可能源自非常人道主义的心性，比如你亲爱的朋友如果去世了，你当然希望他还能复活或永生。

林志猛：我就简要谈一下自然与礼法的问题。在古希腊，自然哲人和智术师将自然与礼法对立起来，礼法是人为的构建和习俗的产物，与自然相对立。但到了柏拉图这里，他恰恰是要弥合自然与礼法之间的这种分裂。因为，礼法和政制如果没有自然的根基，就会变成人为的设计而不断变化。柏拉图说最好的法律基于诸德性的自然秩序，礼法着眼于人的自然完善，政制是自然形成的，立法和政治的技艺是人类最高的技艺。柏拉图最关切的是人的灵魂的自然问题，他把政治术看作照料灵魂的技艺。在中国，老子提出“道法自然”，“功成事遂，百姓皆谓我自然”。统治与被统治源于自然，老子将自然和无为看成最高的统治，通过惩罚、谄媚等方式的统治是次等的。老子甚至认为，礼乐制度是迫不得已设立的形式。在自然的统治没法实现之后，才要采取这些强制的形式。中西文明对于自然、礼法、政制的理解有很多相通之处，都试图弥合自然与礼法、技艺之间的断裂，使制度和礼法更具自然的稳固根基。

陈　赟：非常感谢四位老师，今天的对谈非常精彩，就我个人而言，深受教益。就我们的主题自然、政制与文明三者而言，政制承担着自然与文明的协调者这样的角色，但是我的困惑恰恰在于，自然与文明都被政制改造了，以至于让人感觉自然并不自然，文明并不文明，这是为什么呢？因为自然与文明没有实现结构性的均衡。现代人的自然，从古典的角度来看，它是不自然的。我们现代人意识中的文明，总是把我们现代人作为进化论链条的高处，成了对自然的摆脱和突破。但当我们回到古典学和经学的视野，就会发现，我们的文明由于不能容纳自然，由于敌视自然，因此它还不是真正的文明。文没有明，文反而被降格了。按照吴老师昨天讲座中关于“文”的三个层次，三个层次都要有才能达到文明。我们今天的文明实际上是第一个层次文，和此相对应的文明。真正的文明是要建立和自然的连续性，并不是反自然，而是要成就自然、保全自然。在我们今天的语境当中，我们生活其中的世界，由于需要伦理学的我们而需要伦理学。但伦理学却已经不再需要世界，如维特根斯坦所说的那样，在对世界的描述中找不到一个伦理学的句子。人类的伦理生活脱离了自然的地基，这是我们人类的处境，它关联着一种危机。宇宙已经变成了一个意义的荒原，好像所有的意义都来自我们人类的创造，好像我们成了和神一样的存在，成为能够制作、创造人类自身的神，并且我们自己授予自己意义，以去自然化的方式来创造自己和世界。这在某种意义上是我们的生存境况，但只要回到经学和古典学，回到四位老师带给我们的视野，就会帮助并引导我们走出时代洞穴，看到我们自身的局限。在这个意义上，经学和古典学就是两个不同的通道，是我们意识到我们处在洞穴处境的方式，也是引导我们走出洞穴的道路。再次感谢四位老师，也感谢各位老师、各位同学的参与，马一浮书院第二期经典与文明的对谈就到这里。再见。

陆海新叙事

“小亚细亚之难”影响下现代希腊民族意识的转向

——以乔治·忒奥拓卡斯的《自由精神》为例*

阙建容①

摘　要:1922年的“小亚细亚之难”是现代希腊史上的重要事件,这一重大失败和民族悲剧意味着19世纪以来追求领土扩张的“伟大理想”的破灭,给希腊人的民族心理造成了创伤,希腊知识分子不得不重构民族理想的内涵。乔治·忒奥拓卡斯于1929年发表的《自由精神》是这一努力的代表性作品。他批判希腊人的好古倾向,要求重新定义希腊与欧洲的关系,认为希腊应为塑造“共同的欧洲”而做出面向未来的贡献。同时,他受到欧洲时代思潮的影响,强调精神和内在力量在重塑希腊民族意识和文化价值方面的作用。忒奥拓卡斯的思想反映了“三零一代”希腊知识分子面对集体心理创伤时积极探索民族未来的努力,对20世纪希腊民族意识的转向产生了重要影响。

关键词:小亚细亚之难;伟大理想;乔治·忒奥拓卡斯;《自由精神》;希腊民族意识

对于希腊这个年轻的现代国家来说,第一次世界大战并非终结于1918年,而是以1922年希腊军队在小亚细亚大败于土耳其军队为结局。希腊人在小亚细亚的军事溃败同时造成了当地希腊难民人间悲剧式的仓皇出走,史称“小亚细亚之难”(Μικρασιατική Καταστροφή)。军事失败带来的一系列外交和政治后果,不仅意味着欧洲旧世界的终结,同时也为希腊建国以来的民族想象与领土扩张黯然画上了句号。1922年成为希腊现代史的转折点,不仅标志着民族主义旧时代的结束,也意味着希腊

* 本文系北京外国语大学“中央高校基本科研业务费专项资金”项目(项目批准号:215500121004)的阶段性成果。

① 作者阙建容,历史学博士,北京外国语大学欧洲语言文化学院讲师、希腊研究中心研究员,主要研究领域为近现代希腊史、巴尔干史等。

社会转型与民族诉求巨变的新开始。20世纪70年代以来，受国际学界兴趣的影响，希腊学术界才逐渐将视野从对该事件的政治军事考察转向其在社会、经济以及民族意识方面的影响。思想史学者奇特罗米利提斯最早探讨了“小亚细亚之难”带来的难民问题与民族意识和民族认同的关系；[①]希腊历史学家维莱米斯进一步认为这一事件促使希腊人从过去的“民族观念”向“二战”后的“爱国主义”转变。[②]艾菲·加茨等学者的最新研究对19世纪末到20世纪30年代希腊民族意识的转变做了精彩的分析，但是没有重点分析这一时期的重要文本《自由精神》(*Ελεύθερο Πνεύμα*)，而是将论述重心放在了有德国留学背景的一些保守知识分子身上。[③]小说家、文学评论家、戏剧家乔治·忒奥拓卡斯(Γιώργος Θεοτοκάς，1905—1966)在1929年发表的《自由精神》在现代希腊文学史上有重要意义，被认为是“三零一代”(γενιά του τριάντα)的文学主张宣言。尽管在现代希腊文学领域对这篇文本的研究已经相当充分，但笔者认为从民族意识转向的角度细读这一经典文本仍有必要。[④]本文以忒奥拓卡斯的《自由精神》为中心，考察在“小亚细亚之难”这一重大历史事件影响下希腊知识分子对民族意识进行重构的一种努力。

一、“小亚细亚之难”后的民族心理创伤

1922年的“小亚细亚之难”是现代希腊史上的重要事件，标志着现代希腊历史第一个百年的结束，也意味着希腊的“漫长的19世纪”的终结。这一场重大的失败，不仅带来了严重的政治后果和社会影响，也给希腊人的民族心理造成了创伤；尤其对于关心民族命运的希腊知识分子来说，1922年是重大的打击，不啻为一场精神“地震”。后来获得诺贝尔文学奖的诗人奥德修斯·塞弗里斯在十年后写给忒奥托卡斯的信中回忆当时的感受：“我不知道你在大战[指‘一战’]后著名的达达主义时代，或者在1922年灾难降临的时候在做什么。我可以肯定地告诉你，当时我们亲眼看到了死亡。在第一种情况下，我们看到所有的精神价值都被抹去了，而第二种情况下我们看见我们的国家急剧恶化的惨状。为了最终找到某种平衡而不安焦虑、疲惫徒劳的日子实在难以描述，希望有一天我能够清楚地向你言说。”[⑤]文学家康斯坦提诺斯·查措斯(Konstantinos Tsatsos,

① Πασχάλης Μ. Κιτρομηλίδης, «Η ιδεολογία του προσφυγισμού», στην *Μικρασιαστική Καταστροφή 1922*, Αθήνα: ΤΑ ΝΕΑ, 2010, σ. 167-173.

② Thanos Veremis, “1922: Political Continuations and Realignments in the Greek State”, in *Crossing the Aegean: An appraisal of the 1923 Compulsory Population Exchange between Greece and Turkey*, ed. Renee Hischon (New York and Oxford: Berghahn Books, 2003), pp. 53-62.

③ Effi Gazi, Georgios Giannakopoulos and Kate Papari, “Rethinking Hellenism: Greek Intellectuals Between Nation and Empire, 1890-1930”, *Journal of Modern Greek Studies* 39, no.1(2021): 163-189.

④ 虽然在文学史研究中经常被提及，但对这篇文本及其作者本人的研究主要是在对“三零一代”的研究框架之下。相关研究可以参考 Δημήτρης Τζιόβας, *Ο μύθος της γενιάς του τριάντα:νεοτερικότητα, ελληνικότητα και πολιτισμική ιδεολογία,* Πόλις, 2011。

⑤ Theotokas and Seferis 1981, 68-69. 转引自 Effi Gazi, Georgios Giannakopoulos and kate Papari, “Rethinking Hellenism: Greek Intellectuals Between Nation and Empire, 1890-1930”, *Journal of Modern Greek Studies* 39, no.1(2021):175.

1899—1987）也认为1922年“小亚细亚之难”对于他们这一代人来说是一个转折点：“1922年的灾难对我来说是一场可怕的地震。从1920年11月开始，我就预见到它会到来。但是我没想到它会如此惨烈。”[①]忒奥拓卡斯写作《自由精神》的一个重要背景就是“小亚细亚之难”五年以后仍笼罩在希腊思想界的普遍的“失败感”：“曾经深重影响且仍存在于我们国家的，是失败的思想影响。战后的第一个十年[指‘一战’后]（欧洲）是四处动荡和多种试验的阶段，而在我们这里是绝望的时期。那些老政客不仅使得我们的军队淹死在士麦那的港口，而且也把他们的理想和自信溺死在了那里。1922年，人们不再对希腊充满信心。从那时起到今天，我们的国家毫无勇气和体面感地活着，没有超越自我的需要，也没有任何肯定。灾难扼制了每一丝理想主义的想法。”[②]

这种巨大的破灭感和失败感，来源于1922年以前不断被现实推向高潮的民族主义意识和理想在遭遇失败后的巨大落差。希腊革命前后，希腊人的民族认同主要通过对古希腊文明的发现和学习，确立了希腊人作为欧洲文明民族一员的身份；通过对古希腊历史中“东方”与“西方”的对立，肯定了反抗奥斯曼帝国统治、赢得民族独立的时代精神。[③]尽管革命胜利之后希腊人赢得了独立，建立了希腊王国，但是新国家的领土非常有限：以伯罗奔尼撒半岛为中心，北至希腊中部的阿尔塔—沃罗斯一线，包括基克拉泽斯群岛。[④]曾经是古希腊文明遗迹的克里特岛、十二群岛，以及希腊人聚居的爱琴海的东岸（小亚细亚西部）、君士坦丁堡、黑海南岸等地，都不在希腊王国范围内。因此，建国后很长一段时间内，希腊人的民族愿景是“解放尚受奴役的同胞”。这一愿景后来通常被表述为“伟大理想”（Μεγάλη Ιδέα/ Great Idea）。[⑤]这一概念在1844年讨论第一部宪法的议会辩论时被当时的“亲法党”政客克莱提斯（Ιωάννης Κωλέττης，1773—1847）提出，用以指代革命时代以来的民族信念：“解放尚受奴役的同胞”，恢复以君士坦丁堡为首都的帝国荣光。克莱提斯在当时说道：“现在的希腊王国不是完整的希腊，而只是它最小、最穷的一部分。希腊人不仅是居住在王国里的人，还包括那些生活在约阿尼那、色萨利、塞雷、亚德里安堡、君士坦丁堡、特拉布松、克里特、萨莫斯（爱琴海北部岛屿）以及所有与希腊历史和希腊民族有关的地方。”[⑥]也就是说，在希腊国家的政治图景想象中，希腊人聚居区都应当是其领土范围，所有居住在王国内与居住在王国以外、“尚在奴役中”的希腊人都是同胞。不过，在建国初期的几十年里，尽管君主的浪漫主义情绪常常表现为外交上的紧张关系，但这种具有领土内涵的民族

① Tsatsos 2001, 117. 转引自 Effi Gazi, Georgios Giannakopoulos and kate Papari, “Rethinking Hellenism: Greek Intellectuals Between Nation and Empire, 1890–1930”, *Journal of Modern Greek Studies*, 39, no.1(2021):175。

② Γιώργος Θεοτοκάς, *Ελεύθερο Πνεύμα*, Πρώτη έκδοση: Α.Ι. Ράλλης, 1929. Βιβλιοπωλείον της «Εστίας», 2019, σ. 160.

③ 参见陈莹雪：《修昔底德的苏醒：古史写作与希腊民族认同转型》，北京：商务印书馆，2020年。

④ 1830年2月3日《伦敦条约》、1832年7月21日《君士坦丁堡条约》。参见 Ministry of Foreign Affairs of Greece, *The Foundation of the Modern Greek State. Major Treaties and Conventions (1830–1880)*（Athens: Kastaniotis Editions, 1999）, pp. 27–44.

⑤ 浪漫主义思潮影响下欧洲各国，特别是巴尔干地区民族主义思想盛行，保加利亚、塞尔维亚等国都有类似的说法。

⑥ 转引自 Richard Clogg, *A Concise History of Greece*（Shanghai: Shanghai Foreign Language Education Press, 2006）, p. 47.

主义是否为政治与社会生活的主流值得怀疑。[①]

到了19世纪60年代以后，受到欧洲民族独立运动风起云涌的影响，希腊民族主义思想随之愈演愈烈。政客们反复鼓吹这一概念，用以支持他们积极的外交政策，成为他们获取政治支持的口号。民族主义的激情也与其他希腊人聚居区的起义活动（例如克里特、马其顿地区等）相呼应。1864年希腊从英国手中获得西北部的伊奥尼亚群岛，19世纪70年代末趁列强干预“东方问题”，希腊获得了色萨利平原，将希腊王国的领土向北大大扩张（领土增长了13395平方千米，人口增加了30万人，达到近220万人）[②]，这一平原地区的农业产出也对这个小国的经济有所贡献。克里特岛屡次爆发起义，在19世纪末达到高潮，要求与希腊王国合并，暂时取得了自治地位，1908年马其顿地区爆发起义，并最终实现回归希腊的目标。19世纪后半期希腊领土的不断扩大呼应了民族主义的时代激情，似乎也为实现历史领土的“伟大理想”提供了现实证据。

到了20世纪初，希腊人积极支持马其顿地区的起义，在这场所谓的“马其顿斗争”中，外交官、思想家、文学家伊奥·德拉库密斯（Ίων Δραγούμης，1878—1920）将“伟大理想”的概念广泛传播，并赋予了它新的时代意义。他在1908年写的宣传小册子中坚持认为，希腊民族并没有随着君士坦丁堡被奥斯曼人占领而消亡，相反他们怀有坚定而伟大的信念，相信希腊民族“从受奴役的坟墓中复活的那一天终将到来，也将会再次成为统一、繁荣和强盛的国家”[③]。只要希腊人不死，希腊精神不死，这样的理想就是可以实现的。在他看来，在希腊优美的自然环境孕育下希腊人（η Ελληνική Φύση）创造的希腊精神（το Ελληνικό Πνεύμα）是一种“对于进步的神秘不安”（η μυστική ανησυχία του προόδου），总是追求文明与人性进步的精神。这种精神在神话中表现为普罗米修斯的精神，在个人身上会表现为崇尚荣誉、争强好胜甚至嫉妒，也会表现为热爱学习、热情甚至崇洋媚外。因此，只要希腊精神永不丧失，希腊人“民族复兴”（εθνική ανάσταση）的伟大理想——再次统一、繁荣和强盛的理想——就有可能实现。[④]在马其顿斗争的背景下，希腊人的伟大理想是现在进行时。虽小但自由的王国已经建立，克里特也已回归，现在轮到了马其顿这块地方。他认为希腊的伟大理念包括在马其顿生活的民众，不仅因为历史上马其顿就是希腊的土地，而且这里的民众尽管说的是混杂了斯拉夫、希腊、土耳其、阿尔巴尼亚词汇的方言，但他们中大部分了解希腊文化、通晓希腊传统、具有希腊激情，因而是操斯拉夫方言的希腊人。所以，马其顿也是希腊人祖祖辈辈安居乐业、生老病死于此的土地的一部分。在同年的另一篇《致受奴役的希腊人与自由希腊人的宣言》中，他更明确指出：“自由希腊及其岛屿、克里特、伊庇鲁斯、马其顿、色雷斯、小亚

① Έλλη Σκοπετέα, *Το «Πρότυπο Βασίλειο» και η Μεγάλη Ιδέα. Όψεις του εθνικού προβλήματος στην Ελλάδα (1830–1880)*, Αθήνα, 1988, σ. 13. 作者梳理了当时关于民族及其目标的各种观念，认为这一时期的许多观念常常是相互矛盾、无法协调的，打破了传统上认为的一致性与连续性的观点。

② 1878年列强在柏林会议上意欲将色萨利平原和伊庇鲁斯割让给希腊，但遭到奥斯曼帝国的反对，最终德国、奥地利、法国、英国和沙俄等列强的压力下，奥斯曼帝国与希腊签订了《君士坦丁堡条约》，规定仅将色萨利平原割让给希腊。参见 Ministry of Foreign Affairs of Greece, *The Foundation of the Modern Greek State. Major Treaties and Converntions (1830–1947)*, pp. 57–68.

③ Ίων Δραγούμης, *Η Μεγάλη Ιδέα*, 1908, σ. 2.

④ Ibid., σ. 6–7.

细亚的一部分、马尔马拉海和白海(即爱琴海)[①]的所有岛屿都是希腊的土地。”[②]值得注意的是,这里提到的伊庇鲁斯、马其顿和色雷斯地区比后来希腊在这些地区实际获得的部分广阔得多,而德拉库密斯也非常清醒地认识到,在这些地区强敌环伺,斯拉夫人、阿尔巴尼亚人、保加利亚人以及他们的靠山俄罗斯人、奥地利人和意大利人都在觊觎这些地区,需要受奴役的同胞和已经自由的同胞们共同努力,才有可能实现这些地区的“解放”和希腊民族的统一。[③]

在这一时期,为了满足领土扩张的要求,希腊王国也在马其顿、色雷斯等斯拉夫人口众多的地区积极推进“希腊化”,即建立学校、教授希腊语言、传播希腊文化,与同样处于民族主义激情中的巴尔干民族争夺这一地区的所属权。

争夺的高潮是1912—1913年的两次巴尔干战争。充满人格魅力的希腊政治家维尼泽洛斯外交才能卓越,令希腊在1912—1913年的第一次巴尔干战争中收获颇丰,不仅占领了爱琴海北岸最重要的城市塞萨洛尼基(也是奥斯曼帝国欧洲部分除了君士坦丁堡以外最重要的城市),以及以约阿尼那为中心的伊庇鲁斯南部,新装备的海军也在爱琴海驰骋,解放了希俄斯、米提里尼(即莱斯沃斯岛)、萨莫斯等诸岛。1913年5月签订的《伦敦和平条约》(*London Peace Treaty*)确认了这部分版图归属。但是,希腊对北伊庇鲁斯的要求迫于意大利的压力并没有得到满足,并且爱琴海中的十二群岛也被意大利占领,直到1947年才被归还给希腊。[④]但这次版图扩张对希腊是至为重要的,她获得了以塞萨洛尼基为中心城市的马其顿南部(后来被称为希腊马其顿)、伊庇鲁斯南部,以及重要的爱琴海岛屿,特别是希俄斯和米提里尼,这两个岛屿扼守住小亚细亚的重要港口城市士麦那(即今土耳其的伊兹密尔)。在当时的外交官看来,这两个岛屿的战略意义是毫无疑问的,“这两个岛在爱琴海中的位置像卫士一样控制着士麦那的海港和大港口,很明显任何永久性持有这个位置的军事力量都会最终控制士麦那和整个小亚细亚在爱琴海上的海岸线”。士麦那作为小亚细亚西岸最重要的希腊城市之一,始终在希腊民族主义想象中占有重要位置,希腊人力图收复该城市在国际上也不是秘密,当时美国驻君士坦丁堡大使摩根索就说过:“如果希腊人派遣军队在小亚西亚海岸登陆,毫无疑问当地的希腊人会热情欢迎他们,并与之合作的。”[⑤]

1913年6—8月短暂的第二次巴尔干战争解决的是巴尔干同盟之间的领土划定问题。从希腊方面来说,确定了保加利亚、塞尔维亚和希腊三国之间关于马其顿地区的边界。保加利亚膨胀的野心最终被遏制,8月签订的《布加勒斯特条约》令希腊获得了之前被保加利亚占领的爱琴海北岸城市卡瓦拉(塞萨洛尼基以东,临近西色雷斯),边界向

① 马尔马拉海指博斯普鲁斯海峡和达达尼尔海峡之间的海域,也即将黑海与爱琴海相连的海域,是防守君士坦丁堡的要地。白海(Άσπρη Θάλασσα)是爱琴海的别称,因爱琴海与黑海分列君士坦丁堡的两侧,因而相对应地被称为“白海”。

② Ίων Δραγούμης, *Προκήρυξη στους σκλαβωμένους και στους ελευθερωμένους Έλληνες*, 1908, σ. 2.

③ Ibid., σ. 5–8.

④ Ministry of Foreign Affairs of Greece, *The Foundation of the Modern Greek State. Major Treaties and Conventions (1830–1947)*, p.72.

⑤ Henry Morgenthau, *Ambassador Morgenthau's Story* (New York, Doubleday, Page & Company, 1918), p.48.

北划到莫纳斯提尔（今天的比托拉）和弗洛里纳（Florina）之间，从戈里察（Korytsa）以北到多伊兰（Doiran），已经包括了现在我们称之为“希腊马其顿”的大马其顿地区的南部。另外，条约明确了克里特归属希腊，但北伊庇鲁斯被划归阿尔巴尼亚。至此，希腊的北部边界再次向北推进，至马其顿北部一线，“新希腊”——这些后来取得的领土——在原来旧希腊领土面积的基础上增加了70%，人口达到约480万。[①]不过，色雷斯地区、北伊庇鲁斯、君士坦丁堡、小亚细亚某些地区仍然在希腊的领土诉求之中，等待进一步的解决。

第一次世界大战对于希腊来说是实现领土诉求的机会。在维尼泽洛斯的坚持下，最终希腊加入协约国，在战争的最后阶段，希腊派了九个师团参与战役，后来又派了两个师团以保护俄国境内和黑海南岸的希腊人为由参与镇压俄国革命。当维尼泽洛斯率希腊代表团参与巴黎和会时，他满怀希望地认为能够实现对小亚细亚的部分领土要求，除了这个首要目标，他还支持君士坦丁堡由国联托管，希望能够争取色雷斯的所属权，将版图扩大到君士坦丁堡城下。谈判过程中，出于对意大利军事行动的警惕，在英法美等国的支持下，1919年5月15日，希腊出兵登陆士麦那，以实际军事控制支持外交谈判。“小亚细亚远征”战果丰硕，向士麦那腹地挺进，一度前进至萨卡里亚（Sakarya）河流域，逼近安卡拉。1920年8月签订的《塞弗条约》[②]让希腊获得了东色雷斯，给予希腊在士麦那及附近区域五年的管理权，之后由当地居民公投决定其归属。维尼泽洛斯对该城的未来充满信心，认为可以通过增加希腊移民等手段确保人口数量。这一条约在希腊本土得到了热情响应，希腊似乎已经实现了最重要的目标，理想中“横跨两大洲、坐拥五片海”的大希腊似乎已经成为现实。1920年流行的最新地图反映了这种强烈的民族自豪感：希腊领土包含了整个色雷斯地区、北伊庇鲁斯、士麦那及其周边地区，除了罗德岛的十二群岛，化身自由女神的希腊高举国旗，似乎喊着地图上的标语“希腊注定长存！”。[③]

但是，内外因素的交织很快导致了希腊前所未有的溃败。10月，亚历山大意外身亡，他的父亲康斯坦丁再次回归王位，国王与政府——或者更明确地说，康斯坦丁与维尼泽洛斯之间的个人与制度之争再次成为政治焦点。在11月的大选中，保皇派卷土重来，击败了维尼泽洛斯。[④]政府变换党派导致新一轮的政治清洗，仍在小亚细亚前线的许多自由派军官也被换下，导致希腊军队战斗力严重下降。希腊的内耗让意大利、法国等看到了机会，趁机抽身，宣布在希腊—土耳其的战争中保持中立。凯末尔趁机率军发动反攻，令希腊人节节败退，1922年8月土军对士麦那发动总攻，将希腊人逐出小亚细亚。希腊人在士麦那的统治不过短短三年便宣告终结。

这不是一个体面的撤退，而是灾难，土耳其人的复仇之火不仅击退了希腊远征军，

---

① Richard Clogg, *A Concise History of Greece*, p.81.

②《塞弗条约》令希腊的领土面积达到历史最大，但是这一条约从未被土耳其政府批准，也没有得到有效实施，在军事占领了士麦那三年后，希腊迎来了小亚细亚溃败，1923年《洛桑条约》是对《塞弗条约》的修正。

③ Michael Llewellyn Smith, *Ionian Vision: Greece in Asia Minor*, London: 1973, p.99.

④ 史密斯认为，尽管维尼泽洛斯宣称此次选举失败是因为对手利用了民众的反战情绪，但更多的是因为民众对维尼泽洛斯之前执政的不满、对康斯坦丁复位的希望，以及对大国干预希腊事务的厌倦。票数的接近也说明此时希腊政治的严重分裂。Michael Llewellyn Smith, *Ionian Vision: Greece in Asia Minor*, p. 154.

还将士麦那希腊人的聚居区焚烧殆尽。土耳其重新占领士麦那，导致城中三万希腊人和亚美尼亚人被屠杀，并且有人在城中蓄意纵火，除土耳其人和犹太人居住区之外，基督徒聚居区被烧毁，士麦那的希腊人永远失去了家园，在民族仇杀中只能仓皇出逃。随着希腊远征军的撤退，几十万希腊难民从小亚细亚和其他战区逃回希腊。①

小亚细亚的失利使得希腊国内政府迅速垮台，自由派军官介入政治，发动“革命”，重整军队，陈兵埃夫罗斯河，在色雷斯地区对抗土军，挽回了一些颓势。希、土两国于1922年10月停火，经过艰苦的谈判，于1923年7月签订了《洛桑条约》。在领土方面，《洛桑条约》事实上是对《塞弗条约》的“均值回归”，希腊因此失去了《塞弗条约》中获得的全部领土：东色雷斯、北伊庇鲁斯、士麦那及其周边、扼守达达尼尔海峡的因姆诺斯岛和特内多斯岛、十二群岛。②至此，除了十二群岛，希腊与土耳其、保加利亚、阿尔巴尼亚、塞尔维亚（当时为塞尔维亚—克罗地亚—斯洛文尼亚王国）之间的边界基本确定。尽管希腊后来就马其顿和色雷斯地区与北方国家产生纠纷与冲突，但其边界最终未有变动。③

从1912年巴尔干战争至1922年小亚细亚溃败，希腊在20世纪以战争形式进行的领土扩张整整十年，十年间光荣与挫败的交替残酷地令希腊人找到了一个恰当的位置，与其国家实力相匹配的版图，认清了“伟大理想”的“真实”与“虚妄”。我们也可以理解，在这十年中不断被推向高潮和荣耀的“伟大理想”在以极其惨烈的形式遭遇失败时，给希腊人造成的长久的心理创伤。19世纪末以来的不断向外延展的民族主义意识，或者说“帝国内涵的希腊主义”④在1922年失去了其政治内涵的基础。

二、在批判中重建：忒奥拓卡斯的《自由精神》

当向外延展的民族主义内涵随着希腊领土的最终确定而不复存在时，希腊的知识分子不得不向内寻找新的自信、重建民族主义意识的基石。一些仁人志士在当时就看出，过于高涨的民族主义情绪不可持久，1922年的失败对希腊来说可能是一件好事，是民族重生的机会：希腊不会陷入失败，因为“希腊就活在我们当中，主宰着我们”。⑤

① 值得注意的是，希腊人、亚美尼亚人等基督徒遭受的灾难不意味着土耳其人是纯粹的加害者。在希腊军队登陆士麦那之初，城中也有一部分土耳其人惨遭屠戮。民族屠杀与民族情感紧紧联系在一起，暴行就是暴行，不论来自哪一方，都不应当被掩盖或否认。

② 但土耳其也将十二群岛的所有主权交予意大利，使得“二战”后希腊得以收回十二群岛。条约内容参见Ministry of Foreign Affairs of Greece, *The Foundation of the Modern Greek State. Major Treaties and Converntions (1830–1947)*, pp. 119–146.

③ 另一个尚未解决的问题是塞浦路斯的归属。在1878年的柏林会议上，塞浦路斯被租借给英国，“一战”爆发后，英国正式吞并塞浦路斯。英国一度试图以塞浦路斯为饵，诱使希腊加入协约国作战，未果。《洛桑条约》中土耳其正式放弃塞浦路斯的所有权；不久，后者成为英国的皇家殖民地。“二战”后，希腊和塞浦路斯的希腊人一直寻求将塞浦路斯并入希腊，但并未成功。1960年塞浦路斯宣布独立，1961年加入英联邦。

④ Effi Gazi, Georgios Giannakopoulos and Kate Papari, “Rethinking Hellenism: Greek Intellectuals Between Nation and Empire, 1890 - 1930”, *Journal of Modern Greek Studies* 39, no.1 (2021): 171–173.

⑤ Νίκος Καζαντζάκης, *Επιστολές προς την Γαλάτεια,* Αθήνα, Δίφρος, 1993, σ. 77–78, 81.

但是，那是什么样的希腊呢？"在当今欧洲的创造领域，希腊占据什么样的位置？我们为驱动我们的伟大尝试作出了什么样的贡献？什么都没有！我们深深地感到，在国境之外，我们什么也不代表，没人重视我们，我们也无法为我们在欧洲的位置正名，我们在外国人的眼里只不过是一群地主、船主、小商人，除此以外什么也没有了。要是我们在欧洲文化中徜徉够久，回家的时候就会感到心中郁愤。那么希腊人在哪里？我们四处寻找，却哪儿也找不到。"①

这是年轻的乔治·忒奥拓卡斯所看到的现实，1929年在匿名发表的《自由精神》中，他这样质问自己的同胞，从而引出了他对重建希腊民族主义意识的思考。忒奥拓卡斯于1905年出生于君士坦丁堡，1922年17岁的他先是随家人在希俄斯岛停留了几年，1926年在雅典取得法学学士学位，很快他就赴巴黎、伦敦留学，1929年9月回到雅典。他很早就表现出文学才华，但一直在家人安排的安稳道路上和听从文学使命之间挣扎，偷偷使用笔名写作，过着一种"双面的生活"②。在回国前期，他完成了《自由精神》这篇宣言式文章，回国后立刻匿名发表在《自由论坛》报上，在文学圈中引起轰动。后来与他志同道合的一些同辈人自称为"三零一代"，他们差不多同时（20世纪30年代前后）登上文坛，文学创作表现出有迹可循的风格，受到欧洲同时代，特别是20年代以来一些现代主义作家的影响。因此，忒奥拓卡斯的这篇文章也被视为"三零一代"的精神宣言，一般认为大体上反映了他们的整体主张。这一个文学代际是继19世纪80年代以来的现代希腊文学的第二个高峰，群星璀璨，除了像忒奥拓卡斯这样的小说家、评论家之外，还有两位诺贝尔奖诗人塞弗里斯和埃利蒂斯等。

忒奥拓卡斯很早就表现出关心社会议题的取向，③他在这篇长文中也不仅仅以文学圈一员的身份发声，更是以一个希腊知识分子的身份提出自己的批评和见解。在第一部分"漫步欧洲"中，他提出了希腊与西方或者说与欧洲的关系问题，指明了希腊民族主义思想必须转变的方向。在第二部分中他批判了在青年中流行的两种思潮——狭隘的民族主义和"思想军事主义"（εθνικός χαραχτήρας και πνευματικός μιλιταρισμός），他认为这两种思想有趋于极端的共同特点。第三部分是文艺批评，完全否定了建国以来小说领域的成果，尤其批判了"风土小说"（ηθογραφία）的狭隘性。最后，在第四部分中，他讨论了一位真正的先驱应当具备的条件，为同辈人的文学创作指明了前路。

正如文学评论家狄马拉斯所指出的，忒奥拓卡斯从相当年轻的时候就开始表现出一种"斗争的意愿"，④除旧布新也是这篇长文的显著特点。其"新"首先体现在，忒奥拓卡斯试图倡议一种与希腊启蒙时期形成又被希腊革命所继承的完全不同的范式去理解希腊与西方的关系，也就是一种更现代的、不再以古典希腊文明为基础去构建这种关系的新思路。"欧洲就像一座花园，聚集了各种各样的花朵，颜色各异。我们每次跨越一个欧洲国家的边境，就会感到周围的一切发生了改变，不仅是语言，还有社会习俗，甚至我

① Γιώργος Θεοτοκάς, *Ελεύθερο Πνεύμα*, σ. 45. 关于这篇长文的评论，参见 Δ. Τζιόβας, «το ατομικιστικό μανιφέστο του Γ. Θεοτοκά», *Το Βήμα*, 1 Δεκεμβρίου 1999。

② Πρόλογος του Νίκου Κ. Αλιβιζάτου, στον Γιώργο Θεοτοκά, *Ελεύθερο Πνεύμα*, σ. 10.

③ Κ. Θ. Δημαράς, «Ο Γιώργος Θεοτοκάς και το Ελεύθερο Πνεύμα», στον Γιώργο Θεοτοκά, *Ελεύθερο Πνεύμα*, σ. 126.

④ Ibid., σ. 126.

们呼吸的空气、踏上的土地和遇见的人们的性格。在每一个欧洲国家，我们立刻能够感到一种特别的表现形式，独特的、不可模仿的，一种特定的风貌，鲜活的、不可挪移的，这是自然、岁月和每个民族禀赋的造物。”[①]开篇忒奥拓卡斯就将欧洲比喻成一座花园，而每个国家都是花园里的一种花，颜色各异。因此，希腊和不列颠、法国、意大利、德意志一样，都是欧洲这座花园中不可替代的、独特的花朵，组成了欧洲多样性的一部分。这样，忒奥拓卡斯将希腊与西方其他国家放在一个平等的位置上，从欧洲多元性的角度肯定了希腊这个国家的天然价值。它因为是自然、岁月和民族禀赋的独特造物而具有不可取代的存在正当性，无须借助强化古代历史的重要性来论证现代希腊民族存在的必要，[②]也无须从历史或民俗的角度去寻找古今希腊的承续关系。[③]事实上，忒奥拓卡斯并不否认希腊文明对欧洲做出的贡献，[④]但他也不关心现代希腊人的好古倾向，他关心的是，希腊的未来应该向哪里去。因此，他批评自己的同胞们总抱有一种“地方主义”（επαρχιωτισμός）和“宗派主义”（κομματισμός）的狭隘心态。“我们的年轻人去国外留学，被闪亮的西方迷昏了眼，就丧失了批评的精神，不加讨论地赞赏外国生活的一切和外国大学教给他们的所有。”[⑤]于是很快变成了“英国派”“法国派”或者“俄国派”，变得“脱离宗派就无法进行讨论”。[⑥]忒奥拓卡斯认为，希腊人的未来和目标是成为真正的“欧洲人”，必须具备欧洲的“共同的精神和道德生活，一种共同的欧洲文化”“共同的欧洲理想”。[⑦] 在他的设想中，这样的共同价值超越某个民族的独特风貌和情感，属于整个人类。同时，这也是其他欧洲国家共有的主题，因此，塑造这样一个共同的欧洲也是包括希腊在内的欧洲国家的使命。从这个角度上来说，作为“三零一代”代表的忒奥拓卡斯明显受到当时欧洲世界主义和国际主义风潮的影响。

重新定义希腊与欧洲的关系使得忒奥拓卡斯将视野放在希腊的“当下”和“未来”之上，他不谈论古代希腊的荣光，却质问自己的同胞们，建国以来的现代希腊对欧洲文明做出了什么贡献。他的着眼点主要在于文艺创作和文艺批评领域。他尖锐地指出希腊知识分子圈的痼疾——缺乏真正的文艺批评，或落于窠臼，或过于不宽容、为了捍卫价值而陷入人身攻击。[⑧]他的矛头主要指向佛托斯·珀利提斯（Φώτος Πολίτης, 1890–1934）[⑨]这样在文艺主流中颇具影响力的教授，认为他们的根本问题在于，对于艺术创作的总体理解有问题。珀利提斯要求创作者必须在民族传统中进行创作，“要能够令希腊人感知到其民族性和民族性格”，也就是说，他认为文艺创作必须有民族性和教育性，提

① Γιώργος Θεοτοκάς, *Ελεύθερο Πνεύμα*, σ. 45.

② Ibid., σ. 37.

③ Ibid., σ. 105–106.

④ Ibid., σ. 41.

⑤ Ibid., σ. 42.

⑥ Ibid., σ. 43.

⑦ Ibid., σ. 43–44.

⑧ Ibid., σ. 56–58.

⑨ 佛托斯·珀利提斯是活跃于20世纪前十年到20世纪30年代的文学评论家、戏剧教育家，是现代希腊国家剧院（创建于1930年）的奠基人。被认为是现代希腊戏剧史上最重要的人物之一。

倡艺术必须指向民族利益(μια τέχνη εθνικής ωφέλειας)。[①]与此类似的是另一派马克思主义者的文艺观,认为艺术应当反映阶级属性。[②]忒奥拓卡斯与他们的观点不同,但他也并非主张“只为艺术而艺术”。相反,他认为“艺术是一种奉献”,是“创作者将自己内在有价值的东西奉献给公众,而使他们更好地了解自己,使他们更好地感知生命的价值,提升他们”[③]。因此,他所要求的不是艺术创作的目的,而是要求创作者必须拥有比普通人更强烈的爱的需要,要求创作者的真诚和蓬勃的内在生命力,也就是他所说的一种超越的力量。

因此,他毫不留情地批评现代希腊在小说领域一无是处,尤其是当时盛行的“风土文学”[④],认为在过去五十年里,这些小说不过是调换了不同的故事背景,写作水平上并无提升,重复同样的视野和艺术观,缺乏蓬勃的“人”的力量,追随着所谓“照相流派”的艺术理念。忒奥拓卡斯用这个自创的术语来讽刺那些狭隘的“现实主义”流派,仿佛艺术创作只需要一味地描摹现实就够了。[⑤] 精神,而不是对外形的描摹,才是决定艺术高度的关键要素。面对众多欧洲优秀小说家,忒奥拓卡斯认为自己这一辈人责任重大:“我们这一代人要比前代的希腊人有更高的要求。世事维艰。”“我们需要有坚实后背的年轻人,这样他们能承受沉重的生活,同时能对艰苦的工作、持续的斗争、危险的旅程感到愉快,因为他们有力量而热爱艰苦。我们所生活的这个艰难且动荡的时代适合这样的年轻人。”[⑥]

忒奥拓卡斯相信内在的力量,相信生命的活力。他与同时代、同样参与民间语运动的希腊作家卡赞扎基斯一样,都受到法国生命哲学家柏格森的影响。[⑦]他视那些充满力量的前辈们为自己这一代人的榜样。索洛莫斯、帕拉玛斯、德拉库密斯,这些是真正有内在力量的伟大文学家,是年轻人的榜样。忒奥拓卡斯尤其推崇德拉库密斯,认为他是第一位感受到内在的“人”的存在的希腊散文作家。[⑧]虽然德拉库密斯在推动民间语运动、民族主义教育和民族革命方面成就斐然,但忒奥拓卡斯之所以如此推崇他是从他的作品中能看到坚忍的内心、千锤百炼的灵魂、永不枯竭的精神。虽然他也肯定卡瓦菲斯的文学成就,但认为卡瓦菲斯的影响主要是消极的。他的诗歌是“向死”的希腊诗歌的巅峰,他看到的都是生活的无意义,“他是一个不敢战斗的战败者”[⑨],因此不是一个值得效仿的对象。新的一代人如果能够效仿像这样的前辈人物,那么就能实现这一代人的伟大价值,“给被战胜的希腊重新带去些许自信和崇高的可能,以及若干征服生活的希

① Γιώργος Θεοτοκάς, *Ελεύθερο Πνεύμα*, σ. 65.

② Ibid., σ. 66.

③ Ibid., σ. 73.

④ 最开始是以描写农民和农村生活的小说,后来主题也扩展到城市。

⑤ Γιώργος Θεοτοκάς, *Ελεύθερο Πνεύμα*, σ. 80.

⑥ Ibid., σ. 99.

⑦ Peter Mackridge, “European Influences on the Greek Novel During the 1930s”, *Journal of Modern Greek Studies* 3, no. 1(1985): 4.

⑧ Γιώργος Θεοτοκάς, *Ελεύθερο Πνεύμα*, σ. 119.

⑨ Ibid., σ. 113.

望"[1]。肯定先辈们的榜样作用,将这一代知识分子置于现代希腊一系列伟大文学人物的序列之中,清晰地规定其历史使命,本身就是对现代希腊文化传统的肯定和重塑。

结　论

19世纪末以来以领土扩张为核心的民族主义情绪在希腊人的小亚细亚远征中达到顶峰,但"小亚细亚之难"的悲惨失败造成的巨大落差,对希腊民族心理造成了严重的创伤,知识界陷入失败、绝望的情绪。同时,现代希腊领土边界的最终确定使得以"伟大理想"为表达的民族主义政治内涵失去了正当性,希腊知识分子不得不转而向内寻求对民族意识的新诠释。作为"三零一代"的代表人物之一,忒奥拓卡斯早在1929年就进行了这方面的尝试。他在《自由精神》中对希腊民族意识内涵的重建,一方面是符合时代需求的创新,提倡一种新的希腊—欧洲文化关系,摒弃自希腊革命以来统治现代希腊的古典主义话语,无视主流的"好古"潮流,聚焦于现代希腊的成就与未来;另一方面,他也受到欧洲时代思潮的影响,强调精神和内在力量在重塑希腊民族意识和文化价值方面的作用,并且希望年轻一代效仿像索洛莫斯、帕拉玛斯和德拉库密斯这样的伟大先贤,从这个角度上来说,他的尝试也并没有脱离现代希腊的传统。

本文原载陈莹雪、李隆国主编:《西学研究》第五辑,北京:商务印书馆,2022年,第110—125页,略有改动。

① Γιώργος Θεοτοκάς, *Ελεύθερο Πνεύμα*, σ. 122.

交流与动态

雅典大学访学项目交流报告

张雨晴①

自2020年起，雅典国立卡波蒂斯坦大学（National and Kapodistrian University of Athens，简称雅典大学）面向全球招生，开办全英项目“BA Program in The Archaeology, History, and Literature of Ancient Greece”（简称“BAAG”）。同年，该项目与西南大学建立了长期的合作关系，每年接受本科生、研究生进行为期一学年的访学交流，旨在通过深度的学术交流与实践，为中国学生提供一个全面探索古希腊考古、历史与文学的窗口。笔者在2022—2023学年参与了该项目，收获颇丰，结合其他师友的访问经历，特做本次项目交流报告。

一、课程设置

（一）具体课程

“BAAG”项目学制四年，共分为8个学期。第一年提供一些古希腊历史和文化的通识课程，以及考古学、历史学和语言学各个学术领域的方法论介绍，为导论（introduction）、概论（overview）类的基础课程；第二年和第三年致力于系统研究古希腊的不同专题，而第四年则会提供一系列专题课程和研讨会。第一学年（1、2学期）的内容较为浅显易懂，适合跨考型历史系研究生以及其他非历史、考古专业的学生进行选择。目前项目开展到第四年，2024年暑期毕业的是“BAAG”的第一届学生，每一届开设的具体课程有所变化，培养方案每年会进行细微调整，但整体方向不会有大变动。

作为一个非英语国家的英语本科项目，整体难度适中，古希腊哲学这类难度较高的课程会放在大四进行研习，相比之下，同期考古类课程的难度比历史类略高。在语言课方面，雅典大学哲学院采取的是等级考试的形式，在通过上一等级的考试前，不允许越级学习更难的课程；同时，重视夯实基础，讲解极为细致。如学生在古典语言能力训练方面进度较快，需要和教学秘书协商是否准予越级，亦可考虑旁听或者自学。

在西南大学历史文化学院世界史方向研究生的培养方案中，以2021级为例，针对古希腊文明的专题课程相对较少，一般穿插在史学史、文献研读课程中间，另有单独的

① 作者张雨晴，南京大学历史学院博士研究生（南京210023）。

古典语言课程，集中在基础语言训练与学术史梳理，以及基本文献阅读能力的培养上。而“BAAG”项目针对史前和古典希腊考古学和艺术、历史学、文学设有专门的系统课程，与国内的世界史专业古希腊方向的研究生培养方案形成良好的互补。

针对希腊考古与艺术，前6个学期开设的主题涉及米诺斯和迈锡尼史前史（Minoan and Mycenaean Prehistory）、古希腊艺术和肖像的社会意义（the social significance of ancient Greek art and iconography）、古希腊建筑和城市规划的发展（the development of ancient Greek architecture and city planning）以及希腊世界与东地中海文明之间的关系（relations of the Greek world to the civilisations of the eastern Mediterranean），在最后两个学期（7、8学期）设有专题研讨会（seminars），以便深入研究特定的学术课题。同时，也设置了现场课程，带领学生参观希腊博物馆和考古遗址，并且参与马拉松的考古发掘。

项目中约有三分之一的科目由历史类组成：从第一学期的历史研究导论开始，学生将系统学习希腊历史，包括一系列关于希腊城邦、亚历山大大帝和希腊化时期的希腊、希腊和罗马、宗教和体育史的课程，另有铭文、硬币和纸草相关的课程，针对原始文本等一手材料进行阅读、分析。项目同时提供古希腊文学课程，涵盖其主要时期和最重要的流派。在前6个学期，学生将接受古希腊语的强化教学，阅读希腊文学的主要作者和流派的原著，其中包括史诗、戏剧、史学（希罗多德、修昔底德、色诺芬）、哲学和演讲等文本类型，以及古代纸莎草文献。宗教和神话课程拓宽了学生对希腊文化及其在罗马时代的延续性的理解。对古罗马文学，尤其是希腊和罗马文学间互动的研究，促进了古代世界对西方传统和当代世界的重要性这一问题的认知。

相比之下，西南大学所接受的培养方案，更倾向于世界历史的整体研究，重视基础语言能力、文献阅读与写作能力；而雅典大学“BAAG”项目针对古希腊文明设立课程与培养方案，包括文学、城邦史、宗教史和艺术史以及史前考古，两校之间的交流项目不仅适配本科生的学习难度，提供了一个体验欧洲本科教育模式与生活方式的机会，同时也适合硕士二年级的学生前往访学，利用项目以及区位优势，与西南大学的课程互为补充，便于为日后小论文甚至毕业论文提供研究方向，收集一手文献。

1st semester (Total ECTS: 30)

- 75101 Introduction to the Discipline of Archaeology **(8 ECTS)**
- 75102 Introduction to Historical Studies **(8 ECTS)**
- 75103 Ancient Greek Literature: An Overview **(8 ECTS)**
- 75104 Foundation Greek + Latin I **(6 ECTS)**

2nd semester (Total ECTS: 30)

- 75201 Aegean civilizations: a survey **(8 ECTS)**
- 75202 Ancient Greek Art: an overview **(8 ECTS)**
- 75203 The History of the Greek *Polis* **(8 ECTS)**
- 75204 Foundation Greek + Latin II **(6 ECTS)**

7th semester (Total ECTS: 34)

- 75701 Greek Athletics and the History of Sport **(8 ECTS)**
- 75702 Homer and Greek Mythology **(8 ECTS)**
- 75703 Reading Greek Papyri **(8 ECTS)**
- SEMINAR ***(10 ECTS)**

***** Seminars: The academic year 2023-2024 the students can choose between two seminars:

- 75818 Greek Literature of the Hellenistic and the Imperial Period (Undergraduate Seminar) **(10 ECTS)**

or

- 75810 Funerary Practices and the Archaeology of Ancestors (Undergraduate Seminar) **(10 ECTS)**

图1　“BAAG”项目培养方案节选①

① 参见网址https://baag.uoa.gr/the_program/structure/，访问时间2024年6月16日。

图2　克里特岛克诺索斯(Κνωσσός,Knossos)遗址参观

图3　马拉松遗址发掘土壤采集取样过程教学

(二)实地考察

除了理论性质的专业课,"BAAG"提供了大量现场教学的田野考察(field trip)机会。在学校的组织下,老师们会带领学生前往伯罗奔尼撒、希腊中部与克里特等地参观遗址,再到遗址设立的博物馆对出土的文物进行讲解,这些实地考察为专业课大纲内容的一部分。[①]在三年级时,"BAAG"项目的学生还可以选择自愿参加位于马拉松的考古遗址发掘,了解整个勘探的流程,包括探方挖掘、采集取样(图3)、影像记录、遗址建模等环节。

在进行现场教学时,老师们会分发遗址平面图、铭文文本等阅读材料(图2),带领学生们依次走过遗迹的每一部分,介绍各处的具体功能;或是按照博物馆展厅陈列的顺序,详略得当地讲解展出的出土文物(图7)。

实地考察能够对于古希腊文明建立一种更为直观的时、空认知,在听老师讲解、自

① 通过中国的大学与雅典大学建立交流访学关系的学生,不受选课的限制,可以参与项目涉及的所有实地考察。

己浏览文物的同时很有可能找到新的论文灵感。在这个环节中，也可以针对自己的论文课题再去细致浏览实物细节。

（三）授课与考核方式

雅典大学“BAAG”项目的授课方式，与国内历史系的培养方式不尽相同。理论课的学习和国内大学的形式差异不大，在课上也是以原始材料为核心，进行系统、发散式讲解。实地考察是理论课的重要补充，历史、考古类课程会规划一定次数的现场教学，修读“BAAG”本科学位的学生依据安排，每一学年都有很多机会参与项目组织集体性质的考古遗址与博物馆的户外参观。这些户外教学贴合课程本身的进度和内容，如建筑课、古希腊铭文课选定古希腊集市（ἀγορά，agora），讲解侧重点分别为神庙建筑形制与铭文碑刻；古希腊艺术前往德尔斐（Δελφοί，Delphi）、奥林匹亚（Ολυμπία，Olympia），在关注建筑同时，也会介绍出土的雕塑和铜像；迈锡尼考古课上则会前往伊拉克利翁（Ηράκλειο，Heraklion），结合平面图纵览宫殿遗址全貌，了解宫殿各部分的功能。此外，哲学院内部设有小型博物馆，保存了部分碑刻、浮雕等文物，对外向学生开放，同时，按照课程大纲的需求，也作为教学活动的场所，将收藏的文物、模型等作为教具，近距离让学生进行观摩（图4，图5）。“BAAG”的授课方式将课本与实物相结合，能加深学生对希腊历史细节的理解，让历史学习更有趣味性，不仅仅是留在文字中的“死知识”。

图4　哲学院博物馆现场教学

图5　哲学院博物馆现场教学

在作业与考核方面，采取了平时成绩与期中期末考核相结合的方式，在强化基础语言、写作能力之上，突出对思考能力、问题意识的培养。各科目根据不同的需求而采取不同的作业布置方式，铭文、语言课侧重语言、阅读能力，每周布置练习题。大部分课程注重拓展阅读，会列出相应的书单（reading list），偶尔抽出其中一部分作为任务，布置读书笔记；或针对阅读材料，提出具体思考问题，布置400~600字的小文章。这些作业与阅读任务也和期末试卷的考核范围一致，大部分课程作业内容适量，难度适中，锻炼学生的学术写作能力。以笔者当时修读的课程古希腊宗教史（History of Ancient Greek Religion）为例，课堂上，老师会介绍相关的神话、仪式与神祇，并领读相关原始文献；计入平时成绩的课后作业分为两个问题：一为赫西俄德（Ἡσίοδος，Hesiod）的《神谱》（*Θεογονία*，*Theogony*）中与宙斯有关的欺骗情节，二是在戏剧《酒神的信徒》（*Βάκχαι*，*Bacchae*）中，与社会规范相对立的元素。课后任务的回答篇幅不长，但需要提出自己的观点，具有逻辑性，是基础学术写作训练的一环。

期末考核在考试周之前由老师划重点，题型和国内历史学考试没有太大差别，考察基础的同时，也更加重视图像材料的分析，诸如宗教、艺术、戏剧三门，都会以陶瓶画为材料进行分析。试题的答案不需要强调具体的时间，更重要的是对问题本质的思考；部分课程可能会采取口语考试的形式，在老师的办公室进行现场作答。最终期末分数由平时表现和考试成绩综合计算，并非仅对应试能力进行考核。硕博研究生如不再需要使用雅大的课程置换学分，那么在课程的选择与修读方面只需要参考自己的学术进度、需求来权衡，亦不必担心最终的具体分数。

二、“BAAG”项目与学术写作

平衡学术需求与前往希腊一学年访学经历的关键前提，是“问题意识”的运用。在没有具体的毕业论文研究方向时，可以有意识去做老师布置的小论文、读书笔记作业，一点点对材料进行总结、提问，寻找可进一步深入的研究课题。戏剧课上，老师留了一篇有关戏剧《阿伽门农》（*Ἀγαμέμνων*，*Agamemnon*）的评论文章（review），在对这出悲剧的情节进行整理总结的过程中，仅提出一个明确的观点，受到戏剧本身叙述的环形结构（ring composition）启发。[①]这一观点为，伊菲革涅亚（Ἰφιγένεια，Iphigenia）和卡珊德拉（Κασσάνδρα，Cassandra）是这场悲剧纯粹的受害者，王后克吕泰涅斯特拉（Κλυταιμνήστρα，Clytemnestra）与海伦（Ἑλένη，Helen）则是悲剧或者战争的原因，两组女性在形象上的对照也如同一种环形结构。这个观点不一定对，也不一定能够做出一篇论文进行系统论证，但将其完整记录下来的过程，即是对材料本身进行深度思考、锻炼思维能力的过程。在不断提问的过程中，可能就会发现某一个问题是可以深入研究的。总之，在踏实积累之上，时常发问，那么这个项目所能提供的资源与平台，某个时刻就可能帮助学生开启下一段学术研究。

最大限度利用访学项目提供的资源，将课题研究同项目相结合，还需要通过本院系的培养方案，做好前置的学术训练的基础。西南大学为世界史方向硕士研究生培养提供世界史研究前沿、古代史研究导论，西方古典文明研究、中外主文献研读等课程。平日课堂上，利用好老师领读、探讨经典文本的机会，对感兴趣的部分有意识提问；在做个人汇报时，亦可有意整合自己的倾向，梳理学术兴趣，待向外输出，会逐步发现新的论文课题。中外主文献研读的课堂上老师领读经典文本时，对每一个细节、文段都多问一个“为什么”，就有可能在追问的过程中，形成一篇论文的主题：在阅读《李维的建城以来

① 一种重复性的叙事结构。其中故事的开头和结尾相互呼应，中间部分按照对称的顺序排列。

史》的过程中，可以延伸出赫拉克勒斯崇拜的仪式演变的问题，进而对更多延续至罗马时期的古希腊宗教崇拜展开论述。西南大学世界史硕士研究生的结课作业的内容，包括研究综述、书评、读书报告和文章翻译几类。这些作业，按照“学术综述—具体研究方向—读书报告/书评撰写—核心论文翻译”的思路，可以帮助学生初步了解研究热点、整理学术脉络，继而构建自己的学术体系、明确自己毕业论文的开题方向，以此更好地运用访学项目所能提供的图书馆资源。

此外，硕士研究生的本科毕业论文主题，也可以提供一定的思路。笔者在本科阶段所撰写的毕业论文以古埃及文明中的书吏群体为研究主体，以此确立了古典文明的文化史这一大方向。随着研一课程的推进，进一步明确了自己对宗教文化的兴趣，在完成结课作业所规定的书评、读书报告以及文章翻译时，都有意往这个主题下面靠拢，选择相应的研究著述和文本。到了雅典后，根据这一兴趣爱好，笔者第一学期主动选择修读了宗教史、希腊戏剧、希腊与东地中海的课程学分，并在第二学期选择了古希腊艺术、铭文两个科目。在访学交流的过程中，笔者留心到了古希腊宗教文化的近东文明因素，同时在阅读经典文本时候，发现了“石榴”和冥界之间的关联。教授Eleni Fassa、Konstantinos Kopanias面对笔者的困惑，提供了具体的思考方向与大量的阅读材料。这些问题的提出，使得笔者在实地考察时有了自己的需求与侧重，发现文物材料之间细节上的共性。最终，卫城博物馆（New Acropolis Museum）二层手持石榴的少女像（κόρη，kore），以及雅典国立博物馆（The National Archaeological Museum）中丧葬图像中的石榴，启发了笔者的论文课题，从生命意象与死亡意象的角度去分析希腊文化中的石榴形象塑造，同时分析希腊文明与东地中海文明的交流，也使得毕业论文顺利确定方向、完成开题。

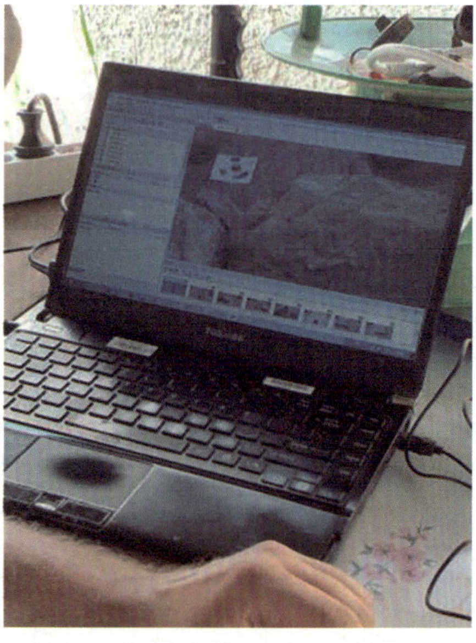
图6　马拉松遗址发掘探方建模教学

图7　铭文课古希腊集市博物馆现场教学

三、项目其他优势

"BAAG"项目在为中国访学生提供一学年本科生课程、开放全年级学分修读的同时，还能提供其他隐藏优势。首先，项目申请成功后，可在出境前从使馆签证处获得长达一年的欧盟申根签（D类签证），以及欧盟成立的伊拉斯谟计划（Erasmus+）的学生身份。[①]拥有这一身份的学生，前往欧盟境内其他人文景点遗址时，可以获得半价或者减免门票的优惠；在申请注册手机号码办理业务、购买廉价航班机票时，亦可享受学生身份带来的优惠。例如，年龄低于26岁的学生可以申请免费参观卢浮宫。资金较为充裕的访学生可以积极运用申根签与伊拉斯谟计划学生身份，以方便至欧洲其他地区进行现场考察，参观各地考古遗址、博物馆甚至各大图书馆，为自己的科研项目收集国内难以获得的一手文献资源。

图书馆馆藏资源面向所有在雅典大学哲学院注册过学籍的学生开放。书籍借出需要在领取学生证之后，自行前往图书馆咨询台，填写纸质表格以开通外借权限。借阅的书籍可在"希腊学术图书馆链接"网站（Heal-link）上申请延长借阅期限一次，逾期缴纳滞纳金。[②]这一网站也可以获得部分电子书资源。同时，雅典大学哲学院图书馆所购买的部分电子数据库（如：L' Année Philologique），在国内很少有高校获得开放权限。上述资源访问，在下载校园网VPN并登录之后，可以继续在线使用数据库。此外，通过项目注册的学籍可以保留几年，后期也可选择继续到雅典大学自费学习，在此期间，雅典大学的学生账号与图书馆电子资源权限，仍可以正常使用。

前往希腊进行访学的学生，可以申请位于雅典的美国雅典古典研究学院（American School of Classical Studies at Athens）与雅典英国学院（British School at Athens）的读者资格。[③]两个机构皆开放了线上的资格申请，美国学会的正式会员资格仅向美国、加拿大公民开放，英国学会正式会员在推荐信之外，还需缴纳一定会费，[④]正式会员不仅享受图书馆馆藏资源，可使用VPN异地访问更多学会内部电子资源，也可申请希腊境内各个博物馆等景点的免费证件。不过，二者都可前往线下申请独立的阅读资格证，获得入馆查阅、图书借阅的基本权限。这个便利能够为研究古典文明的学生提供极为珍贵的文献材料。

---

① 伊拉斯谟计划是欧洲联盟在1987年成立的一个学生交换项目。2014年1月，在此基础之上创建了应用于欧盟现在所有教育、训练及青年体育领域的交换计划"Erasmus+"。

② 该网站在雅大哲学院校园网域内可以正常使用。

③ 美国雅典古典研究学院官网：https://www.ascsa.edu.gr/，雅典英国学院官网：https://www.bsa.ac.uk/，访问时间2024年6月14日。

④ 英国学院申请需提交一张护照式照片和一封推荐信，推荐信由申请人的导师、系主任或其他熟悉其研究的学者书写。

四、结语

雅典大学哲学院“BAAG”项目针对古希腊文明提供内容丰富的本科课程，为学生提供了一扇深入探索古希腊文明的窗口。该项目不仅涵盖考古、历史与文学的全面学习，更提供丰富的实地教学机会，让学生亲赴伯罗奔尼撒、希腊中部与克里特等地，感受古希腊文化的魅力。在希腊进行为期一年的访学交流也为生活与科研等方面提供了其他的便利。预算相对充足的情况下，可以实现欧盟境内多地的现场考察，并享受希腊英、美学院等古典学研究机构与高等教育机构图书馆的馆藏资源。通过西南大学的合作项目，学生选修雅典大学“BAAG”的学分基本不受限制，学术资源丰富、多元，能够接触到最前沿的学术研究成果，与国际顶尖的专家学者面对面交流。海外访学经历不仅锻炼了学生们独立生活的能力，体验跨文化交流的乐趣、学术资源的丰富性和多样性，更为学术研究提供了宝贵的支持，这无疑为未来的学术道路奠定了坚实的基础。

总体来说，“BAAG”项目是一个集学术性、实践性和跨文化交流于一体的优秀访学交流项目。它为学生们打开了一扇通往古希腊文明的大门，在全球化的背景下，拓宽了视野，增强了综合素质。也期待未来有更多的学生能够参与到这样的项目中，共同为传承和弘扬优秀文化、互鉴中希文明贡献自己的力量。

第七届全国古希腊罗马哲学研讨会暨2024年中希哲学互鉴国际学术论坛

会议综述

2024年4月20日至21日，由中华全国外国哲学史学会古希腊罗马哲学专业委员会主办、中希文明互鉴中心和西南大学国家治理学院共同承办的“第七届全国古希腊罗马哲学研讨会暨2024年中希哲学互鉴国际学术论坛”在西南大学举行。参加会议的有来自中国社会科学院、中国人民大学、北京大学、复旦大学、中山大学、南开大学、山东大学、四川大学、吉林大学、上海外国语大学和西南大学等国内学术机构的60多位专家学者和25位研究生，还有两位学者分别来自希腊的帕特雷大学和亚里士多德大学。

会议开幕式由西南大学国家治理学院副院长郭美云主持。西南大学党委副书记潘洵、中华全国外国哲学史学会秘书长詹文杰、中希文明互鉴中心中方主任崔延强、西南大学国家治理学院院长潘孝富、中希文明互鉴中心中方秘书长王勇出席会议。在开幕式上，潘洵代表西南大学致辞，向莅会的专家学者表示热烈欢迎和诚挚问候，向长期以来关心支持学校建设和发展的各位专家表示衷心感谢，并重点介绍了学校作为中希文明互鉴中心牵头建设单位开展工作的情况，希望与会专家切实落实习近平主席复信指示精神，畅所欲言、深入研讨，碰撞出思维的火花、学术的友谊和真理的甜味，将本次会议办成理论研究和学术研讨的盛会。潘孝富和王勇分别代表国家治理学院和中希文明互鉴中心介绍了哲学学科、国家级哲学一流本科专业建设点和中希文明互鉴中心的建设情况。詹文杰则代表中华全国外国哲学史学会对西南大学办会团队表达了感谢，并且简要探讨了古希腊罗马哲学研究在现时代的意义问题。

在随后举行的大会报告和分会场会议中，与会学者围绕“文明互鉴视域下的古典哲学”的主题展开研讨。

一、大会报告

本次会议安排了四位学者做大会报告。西南大学崔延强教授作了题为“论伊壁鸠鲁的自由意志观”的主题报告，他介绍了伊壁鸠鲁“自由意志”研究在希腊化时代的语境，并指出伊壁鸠鲁是为自由意志呐喊的第一人，而且他的自由意志研究是基于本体论即他的原子论学说，并且伊壁鸠鲁认为自然哲学而非伦理学才是解决灵魂问题的良药。希腊帕特雷大学哲学系米凯尔·帕鲁西斯（Michail Parousis）教授以“Nature, Power, and Law: Self-representations of greatness in Ancient Drama and Historiography”为题做报告，他首先从研究视角上强调了历史、文学和哲学之间的统一性，认为经典文献往往包含了这几个方面的完整的知识域。帕鲁西斯尝试从古代戏剧和历史学中挖掘自然、力量和法等关于“伟大”议题的自我表征，并指出力量不仅意味着从自然和法中获得解放的抗争，而且意味着自主性。山东大学谢文郁教授报告的题目是“古希腊哲学中的良心与真理”，他反驳了西方思想界对良心的研究起源于中世纪的传统观点，认为在古希腊哲学中已有关于良心的研究，并以“保罗书信”中多次对“良心”（συνείδησις，conscientia）的使用方式为论据进行证明；谢教授认为重视保罗书信的研究有助于我们克服《新约》研究和古希腊哲学研究的隔离状态。北京大学程炜教授报告的题目是“伦理和段子：泰奥弗拉斯托斯、帕拉希乌斯和绘画艺术（Theophrastus on Parrharius and the Art of Painting）”，他重新评价了漫步学派伦理学对人物轶事使用的价值，通过例证的方式指出漫步学派学者泰奥弗拉斯托斯对帕哈希乌斯轶事的使用不能简单地被视为思辨的衰退，而应该被纳入亚里士多德伦理学框架中来理解，这种轶事补充和发展了亚氏的伦理学论述，从而实质性地介入到后古典时期兴起的关于生活形式的哲学论战之中。

二、分论坛报告

本次大会设有6个分论坛和4个研究生论坛，这些分论坛大多围绕相关哲学家的思想展开，其中关注度最高的当数亚里士多德哲学，其次是柏拉图和苏格拉底哲学，也有少数报告关注了早期希腊哲学（米利都学派）、古罗马哲学以及其他有关专题。分论坛讨论的主题涉及逻辑学、认识论、形而上学、自然哲学、伦理学和政治哲学等方面。这里择要介绍其中一些报告的基本观点。

1. 逻辑学和认识论

贵州师范大学胡冰浩的报告“柏拉图论感官认识的种类和真实性”借助于对《理想国》中“手指”段落的分析，推测柏拉图可能对可感对象进行了分类，并且从可感对象和感官认识的内在关系以及可感对象的确定性这两个角度出发解释了感官认识之真实性的原因。南昌大学胡慧慧的报告“亚里士多德论属加种差的定义方式”说明了亚里士多德《论动物部分》I.2-3对柏拉图二分法的批判，并且解释了亚里士多德的分类学思路以及关于属和种差之特征的刻画，从而提出属加种差的方式不适合理解定义。

2. 形而上学

华中科技大学易刚以“论柏拉图原则理论的重构”为题阐述了《理想国》中假设与原则的区分，然后引入了安纳斯对柏拉图原则理论的重构，认为该重构与假设和原则区分有冲突，同时他对安纳斯的解释提出了一种温和的批评。南开大学邓向玲的报告“在柏拉图与亚里士多德之间：大马士革‘双重本原说’的内在张力”阐述了大马士革对“双重本原说”对“第一本原如何既绝对超越又不脱离与生成物之间的因果关系”问题的处理，以及他在柏拉图与亚里士多德之间摇摆不定。

东南大学葛天勤在报告“亚里士多德《形而上学》Z17的‘另一个开端’与《后分析篇》中的三段论学说”中认为，亚里士多德在《形而上学》Z17引入《后分析篇》三段论的过程是建立在对于复合实体可分性的深刻反思之上的，而不是像大多数学者那样认为是预先直接被假定的。兰州大学赵越做了题为“实体生成之前的质料？——对亚里士多德质料理论的一种理解方案”的报告，提出现有的相对性质料观面临的两个挑战，分别针对从基底生成的理论和“潜能—现实”理论，并提出自己的方案来尝试回应两个挑战。郑州大学张雨凝的报告“《形而上学》H 卷复合实体的定义问题”说明了亚里士多德学界就复合实体的定义应不应当包含质料问题的争论，并且提出争论的实质在于形式是否包含质料以及如何理解质形关系，然后她以形式与质料在描述上分离、在存在上不分离的辩证关系对上述争论提供了一种新解释，支持强纯粹论的观点。重庆大学刘珂舟的报告“‘人生人’：亚里士多德《形而上学》中的同义词原则”指出，亚里士多德在《形而上学》以“人生人”这一典型例证论述了所谓“同义词原则”，通过考察同义词原则，可以发现亚里士多德在垂直和水平方向同时建构因果性关联，从而实现了对内在自然形式的外向扩展，论证了自然个体之间更为普遍的联系。

上海社会科学院裴延宇在报告“在场与光亮——对亚里士多德视觉理论的一种阐释”中认为，当代亚里士多德哲学研究并未充分揭示视觉的形而上学意蕴，他从“主动努斯”被比喻为光出发来说明亚里士多德的视觉学说与努斯学说在形而上学层面的紧密关联。中国社科院大学李涛的报告“亚里士多德的作为一神论的理神论”基于神学古今之变的视野提出，亚里士多德的理性神学必然是一种一神论，但不同于基督教的一神论，即那种无中生有创造宇宙、作为无限的意志、拥有无限潜能、爱着世人的一神论。

3. 自然哲学

吉林大学盛传捷的报告“‘水本原’新解”利用新材料对泰勒斯“水本原”作了全新的解读，认为泰勒斯哲学的核心是“水淹万物”、泰勒斯是非还原的物质多元论者，而且“水本原”可以在生物学（希波）与宇宙论（泰勒斯）两个层面上得到运用。南开大学张家昱在报告“论亚里士多德《论天》I.2 中的单纯物概念”中认为《论天》包含一套关于元素种类的完整证明，而不是学界通常认为的，亚里士多德在《论天》没有给出月下元素何以有且只有四种的严格论证，他还提出重构《论天》中关于元素种类的证明对我们理解亚里士多德的元素理论以及《论天》和《论生成与毁灭》两部作品的关系都大有裨益。中央党校吴亚女的报告“亚里士多德论动物性别的分化”集中关注“动物的性别分化是不是一个目的论过程”这个问题，并且其结论认为动物的性别分化是一个指向种的持存的目的论过程。浙江财经大学魏梁钰的报告“‘有机体’还是‘作为工具的’身体？——重思亚里士多德的动物整体的 Ergon”检讨了学界关于 ergon（通常译作“功能”或“工作”）只能用于分析动物有机体的部分而不能刻画动物整体的观点，提出“作为工具的”身体为了灵魂的 ergon，并且 ergon 可以刻画作为自然复合物的动物整体。北京大学博士生李文琪在报告“亚里士多德论动物运动内在推动者的欲求——认知二象性”中提出，关于亚里士多德《论灵魂》中动物运动的内在推动者问题的三种解读争议都建立在一个错误预设上，报告认为欲求活动和实践认知活动是同一个活动，即动物运动的内在推动者具有欲求—认知二象性。南开大学戴碧云在报告“盖伦对柏拉图理性灵魂理论的批判性接受”中提出，盖伦根据当时解剖学的发展和三段论论证更新了柏拉图的理性灵魂位于大脑的论证并且认为灵魂的能力跟随身体的混合，而盖伦这两个观点引发了物理主义和不可知论两种解释，报告尝试从理性灵魂概念出发论证盖伦并非物理主义者而是不可知论者。

中山大学田书峰的报告“亚里士多德论自然必然性”从想象的几个层次、想象的是与非以及想象的核心内容并不是知觉的内容等方面解读了亚里士多德的“想象”概念。四川大学魏奕昕的报告“亚里士多德论作为情感的憎恨”反驳了学界对亚里士多德“憎恨”的主流解读，即憎恨不算一种情感，并且尝试证明憎恨符合亚里士多德对情感的定义。

4. 伦理学和政治哲学

陕西师范大学于江霞做了题为“作为一种技艺的德性会工具化吗？”的报告，认为当前德性伦理学研究中采用技艺/德性类比的研究路径可以追溯到古希腊哲学中普遍的德性/技艺类比的讨论；她认为假如我们对何种技艺与何种类比模式给出更细致的澄清，那么一些批评者担心这种类比会使得“德性技艺化”可能是不必要的。南昌大学余友辉的报告“古希腊哲学中的自我观念及自我认识理论”认为，就像古希腊人不把反身性后缀直接转化为名词一样，他们不会把这种反身性关系带有的个体性和主观性因素看作是最根本的，从而古希腊人不会有近代笛卡尔式的自我观念。中国政法大学苏峻在报告“爱欲与友爱何以不同？——理解古希腊伦理学的一条线索”中认为，爱欲(eros)在柏拉图哲学中承担了重要功能，但亚里士多德却明确批评了这一概念并转而关注友爱(philia)，因为爱欲相较于友爱具有更浓的非理性色彩，而两位哲学家之间的分歧不仅体现为对待两种形态的“爱”的不同态度而且反映了他们伦理思考的不同进路。云南大学刘玉鹏的报告“普罗提诺的εὐδαιμονία的翻译问题”介绍了εὐδαιμονία(幸福)概念的多种英文译法，并且跟很多学者一样不赞同将它译为happiness，因为后者更多地表达某种主观的幸福感从而更多地与“快乐”联系在一起，而报告更赞同阿姆斯庄所采取的well-being的译法，因为它的字面意义是“好的存在/是(者)”，适合于对译普罗提诺生命本体论意义上的“幸福”概念。沈阳师范大学李丽丽在报告“普鲁塔克伦理学的日常生活转向”中认为，普鲁塔克的伦理学是通过把智慧融入日常生活当中体现出来的，这种日常化转向的发生源于时代背景和哲学问题的转换，其方向就是人和人的生活。

四川大学梁中和的报告“羞耻与知识：苏格拉底和孔子在哲学教育方法中的同异”分析了苏格拉底和孔子关于在青年教育中如何激发羞耻心以进德的思路，总结出与爱欲阶梯相应的德性阶梯，并且分析了两者的相同与差异，报告提出两人都把羞耻心当作道德教育的起点，但不同在于苏格拉底更强调羞耻心带来的理智性的耻辱而孔子认为成德和践行才是羞耻心激发出的最重要方面。山东师范大学李静含的报告“论柏拉图对话中的‘说服’概念”认为，就影响德性信念而言，苏格拉底式说服以“辩驳论证”的方式进行而归于失败，智者式说服被苏格拉底拒斥并在对话中遭受批判，柏拉图式说服在一定程度上接纳了智者式说服的方法，在形成真信念的层面上有助于促进大多数人的德性。西安电子科技大学姜维端的报告“苏格拉底与作为一种具身美德的勇敢——以《拉凯斯篇》和《理想国》为中心”提出，《拉凯斯篇》关于勇敢与智慧的关系究竟如何有待说明，而报告试图通过分析勇敢概念极其困难的不同层次来论证解决问题的关键在于理解勇敢无法排除的具身性维度。

贵州师范大学黄晶的报告“不能自制者的知与行——对亚里士多德‘不能自制’概念的现象学分析”将亚里士多德的“知”与程明道、王阳明、胡塞尔、马克思·舍勒等人的“知”进行比较，为知行合一提供一种说明。武汉理工大学潘卫红在报告“不自制是理智的无能还是理智的无知？”中谈到，亚里士多德所说的不自制究竟应当归因于理智的“无能”还是理智的“无知”是有争议的，而报告认同传统的解读，即不自制从根本上说归因于理智的无知，但是这种无知不是没有理论知识而是缺乏对这种知识的切身体会或经验确证，从而缺乏实践的力量。中山大学张霄的报告“亚里士多德论自然正义”基于学界已有的解读讨论了以下几个问题：自然正义与政治正义的关系、亚里士多德是否认同一种自然法思想，以及自然正义与城邦自然性和德性政治学的关系。

古希腊罗马哲学研究既需要细致的文本解读作为基础，也要求研究者具有真正的哲学理论关怀、清楚的问题意识和较强的论证能力，缺乏前者会变成游谈无根，缺乏后者则会让研究陷入琐细的语文和历史考据而丧失哲学的理论品格。本次大会的许多报告体现了古典学研究忠于文本的特点，也通过梳理和分析文本探讨了一些重要的哲学理论问题，在某些领域和问题上有较大的推进；但是也应当看到，一些报告在上述两个方面仍存在明显的不足，还有较大的改进空间。

无论如何，本次会议的顺利召开有助于加深我国学界对古希腊罗马哲学的理解，促进中国与希腊的文明互鉴。2024年正值中国和希腊建交52周年，“第七届全国古希腊罗马哲学研讨会暨2024年中希哲学互鉴国际学术论坛”的成功举办也助推了两国文化的深层次交流。

供稿：西南大学哲学系　郭慧云

“全球视野下的中国和希腊文明”国际学术会议暨中希文明互鉴中心大楼启用仪式顺利举行

2024年7月2日，由中希文明互鉴中心主办的“全球视野下的中国和希腊文明”国际学术会议暨中希文明互鉴中心大楼启用仪式在西南大学隆重举行。本次活动旨在促进中希两国乃至全球范围内不同文明间的交流与互鉴，推动世界文明多样性的发展。

7月2日上午，会议开幕式暨大楼启用仪式在中希文明互鉴中心学术报告厅举行。希腊驻华大使埃夫耶尼奥斯·卡尔佩里斯，重庆市社科联党组书记、副主席李保海，重庆市教委副主任金玲，重庆市政府外办党组成员、副主任李明全，重庆市委宣传部二级巡视员蒋大权，以及西南大学党委书记张卫国等参加活动，西南大学党委常委、副校长赵国华主持。

卡尔佩里斯大使在致辞中高度评价了本次活动创造的平台与机会，并从中希两国文明基因的相似性与差异性，鼓励中心在今后的研究中提出更多影响深远的探讨议题。张卫国书记在致辞中表示，西南大学作为本次活动的承办方深感荣幸，并期待通过此次论坛为全球文明互鉴贡献智慧和力量。回望中希文明互鉴中心自揭牌以来的发展历程，每一步都脚下坚实，他非常感谢国家部委，重庆市委、市政府及各市级相关单位一以贯之的支持。活动第三个环节由卡尔佩里斯大使、重庆市委中希文明互鉴中心建设工作专班成员单位相关负责人、张卫国书记共同为中希文明互鉴中心大楼启用推杆，现场气氛庄重而热烈。

开幕式结束后，论坛的主旨发言环节吸引了与会者的广泛关注。美国瓦萨学院的 Bryan W. Van Norden 教授以“Like Loving a Lovely Sight: Weekness of Will in China and Greek Philosophy”为题，深入探讨了中希哲学中有关意志无力问题趋同性的深入思考。中希文明互鉴中心主任崔延强教授则围绕“用汉语做哲学”这一主题，展示了中国哲学的传统价值和时代命题。

随后进行的四场专题发言，涉及了中国传统经学、诸子学、西方哲学、语言学、文字学、古典学、文化学、伦理学等多个领域。来自希腊、美国、德国、比利时以及中国的数十位知名专家分别围绕各自的研究领域进行了精彩发言，并开展深入的学术讨论，为全球范围不同文明间的交流互鉴带来了思想碰撞。

此次活动的成功举办，不仅为全球范围内的学者提供了交流与互鉴的平台，为推动世界文明多样性的发展注入了新的活力，同时也表示中希文明互鉴中心的发展进入新阶段。中希文明互鉴中心将继续致力于推动中希两国乃至全球范围内的文明交流与互鉴，为推动世界文明多样性发展贡献自己的力量。

供稿：中希文明互鉴中心

英文摘要

A Study on Mutual Learning among Civilizations

Zhang Ziyang, Lei Tong, Li Haimei , Cui Yanqiang

Abstract: Mutual learning among civilizations, as China's fundamental position on the relationship between different civilizations, has solid theoretical support and rich cultural connotations, including the theory of diversity and equality, the theory of openness and inclusiveness, the theory of inheritance and innovation, the theory of dialogue and exchange, the theory of mutual learning, and the theory of harmony and symbiosis. Currently, the academia conducts theoretical explanations and practical explorations around the study of the relationship between mutual learning among civilizations and the form of human civilization, the comparative study of Chinese and Western civilizations, the construction of China 's independent knowledge system, the construction of Chinese and Western political civilization, and the translation of Chinese and Western cultural classics. Under the guidance of President Xi Jinping's important exposition on the exchange and mutual learning among civilizations, it has become the direction of the practice of mutual learning among civilizations to strengthen the international academic cooperation mechanism of the brand of mutual learning among civilizations, to focus on Sino-Western academic and cultural exchange, to create a series of excellent academic and cultural projects of mutual learning among civilizations, to implement the international joint talent training project of mutual learning among civilizations, and to promote the national strategic construction of mutual learning among civilizations. In the future, China 's independent knowledge system will be constructed by building a new type of think tank for mutual learning among civilizations. Guided by the mission of mutual learning among civilizations, we will build a modern civilization of the Chinese nation. We will also create a new form of human civilization by consolidating the civilizational foundation of Chinese modernization as a realistic approach.

Key words: Interaction among civilizations; mutual learning among civilizations; Xi Jinping Thought on Culture

Minimalist Morality among Civilizational Dyarchies

James Hankins, Song wentao trans

Abstract: Moral self-cultivation, as a universal bond connecting diverse civilizations, holds the potential to underpin a stable and globalized political system based on fundamental ethical principles. By examining Aristotelianism, Stoicism, Buddhism, and Confucianism , a common denominator of moral principles called "minimal morality", can be identified. This minimal morality refers to the fundamental requirements for moral self-cultivation universally present across civilizations. These "minimal moral" principles can facilitate a transition in international relations from a competitive paradigm to a non-coercive, virtue-based order rooted in justice. This can be achieved by universalizing Western and East Asian political doctrines. Interaction among diverse civilizations will cultivate and generate globally trusted moral leadership, characterized by universally shared virtues such as empathy, respect, and humility. These virtues can serve as a crucial bridge between contemporary global leadership and an inclusive guardianship. Furthermore, a Dyarchies or a dual-governance system, ensures that within the interplay of political entities, higher powers grant lower powers a significant degree of autonomy, without enforcing political or ideological conformity. This system safeguards the role of "minimal morality" in reshaping international relations and its practical application in establishing a global consensus on ethical standards. Ultimately, this framework can guide humanity towards a global order founded on shared human values.

Key words: Minima moralia; civilizational dyarchies; civilization; international order

A Centennial Textual Research and Interpretation of the Lead Ingots with Assumed "Foreign Scripts": Their Relation with the Greek-Style Coins on the Silk Road

Yang Juping

Abstract: "The lead ingots with so-called debased foreign scripts" has been discovered for over one century, during which, the discussion and deciphering of the inscriptions have ever been tried done by some scholars at home and abroad. Particularly since the 1970's, with the excavation of a large number of similar lead ingots in China, they have been concerned and interested much more than before in Academia. Chinese scholars' research mainly focuses on the relation between the lead ingots and the Bai Jin San Pin（白金三品 literally, the three coinage of the white gold) issued by the Emperor Wu of Han, and meanwhile a few foreign scholars tries to decipher the debased inscription and to locate where do they come from. For now, the related research is still moving forward, but the key problems remain unsolved. What is the relation between the lead ingots with debased inscription and the Bai Jin San Pin? If these strange inscriptions or signs looks like the Greek script, why did the issuer add them on the ingots? What was his intention? How could we decipher them if we assume they would be surely foreign scripts? Did the ingots–makers imitate those inscriptions on the Greek–style coins circulated in the Western Region along the Silk Road? Although the author tries to make some responses to these problems, the final solution of them have to wait for the new finds of archaeology, especially of numismatics.

Key words: "Foreign scripts"; Emperor Wu of Han; Greek inscriptions; the Silk Road

The Graeco–Arabica Knowledge Transmitted into China in the Yuan Dynasty: Further Discussion on the Islamic Books and Instruments in the *Mishu Jianzhi*

Lin Lijuan

Abstract: This paper discusses islamic books and instruments recorded in the *Mishu Jianzhi* and attempts to provide solutions to the entries that have not yet been deciphered and that remain controversial in earlier researches. Since most of the books and instruments can be traced back to the Greek tradition, this paper will illustrate how they are introduced to and developed in the Islamic world in the light of the newest progress in the field of Graeco–Arabic Studies. The paper argues that islamic books are collected according to the standard medieval Islamic classification of all the sciences, and basically the most representative and authoritative books in each subject are selected and brought to China in the early Yuan dynasty. On the whole these books and instruments constitute a small library representing the cutting–edge knowledge in the thirteenth century, and their transmission to China is of great significance in the history of cultural exchange between China and the West.

Key Words: *Mishu Jianzhi*; islamic books; Graeco–Arabic Studies; cultural exchange between China and the West; Yuan dynasty

Herodotus and His *Historiae*: One of the Historical Masterworks of Ancient Greece in the Chinese World

Xu Songyan

Abstract: Herodotus' *Historiae* is one of the earliest ancient Greek historical masterpieces seen in the Chinese world. The theme of the book is the feud and its reasons between the Greeks and barbarians (mainly Persians). In the book, the terms 'Greeks' and 'barbarians' respectively have manifold meanings, thus they must be specifically distinguished and analysed. Herodotus usually stands in the Persian's position to discuss the Persian Wars and the related issues, and he does so when confirming key issues such as the starting point and the finishing point of the war. *Historia* is undoubtedly a work on the whole Persian Wars. Only by abandoning some confirmed habits and prejudices in academic history can we have an objective and fair assessment of Herodotus' achievements and shortcomings.

Key words: Herodotus; *Historiae*; ancient Greek; the Chinese world; assessment

Can Yogācāra Accept the Pure Ego in Husserl's Phenomenology?

Liu Boda

Abstract: The phenomenology of Yogācāra is a significant intellectual achievement that emerges from the comparison and integration of Western phenomenology and Eastern Yogācāra. However, current research in this field primarily focuses on the commonalities or similarities between the two, without fully acknowledging the potential significant differences in their approaches to the concept of the self. Husserl's transcendental phenomenology posits the existence of a pure ego as the central point of consciousness structure, whereas Yogācāra emphasizes the necessity of eliminating self-attachment to achieve correct view. To delve into this issue, we can first summarize four meanings of the pure ego in Husserl's phenomenology: as the identical point of consciousness acts and the basis of habitual sedimentation; as the subject of phenomenological reflection and the origin of attention; as the temporally and spatially functionalized self; and as one among the multiple egos in intersubjectivity. Correspondingly, in the critiques of self-attachment found in the *Treatise on the Demonstration of Consciousness-only* (Vijñaptimātratāsiddhi-śāstra), we can identify potential objections that Yogācāra might raise against these four meanings. Both perspectives address the bodily dimension of the self in their discussions. A deeper examination of this bodily dimension can reveal more insights into the self and foreshadow an important area of inquiry for the phenomenology of Yogācāra.

Key words: Phenomenology; Yogācāra; pure ego; self-attachment; body

Man Can Spread the Tao: A Review of Professor Ames' Philosophical Works

Liang Zhonghe, Lan Zhijie

Abstract: By systematically combing through the major works and path of Professor Roger T. Ames, a famous Chinese philosopher and sinologist, this paper demonstrates how a modern Western scholar understands China, penetrates into the excellent traditional Chinese culture, is attracted by the uniqueness of Chinese culture, and interprets and spreads it in a way that Westerners can understand. This paper finds that the fundamental reason why Professor Roger T. Ames aspires to practice the Chinese way of philosophy is that, after comparing the core ideas of Western civilization, he finds that Chinese philosophy, especially that represented by Confucianism, has ideas that are very relevant to human nature, and also has the ability to cope with the mundane life of modernity, which is a good remedy for the crisis of globalization and the problem of modernity in the new era. With in-depth understanding and creative interpretation of Chinese philosophy, we can find great spiritual resources to be shared by human beings in the future, open up a new modern human civilization, and truly realize the synergistic development of the community with a shared future for mankind.

Key words: Sinology; Spread the Tao; name rectifictaion; fulfilment

An Experimental Study of the Divergence between Chinese Medicine and Ancient Greek Medicine: *Huangdi Neijing* and *The Complete Works of Hippocrates* as an Example

Jin Hongyi, Zhang Pengju

Abstract: Ancient medicine is the source of modern medicine, nurturing and nourishing the emergence and development of modern medicine. In particular, Chinese medicine and ancient Greek medicine expresses the basic philosophical concepts of medicine in the earliest and more systematic manner in *Huangdi Neijing* and the Complete Works of Hippocrates, respectively. Although the two, as the first complete forms of medicine, share commonalities and show many similarities in terms of medical theory and clinical aspects, they also contain differences that have led them to different paths of development since then. Chinese medicine has continued the tradition of natural philosophy, developing an analogical explanation system based on yin and yang and five elements, and focusing on the holistic view and systematic thinking; whereas ancient Greek medicine has gradually abandoned the traditional natural philosophy and turned to a more experimental and scientific approach, with an emphasis on empirical analyses. This paper explores the philosophical basis of the differentiation between Chinese medicine and ancient Greek medicine through a retrospective examination of the two, aiming to provide useful theoretical reference for the development of the integration of modern Chinese and Western medicine.

Key words: Chinese medicine; ancient Greek medicine; philosophy of medicine; *Huangdi Neijing*; Hippocrates

The Impact of the "Asia Minor Gatastrophe" on the Shift of Modern Greek National Consciousness: A Case Study of George Theotokas's Free Spirit

Que Jianrong

Abstract: The "Asia Minor Catastrophe" of 1922 is one of the most significant events in modern Greek history. This major failure and national tragedy signifies the collapse of the "Great Idea" of territorial expansion since the 19th century, inflicting trauma on the Greek national psyche and necessitating Greek intellectuals to reconstruct the essence of national ideals. George Theotokas's *Free Spirit*, published in 1929, is a representative work of this endeavor. He criticizes the Greeks' conservative and classical tendencies, calling for a redefinition of Greece's relationship with Europe and arguing that Greece should contribute to shaping a "common Europe" with a forward-looking perspective. Meanwhile, influenced by contemporary European trends of thought, he emphasizes the role of spirit and inner strength in reshaping Greek national consciousness and cultural values. Theotokas's thoughts reflect the efforts of the Generation of the 1930s Greek intellectuals to actively explore the nation' s future in the face of collective psychological trauma, thereby significantly influencing the shift in Greek national consciousness in the 20th century.

Key words: Asia Minor Catastrophe; Great Idea; George Theotokas; *Free Spirit*; Greek national consciousness